CONSTITUTIONS
ET DOCUMENTS FINANCIERS
ESPACE UMOA/UEMOA

Centre d'Études et de Recherches en Administration et Finances (CERAF)

Créé par Arrêté rectoral n° 074-10/UAC/SG/VR-AAIP/SA du 23 décembre 2010 le Centre d'Études et de Recherches en Administration et Finances (CERAF) de l'Université d'Abomey Calavi au Bénin est un *think tank* régional dédié à la gouvernance financière performante. Notre vision est celle d'une Afrique rayonnante, émergente, débarrassée de la pauvreté envahissante parce qu'elle aura pris le chemin d'une autre forme de gouvernante publique et financière, plus moderne et plus performante. Notre mission est (i) d'animer, de susciter et de conduire la recherche fondamentale et la recherche-action dans les domaines de l'administration publique et des finances, et d'une manière générale sur les questions de gouvernance publique ; (ii) d'être un laboratoire d'accueil pour les chercheurs et les doctorants des universités nationales du Bénin et d'ailleurs ; (iii) de rechercher et de piloter les partenariats scientifiques, techniques et financiers ; (iv) d'initier et de conduire toutes activités académiques (colloque, séminaire, table ronde, voyages d'études, conférences…).

Le CERAF est situé dans l'enceinte de l'Université d'Abomey-Calavi en République du Bénin. BP 990, Cotonou.

(ceraf.uac@gmail.com)

Sous la direction de
Nicaise MEDE

CONSTITUTIONS ET DOCUMENTS FINANCIERS

ESPACE UMOA/UEMOA

Vol. 2

Préface de
Abdallah BOUREIMA
Président de la Commission de l'UEMOA

L'Harmattan Sénégal

10 VDN, Sicap Amitié 3, Lotissement Cité Police, DAKAR

http://www.harmattansenegal.com
senharmattan@gmail.com
senlibrairie@gmail.com

ISBN : 978-2-343-14862-5
EAN : 9782343148625

SOMMAIRE

AVERTISSEMENT

Ce manuel est, en tout point, une œuvre collective et engage tous les contributeurs dans sa globalité. Cependant, les auteurs tiennent à assumer la responsabilité de leurs textes particuliers et des opinions émises. Sous ces réserves, le tableau ci-après décrit la part du travail accompli par chacun de façon spécifique.

Le prologue et le chapitre sur les constitutions	MEDE Nicaise
Le chapitre relatif aux codes de transparence	Pélagie THEOUA et SASSO Pagnou
Le chapitre relatif aux lois relatives aux lois de finances	Djibril OUEDRAOGO et TONI Errol
Le chapitre relatif aux nomenclatures budgétaires de l'Etat	Djibril OUEDRAOGO, TONI Errol et Fiacre AVAHOUNDJE
Le chapitre relatif aux règlements généraux sur la comptabilité publique	KEBE Dabakh et AFFOUKOU Hervé
Le chapitre relatif aux plans comptables de l'Etat	BATONON Serge et Issifou ADAMOU
Le chapitre relatif aux tableaux des opérations financières de l'Etat	AFFOUKOU Hervé

Les Docteurs KOMBIENI Hervé et HINNOU Patrick ont assuré le travail de relecture et de correction. Messieurs Calice SOSSOU, Richard DJOWAMON et Pierrot SEGO ont fait le secrétariat.

Le travail en lui-même comporte sept grandes parties à savoir : les constitutions, les codes de transparence, les lois relatives aux lois de finances, les nomenclatures budgétaires de l'État, les règlements généraux sur la comptabilité publique, les plans comptables de l'État, les tableaux des opérations financières de l'État. La première partie fait une appréciation de conformité entre les textes constitutionnels et les directives communautaires. Les autres parties sont centrées sur les textes nationaux de transposition. Chaque partie est précédée d'un commentaire critique des auteurs. Ces commentaires :

- font une revue de conformité des textes nationaux de transposition avec les directives communautaires : conformité globale, écarts négligeables, écarts rédhibitoires ;
- distinguent les dispositions dites *praeter legem* (ne sont pas prévues par les directives mais ne sont pas contraires aux contenux desdites directives communautaires), *contra legem* (sont contraires aux dispositions contenues dans les directives communautaires) et les dispositions dites novatrices qui sont des créations originales qui enrichissent le droit communautaire et les droits des États

SIGLES ET ABRÉVIATIONS

A.C.D.I.	Agence canadienne de Développement international
A.C.P	Afrique, Caraïbes, Pacifique
A.F.D.	Agence Française de Développement
A.J.D.A	Actualité Juridique Droit Administratif
A.O.F	Afrique Occidentale Française
A.P.E	Accord de Partenariat Économique
Article	Article
A.T.A.F.	African Tax Administration Forum
A.T.R.N.	African Tax Research Network
A.U.T.	Agence UMOA-Titres
AFCO	Afrique contemporaine
AFRISTAT	Observatoire économique et statistique d'Afrique subsaharienne
AFROSAI	Organisation africaine des institutions supérieures de contrôle des finances publiques
B.A.D	Banque Africaine de Développement
B.A.G.	Bureau de l'Auditeur Général
B.C.E.A.O	Banque Centrale des État de l'Afrique de l'Ouest
B.E.A.C.	Banque des États de l'Afrique Centrale
B.I.D.C.	Banque d'Investissement et de Développement de la Cedeao
B.O.A.D	Banque Ouest Africaine de Développement
B.R.I.C.S.	Brésil, Russie, Inde, Chine, Afrique du Sud
B.R.V.M	Banque Régionale des Valeurs Mobilières
B.V.G.	Bureau du Vérificateur Général
C.A.B.R.I.	Collaborative Africa Budget Reform Initiative (Initiative africaine concertée sur la réforme budgétaire)
C.B.M.T.	Cadre budgétaire à moyen terme
C.C.J.A.	Cour Commune de Justice et d'Arbitrage
C.C.N.U.C.C.	Convention-cadre des Nations-Unies sur les Changements Climatiques
C.D.B.F.	Cour de discipline budgétaire et financière
C.E.A.	Commission Économique des Nations Unies pour l'Afrique
C.E.A.O	Communauté Économique de l'Afrique Ouest
C.E.D.A.	Centre d'Edition et de Diffusion Africaines
C.E.D.E.A.O	Communauté Économique des États de l'Afrique de l'Ouest
C.E.E.I.	Centre d'étude de l'écriture et de l'image
C.E.M.A.C	Communauté Économique et Monétaire de l'Afrique Centrale
C.E.R.D.I.	Centre d'Études et de Recherches sur le Développement

	International
C.H.F.P.	Cadre harmonisé des finances publiques
C.N.D.J.	Centre National De Documentation Juridique
C.N.P.E.	Comité National de Politique Économique
C.N.S.S.	Caisse nationale de sécurité sociale
C.P.U.	Centre de Production Universitaire de l'Université d'Abomey-Calavi
C.R.E.D.I.L.A.	Centre de Recherche, d'Étude et de Documentation sur les Institutions et les Législations Africaines
C.S.T.	Comptes spéciaux du Trésor
CDMT	Cadre de dépense à moyen terme
D.A.B.	Distributeurs Automatiques de Billets
D.G.T.C.P.	Direction générale du Trésor et de la Comptabilité publique
D.L.F.	Directive relative aux Lois de Finances
D.O.B.	Débat d'orientation budgétaire
D.P.B.E.P.	Document de programmation budgétaire et économique pluriannuelle
D.P.P.D.	Document de programmation pluriannuelle des dépenses
D.R.F.C.T.	Directive portant Règlement Financier des Collectivités Territoriales
D.R.G.C.P.	Directive portant Règlement Général sur la Comptabilité Publique
D.S.R.P.	Document de Stratégie de Réduction de la Pauvreté
dir.	Sous la direction de
E.D.J.A.	Edition juridique africaine
E.I.T.I.	Extractive Industries Transparency Initiative (Initiative pour la Transparence des Industries Extractives)
F.C.F.A.	Franc de la Communauté financière africaine
F.M.I	Fonds Monétaire International
F.O.S.I.D.E.C	Fonds de Solidarité et d'Intervention pour le développement de la Communauté
G.A.B.	Guichets Automatiques de Banque
G.A.O.	Government Accountability office (Etats-Unis)
G.A.T.T.	Accord général sur les tarifs et le Commerce
I.A.D.M.	Initiative d'Allègement de la Dette Multilatérale
I.B.P.	Partenariat budgétaire international
I.G.E.	Inspection générale d'État
I.G.F.	Inspection générale des Financière
I.G.M.	Inspection générale des ministères
I.I.A.P.	Institut international d'administration publique
I.P.P.T.E.	Initiative en faveur des pays pauvres très endettés
INTOSAI	International Organisation of Supreme Audit Institutions (Organisation Internationale des Institutions Supérieures de Contrôle des Finances publiques)
L.G.D.J	Librairie Générale de Droit et de jurisprudence
L.O.L.F.	Loi organique relative aux lois de finances

L.O.L.F.S.S.	Loi organique relative aux lois de financement de la Sécurité sociale
M.A.E.P.	Mécanisme africain d'évaluation par les pairs
N.B.E.	Nomenclature Budgétaire de l'État
N.E.A	Nouvelles Éditions Africaines
N.E.P.A.D.	New Partnership for Africa's Development (Le Nouveau Partenariat pour le Développement de l'Afrique)
NAO	National audit office (Grande-Bretagne)
NCCC	Nouveaux cahiers du Conseil constitutionnel
O.B.I.	Open Budget Initiative
O.C.D.E	Organisation de Coopération et de développement Economiques
O.D.D.	Objectifs de Développement Durable
O.H.A.D.A.	Organisation pour l'Harmonisation en Afrique du Droit des Affaires
O.M.C.	Organisation mondiale du Commerce
O.M.D.	Objectif du millénaire pour le développement
O.N.U	Organisation des Nations unies
O.U.A	Organisation de l'Unité africaine
P.A.D.E.G.	Projet d'Appui à la Consolidation du Processus Démocratique
P.A.S.	Programme/Politiques d'ajustement Structurel
P.C.S.	Prélèvement Communautaire de Solidarité
P.E.F.A.	Public Expenditure and Financial Accountability (Dépenses publiques et responsabilité financière)
P.E.R.	Programme Économique Régional
P.I.B.	Produit Intérieur Brut
P.N.U.D.	Programme des Nations Unies pour le Développement
P.P.B.S.	Planning programming budgeting system
P.P.T.E.	Pays pauvres très endettés
P.U.A.M.	Presses Universitaires d'Aix-Marseille
P.U.F.	Presses universitaires de France
R.A.	Revue Administrative
R.A.F.I.P.	Revue africaine de finances publiques
R.B.S.J.A.	Revue béninoise des sciences juridiques et administratives
R.C.B.	Rationalisation des choix budgétaires
R.D.P	Revue de Droit Public et de la science politique en France et à l'étranger
R.E.L.F.	Rapport sur l'Exécution des Lois de Finances
R.F.A.P.	Revue Française d'Administration Publiques
R.F.D.A.	Revue française de droit administratif
R.F.D.C.	Revue française de droit constitutionnel
R.F.F.P	Revue française de Finances Publiques
R.F.O.-U.E.M.O.A.	Règlement Financier des Organes de l'Union Économique et Monétaire Ouest-Africaine
R.G.C.P.	Règlement général sur la comptabilité publique
R.G.F.I.P.	Revue Gestion et finances publiques

R.I.D.C.	Revue internationale de droit comparé
R.I.P.A.S.	Revue des Institutions Politiques et Administratives du Sénégal
R.I.S.A.	Revue internationale de science administrative
R.J.P.F.	Revue juridique et politique des États Francophones
R.J.P.I.C.	Revue Juridique et Politique Indépendance et Coopération
R.S.D.	Revue Sénégalaise de Droit
R.S.F.	Revue de Science financière
R.S.L.F.	Revue de Science et de Législation Financières
R.T.D. eur.	Revue trimestrielle de droit européen
S.G.I.	Société de gestion et d'intermédiation
S.R.P.	Stratégie de Réduction de la Pauvreté
SYSCOA	Système Comptable Ouest Africain
SYSCOHADA	Système Comptable de l'Organisation pour l'Harmonisation du Droit des Affaires en Afrique
T.E.C	Tarif extérieur Commun
T.O.F.E.	Tableau des opérations financière de l'État
T.V.A	Taxe sur la Valeur Ajoutée
U.E	Union Européenne
U.E.M.O.A	Union Économique et monétaire Ouest Africaine
U.M.O.A	Union Monétaire Ouest-Africaine
U.S. dollar	Dollar américain

PREFACE

Après la parution en 2017 de l'excellent ouvrage du Pr Nicaise MEDE intitulé « Finances Publiques -Espace UEMOAIUMOA » qui présentait déjà avec clarté et pédagogie, la réforme des finances publiques réalisée en 2009 par l'UEMOA, une équipe de chercheurs ouest-africains met cette fois à la disposition des acteurs financiers, un travail qui analyse les liens entre les constitutions et les textes financiers des États de l'Union.

Dans cet ouvrage, les auteurs dans une démarche comparative des constitutions et des actes législatifs et réglementaires des États membres avec les directives communautaires, mettent en lumière la façon dont la Loi fondamentale affirme de manière expresse ou indirecte les grands principes du droit des finances publiques. Par la même occasion, cet ouvrage fournit un recueil des textes nationaux à l'attention de tous les utilisateurs.

Ainsi, le lecteur est frappé par l'homogénéité voire la similitude des textes constitutionnels des États de l'Union. Ce qui n'est d'ailleurs pas très étonnant, nos pays ayant en commun l'héritage du droit français.

La Commission se réjouit de ces initiatives de chercheurs, enseignants et de cadres des administrations publiques ressortissants de la communauté, qui de plus en plus, font œuvre utile en mettant à la portée de tout le monde, les grands principes et règles souvent ésotériques du droit des finances publiques. Cette action de vulgarisation est fort salutaire pour la large diffusion des textes communautaires auprès des citoyens.

C'est pourquoi, je réitère mes félicitations aux auteurs qui s'illustrent, par la richesse de leurs travaux sur les finances publiques, comme les grands porte-voix de la cause de la bonne gouvernance financière dans les États de l'Union.

Il est de notoriété publique que pour les Hautes Autorités de l'Union, toutes les réformes engagées pour harmoniser les législations nationales relatives au droit comptable et budgétaire, au droit fiscal et au droit de la commande publique n'ont qu'un but : créer les conditions d'une plus grande efficacité, efficience et transparence dans la gestion des finances de nos États.

Puisse cet ouvrage, à la suite de ceux déjà publiés par le Centre d'Études et de Recherches sur l'Administration et les Finances (CERAF) dont Mr MEDE est le Directeur, aider à atteindre ce but.

Abdallah BOUREIMA
Président de la Commission de l'UEMOA

PROLOGUE

Si les théories scientifiques ont un intérêt, c'est celui de structurer la pensée, le vécu et les discours qui parcourent le quotidien des hommes. A quoi servent les organisations internationales, de dimension régionale ou mondiale ? Quelle est leur raison d'être ? La réponse à ces questions divise deux écoles de pensée : les tenants du réalisme et ceux du libéralisme et leurs déclinaisons contemporaines que sont les néoréalistes et les partisans du néolibéralisme.

Pour les premiers, la force qui fait bouger le monde est l'aspiration des nations souveraines à la puissance. Le moteur des relations internationales est l'instinct de puissance et la prévalence des intérêts des nations.[1] On peut, certes, envisager une sorte d'harmonie globale entre les peuples, une espèce de paix mondiale par la loi ou par « l'empire ». Mais la paix par la loi est une pensée vaine, le fruit de l'imagination féconde de « quelques juristes ivres de concepts ou (de) quelques idéalistes qui confond(ent) leurs rêves avec la réalité. »[2] La paix par l'empire devrait consacrer « la victoire d'un des candidats au pouvoir suprême »[3], à l'hégémonie mondiale. Mais cette perspective n'a jamais eu d'illustration historique. L'empire romain allait de l'Angleterre à Carthage au sud et à Constantinople (Ankara) à l'est, mais n'avait pas de prise sur les entités politiques indiennes, chinoises, africaines ou amérindiennes.

Par ailleurs, la fin de la guerre froide et la capitulation du bloc soviétique a généré *de facto* l'hyperpuissance américaine,[4] pendant que l'émergence de nouveaux pôles militaires et économiques fragilisent l'avènement d'un empire planétaire. Au surplus, la naissance de nouveaux modes de contre-régulation dans les relations internationales (fondamentalisme islamiste) et l'entrée des multinationales du sud dans le jeu de la gouvernance économique mondialisée finissent de condamner l'idée d'une paix mondiale acquise sous le glaive d'une seule nation qui mettrait ainsi l'humanité entière sous sa domination.

La doctrine du libéralisme dans les relations internationales, notamment sa version néo-institutionnalisme libéral prend le contre-pied des thèses ci-dessus énoncées. Elle est un acte de volonté, un acte de raison et de foi en la Raison

---

1 H. J. Morgenthau, cité par M. D. Bébada, *L'ONUet le défi politique de la mondialisation, critique de la doctrine de la gouvernance globale et l'option des grands ensembles régionaux*, Thèse droit, Lyon3, 2017, p. 22.

2 R. Aron, *Paix et guerre entre les nations*, Paris, Calmann-Lévy, 8ème édit. 1984, p.691.

3 *Idem* p.743.

4 H. Védrine, *Face à l'hyperpuissance : textes et discours, 1995-2003*, Paris, Fayard, 2003.

humaine. En un certain sens, elle est un humanisme positif qui s'incarne dans une « société internationale » faite de « règles et (d')institutions communes »[5] et qui régulent les relations interétatiques sur la scène internationale. En lieu et place de l'instinct de puissance, le maître mot devient l'idée de "coopération"[6] dans un environnement international où coexistent des "intérêts complémentaires."[7] La théorie des "régimes internationaux"[8] traduit davantage encore la doctrine du libéralisme sur la scène internationale. Selon un auteur, le régime international est « un ensemble d'anticipations communes, de règles et de régulations, de plans, d'accords et d'engagements (…) qui sont acceptés par un groupe de pays. »[9] Il en est ainsi de l'UEMOA.

Le principe même d'une intégration régionale avait été exclu par les thèses du panafricanisme messianique du 20ème siècle, du caribéen Henry Sylvester Williams à Kwame Nkrumah, sans oublier le savant Cheikh Anta Diop et le chanteur Bob Marley. Se fondant sur le constat que l'Afrique « recèle 97% des réserves mondiales de chrome et 85% des réserves mondiales de platine, 64% des réserves mondiales de manganèse, 25% des réserves mondiales d'uranium et 13% des réserves mondiales de cuivre sans parler de la bauxite, du nickel, du plomb, 20% du potentiel hydro-électrique mondial, 20% du pétrole commercialisé dans le monde (si nous excluons les USA et l'URSS), 70% de la production mondiale de cacao, 33% de la production mondiale de café et 50% de l'huile de palme », le Plan d'Action de Lagos (1980-2000) se voulait une initiative très volontaire pour le développement pensé et conduit par les Africains. Il préconise une démarche graduelle reprise par le Traité d'Abuja (1991) portant création de la Communauté économique africaine (CEA). Selon les signataires du traité, la CEA sera une réalité au bout d'un parcours sérié en six étapes qui culmineront en 2034 avec la naissance de l'Union Économique et Monétaire continentale. L'*Agenda 2063* adopté par les Chefs d'État de l'Union africaine en janvier 2015 fait aussi l'option du gradualisme et rappelle dans son préambule "le rôle essentiel des Communautés économiques régionales en tant que pierres angulaires de l'unité du continent." L'UEMOA trouve là un regain de légitimité mais aussi d'instrumentalité.

Partant d'une communauté de langue (ou presque) et de monnaie, les huit pays membres de l'Union économique et monétaire ouest-africaine fondent leur politique d'intégration régionale sur l'intégration par les politiques économiques, budgétaires et les domaines connexes d'une part, l'intégration par les règles et notamment les règles financières, d'autre part Les directives portant nouveau cadre harmonisé des finances publiques au sein de l'Union font partie de cette deuxième catégorie. Elles fixent le cadre juridique,

---

5 H. Bull cité par M. D. Bébada, thèse précitée, p. 52.

6 S. Krasner cité par M. D. Bébada, thèse précitée, p.60.

7 *Idem* p. 61.

8 R. O. Keohane et J.S. Nye, cité par M. D. Bébada, thèse précitée, p.60.

9 J. Ruggie, cité par M. D. Bébada, thèse précitée p.61.

statistique et comptable de la gestion des finances publiques dans les pays membres. Lesdites directives ont été transposées dans chaque État au moyen d'instruments juridiques divers : lois organiques, lois et décrets.

Le panorama normatif global nous offre une cinquantaine de textes dont l'ensemble doit former un tout harmonieux. La relation d'imputation des textes nationaux à l'égard des directives communautaires implique une conformité des premiers vis-à-vis des seconds. Ceci est une exigence juridique découlant du libellé du Traité de l'UEMOA ("La primauté bénéficie à toutes les normes communautaires, primaires comme dérivées, immédiatement applicables ou non et s'exerce à l'encontre de toutes les normes nationales, administratives, législatives, juridictionnelles et même constitutionnelles parce que l'ordre juridique communautaire l'emporte dans son intégralité sur les ordres juridiques nationaux" article 43), de la jurisprudence de la Cour de justice de l'UEMOA (Avis n°001/2003 du 18 mars 2003, Création d'une Cour des comptes au Mali) et de l'interprétation logique d'une décision de la Cour constitutionnelle du Bénin (Décision DCC 19-94 du 30 juin 1994, *Président de la République*).[10]

En effet, le monisme juridique auquel les États membres de l'Union adhèrent (Les traités ou accords régulièrement ratifiés ont, dès leur publication, une autorité supérieure à celle des lois, sous réserve pour chaque accord ou traité, de son application par l'autre partie), autorise et impose la conformité des textes nationaux avec le droit communautaire.[11] La cohérence des ordres juridiques est un impératif pour l'effectivité de la sécurité juridique dans les États membres de l'UEMOA.

Ce triple objectif de sécurité, de cohérence et de conformité implique une veille des juristes sur la qualité et le contenu des normes en vigueur. C'est dans cette logique que le CERAF (Centre d'Études et de Recherche sur l'Administration et les Finances), *think tank* de référence, a réuni une équipe d'universitaires et de praticiens des finances publiques de l'Afrique de l'ouest pour faire un travail de *screening* scientifique et de mise en exergue des incongruités qu'on peut relever, à l'occasion, dans notre belle architecture d'intégration par les règles. Il livre, ci-après, le fruit de ses travaux, sans autre prétention que la satisfaction d'avoir justifié sa mission : être un bailleur d'expertise !

Abomey-Calavi le 10 juillet 2017

nmede@becg-i.com

[10] Voir commentaires *in* N. MEDE, *Les grandes décisions de la Cour constitutionnelle du Bénin*, Saarbrücken, EUE, 2012, p. 404.

[11] Voir décision similaire de la Cour de justice des Communautés européennes (CJCE), arrêt Costa c/Enel, affaire 6/64 du 15 juillet 1964.

LES RÈGLEMENTS GENERAUX SUR LA COMPTABILITE PUBLIQUE (SUITE)

MALI : RÈGLEMENT GENERAL SUR LA COMPTABILITÉ PUBLIQUE

RÉPUBLIQUE DU MALI

Un Peuple - Un But - Une Foi

DÉCRET N°2014-0349/P-RM DU 22 MAI 2014 PORTANT RÈGLEMENT GENERAL SUR LA COMPTABILITÉ PUBLIQUE

LE PRÉSIDENT DE LA RÉPUBLIQUE

Vu la Constitution ;

Vu le Traité de l'Union Économique et Monétaire Ouest Africaine (UEMOA) signé le 10 janvier 1994 ;

Vu la Directive n°07/2009/CM/UEMOA portant règlement général sur la comptabilité publique au sein de l'UEMOA ;

Vu la Loi n°94-009 du 22 mars 1994, modifiée, portant principes fondamentaux de la création, de l'organisation, de la gestion et du contrôle des Services publics ;

Vu la Loi n°2013-028 du 11 juillet 2013 relative aux Lois de finances ;

Vu la Loi n°2013-031 du 23 juillet 2013 portant approbation du Code de Transparence dans la gestion des finances publiques au Mali ;

Vu le Décret n°2014-0250/P-RM du 05 avril 2014 portant nomination du Premier ministre ;

Vu le Décret n°2014-0257/P-RM du 11 avril 2014 portant nomination des membres du Gouvernement ;

STATUANT EN CONSEIL DES MINISTRES,
DÉCRÈTE :

TITRE I : DISPOSITIONS GÉNÉRALES

Article 1er : Le présent décret fixe les règles régissant l'exécution des budgets publics, la comptabilité, le contrôle des opérations financières, la gestion des deniers, valeurs et biens appartenant ou confiés à l'État et à ses établissements publics à l'exception des établissements publics à caractère industriel et commercial.

Les Collectivités Territoriales et leurs établissements, ainsi que les organismes de sécurité sociale le cas échéant, sont régis par des textes particuliers qui s'inspirent des principes définis dans le présent décret.

Article 2 : Les biens immobiliers, les biens mobiliers, les valeurs, titres et matières qui constituent le patrimoine de l'État sont acquis, affectés, conservés et cédés dans les conditions fixées par le présent décret et les règles particulières concernant la passation des marchés publics, la comptabilité des deniers, des valeurs et celle des matières.

Article 3 : Les ressources et les charges de l'État sont autorisées par une loi de finances qui est exécutée conformément aux lois, règlements et instructions en vigueur.

Aucune recette ne peut être liquidée ou encaissée, aucune dépense publique ne peut être engagée ou payée si elle n'a pas été au préalable autorisée par une loi de finances.

De même, les emprunts à moyen et long termes, les cessions d'actifs et les prêts et avances, font l'objet d'autorisation par une loi de finances.

En cours d'année, des opérations modificatives de la loi de finances peuvent intervenir pour changer la répartition initiale sous la forme d'ouverture de crédits par décret d'avances, de transferts de crédits, de virements de crédits, de fonds de concours, de reports de crédits et de rétablissements de crédits dans les conditions fixées par la loi relative aux lois de finances.

TITRE II : DES ORDONNATEURS ET DES COMPTABLES

CHAPITRE I : DISPOSITIONS COMMUNES

Article 4 : Les opérations relatives à l'exécution de la loi de finances et à la gestion des biens de l'État font intervenir deux catégories d'agents : les ordonnateurs et les comptables.

Article 5 : Les fonctions d'ordonnateur et celles de comptable sont incompatibles.

Les conjoints, les ascendants et les descendants des ordonnateurs ne peuvent être comptables des organismes auprès desquels ces ordonnateurs exercent leurs fonctions.

Article 6 : Il est interdit à toute personne non pourvue d'un titre légal d'exercer des fonctions d'ordonnateur, de contrôleur financier ou de comptable public, sous peine de poursuites prévues par la loi.

Le titre légal résulte de la nomination et de l'accréditation d'un ordonnateur, d'un contrôleur financier ou d'un comptable public conformément aux lois et règlements.

Article 7 : L'accréditation est l'obligation qui est faite à un agent intervenant dans les opérations financières de l'État de notifier à d'autres agents désignés par les lois et règlements, son acte de nomination et son spécimen de signature

L'accréditation s'effectue par diligence de l'agent lui-même dès son installation et sous sa responsabilité.

CHAPITRE II : DES ORDONNATEURS

Article 8 : Est ordonnateur toute personne ayant qualité au nom de l'État de prescrire l'exécution des recettes et/ou des dépenses inscrites au budget.

Les ministres et les présidents des institutions constitutionnelles sont ordonnateurs principaux des crédits, des programmes et des budgets annexes de leur ministère ou de leur institution, sous réserve du pouvoir de régulation des crédits budgétaires et de gestion de la trésorerie de l'État du ministre chargé des Finances et du pouvoir du contrôleur financier définis dans la loi relative aux lois de finances.

Les ministres et présidents d'institutions constitutionnelles exercent leurs attributions d'ordonnateur par le moyen d'ordonnateurs délégués au niveau des administrations centrales et d'ordonnateurs secondaires au niveau des services déconcentrés de l'État.

Les ordonnateurs peuvent déléguer tout ou partie des crédits dont ils ont la charge à des agents publics dans les conditions déterminées par les règlementations en vigueur.

Les directeurs des établissements publics nationaux sont ordonnateurs principaux des recettes et des dépenses de ces établissements. Ils peuvent déléguer leurs pouvoirs dans les conditions prévues par les lois et règlements régissant les établissements publics.

Les ordonnateurs peuvent également être suppléés en cas d'absence ou d'empêchement.

Article 9 : Le ministre chargé des Finances est l'ordonnateur principal unique des recettes du budget général, des comptes spéciaux du Trésor et de l'ensemble des opérations de trésorerie. Il prescrit l'exécution des recettes, constate les droits de l'État, liquide et émet les titres de créances correspondants.

Le ministre chargé des Finances est l'ordonnateur principal des crédits, des programmes et des budgets annexes de son ministère.

Article 10 : Le ministre chargé des Finances est responsable de l'exécution de la loi de finances et du respect de l'équilibre budgétaire et financier défini par celle-ci. A ce titre, il dispose d'un pouvoir de régulation budgétaire qui lui permet, au cours de l'exécution du budget :

- d'annuler un crédit devenu sans objet au cours de l'exercice ;
- d'annuler un crédit pour prévenir une détérioration de l'équilibre budgétaire et financier de la loi de finances.

En outre, le ministre chargé des Finances peut subordonner l'utilisation des crédits par les ordonnateurs aux disponibilités de trésorerie de l'État.

Article 11 : Les ordonnateurs prescrivent l'exécution des dépenses mentionnées au titre III du présent décret.

Sous réserve des dispositions particulières de l'article 10 du présent décret, ils procèdent aux engagements, liquidations et ordonnancements.

Les ordonnateurs émettent les ordres de mouvement affectant les biens et matières de l'État.

Article 12 : Les ordonnateurs sont accrédités auprès des comptables publics assignataires des opérations dont ils prescrivent l'exécution, conformément aux dispositions de l'article 7 du présent décret.

Article 13 : Les ordonnateurs sont personnellement responsables des contrôles qui leur incombent dans l'exercice de leurs fonctions. Ils encourent une responsabilité qui peut être disciplinaire, pénale ou civile, sans préjudice des sanctions qui peuvent leur être infligées par la juridiction des comptes à raison des fautes de gestion.

Dans les conditions définies par la loi relative aux lois de finances, les membres du gouvernement et les présidents des institutions constitutionnelles encourent, à raison de l'exercice de leurs attributions, les responsabilités que prévoit la Constitution.

Article 14 : Les actes des ordonnateurs : engagement, liquidation et ordonnancement sont retracés dans la comptabilité budgétaire permettant de suivre le déroulement des opérations budgétaires et d'effectuer le rapprochement avec les écritures des comptables publics.

CHAPITRE III : DES COMPTABLES PUBLICS

Section 1 : De la définition et des catégories de comptables publics

Article 15 : Est comptable public tout agent public régulièrement habilité pour effectuer, à titre exclusif, au nom de l'État ou d'un organisme public, des opérations de recettes, de dépenses ou de maniement de titres, soit au moyen de fonds et valeurs dont il a la garde, soit par virement interne d'écritures, soit par l'intermédiaire d'autres comptables.

Les comptables publics sont nommés par le ministre chargé des Finances ou avec son agrément, après avis du Directeur national du Trésor et de la Comptabilité Publique.

Est comptable de fait, toute personne qui, sans avoir la qualité de comptable public ou sans agir sous le contrôle et pour le compte d'un comptable public, s'immisce dans la gestion de deniers publics.

Il encourt de ce fait les mêmes obligations et responsabilités que le comptable public, sans préjudice des poursuites judiciaires.

Article 16 : Les différentes catégories de comptables publics sont :

- les comptables deniers et valeurs ;
- les comptables d'ordre.

Les comptables deniers et valeurs sont des personnes habilitées, affectées au maniement et à la conservation des fonds publics, des valeurs qui sont des valeurs de portefeuille, bons, traites, obligations, rentes et actions de société.

Les comptables deniers et valeurs sont :

- les comptables directs du Trésor ;
- les comptables des administrations financières ;
- les agents comptables des établissements publics ;
- les comptables des budgets annexes.

Les comptables d'ordre sont ceux qui centralisent et présentent dans leurs écritures et leurs comptes les opérations financières exécutées par d'autres comptables. Toutefois, les fonctions de comptable d'ordre ne sont pas incompatibles avec celles de comptable deniers et valeurs.

Le comptable supérieur est le comptable qui a sous son autorité hiérarchique un ou des comptables subordonnés.

Le comptable principal rend ses comptes à la juridiction des comptes. Le comptable secondaire est celui dont les opérations sont centralisées par un comptable principal auquel il rend compte.

Les fonctions de directeur chargé de la comptabilité publique ou de directeur chargé du Trésor sont incompatibles avec les fonctions de comptable public.

Article 17 : Les comptables publics deniers et valeurs visés à l'article 16 du présent décret sont seuls habilités à effectuer les opérations ci-après décrites :

- la prise en charge et le recouvrement des rôles, titres de perception, bulletins de liquidation et ordres de recettes non fiscales qui lui sont remis par un ordonnateur, des créances constatées par un contrat ou un marché public, un titre de propriété ou tout autre titre ou acte dont ils assurent la conservation ainsi que l'encaissement des droits au comptant et des recettes de toute nature que les administrations publiques sont habilitées à recevoir ;
- le visa, la prise en charge et le règlement des dépenses, soit sur ordre émanant d'un ordonnateur accrédité, soit au vu des titres présentés par les créanciers, soit de sa propre initiative, ainsi que la suite à donner aux oppositions et autres significations ;
- la garde et la conservation des fonds, valeurs, titres et matières appartenant ou confiés à l'État ou aux autres administrations publiques ;

- le maniement des fonds et les mouvements des comptes de disponibilités ;
- la conservation des pièces justificatives des opérations et des documents de comptabilité ;
- la tenue de la comptabilité du poste qu'ils dirigent.

Article 18 : Sous l'autorité du ministre chargé des Finances, les comptables directs du Trésor, principaux ou secondaires, exécutent toutes les opérations budgétaires, financières et de trésorerie de l'État, des budgets annexes et des comptes spéciaux du Trésor.

Article 19 : Les comptables des administrations financières des Impôts, des Douanes et des Domaines sont des fonctionnaires ou agents ayant qualité de comptables deniers et valeurs et chargés en particulier du recouvrement d'impôts, de droits, de redevances et de recettes diverses, ainsi que des pénalités fiscales et des frais de poursuites dans les conditions fixées par le Code général des impôts, le Code des douanes, le Code Domanial et Foncier, ainsi que les lois et règlements.

Les opérations des comptables des administrations financières sont centralisées dans les écritures des comptables du Trésor.

Article 20 : Les agents comptables des établissements publics exécutent toutes les opérations de recettes et de dépenses budgétaires ainsi que toutes les opérations de trésorerie de l'établissement auprès duquel ils sont accrédités.

L'agent comptable, chef des services de la comptabilité, a la qualité de comptable principal. Des comptables secondaires peuvent être désignés selon les modalités prévues par les réglementations et les textes particuliers organisant les établissements publics.

Article 1 : Les Comptables des budgets annexes sont des comptables principaux. Ils procèdent dans les conditions fixées par les textes en vigueur, à toutes les opérations de recettes, de dépenses et de trésorerie, découlant de l'exécution de ces budgets.

Ils peuvent également être chargés d'opérations d'encaissement de ressources pour le compte du Trésor.

Section 2 : Des droits et obligations des comptables publics

Article 22 : Les comptables peuvent avoir sous leur autorité des régisseurs de recettes et d'avances.

Ces régisseurs de recettes et d'avances sont habilités à exécuter des opérations d'encaissement ou de décaissement. Ils sont personnellement et pécuniairement responsables de leurs opérations.

Le comptable public de rattachement a l'obligation de contrôler sur pièces et sur place les opérations et la comptabilité des régisseurs. Il est personnellement et pécuniairement responsable des opérations des régisseurs dans la limite des contrôles qui lui incombent.

Les modalités de création, de fonctionnement des régies de recettes et des régies d'avances, ainsi que les conditions de nomination des régisseurs sont fixées par arrêté du ministre chargé des Finances. Une instruction du Directeur chargé de la comptabilité publique complète les procédures de fonctionnement des régies.

Article 23 : Les comptables publics sont astreints à la prestation de serment devant le juge des comptes et à la constitution de garanties. La formule de serment est définie par la Juridiction des Comptes et ainsi libellée : « Je jure de m'acquitter de mes fonctions de comptable public avec probité et fidélité, de me conformer exactement aux lois et règlements qui ont pour objet d'assurer l'inviolabilité des règles et le bon emploi des fonds publics ».

Aucun comptable ne peut entrer en fonction s'il n'a pas justifié de l'accomplissement de ces deux obligations.

Un arrêté du ministre chargé des Finances fixe les conditions de constitution, de gestion et de libération des garanties des comptables publics.

Conformément au Code de transparence dans la gestion des finances publiques, l'État garantit aux comptables publics les conditions matérielles, financières et morales nécessaires à la bonne exécution de leurs missions.

Article 24 : Les comptables publics sont accrédités auprès des ordonnateurs ainsi que, le cas échéant, des autres comptables publics avec lesquels ils sont en relation.

Article 25 : Les comptables publics peuvent déléguer leurs pouvoirs à un ou plusieurs mandataires ayant qualité pour agir en leur nom et sous leur responsabilité. Sauf dérogation autorisée par le ministre chargé des Finances, le mandataire doit être choisi parmi les agents du poste. Le mandataire est accrédité dans les mêmes conditions que le comptable titulaire.

Article 26 : Les seuls contrôles que les comptables publics sont tenus d'exercer sont les suivants :

a) en matière de recettes, le contrôle :

- de l'autorisation de percevoir les recettes, dans les conditions prévues, pour l'État et chaque catégorie d'administrations publiques, par les lois et règlements ;
- de la mise en recouvrement et de la liquidation des créances ainsi que de la régularité des réductions et des annulations de titres de recettes, dans la limite des éléments dont ils disposent ;

b) en matière de dépenses, le contrôle :

- de la qualité de l'ordonnateur ou de son délégué, de l'assignation de la dépense et de son imputation comptable ;
- de la validité de la créance, portant sur :
  - la justification du service fait, résultant de la certification délivrée par l'ordonnateur ainsi que des pièces justificatives produites ;

- l'intervention préalable des contrôles, autorisations, approbations, avis ou visas réglementaires ;
- la production des justifications et, le cas échéant, du certificat de prise en charge à l'inventaire ;
- l'application des règles de prescription et de déchéance ;

- du caractère libératoire du règlement incluant le contrôle de l'existence éventuelle d'oppositions, notamment de saisies des rémunérations ou de cessions ;

c) en matière de patrimoine, le contrôle :

- de la prise en charge à l'inventaire des actifs financiers et non financiers acquis ;
- de la conservation des droits, privilèges et hypothèques des immobilisations incorporelles et corporelles.

Article 27 : Les comptables publics procèdent à l'arrêté périodique de leurs écritures dans les conditions fixées par la réglementation comptable en vigueur.

Au 31 décembre de chaque année, ils procèdent obligatoirement à l'arrêté de toutes les caisses publiques. À cette date, il est établi un procès-verbal constatant et détaillant l'état de l'encaisse et des valeurs ainsi que celui des comptes de dépôts justifié par un état de rapprochement.

Un arrêté du ministre chargé des Finances fixe les modalités relatives à l'organisation, au déroulement, au délai de dépôt, d'exploitation et de publication des rapports de ces opérations de contrôle.

Article 28 : Les comptes de l'État sont produits à la juridiction des comptes au plus tard le 30 juin de l'exercice suivant celui au titre duquel ils sont établis.

En cas de retard, des amendes peuvent être infligées aux comptables par la juridiction des comptes.

En cas de besoin, un comptable commis d'office peut être désigné par le ministre chargé des Finances pour produire les comptes de gestion.

Section 3 : De la responsabilité des comptables publics

Article 29 : La responsabilité des comptables publics se trouve engagée dans les situations suivantes :

- un déficit de caisse ou un manquant en deniers ou en valeurs a été constaté ;
- une recette n'a pas été recouvrée ;
- une dépense a été irrégulièrement payée, en manquement aux obligations de contrôles énumérés à l'article 26 du présent décret ;
- par la faute du comptable public, l'organisme public a dû procéder à l'indemnisation d'un autre organisme public ou d'un tiers.

Le comptable public dont la responsabilité est engagée a l'obligation de verser , de ses deniers personnels, une somme égale soit au montant du déficit ou manquant constaté, de la perte de recette subie, de la dépense payée à tort ou de l'indemnité mise de son fait à la charge de l'État ou de tout autre organisme public.

Les comptables publics ne sont ni personnellement ni pécuniairement responsables des erreurs commises dans l'assiette et la liquidation des produits qu'ils sont chargés de recouvrer.

Les gestions irrégulières entraînent, pour leurs auteurs déclarés comptables de fait par la juridiction des comptes, les mêmes obligations et responsabilités que les gestions patentes pour les comptables publics selon les modalités procédurales décrites par la loi portant organisation et fonctionnement de ladite juridiction.

Article 30 : Les comptables publics ne sont pas tenus de déférer aux ordres irréguliers qui engagent leur responsabilité personnelle et pécuniaire, sauf réquisition émanant de l'ordonnateur principal dans les conditions définies à l'article 51 du présent décret. Dans ce cas, la responsabilité de ce dernier se substitue à celle du comptable.

Article 31 : La responsabilité pécuniaire d'un comptable public est mise en jeu par une décision de débet de nature soit administrative, soit juridictionnelle. Le débet administratif résulte d'un arrêté du ministre chargé des finances. Le débet juridictionnel résulte d'un arrêt de la juridiction des comptes.

Les arrêtés de débet produisent les mêmes effets et sont soumis aux mêmes règles d'exécution que les décisions juridictionnelles. Ils sont susceptibles de recours.

Le comptable de fait peut être condamné par la juridiction des comptes à une amende, en raison de son immixtion dans les fonctions de comptable public. Cette amende est calculée suivant l'importance et la durée de la détention ou du maniement des deniers. Son montant ne pourra dépasser le total des sommes indûment détenues ou maniées.

Article 32 : Les comptables publics peuvent obtenir une décharge de responsabilité ou la remise gracieuse des sommes laissées à leur charge dans les conditions prévues par l'article 33 ci-dessous.

Les comptables publics peuvent bénéficier d'un sursis de versement pendant l'examen de leur demande de décharge de responsabilité ou de remise gracieuse.

Le ministre chargé des Finances doit se prononcer sur la demande du comptable dans les trois (03) mois de sa réception sinon le sursis est réputé accordé.

En cas de décharge de responsabilité ou de remise gracieuse, les débets restent à la charge du budget de l'État ou de tout autre organisme public concerné dans les conditions fixées par la règlementation en vigueur.

Article 33 : La décharge de responsabilité ou la remise gracieuse, est accordée par le ministre chargé des Finances après avis du Directeur chargé de la comptabilité publique.

Un arrêté du ministre chargé des Finances fixe les conditions et les modalités d'obtention de la décharge de responsabilité ou de remise gracieuse par le comptable.

Section 4 : De la cessation de la fonction du comptable public et de la libération des garanties

Article 34 : La cessation de fonction d'un comptable public est prononcée dans les mêmes formes que sa nomination.

Hormis le cas de décès ou d'absence irrégulière, la cessation de fonction d'un comptable public donne lieu à l'établissement d'un procès-verbal de remise de service.

Dans les conditions définies par la réglementation, le ministre chargé des Finances ou toute autre autorité supérieure compétente peut désigner, dans l'attente de la prise de fonction du comptable titulaire, un comptable intérimaire qui a les mêmes droits et obligations que ce dernier.

Article 35 : La libération des garanties constituées par un comptable public ne peut intervenir que dans les conditions suivantes :

- pour les comptables principaux : après arrêts définitifs de quitus rendus par la juridiction des comptes sur les différentes gestions dont ils avaient la charge jusqu'à leur cessation de fonction ou par intervention de la prescription acquisitive conformément aux dispositions de la loi relative aux lois de finances ;
- pour les comptables secondaires : après obtention du certificat de décharge délivré par le Directeur chargé de la comptabilité publique, sur avis des comptables principaux auxquels ces comptables secondaires sont rattachés ;
- le certificat de décharge est délivré dans un délai fixé par les réglementations en vigueur en la matière. Il permet uniquement d'accorder la libération des garanties, mais n'emporte pas de conséquences quant à l'appréciation de la responsabilité éventuelle du comptable secondaire ;
- la libération des garanties est accordée par décision du ministre chargé des Finances sur proposition du Directeur chargé de la comptabilité publique, après constatation que les conditions prévues ci-dessus sont réunies.

TITRE III : DES OPERATIONS D'EXECUTION DU BUDGET

CHAPITRE I : DES OPERATIONS DE RECETTES

Article 36 : Les recettes de l'État comprennent les produits d'impôts, de taxes, de droits, les dons et les autres produits autorisés par les lois et règlements en vigueur ou résultant de décisions de justice ou de conventions.

Article 37 : Seules les recettes définies à l'article 36 du présent décret peuvent être perçues.

Il est interdit d'accorder des exonérations en franchise des recettes définies à l'article 36 du présent décret ou d'effectuer gratuitement la délivrance de produits ou services payants de l'État.

Article 38 : Il est fait recette au budget de l'État du montant intégral de tous les produits, quelle qu'en soit la provenance et sans contraction entre les recettes et les dépenses.

Section 1 : De la constatation, de la liquidation et de l'ordonnancement des recettes

Article 39 : Dans les conditions prévues pour chacune d'elles, les recettes sont constatées, liquidées et ordonnancées avant d'être prises en charge et recouvrées.

La constatation a pour objet d'identifier et d'évaluer la matière imposable.

La liquidation a pour objet de déterminer le montant de la créance sur les redevables et d'indiquer les bases sur lesquelles elle est effectuée.

Toute créance constatée et liquidée fait l'objet d'un titre de perception ou d'un ordre de recette émis par l'ordonnateur du budget concerné qui en a seul l'initiative.

En matière d'impôts et taxes assimilées, les rôles, les avis d'imposition, les états de liquidation et les titres de régularisation forment titres de perception.

Les redevances pour services rendus et les autres produits divers et éventuels de l'État sont perçus sur ordres de recettes formant titres de perception des créances constatées par états de liquidation ou décisions administratives.

Toute erreur de liquidation donne lieu, soit à l'émission d'un ordre d'annulation ou de réduction de recette, soit à l'émission d'un ordre de recette complémentaire.

Un arrêté du ministre chargé des Finances fixe les modalités de régularisation des recettes perçues avant ordonnancement.

Article 40 : Les règles d'exigibilité des créances de l'État sont fixées par les législations fiscales, douanières et domaniales, et, concernant les recettes non fiscales, par les textes les ayant instituées.

Les actes formant titres de perception sont notifiés aux comptables publics pour prise en charge selon les modalités déterminées par des textes particuliers ; ils sont notifiés aux redevables par avis les informant de la date d'échéance et des modalités de règlement.

Section 2 : Des recouvrements et des restes à recouvrer

Article 41 : Les modalités de recouvrement des recettes et des restes à recouvrer sont régies par la réglementation en la matière.

Section 3 : De la compensation et de la prescription de la recette publique

Article 42 : Les débiteurs de l'État ne peuvent pas se prévaloir de leurs créances vis-à-vis de l'État pour s'opposer au paiement de leurs dettes.

Par contre, le comptable doit, préalablement à tout paiement, opérer la compensation légale entre les dettes et les créances assignées sur sa caisse.

Article 43 : Les règles de prescription des recettes de l'État sont régies par les règlementations en vigueur.

CHAPITRE II : DES OPERATIONS DE DEPENSES

Article 44 : Les dépenses de l'État sont autorisées par la loi de finances. Celles de ses établissements publics sont autorisées par leur Conseil d'administration ou organes délibérants en tenant lieu.

Article 45 : Les dépenses sont engagées, liquidées et ordonnancées avant d'être payées. Toutefois, certaines catégories de dépenses limitativement énumérées peuvent être payées avant ordonnancement, mais doivent faire l'objet d'un ordonnancement de régularisation après le paiement.

Un arrêté du ministre chargé des Finances fixe la liste de ces dépenses et les modalités de leur régularisation.

Section 1 : De la phase administrative de la dépense publique

Article 46 : L'engagement juridique de la dépense publique est l'acte par lequel l'État crée ou constate à son encontre une obligation de laquelle résultera une charge.

L'engagement comptable de la dépense publique consiste à affecter des crédits au paiement de la dépense.

Le montant total des engagements ne doit pas dépasser le montant des autorisations budgétaires et doit demeurer subordonné aux lois et règlements en vigueur.

Article 47 : La liquidation a pour objet de vérifier la réalité de la dette et d'arrêter le montant exact de la dépense. Elle est faite au vu des titres et pièces justifiant la preuve des droits acquis par les créanciers.

Sauf dans les cas d'avance ou de paiement préalable autorisés par les lois et règlements, les services liquidateurs de l'État ne peuvent arrêter les droits des créanciers, y compris pour ce qui concerne les acomptes sur marché de travaux, biens ou services, qu'après constatation du service fait.

Article 48 : L'ordonnancement est l'acte administratif par lequel, conformément aux résultats de la liquidation, l'ordre est donné par l'ordonnateur au comptable assignataire de payer la dette de l'État.

Les ordres de paiement signés par les ordonnateurs sont assignés sur la caisse des comptables de l'État.

Article 49 : Les modalités pratiques d'exécution de la dépense, lors de la phase administrative, sont fixées par une instruction du ministre chargé des Finances.

Section 2 : De la phase comptable de la dépense publique et de la réquisition de paiement

Article 50 : Le paiement est l'acte par lequel l'État se libère de sa dette. Sous réserve des exceptions prévues par les lois et règlements, les paiements ne peuvent intervenir qu'à l'échéance de la dette, après l'exécution du service, au vu de décisions individuelles d'attribution de subvention, d'allocation ou d'avance.

Article 51 : Lorsque à l'occasion des contrôles prévus en matière de dépenses à l'article 26 du présent décret, des irrégularités sont constatées par les comptables, ceux-ci sont tenus de refuser le visa de la dépense.

Les comptables sont tenus d'adresser aux ordonnateurs et au ministre chargé des Finances une déclaration écrite et motivée de leurs refus de visa, accompagnée des pièces rejetées.

En cas de désaccord persistant, l'ordonnateur principal, après avoir recueilli l'avis consultatif du ministre chargé des Finances, peut réquisitionner le comptable selon les dispositions prévues par les réglementations en vigueur.

Dans ce cas, le comptable procède au paiement de la dépense et annexe au mandat, une copie de sa déclaration de rejet et l'original de l'acte de réquisition qu'il a reçu. Une copie de la réquisition et une copie de la déclaration des rejets sont transmises à la juridiction des Comptes et au ministre chargé des Finances et publiées.

Toutefois, sous réserve des dispositions particulières propres aux règlementations en vigueur, les comptables ne peuvent déférer à la réquisition de l'ordonnateur dès lors que le refus de visa est motivé par :

- l'indisponibilité de crédits ;
- l'absence de justification du service fait, sauf pour les avances et les subventions ;
- le caractère non libératoire du règlement.

Lorsque le comptable obtempère, en dehors des cas ci-dessus, à l'ordre de payer de l'ordonnateur, il cesse d'être responsable personnellement et pécuniairement de la dépense en cause. Dans ce cas, la responsabilité est transférée à l'ordonnateur.

Article 52 : Toutes oppositions ou autres significations ayant pour objet de suspendre le paiement ou de le transférer à un bénéficiaire doivent être adressées au comptable assignataire de la dépense. A défaut pour le saisissant ou l'opposant de remplir les formalités prescrites en la matière, l'opposition ou la signification sera réputée non avenue.

Article 53 : Les règlements de dépenses sont faits par remise d'espèces, de chèques, virement, ou d'autres instruments de paiement dans les conditions fixées par les réglementations en vigueur. Ces règlements ne doivent intervenir que sous réserve de l'application par le comptable assignataire des dispositions de l'article 42 du présent décret relatives à la compensation légale.

Les comptables assignataires sont chargés de vérifier les droits et qualités des parties prenantes et la régularité de leurs acquits et, à cet effet, d'exiger les pièces justificatives prévues par l'arrêté fixant la nomenclature des pièces justificatives.

Article 54 : Lorsque le créancier de l'État refuse de recevoir le paiement, la somme correspondante est consignée dans les écritures du Trésor dans l'attente de la solution du litige.

Section 3 : De la prescription de la dépense publique

Article 55 : Conformément aux dispositions de la loi relative aux lois de finances, sont prescrites au profit de l'État, toutes créances de tiers qui n'ont pas été payées dans un délai de quatre ans à partir du premier jour de l'année suivant celle au cours de laquelle les droits ont été acquis.

Article 56 : La prescription ne court ni contre le créancier ignorant, en toute bonne foi, de l'existence de créance et ses ayants droit ou ayants cause, ni contre celui qui ne peut agir soit directement, soit par l'intermédiaire d'un tiers, soit en cas de force majeure.

Elle est aussi interrompue par toute demande de paiement ou toute réclamation adressée par le créancier à l'administration, tout recours formé devant une juridiction quelle que soit la compétence de celle-ci, toute communication écrite de l'administration à quelque destinataire que ce soit dès qu'elle a trait à la créance, toute émission de moyen de règlement même partiel et même si le créancier n'est pas exactement désigné.

Un nouveau délai de quatre ans court à compter du premier jour de l'année suivant celle au cours de laquelle l'interruption a eu lieu.

CHAPITRE III : DES OPERATIONS DE TRESORERIE

Article 57 : Sont définis comme opérations de trésorerie tous les mouvements de numéraires, de valeurs mobilisables, de comptes de dépôts, de comptes courants et de comptes de créances et de dettes à court, moyen et long termes.

Les opérations de trésorerie comprennent :

- les opérations d'encaissement et de décaissement ;
- l'approvisionnement et le dégagement en fonds des caisses publiques ;
- l'escompte et l'encaissement des traites et obligations émises au profit de l'État dans le cadre de la réglementation en vigueur ;
- la gestion des fonds déposés par les correspondants et les opérations faites pour leur compte ;
- les tirages sur financements extérieurs, l'émission, la conversion, la gestion et le remboursement des emprunts publics à court, moyen et long termes ;
- les opérations de prêts et avances ;
- l'encaissement des produits des cessions d'actifs.

Article 58 : Les opérations de trésorerie sont exécutées exclusivement par les comptables publics, soit à leur propre initiative, soit sur l'ordre du ministre chargé des finances ou à la demande des tiers qualifiés pour leur compte. Les opérations de trésorerie sont décrites pour leur montant respectif et sans contraction.

Article 59 : Par exception à l'article 58 ci-dessus, les comptables directs du Trésor sont tenus de procéder «ès qualité » aux opérations d'achat, de vente et d'arbitrage concernant les titres émis par l'État et par les correspondants désignés par décret pris en conseil des Ministres sur le rapport du ministre chargé des Finances.

Article 60 : Les fonds détenus par les comptables publics sont gérés selon le principe de l'unité de caisse.

Un poste comptable dispose, d'une seule caisse, d'un seul compte courant bancaire quel que soit le nombre d'unités administratives dont il assure la gestion.

L'unité de trésorerie est le principe selon lequel le Trésor a un seul compte ouvert à la banque centrale dans lequel toutes les ressources de l'État sont déposées et duquel tous les décaissements sont effectués.

Hormis les mouvements de numéraires nécessités par l'approvisionnement et le dégagement des caisses des comptables publics, tous les règlements entre comptables publics sont réalisés par compte de transfert ou par virement de compte.

Les comptables publics procèdent à l'encaissement des titres et obligations qu'ils détiennent. Ils les présentent à l'escompte dans les conditions prévues par la réglementation bancaire en vigueur.

Les plafonds des encaisses des comptables publics, ainsi que les conditions et délais de leur dégagement, sont fixés par arrêté du ministre chargé des Finances en ce qui concerne les comptables du Trésor et des régies financières des Impôts et des Douanes et par délibération du Conseil d'administration des établissements publics à caractère administratif.

Article 61 : Tous les fonds publics, y compris les ressources extérieures mobilisées au titre des projets sont déposés dans un compte unique du Trésor public ouvert dans les livres de la Banque Centrale des États de l'Afrique de l'Ouest.

Toutefois, le ministre chargé des Finances peut autoriser l'ouverture de comptes :

- sur le territoire national, à la BCEAO ou dans une banque commerciale pour y déposer les fonds mobilisés dans le cadre de conventions de financement des bailleurs de fonds. Dans ce cas, la convention de financement prévoit les modalités de gestion desdits comptes ;
- sur le territoire national, dans des banques commerciales situées dans des localités non desservies par des agences de la BCEAO ;
- à l'étranger, dans des institutions financières agréées par le ministre chargé de Finances.

Article 62 : Toute personne n'ayant pas la qualité de comptable public, de régisseur de recettes ou d'avances ne peut se faire ouvrir « ès qualité » un compte de disponibilités.

Article 63 : Les fonds appartenant au Trésor public sont insaisissables.

Article 64 : La conversion de la dette publique ne peut être opérée que conformément aux autorisations données par une loi de finances.

Un décret pris en Conseil des Ministres sur le rapport du ministre chargé des Finances fixe les conditions dans lesquelles les titres d'emprunt émis par l'État détériorés, perdus ou volés peuvent être frappés d'opposition, remplacés ou remboursés.

Article 65 : Aucune dette de l'État ne peut être contractée sous forme d'émission de rentes perpétuelles.

Article 66 : Les correspondants du Trésor sont les organismes et particuliers qui, soit en application des lois et règlements, soit en vertu de conventions, déposent, à titre obligatoire ou facultatif, des fonds au Trésor ou sont autorisés à procéder à des opérations de recettes et de dépenses par l'intermédiaire de ses comptables.

Les règlementations en vigueur fixent les conditions d'ouverture ou de fonctionnement des comptes ouverts au nom des correspondants. Les comptes ouverts au nom des correspondants ne peuvent présenter de découvert.

CHAPITRE IV : DES OPERATIONS SUR LE PATRIMOINE

Article 67 : Le patrimoine financier de l'État est l'ensemble des actifs financiers détenus, à savoir les espèces, les dépôts à vue et à terme, les valeurs mobilières ou les créances sur les tiers.

Le patrimoine non financier est l'ensemble des biens corporels et incorporels appartenant à l'État.

Article 68 : La gestion du patrimoine de l'État relève de la compétence de chaque ordonnateur dans la limite de la part existant dans son ministère ou institution, sous réserve des pouvoirs des autorités chargées du patrimoine non financier.

Les modalités de prise en charge, d'emploi et de conservation des biens et des matières, des objets et des valeurs sont fixées selon la règlementation en vigueur sur la comptabilité matières.

Les règles de classement et d'évaluation des divers éléments du patrimoine mobilier et immobilier et des stocks, les limites dans lesquelles doivent être fixés les taux d'amortissement ou les provisions pour dépréciation ainsi que les modalités de réévaluation sont prévues par un dispositif communautaire.

En attendant la mise en place de ce dispositif communautaire, les textes en vigueur s'appliquent.

Les biens corporels et incorporels appartenant à l'État ou à tout autre organisme public doté d'un comptable public sont insaisissables.

Article 69 : Les conditions de réforme et de cession des biens durables du patrimoine sont déterminées par la règlementation en vigueur sur la comptabilité matières.

CHAPITRE V : DE LA JUSTIFICATION DES OPERATIONS

Article 70 : Les opérations de recettes, de dépenses, de trésorerie et de patrimoine qui sont décrites aux chapitres 1 à 4 du titre III du présent décret doivent être appuyées par des pièces justificatives prévues dans une nomenclature établie par arrêté du ministre chargé des Finances après avis de la juridiction des comptes.

Article 71 : Les pièces justificatives des opérations de recettes, de dépenses, de trésorerie et de patrimoine produites à l'appui des comptes adressés au juge des comptes sont tenues à sa disposition pendant toute la durée de ses investigations.

Lorsqu'elles sont conservées par les comptables publics, elles ne peuvent être détruites avant l'examen des comptes concernés ou avant la durée de prescription applicable à l'opération.

La durée de conservation des pièces justificatives est de dix ans. Elle peut être prorogée par les règlementations en vigueur.

Article 72 : En cas de perte, de vol, de destruction ou de détérioration de pièces justificatives remises aux comptables, ceux-ci établissent un certificat de perte transmis au comptable supérieur qui peut autoriser le comptable subordonné à pourvoir au remplacement des pièces sous forme de duplicata.

TITRE IV : DE LA COMPTABILITE ET DES COMPTES DE L'ÉTAT

CHAPITRE I : DISPOSITIONS COMMUNES

Article 73 : Le plan comptable de l'État s'inspire du Système Comptable Ouest Africain et des autres normes comptables internationales, tout en tenant compte des spécificités de l'État.

Article 74 : La comptabilité de l'État a pour objet la description de ses opérations financières. À cet effet, elle est organisée en vue de permettre :

- l'information des autorités de contrôle et de gestion ;
- la connaissance et le contrôle des opérations budgétaires et des opérations de trésorerie ;
- la connaissance de la situation du patrimoine ;
- la détermination des résultats annuels ;
- le calcul du prix de revient, du coût et du rendement de l'activité des services ;
- l'intégration des opérations dans la comptabilité économique nationale ;
- les analyses économiques et financières en vue de l'établissement de ratios et tableaux de bord.

Le ministre chargé des Finances détermine les règles générales de comptabilité et fixe, avec le ministre intéressé, le plan comptable particulier de chaque organisme public autre que l'État.

Article 75 : La comptabilité de l'État comprend une comptabilité budgétaire et une comptabilité générale.

Sous réserve des dispositions prévues, les règles générales de comptabilité sont définies aux articles ci-après par le ministre chargé des Finances. Ce dernier fixe, avec le ministre intéressé, le plan comptable particulier de chaque établissement public.

Article 76 : La comptabilité de l'État comprend :

- toutes les opérations rattachées au budget de l'année en cause jusqu'à la date de clôture de ce budget selon la réglementation en vigueur en la matière ;
- toutes les opérations de trésorerie et les opérations sur le patrimoine faites au cours de l'année ainsi que les opérations de régularisation.

Les comptes de l'État sont arrêtés à la fin de la période d'exécution du budget par les ordonnateurs en ce qui concerne la comptabilité budgétaire et la comptabilité des matières, et par les comptables principaux en ce qui concerne la comptabilité générale de l'État.

CHAPITRE II : DE LA COMPTABILITE BUDGETAIRE

Article 77 : La comptabilité budgétaire a pour objet de retracer, pour l'exercice concerné, les opérations d'exécution du budget de l'État et des autres organismes publics en recettes et en dépenses et conformément à la nomenclature de présentation et de vote du budget ou de l'état des prévisions.

Cette comptabilité est renseignée par les comptables publics en ce qui concerne les encaissements et paiements relatifs aux opérations de recettes et de dépenses.

Elle permet de suivre les liquidations, émissions, prises en charge, recouvrements et restes à recouvrer en matière de recettes, d'une part, les engagements, liquidations, ordonnancements, paiements et restes à payer en matière de dépenses, d'autre part.

La comptabilité budgétaire dégage un résultat correspondant à la différence entre les recettes encaissées et les dépenses ordonnancées sur le budget général et les comptes spéciaux au titre de l'année considérée.

Article 78 : La comptabilité budgétaire tenue par les ordonnateurs couvre la phase administrative des opérations de recettes et de dépenses.

Elle est tenue en partie simple.

Article 79 : La période couverte par la comptabilité budgétaire est la gestion couvrant l'année civile, sans période complémentaire. Une circulaire du ministre chargé des Finances fixe les délais-limites pour l'arrêté des opérations d'engagement, de liquidation et d'ordonnancement au titre de l'exécution du budget d'une année donnée.

Article 80 : Les comptes générés par la comptabilité budgétaire sont constitués des comptes administratifs établis par les ordonnateurs et consolidés par le ministre chargé des Finances, appuyés d'un état de développement des recettes budgétaires et d'un état de développement des dépenses budgétaires établis par le comptable principal.

CHAPITRE III : DE LA COMPTABILITE GENERALE DE L'ÉTAT

Article 81 : La comptabilité générale de l'État a pour objet de décrire le patrimoine de l'État et son évolution. Elle est tenue en partie double et est fondée sur le principe de la constatation des droits et des obligations dans les conditions fixées par le décret relatif au Plan comptable de l'État.

Les opérations sont prises en compte au titre de l'exercice auquel elles se rattachent indépendamment de leur date de paiement ou d'encaissement.

La comptabilité générale de l'État s'appuie sur la comptabilité des matières.

La comptabilité générale de l'État est une comptabilité d'exercice. Elle a pour objet de retracer :

- les opérations budgétaires ;
- les opérations de trésorerie ;
- les opérations faites avec des tiers et les opérations d'attente et de régularisation ;
- les mouvements du patrimoine et des valeurs ;
- les flux de gestion internes : amortissements, provisions, les produits et charges rattachés.

Article 82 : L'organisation de la comptabilité générale de l'État est fondée sur les principes suivants :

- la déconcentration de la comptabilité générale, en vue de la rapprocher du fait générateur et des ordonnateurs ainsi que leurs services gestionnaires ;
- l'inscription au bilan de l'État de tous les flux de gestion portant sur les actifs non financiers, les dettes et créances, en vue de la connaissance du patrimoine public et partant, de la capacité de l'État à faire face à ses engagements.

Article 83 : La comptabilité générale de l'État est tenue exclusivement par les comptables directs du Trésor et les comptables des administrations financières par année civile.

Elle peut être assortie d'une période complémentaire d'une durée maximum d'un mois à compter de la fin de l'exercice budgétaire.

Seules des opérations de régularisation d'ordre comptable peuvent être effectuées au cours de la période complémentaire. Aucune opération budgétaire ne peut être effectuée au cours de cette période.

Article 84 : Les modalités d'exécution des opérations de régularisation pendant la période complémentaire sont définies dans les procédures comptables prévues par le Plan comptable de l'État.

Article 85 : Les comptes annuels de l'État sont dressés par le ministre chargé des Finances et comprennent le Compte Général de l'Administration des Finances et les états financiers.

Le Compte Général de l'Administration des Finances comprend :

- la balance générale des comptes ;
- le développement des recettes budgétaires ;
- le développement des dépenses budgétaires ;
- le développement des opérations constatées aux comptes spéciaux du Trésor ;
- le développement des comptes de résultats.

Le Compte Général de l'Administration des Finances est produit à la Juridiction des comptes à l'appui du projet de loi de règlement.

La comptabilité générale de l'État permet également de produire les états financiers de l'État comprenant le bilan, le compte de résultat, le tableau des opérations financières du Trésor, le tableau des flux de trésorerie et l'état annexé dans les conditions définies par le décret portant Plan comptable de l'État.

CHAPITRE IV : DE LA COMPTABILITE DES MATIERES, VALEURS ET TITRES

Article 86 : La comptabilité des matières, valeurs et titres est une comptabilité d'inventaire permanent ayant pour objet la description des existants, des biens mobiliers et immobiliers, des stocks autres que les deniers et valeurs de l'État.

Elle permet un suivi des immobilisations incorporelles, des immobilisations corporelles, des stocks et des valeurs inactives.

La comptabilité des matières peut être tenue en partie simple ou en partie double. Elle décrit l'existant et les mouvements d'entrée et de sortie concernant :

- les immobilisations incorporelles et corporelles ;
- les stocks de marchandises, fournitures ;
- les titres nominatifs, au porteur ou à ordre, et les valeurs diverses appartenant ou confiées à l'État ainsi que les objets qui lui sont remis en dépôt ;
- les formules, titres, tickets et vignettes destinés à l'émission ou à la vente.

Des inventaires et comptes d'emploi sont établis à date fixe et à l'occasion des contrôles effectués par les organes habilités.

Article 87 : Les biens corporels et incorporels acquis avant la date de mise en vigueur du présent décret, sont inventoriés, immatriculés, valorisés et enregistrés dans les livres suivant les modalités, méthodes et techniques définies dans un référentiel harmonisé à l'usage des États membres de l'Union.

Les nouvelles acquisitions sont enregistrées au fur et à mesure des certifications délivrées par les ordonnateurs et des imputations données par les comptables aux comptes appropriés.

Des rapprochements contradictoires périodiques sont effectués entre les données de la comptabilité des matières et celles de la comptabilité générale de l'État.

Article 88 : La comptabilité des matières est tenue par des agents habilités par l'ordonnateur. Ces derniers sont personnellement et pécuniairement responsables des mouvements qu'ils ordonnent sur les éléments du patrimoine.

L'organisation et le système comptables applicables à la comptabilité des matières sont définis par la réglementation en vigueur.

CHAPITRE V : DE LA COMPTABILITE ANALYTIQUE DES COUTS

Article 89 : La comptabilité analytique des coûts a pour objet de faire apparaître les éléments de coûts des services rendus ou de prix de revient des biens produits et des services fournis ainsi que de permettre le contrôle des rendements et performances des services, notamment dans le cadre des budgets de programmes et de la gestion axée sur les résultats.

Les modalités de mise en œuvre de cette comptabilité sont définies par un arrêté interministériel.

TITRE V : DU CONTROLE DE L'EXECUTION DU BUDGET

Article 90 : Sans préjudice des pouvoirs de l'Assemblée Nationale, les opérations d'exécution du budget de l'État sont soumises à un double contrôle, administratif et juridictionnel.

Le contrôle administratif est le contrôle de l'administration sur ses agents, incluant le contrôle interne *a priori*, concomitant et *a posteriori*.

Le contrôle juridictionnel est exercé par la juridiction des comptes de l'État ou, le cas échéant, par la Cour des comptes de l'Union Économique et Monétaire Ouest Africaine.

CHAPITRE I : DU CONTROLE ADMINISTRATIF

Section 1 : Des caractéristiques du contrôle administratif

Article 91 : Le contrôle administratif s'exerce soit sous la forme de contrôle hiérarchique, soit sous la forme de contrôle organique par l'intermédiaire de corps et organes de contrôle spécialisés.

Section 2 : Des contrôles exercés par les Contrôleurs financiers

Article 92 : Les contrôleurs financiers exercent des contrôles *a priori*. Ils peuvent exercer des contrôles *a posteriori* des opérations budgétaires. Ils relèvent du ministre chargé des Finances et sont placés auprès des ordonnateurs.

Article 93 : Les contrôles *a priori* exercés par les contrôleurs financiers portent sur les opérations budgétaires.

Tous les actes des ordonnateurs portant engagement de dépenses, notamment les marchés publics ou contrats, arrêtés, mesures ou décisions émanant d'un ordonnateur, sont soumis au visa préalable du Contrôleur financier.

Ces actes sont examinés au regard de l'imputation de la dépense, de la disponibilité des crédits, de l'application des dispositions d'ordrc financier, des lois et règlements, de leur conformité avec les autorisations parlementaires, des conséquences que les mesures proposées peuvent avoir sur les finances publiques.

Les ordonnances ou mandats de paiement et les délégations de crédits non revêtus du visa du Contrôleur financier ou de son délégué sont nuls et de nul effet.

Le Contrôleur financier ou son délégué s'assure notamment que les ordonnances et les mandats se rapportent à un engagement de dépenses déjà visé par lui. Si les titres de paiement lui paraissent entachés d'irrégularités, il doit en refuser le visa.

Article 94 : Le Contrôleur financier ou son délégué tient la comptabilité des dépenses engagées afin de suivre la consommation des crédits et de déterminer la disponibilité ou non de crédits suffisants pour de nouveaux engagements de dépenses.

Article 95 : Les contrôleurs financiers peuvent a postériori donner des avis sur les résultats et les performances des programmes, au regard des objectifs fixés, des moyens utilisés et de l'organisation des services des ordonnateurs.

Un arrêté du ministre chargé des Finances détermine les conditions et les modalités de ce contrôle *a posteriori*.

Article 96 : Par exception aux dispositions de l'article 93 du présent décret et conformément aux dispositions de la loi relative aux lois de finances, le contrôleur financier adapte dans les conditions définies par la réglementation en vigueur les modalités de mise en œuvre de ses contrôles au regard de la qualité et de l'efficacité du contrôle interne ainsi que du contrôle de gestion mis en œuvre par l'ordonnateur.

Section 3 : De la responsabilité du contrôleur financier

Article 97 : Le Contrôleur financier est personnellement responsable des contrôles portant sur :

- la disponibilité des crédits ;
- la vérification des prix par rapport à la mercuriale en vigueur et, au titre de la validité de la créance ;
- l'exactitude des calculs de liquidation de la dépense.

Si les mesures proposées lui paraissent entachées d'irrégularités au regard des dispositions qui précèdent, le Contrôleur financier refuse son visa. En cas de désaccord persistant, il en réfère au ministre chargé des Finances. Il ne peut être passé outre au refus de visa que sur autorisation écrite du ministre chargé des Finances. Dans ce cas, la responsabilité du ministre chargé des Finances se substitue à celle du Contrôleur financier.

De même, lorsque le Contrôleur financier délivre une autorisation écrite permettant de passer outre le refus de visa de son délégué auprès d'un ministère, d'une institution ou d'une autre administration publique centrale ou déconcentrée, la responsabilité du contrôleur financier se substitue à celle de son délégué.

Section 4 : Des autres organes de contrôle administratif

Article 98 : L'Exécutif peut créer des organes de contrôle *a posteriori*. Ces structures de contrôle interne à l'administration exercent leurs activités sur toutes les opérations liées à l'exécution du budget de l'État ainsi que sur celles de tout organisme de droit public ou privé bénéficiant de ressources publiques. Elles interviennent sur pièces et/ou sur place, sur les actes des ordonnateurs et sur ceux des comptables. Ils peuvent à tout moment effectuer des contrôles pendant l'exécution desdites opérations.

Article 99 : Les organes et corps de contrôle exercent leurs missions d'inspection, de vérification ou d'audit, conduisent leurs investigations et élaborent leurs rapports conformément aux normes internationales en vigueur.

Article 100 : Les rapports produits à la suite des contrôles, vérifications et audits effectués par les organes et corps de contrôle administratifs, sont mis à la disposition du public, dans les conditions déterminées par les règlementations en vigueur.

Chaque rapport de contrôle, d'inspection et d'audit fait l'objet d'une réponse écrite de la part du service audité, qui précise comment les recommandations dudit rapport seront appliquées.

Dans tous les cas, les droits des différentes parties doivent être garantis.

Article 101 : Les modalités de coordination des activités des différents organes de contrôle administratif sont prévues par la réglementation en vigueur.

CHAPITRE II : DU CONTROLE JURIDICTIONNEL

Article 102 : La juridiction des comptes juge les comptes des comptables publics et se prononce sur la qualité de la gestion des ordonnateurs, notamment la bonne exécution de leurs programmes.

Les comptables principaux de l'État établissent un compte de gestion, sur chiffres et sur pièces, par budget et par exercice budgétaire définitivement clôturé.

Ce compte est transmis à la Juridiction des comptes au plus tard le 30 juin de l'exercice suivant celui au titre duquel il est établi.

TITRE VI : DISPOSITIONS TRANSITOIRES ET FINALES

Article 103 : Les dispositions du présent décret sont applicables à compter de la date de signature.

Toutefois, l'application intégrale est fixée au 1er janvier 2017 pour les dispositions portant sur :

- les avis sur la qualité des procédures comptables et des comptes publics prévus à l'article 102 du présent décret ;
- la compétence de la Juridiction des comptes en matière de sanction des fautes de gestion prévues à l'article 13 du présent décret ;
- la déconcentration de la fonction d'ordonnateur principal prévue à l'article 8 du présent décret.

En ce qui concerne les dispositions portant sur les règles et procédures découlant du principe de la constatation des droits et obligations régissant la comptabilité générale telle que définie aux articles 81, 82 et 85 du présent décret, leur application intégrale est fixée au 1er janvier 2019.

Article 104 : Le présent décret abroge toutes dispositions antérieures contraires notamment celles du Décret N°97-192/P-RM du 9 Juin 1997 portant Règlement Général de la Comptabilité Publique.

Article 105 : Le ministre de l'Économie et des Finances est chargé de l'exécution du présent décret, qui sera enregistré et publié au Journal officiel.

Bamako le, 22 MAI 2014

Le Président de la République,

Ibrahim Boubacar KEITA

2

Le Premier Ministre

Moussa MARA

Le Ministre de l'Économie et des Finances

Madame BOUARE FILY SISSOKO

NIGER : RÈGLEMENT GÉNÉRAL SUR LA COMPTABILITÉ PUBLIQUE.

REPUBLIQUE DU NIGER

Décret n° 2013-83/PRN/MF du 1er mars 2013, portant Règlement général de la comptabilité publique.

Le Président de la République,

Vu la Constitution du 25 novembre 2010 ;

Vu la loi organique n° 2012-09 du 26 mars 2012, portant loi organique relative aux lois de finances ;

Vu l'ordonnance n° 2010-015 du 15 avril 2010, portant création organisation et attributions de la Direction générale du trésor et de la comptabilité publique et les textes modificatifs subséquents ;

Vu le décret n° 2011-001/PRN du 07 avril 2011, portant nomination du Premier ministre ;

Vu le décret n° 2011-015/PRN du 21 avril 2011, portant nomination des membres du Gouvernement et les textes modificatifs subséquents ;

Vu le décret n° 2011-53/PRN/MF du 18 mai 2011, déterminant les attributions du ministre des finances ;

Vu le décret n° 2011-54/PRN/MF du 18 mai 2011, portant organisation du ministère des finances ;

Sur rapport du ministre des finances ;

Le Conseil des ministres entendu ;

DÉCRÈTE :

TITRE PREMIER : DES DISPOSITIONS GÉNÉRALES

Article premier - Le présent décret fixe les règles fondamentales régissant l'exécution des budgets publics, la comptabilité, le contrôle des opérations financières, la gestion des deniers, valeurs et biens appartenant ou confiés à l'État et à ses établissements publics à caractère administratif.

Les collectivités locales et leurs établissements, ainsi que les organismes de sécurité sociale, le cas échéant, sont régis par des textes particuliers qui s'inspirent des principes définis dans le présent décret.

Article 2 - Les biens immobiliers, les valeurs, titres et matières qui constituent le patrimoine de l'État sont acquis, affectés, conservés et cédés dans les conditions fixées par le présent décret, et les règles particulières concernant la passation des marchés publics, la comptabilité des deniers, des valeurs et celle des matières.

Article 3 - Les ressources et les charges de l'État sont autorisées par une loi de finances qui est exécutée conformément aux lois, règlements et instructions en vigueur. Aucune recette ne peut être liquidée ou encaissée, aucune dépense publique ne peut être engagée ou payée si elle n'a été au préalable autorisée par une loi de finances.

De même, les emprunts à moyen et long termes, les cessions d'actifs et les prêts et avances, font l'objet d'autorisation par une loi de finances.

En cours d'année, des opérations modificatives de la loi de finances peuvent intervenir pour changer la répartition initiale sous la forme d'ouverture de crédits par décret d'avances, de transferts de crédits, de virements de crédits, de fonds de concours, de reports de crédits et de rétablissements de crédits dans les conditions fixées par la loi organique relative aux lois de finances.

TITRE II : DES ORDONNATEURS ET DES COMPTABLES

CHAPITRE PREMIER : DES DISPOSITIONS COMMUNES

Article 4 - Les opérations relatives à l'exécution de la loi de finances et à la gestion des biens de l'État font intervenir deux catégories d'agents : les ordonnateurs et les comptables.

Article 5 - Les fonctions d'ordonnateur et celles de comptable sont incomptables. Les conjoints, les ascendants et les descendants directs des ordonnateurs ne peuvent être comptables des organismes auprès desquels ces ordonnateurs exercent leurs fonctions.

Ces incompatibilités peuvent être étendues par la réglementation nationale.

Article 6 - Il est interdit à toute personne non pourvue d'un titre légal d'exercer des fonctions d'ordonnateur, de contrôleur financier ou de comptable public sous peine de poursuites prévues par la loi.

Le titre légal résulte de la nomination et de l'accréditation d'un ordonnateur, d'un contrôleur financier ou d'un comptable public conformément aux lois et règlements.

Article 7 - L'accréditation est (l'obligation) faite à un agent intervenant dans les opérations financières de l'État de notifier à d'autres agents désignés par les lois et règlements son acte de nomination et son spécimen de signature.

L'accréditation s'effectue par diligence de l'agent lui-même dès son installation et sous sa responsabilité.

CHAPITRE 2 : DES ORDONNATEURS

Article 8 - Est ordonnateur, toute personne ayant qualité au nom de l'État de prescrire l'exécution des recettes et/ou des dépenses inscrites au budget.

Les ministres et les présidents des institutions constitutionnelles sont ordonnateurs principaux des crédits, des programmes et des budgets annexes de leur ministère ou de leur institution, sous réserve du pouvoir de régulation des crédits budgétaires et de gestion de la trésorerie de l'État du ministre chargé des finances et du pourvoir du contrôleur financier définis dans la loi organique relative aux lois de finances.

Les ministres et présidents d'institutions constitutionnelles exercent leurs attributions d'ordonnateur par le moyen d'ordonnateurs délégués au niveau des administrations centrales et d'ordonnateurs secondaires au niveau des services déconcentrés de l'État.

Les ordonnateurs peuvent déléguer tout ou partie des crédits dont ils ont la charge à des agents publics dans les conditions déterminées par les textes en vigueur.

Les ordonnateurs peuvent également être suppléés en cas d'absence ou d'empêchement.

Article 9 - Le ministre chargé des finances conserve la qualité d'ordonnateur principal unique du budget général, des budgets annexes et des comptes spéciaux du Trésor.

Durant cette période, le ministre chargé des finances peut déléguer son pouvoir d'engagement et d'ordonnancement à un ou plusieurs ministres ainsi qu'aux présidents des institutions constitutionnelles pour leurs budgets respectifs.

Article 10 - Le ministre chargé des finances est ordonnateur principal unique des recettes du budget général, des comptes spéciaux du Trésor et de l'ensemble des opérations de trésorerie. Il prescrit l'exécution des recettes, constate les droits de l'Etat, liquide et émet les titres de créances correspondants.

Le ministre chargé des finances est ordonnateur principal des crédits, des programmes et des budgets annexes de son ministère.

Article 11 - Le ministre chargé des finances est responsable de l'exécution de la loi des finances et du respect de l'équilibre budgétaire et financier défini par celle-ci. A ce titre, il dispose d'un pouvoir de régulation budgétaire qui lui permet, au cours de l'exécution du budget :

- d'annuler un crédit devenu sans objet au cours de l'exercice ;
- d'annuler un crédit pour prévenir une détérioration de l'équilibre budgétaire et financier de la loi de finances.

En outre, le ministre chargé des finances peut subordonner l'utilisation des crédits par les ordonnateurs aux disponibilités de trésorerie de l'État.

Article 12 : Les ordonnateurs prescrivent l'exécution des dépenses mentionnées au titre III du présent décret.

Sous réserve des dispositions particulières de l'article 11 du présent décret, ils procèdent aux engagements, liquidations et ordonnancements.

Les ordonnateurs émettent les ordres de mouvement affectant les biens et matières de l'État.

Article 13 - Les ordonnateurs sont accrédités auprès des comptables publics assignataires des opérations dont ils prescrivent l'exécution, conformément aux dispositions de l'article 7 du présent décret.

Article 14 - Les ordonnateurs sont personnellement responsables des contrôles qui leur incombent dans l'exercice de leurs fonctions. Ils encourent une responsabilité qui peut être disciplinaire, pénale ou civile, sans préjudice des sanctions qui peuvent leur être infligées par la Cour des comptes en raison des fautes de gestion.

Article 15 - Les actes des ordonnateurs, engagement, liquidation et ordonnancement sont retracés dans la comptabilité budgétaire permettant de suivre le déroulement des opérations budgétaires et d'effectuer le rapprochement avec les écritures des comptables publics.

CHAPITRE 3 : DES COMPTABLES PUBLICS

Section première : De la définition et des catégories de comptables publics

Article 16 - Est comptable public tout agent public régulièrement habilité pour effectuer, à titre exclusif, au nom de l'État ou d'un organisme public, des opérations de recettes, de dépenses ou de maniement de titres, soit au moyen de fonds et valeurs dont il a la garde, soit par virement interne d'écritures, soit par l'intermédiaire d'autres comptables.

Les modalités de nomination des comptables publics sont définies par la réglementation en vigueur.

Est comptable de fait, toute personne qui, sans avoir la qualité de comptable public ou sans agir sous contrôle et pour le compte d'un comptable public, s'immisce dans la gestion de deniers publics.

Les organismes publics, tels que définis dans l'article 55 de la loi organique relative aux lois des finances, comprennent en particulier les collectivités locales, les établissements publics à caractère administratif et les organismes de protection sociale.

Article 17 - Les différentes catégories de comptables publics sont :

- les comptables deniers et valeurs ;
- les comptables d'ordre.

Les comptables deniers et valeurs sont des personnes habilitées, affectées au maniement et à la conservation des fonds publics, des valeurs qui sont des valeurs de portefeuille, bons, traites, obligations, rentes et actions de société. Les comptables deniers et valeurs sont :

- les comptables directs du Trésor ;
- les comptables des administrations financières ;
- les agents comptables des établissements publics.

Les comptables d'ordre sont ceux qui centralisent et présentent dans leurs écritures et leurs comptes les opérations financières exécutées par d'autres comptables. Toutefois, les fonctions de comptable d'ordre ne sont pas incompatibles avec celles de comptable deniers et valeurs.

Le comptable supérieur est le comptable qui a sous son autorité hiérarchique un ou des comptables subordonnés.

Le comptable principal rend ses comptes à la Cour des comptes. Le comptable secondaire est celui dont les opérations sont centralisées par un comptable principal auquel il rend compte.

Les fonctions de directeur chargé de la comptabilité publique ou de directeur chargé du Trésor sont incompatibles avec les fonctions de comptable public.

Article 18 - Le comptable public denier et valeurs visé à l'article 17 du présent décret est seul habilité à effectuer les opérations ci- après décrites :

- la prise en charge et le recouvrement des rôles, titres de perception, bulletins de liquidation et ordres de recettes non fiscales qui lui sont remis par un ordonnateur, des créances constatées par un contrat ou un marché public, un titre de propriété ou tout autre titre ou acte dont il assure la conservation ainsi que l'encaissement des droits au comptant et des recettes de toute nature que les administrations publiques sont habilitées à recevoir ;
- le visa, la prise en charge et le règlement des dépenses, soit sur ordre émanant d'un ordonnateur accrédité, soit au vu des titres présentés par les créanciers, soit de sa propre initiative, ainsi que la suite à donner aux oppositions et autres significations ;
- la garde et la conservation des fonds, valeurs, titres et matières appartenant ou confiés à l'État ou aux autres administrations publiques ;
- le maniement des fonds et les mouvements des comptes de disponibilités ;
- la conservation des pièces justificatives des opérations et des documents de comptabilité ;
- la tenue de la comptabilité du poste qu'il dirige.

Article 19 - Sous l'autorité du ministre chargé des finances, les comptables directs du trésor, principaux ou secondaires, exécutent toutes opérations budgétaires, financières et de trésorerie de l'État, des budgets annexes et des comptes spéciaux du Trésor.

Article 20 - Les comptables des administrations financières des impôts et des douanes sont des fonctionnaires ou agents ayant qualité de comptables deniers et valeurs et chargés en particulier du recouvrement d'impôts, de droits, de redevances et de recettes diverses, ainsi que des pénalités fiscales et des frais de poursuites dans les conditions fixées par le Code général des impôts, le Code des douanes, le Code du domaine de l'État, ainsi que les lois et règlements.

Les comptables des administrations financières peuvent être organisés en réseaux de postes comptables comprenant des comptables supérieurs ou subordonnés, principaux ou secondaires, distincts du réseau du trésor dans les conditions fixées par les textes en vigueur.

Les opérations des comptables des administrations financières sont centralisées dans les écritures du trésor.

Article 21 - Les agents comptables des établissements publics exécutent toutes les opérations de recettes et de dépenses budgétaires ainsi que toutes les opérations de trésorerie de l'établissement auprès duquel ils sont accrédités.

L'agent comptable, chef des services de la comptabilité, a la qualité de comptable principal.

Des comptables secondaires peuvent être désignés selon les modalités prévues par la réglementation en vigueur.

Article 22 - Les comptables peuvent avoir sous leur autorité des régisseurs de recettes et d'avances. Ces régisseurs de recettes et d'avances, sont habilités à exécuter des opérations d'encaissement ou de décaissement.

Ils sont personnellement et pécuniairement responsables de leurs opérations.

Le comptable public de rattachement a l'obligation de contrôler sur pièces et sur place les opérations et la comptabilité des régisseurs. Il est personnellement et pécuniairement responsable des opérations des régisseurs dans la limite des contrôles qui lui incombent.

Les modalités de création, de fonctionnement des régies de recettes et des régies d'avances, ainsi que les conditions de nomination des régisseurs sont fixées par arrêté du ministre chargé des finances.

Section 2 : Des droits et obligations des comptables publics

Article 23 - Les comptables publics sont astreints à la prestation de serment et à la constitution de garanties. Les comptables principaux prêtent serment auprès de la juridiction nationale chargée de la vérification des comptes et les autres comptables auprès de juridictions de rang inférieur.

La formule de serment est définie par la réglementation en vigueur. Aucun comptable ne peut entrer en fonction s'il n'a pas justifié de l'accomplissement de ces deux obligations.

Un arrêté du ministre chargé des finances fixe les conditions de constitution, de gestion et de libération des garanties des comptables publics.

Conformément à la loi portant code de transparence dans la gestion des finances publiques, l'État garantit aux comptables publics les conditions matérielles, financières et morales nécessaires à la bonne exécution de leurs missions.

Article 24 - Les comptables publics sont accrédités auprès des ordonnateurs ainsi que, le cas échéant, des autres comptables publics avec lesquels ils sont en relation.

Article 25 - Les comptables publics peuvent déléguer leurs pouvoirs à un ou plusieurs mandataires ayant qualité pour agir en leur nom et sous leur responsabilité. Sauf dérogation autorisée par le ministre chargé des finances, le mandataire doit être choisi parmi les agents du poste.

Le mandataire est accrédité dans les mêmes conditions que le comptable titulaire.

Article 26 - Les seuls contrôles que les comptables publics sont tenus d'exercer sont les suivants :

a) en matière de recettes, le contrôle :

- de l'autorisation de percevoir les recettes, dans les conditions prévues, pour l'État et chaque catégorie d'administrations publiques, par les lois et règlements ;
- de la mise en recouvrement et de la liquidation des créances ainsi que de la régularité des réductions et des annulations de titres de recettes, dans la limite des éléments dont ils disposent ;

b) en matière de dépenses, le contrôle :

- de la qualité de l'ordonnateur ou de son délégué, et de l'assignation de la dépense ;
- de la validité de la créance, portant sur :
  - la justification du service fait, résultant de la certification délivrée par l'ordonnateur ainsi que des pièces justificatives produites ;
  - l'intervention préalable des contrôles, autorisations, approbations, avis ou visa réglementaires ;
  - la production des justifications et, le cas échéant, du certificat de prise en charge à l'inventaire ;
  - l'application des règles de prescription et de déchéance ;
- du caractère libératoire du règlement incluant le contrôle de l'existence éventuelle d'oppositions, notamment de saisies arrêts ou de cessions ;

c) en matière de patrimoine, le contrôle :

- de la prise en charge à l'inventaire des actifs financiers et non financiers acquis ;
- de la conservation des droits, privilèges et hypothèques des immobilisations incorporelles et corporelles.

Article 27 - Les comptables publics procèdent à l'arrêté périodique de leurs écritures dans les conditions fixées par la réglementation comptable en vigueur.

Au 31 décembre de chaque année, ils procèdent obligatoirement à l'arrêté de toutes les caisses publiques. A cette date, il est établi un procès-verbal constatant et détaillant l'état de l'encaisse et des valeurs ainsi que celui des comptes de dépôts justifié par un état de rapprochement.

Un arrêté du ministre chargé des finances fixe les modalités relatives à l'organisation, au déroulement, au délai de dépôt, d'exploitation et de publication des rapports de ces opérations de contrôle.

Article 28 - Les comptes de l'État sont produits à la Cour des comptes au plus tard le 30 juin de l'exercice suivant celui au titre duquel ils sont établis.

En cas de retard, des amendes peuvent être infligées aux comptables par la Cour des comptes.

En cas de besoin, un comptable commis d'office peut être désigné par le ministre chargé des finances pour produire les comptes de gestion.

Section 3 : De la responsabilité des comptables publics

Article 29 - La responsabilité des comptables publics se trouve engagée dans les situations suivantes :

- un déficit de caisse ou un manquant en deniers ou en valeurs a été constaté ;

- une recette n'a pas été recouvrée ;
- une dépense a été irrégulièrement payée, en manquement aux obligations de contrôles énumérés à l'article 28 du présent décret ;
- par la faute du comptable public, l'organisme public a dû procéder à l'indemnisation d'un autre organisme public ou d'un tiers.

Le comptable public dont la responsabilité est engagée a l'obligation de verser, de ses deniers personnels, une somme égale au montant du déficit ou manquant constaté, de la perte de recette subie, de la dépense payée à tort ou de l'indemnité mise de son fait à la charge de l'État ou de tout autre organisme public.

Les comptables publics ne sont ni personnellement ni pécuniairement responsables des erreurs commises dans l'assiette et la liquidation des produits qu'ils sont chargés de recouvrer.

Les gestions irrégulières entraînent, pour leurs auteurs déclarés comptables de fait par la Cour des Comptes, les mêmes obligations et responsabilités que les gestions patentes pour les comptables publics selon les modalités procédurales décrites par la loi nationale portant organisation et fonctionnement de ladite Cour.

Article 30 - Les comptables publics ne sont pas tenus de déférer aux ordres irréguliers qui engagent leur responsabilité personnelle et pécuniaire, sauf réquisition émanant de l'ordonnateur principal dans les conditions définies à l'article 50 du présent décret. Dans ce cas, la responsabilité de ce dernier se substitue à celle du comptable.

Article 31 - La responsabilité pécuniaire d'un comptable public est mises en jeu par une décision de débet de nature soit administrative, soit juridictionnelle. Le débet administratif résulte d'un arrêté du ministre chargé des finances. Le débet juridictionnel résulte d'un arrêt de la Cour des comptes.

Les arrêtés de débet produisent les mêmes effets et sont soumis aux mêmes règles d'exécution que les décisions juridictionnelles. Ils sont susceptibles de recours.

Les comptables de fait peuvent être condamnés par la Cour des comptes à une amende, en raison de leur immixtion dans les fonctions de comptable public. Cette amende est calculée suivant l'importance et la durée de la détention ou du maniement des deniers. Son montant ne pourra dépasser le total des sommes indûment détenues ou maniées.

Article 32 - Les comptables publics peuvent obtenir une décharge de responsabilité ou la remise gracieuse des sommes laissées à leur charge dans les conditions prévues par la réglementation en vigueur.

Les comptables publics peuvent bénéficier d'un sursis de versement pendant l'examen de leur demande de décharge de responsabilité ou de remise gracieuse. En cas de décharge de responsabilité ou de remise gracieuse, les débets restent à la charge du budget de l'État ou de tout autre organisme public, concerné dans les conditions fixées par la règlementation en vigueur.

Section 4 : De la cessation de la fonction du comptable public et de la libération des garanties

Article 33 - La cessation de fonction d'un comptable public est prononcée dans les mêmes formes que sa nomination.

Hors le cas de décès, d'absence irrégulière, aucun comptable public ne peut cesser ses fonctions sans qu'il ait été établi un procès-verbal contradictoire de remise de service.

Dans les conditions définies par la réglementation, le ministre chargé des finances ou toute autre autorité supérieure compétente peut désigner, dans l'attente de la prise de fonction du comptable titulaire, un comptable intérimaire qui a les mêmes droits et obligations que ce dernier.

Article 34 - La libération des garanties constituées par un comptable public ne peut intervenir que dans les conditions suivantes :

- pour les comptables principaux : après arrêts définitifs de quitus rendus par la Cour des comptes sur les différentes gestions dont ils avaient la charge jusqu'à leur cessation de fonction ou par intervention de la prescription acquisitive conformément aux dispositions de l'article 75 de la loi organique relative aux lois de finances ;
- pour les comptables secondaires : après obtention du certificat de décharge délivré par le directeur chargé de la comptabilité publique, sur avis des comptables principaux auxquels ces comptables secondaires sont rattachés. Le certificat de décharge doit être délivré dans les six mois de la demande expresse de libération de ses garanties présentée par le comptable secondaire, sauf, dans le même délai, refus écrit et motivé du comptable principal. Il permet uniquement d'accorder la responsabilité éventuelle du comptable secondaire ;
- la libération des garanties est accordée par décision du ministre chargé des finances sur proposition du directeur chargé de la Comptabilité Publique, après constatation que les conditions prévues ci-dessus sont réunies.

TITRE III : DES OPÉRATIONS D'EXÉCUTION DU BUDGET

CHAPITRE PREMIER : DES OPÉRATIONS DE RECETTES

Article 35 - Les recettes de l'État et des organismes publics comprennent les produits d'impôts, de taxes, de redevances, de droits, les emprunts, les subventions, les dons et les autres produits autorisés par les lois et règlements en vigueur ou résultant de décisions de justice ou de conventions, ainsi que les rémunérations des services rendus et les produits de cession d'actifs.

Article 36 - Toutes contributions directes ou indirectes autres que celles qui sont légalement instituées, à quelque titre et sous quelque dénomination qu'elles se perçoivent, sont formellement interdites. Tout agent qui confectionnerait des titres de perception et tarifs autres que ceux légalement institués et qui en ferait le recouvrement, sera poursuivi comme concussionnaire, sans préjudice de l'action en répétition pendant trois (3) années contre tous receveurs, comptables ou individus qui en auraient fait la perception.

Sont également punissables des peines prévues à l'égard des concussionnaires tous détenteurs de l'autorité publique qui, sous une forme quelconque et pour quelque motif que ce soit, auront sans autorisation de la loi, accordé des exonérations en franchises de droit, impôt ou taxe publique ou auront effectué gratuitement la délivrance de produits ou services payants de l'État ou des autres organismes publics.

Article 37 - Il est fait recette au budget de l'État du montant intégral de tous les produits, quelle qu'en soit la provenance, et sans contraction entre les recettes et les dépenses.

Section première : De la constatation, de la liquidation et de l'ordonnancement des recettes.

Article 38 - Dans les conditions prévues pour chacune d'elles, les recettes sont liquidées, avant d'être prises en charge et recouvrées sous réserve des dispositions prévues par l'article 39 ci-dessous.

La liquidation a pour objet de déterminer le montant de la créance sur les redevables et doit indiquer les bases sur lesquelles elle est effectuée.

Toute erreur de liquidation donne lieu :

- soit à l'émission d'un ordre d'annulation ou de réduction de recette, et d'une annulation de prise en charge ;
- soit à l'émission d'un ordre complémentaire ; la prise en charge et le recouvrement correspondant interviennent dans les conditions indiquées à l'alinéa premier du présent article.

Article 39 - Toute créance constatée et liquidée fait l'objet d'un acte formant titre de perception émis par l'ordonnateur du budget qui a seul l'initiative.

En matière d'impôts et taxes assimilées, les avis de mises en recouvrement émis et les états de liquidation forment titres de perception.

Les redevances pour services rendus et autres produits divers et éventuels de l'État ou des autres organismes publics sont perçus sur ordre de recettes formant titres de perception des créances constatées par états de liquidation ou décisions administratives.

Pour les recettes encaissées sur versements spontanés des redevables, des titres de perception sont établis périodiquement à titre de régularisation.

Article 40 - Les règles d'exigibilité des créances de l'État sont fixées par les législations fiscales et douanières et concernant les recettes non fiscales, par les textes les ayant instituées.

Les actes formant titres de perception sont notifiés aux comptables publics pour prise en charge selon les modalités déterminées par les textes particuliers ; ils sont notifiés aux redevables par avis les informant de la date d'échéance et des modalités de règlement.

Section 2 : Des recouvrements et des restes à payer

Article 41 - Les modalités de recouvrement des recettes et des restes à recouvrer sont régies par les textes en vigueur.

Section 3 : De la compensation et de la prescription de la recette publique

Article 42 - Les débiteurs de l'État ne peuvent pas se prévaloir de leurs créances vis-vis de l'État pour s'opposer au paiement de leurs dettes. Par contre, le comptable doit, préalablement à tout paiement, opérer la compensation légale entre les dettes et les créances assignées sur sa caisse.

Article 43 - Les règles de prescription des recettes de l'État sont régies par les textes en vigueur.

CHAPITRE 2 : DES OPÉRATIONS DE DÉPENSES

Article 44 - Les dépenses de l'État sont autorisées par la loi de finances. Celles de ses établissements publics à caractère administratif sont autorisées par leur conseil d'administration ou organes délibérants en tenant lieu.

Article 45 - Les dépenses sont engagées, liquidées et ordonnancées avant d'être payées. Toutefois, certaines catégories de dépenses limitativement énumérées peuvent, dans les conditions prévues par les textes en vigueur, être payées avant ordonnancement, mais faire l'objet d'un ordonnancement de régularisation.

Section première : De la phase administrative de la dépense publique

Article 46 - L'engagement juridique de la dépense publique est l'acte par lequel l'État crée ou constate à son encontre une obligation de laquelle résultera une charge.

L'engagement comptable de la dépense publique consiste à affecter des crédits au paiement de la dépense.

Le montant total des engagements ne doit pas dépasser le montant des autorisations budgétaires, et doit demeurer subordonné aux lois et règlements en vigueur.

Article 47 - La liquidation a pour objet de vérifier la réalité de la dette et d'arrêter le montant exact de la dépense. Elle est faite au vu des titres et pièces justifiant la preuve des droits acquis par les créanciers.

Sauf dans les cas d'avance ou de paiement préalable autorisés par les lois et règlements, les services liquidateurs de l'État ne peuvent arrêter les droits des créanciers, y compris pour ce qui concerne les acomptes sur marché de travaux, biens ou services, qu'après constatation du service fait.

Article 48 - L'ordonnancement est l'acte administratif par lequel, conformément aux résultats de la liquidation, l'ordre est donné par l'ordonnateur au comptable assignataire de payer la dette de l'État.

Les titres de règlement émis par l'ordonnateur et assignés sur la caisse du comptable public sont :

- soit des ordres de virement ;
- soit des bons de caisse payables en espèces ;
- soit des ordres de paiement.

Article 49 - Les modalités pratiques d'exécution de la dépense, lors de la phase administrative, sont fixées par voie règlementaire.

Section 2 : De la phase comptable de la dépense publique et de la liquidation de paiement

Article 50 - Le paiement est l'acte par lequel l'État se libère de sa dette. Sous réserve des exceptions prévues par les lois et règlements, les paiements ne peuvent intervenir qu'à l'échéance de la dette, après l'exécution du service, au vu des décisions individuelles d'attribution de subvention, l'allocation ou d'avance.

Article 51 - Lorsqu'à l'occasion des contrôles prévus en matière de dépenses à l'article 26 du présent décret, les irrégularités sont constatées par les comptables, ceux-ci sont tenus de refuser le visa de la dépense.

Les comptables sont tenus d'adresser aux ordonnateurs et au ministre chargé des finances une déclaration écrite et motivée de leurs refus de visa, accompagnée des pièces rejetées.

En cas de désaccord persistant, l'ordonnateur principal, après avoir recueilli l'avis consultatif du ministre chargé des finances, peut réquisitionner le comptable selon les dispositions prévues par les textes en vigueurs.

Dans ce cas, le comptable procède au paiement de la dépense, et annexe au mandat, une copie de sa déclaration de rejet et l'original de l'acte de réquisition qu'il a reçu. Une copie de la réquisition et une copie de la déclaration des rejets sont transmises à la Cour des comptes et au ministre chargé des finances et publiées.

Toutefois, sous réserve des dispositions particulières propres aux textes en vigueur, les comptables ne peuvent déférer à la réquisition de l'ordonnateur dès lors que le refus de visa est motivé par :

- l'indisponibilité de crédits ;
- l'absence de justification du service fait, sauf pour les avances et les subventions ;
- le caractère non libératoire du règlement.

Lorsque le comptable obtempère, en dehors des cas ci-dessus, à l'ordre de payer de l'ordonnateur, il cesse d'être responsable personnellement et pécuniairement de la dépense en cause. Dans ce cas, la responsabilité est transférée à l'ordonnateur.

Article 52 - Toutes oppositions ou autres significations ayant pour objet d'arrêter un paiement doivent être faites, sous peine de nullité, entre les mains du comptable assignataire de la dépense.

A défaut, pour le saisissant ou l'opposant, de remplir les formalités prescrites en la matière par la règlementation en vigueur, l'opposition sera réputée non avenue.

Article 53 - Les règlements de dépenses sont faits par remise d'espèces, de chèques, virement, ou d'autres instruments de paiement dans les conditions fixées par les textes en vigueur. Ces règlements ne doivent intervenir que sous réserve de l'application par le comptable assignataire des dispositions de l'article 42 du présent décret relatives à la compensation légale.

Les comptables assignataires sont chargés de vérifier les droits et qualités des parties prenantes et la régularité de leurs acquits et, à cet effet, d'exiger les pièces justificatives prévues par la règlementation en vigueur.

Article 54 - Lorsque le créancier de l'État refuse de recevoir le paiement, la somme correspondante est consignée dans les écritures du trésor dans l'attente de la solution du litige.

Section 3 : De la prescription de la dépense publique

Article 55 - Conformément aux dispositions de la loi organique relative aux lois de finances, sont prescrites au profit de l'État, toutes créances de tiers qui n'ont pas été payées dans le délai de quatre ans à partir du premier jour de l'année suivant celle au cours de laquelle les droits ont été acquis.

L'interruption, la suspension ou l'exemption de la prescription qui découle des dispositions du présent article sont régies par les textes en vigueur.

CHAPITRE 3 : DES OPÉRATIONS DE TRÉSORERIE

Article 56 - Sont définis comme opérations de trésorerie tous les mouvements de numéraires, de valeurs mobilisables, de comptes de dépôts, de comptes courants et de comptes de créances et de dettes à court, moyen et long termes.

Les opérations de trésorerie comprennent :

- les opérations d'encaissement et de décaissement ;
- l'approvisionnement et le dégagement en fonds des caisses publiques ;
- l'escompte et l'encaissement des traites et obligations émises au profit de l'État dans le cadre de la réglementation en vigueur ;
- la gestion des fonds déposés par les correspondants et les opérations faites pour leur compte ;
- les tirages sur financements extérieurs, l'émission, la conversion, la gestion et le remboursement des emprunts publics à court, moyen et long termes ;
- les opérations de prêts et avances ;
- l'encaissement des produits des cessions d'actifs.

Article 57 - Les opérations de trésorerie sont exécutées exclusivement par les comptables publics, soit à leur propre initiative, soit sur l'ordre du ministre chargé des finances ou à la demande des tiers qualifiés pour leur compte. Les opérations de trésorerie sont décrites pour leur montant respectif et sans contraction.

Article 58 - Les fonds détenus par les comptables publics sont gérés selon le principe de l'unité de caisse. Un poste comptable dispose, sauf dérogation expresse du ministre chargé des finances, d'une seule caisse, d'un seul compte courant bancaire ou postal quel que soit le nombre d'unités administratives dont il assure la gestion.

L'unité de trésorerie est le principe selon lequel le Trésor a un seul compte ouvert à la banque centrale dans lequel toutes les ressources de l'État sont déposées et duquel tous les décaissements sont effectués.

Hormis les mouvements de numéraires nécessités par l'approvisionnement et le dégagement des caisses des comptables publics, tous les règlements entre comptables publics sont réalisés par compte de transfert ou par virement de compte.

Les comptables publics procèdent à l'encaissement des titres et obligations qu'ils détiennent. Ils les présentent à l'escompte dans les conditions prévues par la réglementation bancaire en vigueur.

Les plafonds des encaisses des comptables publics, ainsi que les conditions et détails de leur dégagement, sont fixés par arrêté du ministre chargé des finances en ce qui concerne les comptables du trésor et des régies financières des Impôts et des douanes, et par délibération du conseil d'administration des établissements publics à caractère administratif.

Article 59 - Tous les fonds publics, y compris les ressources extérieures mobilisées au titre des projets sont déposés dans un compte unique du Trésor public ouvert dans les livres de la Banque centrale des États de l'Afrique de l'Ouest (BCEAO).

Toutefois, le ministre chargé des finances peut autoriser l'ouverture de comptes :

- sur le territoire national, à la BCEAO ou dans une banque commerciale pour y déposer les fonds mobilisés dans le cadre de conventions de financement des bailleurs de fonds. Dans ce cas, la convention de financement prévoit les modalités de gestion desdits comptes ;
- sur le territoire national, dans des banques commerciales situées dans des localités non desservies par des agences de la BCEAO ;
- à l'étranger, dans des institutions financières agréées par le ministre chargé des finances.

Article 60 - Les fonds appartenant au trésor public sont insaisissables.

Article 61 - La convention de la dette publique ne peut être opérée que conformément aux autorisations données par une loi des finances.

Les conditions dans lesquelles les titres d'emprunt émis par l'État, détériorés, perdus ou volés, peuvent être frappés d'opposition, remplacés ou remboursés, sont définies par voie réglementaire.

Article 62 - Les correspondants du trésor sont les organismes et particuliers qui, soit en application des lois et règlements, soit en vertu de conventions, déposent, à titre obligatoire ou facultatif, des fonds au Trésor ou sont autorisés à réaliser des opérations de recettes et de dépenses par l'intermédiaire de ses comptables.

Le ministre chargé des finances fixe les conditions d'ouverture ou de fonctionnement des comptes ouverts au nom des correspondants.

Les comptes ouverts au nom des correspondants ne peuvent présenter de découvert.

CHAPITRE 4 : DES OPÉRATIONS SUR LE PATRIMOINE

Article 63 - Le patrimoine financier de l'État est l'ensemble des actifs financiers détenus, à savoir les espèces, les dépôts à vue et à terme, les valeurs mobilières ou les créances sur les tiers.

Le patrimoine non financier est l'ensemble des biens corporels et incorporels appartenant à l'État.

Article 64 - La gestion du patrimoine de l'État relève de la compétence de chaque ordonnateur dans la limite de la part existant dans son ministère ou institution, sous réserve des pouvoirs des autorités chargées du patrimoine non financier.

Les modalités de prise en charge, d'emploi et de conservation des biens et des matières, des objets et des valeurs sont fixées selon les textes en vigueur.

Les règles de classement et d'évaluation des divers éléments du patrimoine mobilier et immobilier et des stocks, les limites dans lesquelles doivent être fixés les taux d'amortissement ou les provisions pour dépréciation ainsi que les modalités de réévaluation sont prévues par les textes en vigueur.

Les biens corporels et incorporels appartenant à l'État ou à tout autre organisme public doté d'un comptable public sont insaisissables.

Article 65 - Les conditions de reforme et de cession des biens durables du patrimoine sont déterminées par les textes en vigueur.

CHAPITRE 5 : DE LA JUSTIFICATION DES OPÉRATIONS

Article 66 - Les opérations de recettes, de dépenses, de trésorerie et de patrimoine qui sont décrites aux chapitres 1 à 4 du titre III du présent décret doivent être appuyées des pièces justificatives prévues dans une nomenclature établie par arrêté pris par le ministre chargé des finances après avis de la Cour des comptes.

Article 67 - Les pièces justificatives des opérations de recettes, de dépenses, de trésorerie et de patrimoine produites à l'appui des comptes adressées à la Cour des Comptes sont tenues à sa disposition pendant toute la durée de ses investigations.

Lorsqu'elles sont conservées par les comptables publics, elles ne peuvent être détruites avant l'examen des comptes concernés ou avant la durée de prescription applicable à l'opération.

La durée de conservation des pièces justificatives est de dix ans. Elle peut être prorogée par voie règlementaire.

Article 68 - En cas de perte, de vol, de destruction ou de détérioration de pièces justificatives remises aux comptables, ceux-ci établissent un certificat de perte transmis au comptable supérieur qui peut autoriser le comptable subordonné à pourvoir au remplacement des pièces sous forme de duplicata.

TITRE IV : DE LA COMPTABILITÉ ET DES COMPTES DE L'ETAT

CHAPITRE PREMIER : DES DISPOSITIONS COMMUNES

Article 69 - Le plan comptable de l'État s'inspire du système comptable Ouest africain et des autres normes comptables inter- nationales, tout en tenant compte des spécificités de l'État.

Article 70 - La comptabilité de l'État a pour objet la description de ses opérations financières.

A cet effet, elle est organisée en vue de permettre :

- l'information des autorités de contrôle et de gestion ;
- la connaissance et le contrôle des opérations budgétaires et des opérations de trésorerie ;
- la connaissance de la situation du patrimoine ;
- la détermination des résultats annuels ;
- le calcul du prix de revient, du coût et du rendement et l'activité des services ;
- l'intégration des opérations dans la comptabilité économique nationale ;
- des analyses économiques et financières en vue de l'établissement de ratios et tableaux de bord.

Article 71 - La comptabilité de l'État comprend une comptabilité budgétaire et une comptabilité générale.

Sous réverse des dispositions prévues aux articles ci-après, les règles générales de la comptabilité sont définies par les textes en vigueur.

Article 72 - La comptabilité de l'État comprend :

- toutes les opérations rattachées au budget de l'année en cause jusqu'à la date de clôture de ce budget selon la réglementation en vigueur ;
- toutes les opérations de trésoreries et les opérations sur le patrimoine faites au cours de l'année ainsi que les opérations de régularisation.

Les comptes de l'État sont arrêtés à la fin de la période d'exécution du budget par les ordonnateurs en ce qui concerne la comptabilité budgétaire et la comptabilité matière, et par les comptables principaux en ce qui concernent la comptabilité générale de l'État.

CHAPITRE 2 : DE LA COMPTABILITÉ BUDGÉTAIRE

Article 73 - La comptabilité budgétaire a pour objet de retracer, pour l'exercice concerné, les opérations d'exécution du budget de l'État et des autres organismes publics en recettes et en dépenses et conformément à la nomenclature de présentation et de vote du budget ou de l'État des prévisions.

Cette comptabilité est renseignée par les comptables publics en ce qui concerne les encaissements et paiements relatifs aux opérations de recettes et de dépenses.

Elle permet de suivre les liquidations, émissions, prises en charge, recouvrements et reste à recouvrer en matière de recettes, d'une part, les engagements, liquidations, ordonnancement, paiements et reste à payer, d'autre part

La comptabilité budgétaire dégage un résultat correspondant à la différence entre les recettes encaissées et les dépenses ordonnancées sur le budget général et les comptes spéciaux au titre de l'année considérée.

Article 74 - La comptabilité budgétaire tenue par les ordonnateurs couvre la phase administrative des opérations de recettes et de dépenses.

Elle est tenue en partie simple.

Article 75 - La période couverte par la comptabilité budgétaire est la gestion couvrant l'année civile, sans période complémentaire. Une circulaire du ministre chargé des finances fixe les délais-limites pour l'arrêté des opérations d'engagements, de liquidation et d'ordonnancement au titre de l'exécution du budget d'une année donnée.

Article 76 - Les comptes générés par la comptabilité budgétaire sont constitués des comptes administratifs établis par les ordonnateurs et consolidés par le ministre chargé des finances, appuyés d'un état de développement des recettes budgétaires et d'un état de développement des dépenses budgétaires établis par le comptable principal.

CHAPITRE 3 : DE LA COMPTABILITÉ GÉNÉRALE DE L'ÉTAT

Article 77 - La comptabilité générale de l'État a pour objet de décrire le patrimoine de l'État et son évolution. Elle est tenue en partie double et est fondée sur le principe de la constatation des droits et des obligations dans les conditions fixées par le décret portant plan comptable de l'État.

Les opérations sont prises en comptes au titre de l'exercice auquel elles se rattachent indépendamment de leur date de paie- ment ou d'encaissement.

La comptabilité générale de l'État s'appuie sur la comptabilité des matières.

La comptabilité générale de l'État est une comptabilité d'exercice. Elle a pour objet de retracer :

- les opérations budgétaires ;
- les opérations de trésorerie ;
- les opérations faites avec les tiers et les opérations d'attente et de régularisation ;
- les mouvements du patrimoine et des valeurs ;
- les flux de gestion internes : amortissements, provisions, les produits et les charges rattachés.

Article 78 - L'organisation de la comptabilité générale de l'État est fondée sur les principes suivants :

- la déconcentration de la comptabilité générale, en vue de rapprocher du fait générateur et des ordonnateurs ainsi que leurs services gestionnaires ;
- l'inscription au bilan de l'État de tous les flux de gestion portant sur les actifs non financiers, les dettes et créances, en vue de la connaissance du patrimoine public et partant , de la capacité de l'État à faire face à ses engagements.

Article 79 - La comptabilité générale de l'État est tenue exclusivement par les comptables directs du trésor et les comptables des administrations financières par année civile.

Elle peut être assortie d'une période complémentaire d'une durée maximum d'un mois à compter de la fin de l'exercice budgétaire.

Seules les opérations de régularisation d'ordre comptable peuvent être effectuées au cours de la période complémentaire. Aucune opération budgétaire ne peut être effectuée au cours de cette période.

Article 80 - Les modalités d'exécution des opérations de régularisation pendant la période complémentaire sont définies dans les procédures comptables prévues par le décret portant plan comptable de l'État.

Article 81 - Les comptes annuels de l'État sont dressés par le ministère chargé des finances et comprennent le Compte général de l'administration des finances et les états financiers.

Le compte général de l'administration des finances comprend :

- la balance générale des comptes ;
- le développement des recettes budgétaires ;
- le développement des dépenses budgétaires ;
- le développement des opérations constatées aux comptes spéciaux du trésor ;
- le développement des comptes de résultats.

Le compte général de l'administration des finances est produit à la Cour des comptes à l'appui du projet de loi de règlement.

La comptabilité générale de l'État permet également de produire les états financiers de l'état comprenant le bilan, le compte de résultat, le tableau des opérations financières du trésor, le tableau des flux et l'état annexé dans les conditions définies par le décret portant plan comptable de l'État.

CHAPITRE 4 : DE LA COMPTABILITÉ DES MATIÈRES, VALEURS ET TITRES

Article 82 - La comptabilité des matières, valeurs et titres est une comptabilité d'inventaire permanent ayant pour objet la description des existants, des biens mobiliers et immobiliers, des stocks autres que les deniers et valeurs de l'État.

Elle permet un suivi des immobilisations incorporelles, des immobilisations corporelles, des stocks et des valeurs inactives.

La comptabilité des matières peut être tenue en partie simple ou en partie double. Elle décrit l'existant et les mouvements d'entrée et de sortie concernant :

- les immobilisations incorporelles et corporelles ;
- les stocks de marchandises, fournitures ;
- les titres nominatifs, au porteur ou à l'ordre, et les valeurs diverses appartenant ou confiées à l'État ainsi que les objets qui lui sont remis en dépôt ;
- les formules, titres, tickets et vignettes destinés à l'émission ou à la vente.

Des inventaires et comptes d'emploi sont établis à date fixe et à l'occasion des contrôles effectués par les organes habiletés.

Article 83 - Les biens corporels et incorporels acquis avant la date de mise en vigueur de la présente directive, sont inventoriés, immatriculés, valorisés et enregistrés dans les livres suivant les modalités, méthodes et techniques définies dans un référentiel harmonisé à l'usage des Etats membres de l'union.

Les nouvelles acquisitions sont enregistrées au fur et à mesure des certifications délivrées par les ordonnateurs et les imputations données par les comptables aux comptes appropriés.

Des rapprochements contradictoires périodiques sont effectués entre les données de la comptabilité matière et celles de la comptabilité générale de l'État.

Article 84 - La comptabilité des matières est tenue par des agents habiletés par l'ordonnateur. Ces derniers sont personnellement et pécuniairement responsables des mouvements qu'ils ordonnent sur les éléments du patrimoine.

L'organisation et le système comptables applicables à la comptabilité matière sont définis par les textes en vigueur.

CHAPITRE 5 : DE LA COMPTABILITÉ ANALYTIQUE DES COÛTS

Article 85 - La comptabilité analytique des coûts a pour objet de faire apparaitre les éléments de coûts des services rendus ou de prix de revient des biens produits et des services fournis ainsi que de permettre le contrôle des rendements et performances des services, notamment dans le cadre des budgets de programmes et de la gestion axée sur les résultats.

Les modalités de mise en œuvre de cette comptabilité sont définies par voie réglementaire.

TITRE V : DU CONTRÔLE DE L'EXÉCUTION DU BUDGET

Article 86 - Sans préjudice des pouvoirs du Parlement, les opérations d'exécution du budget de l'État sont soumises à un double contrôle, administratif et juridictionnel. Le contrôle administratif est le contrôle de l'administration sur ses agents, incluant le contrôle interne à priori, concomitant et à posteriori.

Le contrôle juridictionnel est exercé par la cour des comptes ou, le cas échéant, par la cour des comptes de l'Union économique et monétaire Ouest-africaine.

CHAPITRE PREMIER : DU CONTRÔLE ADMINISTRATIF

Section première : Des caractéristiques du contrôle administratif

Article 87 - Le contrôle administratif s'exerce soit sous la forme de contrôle hiérarchique, soit sous la forme de contrôle organique par l'intermédiaire de corps et organes de contrôle spécialisés.

Section 2 : Des contrôles exercés par les contrôleurs financiers

Article 88 - Les contrôleurs financiers exercent des contrôles à priori et à posteriori des opérations budgétaires de l'État.

Ils relèvent du ministère chargé des finances et sont placés auprès des ordonnateurs.

Article 89 - Les contrôles à priori exercés par les contrôleurs financiers portent sur les opérations budgétaires.

Tous les actes des ordonnateurs portant engagement de dépenses, notamment les marchés publics ou contrats, arrêtés, mesures ou décisions émanant d'un ordonnateur, sont soumis au visa préalable du contrôleur financier.

Ces actes sont examinés au regard de l'imputation de la dépense, de la disponibilité des crédits, de l'application des dispositions d'ordre financier, des lois et règlements, de leur conformité avec les autorisations parlementaires, des conséquences que les mesures proposées peuvent avoir sur les finances publiques.

Toute ordonnance de paiement, tout mandat de paiement ou toute délégation de crédits ne peut être présenté à la signature de l'ordonnateur qu'après avoir été soumis au visa du contrôleur financier ou de son délégué. Les ordonnances ou mandats de paiement et les délégations de crédits non revêtus du visa du contrôleur financier ou de son délégué sont nuls et de nul effet.

Le contrôleur financier ou son délégué s'assure notamment que les ordonnances et les mandats se rapportent à un engagement de dépenses déjà visé par lui. Si les titres de paiements lui paraissent entachés d'irrégularités, il doit en refuser le visa.

Article 90 - Le contrôleur financier ou son délégué tient la comptabilité des dépenses engagées afin de suivre la consommation des crédits et de déterminer la disponibilité ou non des crédits suffisants pour les nouveaux engagements.

Article 91 - Les contrôleurs financiers évaluent à posteriori les résultats et les performances des programmes, au regard des objectifs fixés, des moyens utilisés et de l'organisation des services des ordonnateurs.

Article 92 - Par exception aux dispositions de l'article 88 du présent décret et conformément à l'article 14 de la loi organique relative aux lois de finances, le contrôleur financier adapte, dans les conditions définies par les textes en vigueur, les modalités de mise en œuvre de ses contrôles au regard de la qualité et de l'efficacité du contrôle interne ainsi que du contrôle de gestion mis en œuvre par l'ordonnateur.

Section 3 : De la responsabilité du contrôleur financier

Article 93 - Le contrôleur financier est personnellement responsable des contrôles portant sur la disponibilité des crédits, sur la vérification des prix par rapport à la mercuriale en vigueur et, au titre de la validité de la créance, sur l'exactitude des calculs de liquidation de la dépense.

Si les mesures proposées lui paraissent entachées d'irrégularités au regard des dispositions qui précédent, le contrôleur refuse son visa. En cas de désaccord persistant, il en réfère au ministre chargé des finances. Il ne peut être passé outre au refus de visa que sur autorisation écrite du ministre chargé des finances. Dans ce cas la responsabilité du ministre en charge des finances se substitue à celle du contrôleur financier.

De même, lorsque le contrôleur financier délivre une autorisation écrite permettant de passer outre le refus de visa de son délégué auprès d'un ministère, d'une institution ou d'une autre administration publique centrale ou déconcentrée, la responsabilité du contrôleur financier se substitue à celle de son délégué.

Section 4 : Des autres organes de contrôle administratif

Article 94 - L'exécutif peut créer des organes de contrôle à posteriori. Ces structures de contrôle interne à l'administration exercent leurs activités sur toutes les opérations liées à l'exécution du budget de l'Etat ainsi que sur celles de tout organisme de droit public ou privé bénéficiant des ressources publiques. Elles interviennent sur pièces et/ou sur place, sur les actes des ordonnateurs et sur ceux des comptables. Ces organes peuvent à tout moment effectuer des contrôles pendant l'exécution desdites opérations.

Article 95 - Les organes et corps de contrôle exercent leurs missions d'inspection, de vérification ou d'audit, conduisent leurs investigations et élaborent leurs rapports conformément aux normes internationales en vigueur.

Article 96 - Les rapports produits à la suite des contrôles, vérifications et audits effectués par les organes et corps de contrôle administratifs, sont mis à la disposition du public, dans les conditions déterminées par les textes en vigueur. Chaque rapport de contrôle, d'inspection et d'audit fait l'objet d'une réponse écrite de la part du service audité, qui précise comment les recommandations dudit rapport seront appliquées. Dans tous les cas, les droits de différentes parties doivent être garantis.

Article 97 - Les modalités de coordination des activités des différents organes de contrôle administratifs seront prévues par voie réglementaire.

CHAPITRE 2 : DU CONTRÔLE JURIDICTIONNEL

Article 98 - La Cour des comptes juge les comptes des comptables publics et se prononce sur la qualité de la gestion des ordonnateurs, notamment la bonne exécution de leurs programmes.

Les comptables principaux de l'État établissent un compte de gestion, sur chiffres et sur pièces, par budget et par exercice budgétaire définitivement clôturé. Ce compte est transmis à la Cour des comptes au plus tard le 30 juin de l'exercice suivant celui au titre duquel il est établi.

TITRE VI : DES DISPOSITIONS TRANSITOIRES ET FINALES

Article 99 - Les dispositions relatives aux points ci-dessous énumérés font l'objet d'une mise en œuvre progressive jusqu'au 1er janvier 2017. Il s'agit des dispositions relatives :

- aux avis sur la qualité des procédures comptables et des comptes publics prévus à l'article 98 du présent décret ;
- à la compétence des Cours des comptes en matière de sanction des fautes de gestion prévues à l'article 14 du présent décret ;
- à l'application intégrale des règles et procédures découlant du principe de la constatation des droits et obligations régissant la comptabilité générale telle que définie aux articles 77 à 81 du présent décret ;
- à la déconcentration de la fonction d'ordonnateur principal prévue aux articles 8 et suivants du présent décret.

En cas de recours aux délais d'application prévus aux alinéas ci-dessus, les règles du décret 2002-196/PRN/MF/E du 26 juillet 2012 portant Règlement général sur la comptabilité publique restent applicables.

Article 100 - Sont abrogées toutes dispositions antérieures contraires.

Article 101 - Le ministre des finances est chargé de l'application du présent décret qui (sera) publié au Journal Officiel du Niger.

Fait à Niamey, le 1er mars 2013
Le Président de la République
Issoufou Mahamadou

Le Premier ministre
Brigi Rafini

Le ministre des finances
Baillet Gilles.

SENEGAL : RÈGLEMENT GÉNÉRAL SUR LA COMPTABILITÉ PUBLIQUE

REPUBLIQUE DU SENEGAL

DÉCRET N° 2011-1880 DU 24 NOVEMBRE 2011 PORTANT RÈGLEMENT GÉNÉRAL SUR LA COMPTABILITÉ PUBLIQUE

RAPPORT DE PRESENTATION

Conformément au traité de l'Union Économique et Monétaire Ouest Africaine (UEMOA) prévoyant la mise en place d'un cadre harmonisé des finances publiques visant à assainir et à améliorer la gestion budgétaire, le Conseil des Ministres de l'Union avait, en 1997, 1998 et 2000, adopté six directives financières dont celle 06/97/CM/UEMOA du 16 décembre 1997 portant règlement général sur la comptabilité publique au sein de l'UEMOA qui a été transposée dans la règlementation nationale par le décret n° 2003 101 du 13 mars 2003 portant sur le même objet.

En 2004, une mission d'évaluation de mise en œuvre de ces directives par les Etats-membres de l'Union a révélé un certain nombre d'insuffisances liées notamment à leur forme et contenu. Ainsi, le Conseil des Ministres de l'UEMOA prit la décision d'une réécriture des directives du cadre harmonisé des finances publiques afin, notamment :

- de corriger les erreurs et incohérences qui ont été relevées ;
- de simplifier et améliorer les principes, règles et procédures en intégrant les évolutions techniques et normatives en matière de gestion budgétaire ;
- de moderniser la gestion des finances publiques avec l'alignement de ses instruments sur les meilleures pratiques internationales et l'adoption de la gestion axée sur les résultats dans la conduite des politiques publiques.

C'est dans ce cadre que les six (06) nouvelles directives rénovant le cadre harmonisé des finances publiques ont été adoptées par le Conseil des Ministres le 27 mars et le 26 juin 2009.

Le présent décret a pour objet de transposer dans le droit interne la Directive n° 2009/07/CM/UEMOA du 26 juin 2009 portant règlement général sur la comptabilité publique au sein de l'UEMOA.

A ce titre et à l'image de la directive communautaire précitée, il introduit d'importantes innovations dont notamment :

- la déconcentration de la fonction d'ordonnateur principal en matière de dépense à l'ensemble des ministres et présidents d'institutions constitutionnelles (article 17) ;

- l'introduction de la fonction de responsable de programme dans le cadre des budgets programmes (article 12 et 162) ;
- le renforcement de la fonction des contrôleurs financiers nommés par le Ministre chargé des Finances et placés auprès des ministres ordonnateurs (article 17) ;
- l'élargissement des attributions de la Cour des Comptes par l'introduction d'un contrôle de qualité de la gestion des ordonnateurs (article 217) ;
- le renforcement de la comptabilisation sur la base des droits constatés des opérations de recettes et de dépenses ; la liquidation constitue dorénavant la base de la constatation budgétaire de la dépense (article 8) ;
- la tenue d'une comptabilité budgétaire comportant des données budgétaires comptables (article 23 et 151) ;
- l'introduction de la prescription acquisitive ou décharge d'office qui intervient au profit du comptable public dont les comptes déposés en état d'examen à la Cour des Comptes depuis plus de cinq (5) ans ne sont pas jugés (article 36) ;
- la suppression de la catégorie de dépenses payables sans ordonnancement, en d'autres termes toutes les dépenses budgétaires doivent faire l'objet d'ordonnancement soit préalable soit de régularisation (article 96) ;
- la classification des tirages et remboursements des emprunts à moyen et long termes en opération de trésorerie (article 119) ;
- la réduction de la période complémentaire comptable à un mois consacré exclusivement aux opérations de régularisation (142).

Le présent projet est articulé autour de 221 articles répartis en 6 titres :

- le Titre premier (article premier à 13) traite des dispositions générales notamment le champ du décret, les généralités sur le budget, les procédures et la gestion des biens meubles et immeubles ;
- le Titre II (article 14 à 42) est consacré aux personnels chargés de l'exécution du budget en l'occurrence les ordonnateurs et les comptables publics. Pour ces derniers, l'accent est mis sur les catégories et les droits et obligations ;
- le Titre III (article 43 à 147) traite des opérations d'exécution du budget en mettant en exergue celles de recettes, de dépenses, de trésorerie et celles de patrimoine ;
- le Titre IV (article 148 à 149) développe les comptabilités et les comptes de l'État. Il met l'accent sur la comptabilité budgétaire et sur la comptabilité générale de l'État. Les différents comptes, leur composition et leur délai de production y sont également développés ;
- le Titre V (article 195 à 218) intitulé « contrôles de l'exécution du budget » met l'accent sur le contrôle administratif, le contrôle effectué par la Cour

des Comptes et le contrôle parlementaire ;

- le Titre VI (article 219 à 221) traite des dispositions transitoires et finales. Il précise les dispositions dont l'application peut être différée jusqu'au 1er janvier 2017 ;

Telle est l'économie du présent projet de décret.

LE PRESIDENT DE LA REPUBLIQUE,

Vu la Constitution,

Vu le règlement n° 15/2002/CM/UEMOA du 19 septembre 2002 relatif aux systèmes de paiements dans les États-membres de l'Union Économique et Monétaire Ouest africaine ;

Vu l'Acte uniforme relatif aux procédures simplifiée de recouvrement et voies d'exécution ;

Vu la loi organique n° 2011-15 du 08 juillet 2011 relative aux lois de finances ;

Vu la loi organique n° 99-70 du 17 février 1999 sur la Cour des comptes ;

Vu le Code des Obligations de l'Administration, modifiée ;

Vu le Code des Douanes ;

Vu le Code des Collectivités locales, modifié ;

Vu le Code des Obligations civiles et commerciales ;

Vu le Code de procédure civile ;

Vu le Code général des Impôts, modifié ;

Vu la loi n° 90-07 du 26 juin 1990 relative à l'organisation et au contrôle des entreprises du secteur parapublic et au contrôle des personnes morales de droit privé bénéficiant du concours financier de la puissance publique ;

Vu la loi d'orientation n° 2009-20 du 04 mai 2009 sur les agences d'exécution ;

Vu le décret n° 62-195 du 17 mai 1962 portant réglementation concernant les comptables publics ;

Vu le décret n° 78-085 du 1er février 1978 portant organisation du Contrôle financier ;

Vu le décret n° 80-914 du 5 septembre 1980 organisant l'inspection générale d'État, modifié ;

Vu le décret n° 81-844 du 20 août 1981 relatif à la comptabilité des matières appartenant à l'État, aux collectivités locales et aux établissements publics, modifié ;

Vu le décret n° 99-499 du 8 juin 1999 fixant les modalités d'application de la loi organique n° 99 – 70 du 17 février 1999 sur la Cour des comptes ;

Vu le décret n° 2011-1048 du 27 juillet 2011 portant Code des Marchés publics ;

Vu le décret n° 2009-451 du 30 avril 2009 portant nomination du Premier

Ministre ;

Vu le décret n° 2011-628 du 16 mai 2011 relatif à la composition du Gouvernement, modifié ;

Vu le décret n° 2011-634 du 17 mai 2011 portant répartition des services de l'État et du contrôle des établissements publics, des sociétés nationales et des sociétés à participation publique entre la Présidence de la République, la Primature et les ministères, modifié ;

Sur le rapport du Ministre d'État, Ministre de l'Économie et des Finances ;

DECRETE :

TITRE PREMIER. – DISPOSITIONS GENERALES

Article premier. – Le présent décret fixe les règles fondamentales régissant l'exécution des budgets publics, la comptabilité, le contrôle des opérations financières ainsi que la gestion des deniers, valeurs et biens appartenant ou confiés à l'État.

Les collectivités locales, les établissements publics nationaux et locaux, les agences d'exécution, les fonds, les organismes de sécurité sociale ainsi que les services et organismes que la loi assujettit au régime juridique de la comptabilité sont également soumis aux présentes dispositions sous réserve de règles particulières les régissant.

Ces personnes morales sont, dans le présent décret, désignées sous le terme « organismes publics ».

Article 2. – Les deniers appartenant ou confiés à l'État et aux autres organismes publics sont les deniers publics.

Les biens immobiliers, les biens mobiliers, valeurs, titres et matières qui constituent le patrimoine de l'État et des autres organismes publics sont acquis, affectés, conservés et cédés dans les conditions fixées par les lois et règlements.

Article 3. – Les ressources et les charges de l'État sont prévues et autorisées, pour chaque année civile, par une loi de finances.

Les ressources et les charges de l'État sont constituées de recettes et de dépenses ainsi que de ressources et de charges de trésorerie. La loi de finances de l'année contient le budget de l'État pour l'année civile qui décrit les recettes et les dépenses budgétaires autorisées. Le budget est élaboré, proposé, arrêté et exécuté conformément aux lois et règlements en vigueur.

Aucune recette ne peut être liquidée ou encaissée, aucune dépense ne peut être engagée ou payée si elle n'a été au préalable autorisée par une loi de finances. De même, les emprunts à moyen et long termes, les cessions d'actifs et les prêts et avances, font l'objet d'autorisation par une loi de finances.

En cours d'année, des actes modificatifs de la loi de finances peuvent intervenir pour changer la répartition initiale sous la forme d'ouverture de crédits, de transferts de crédits, de virements de crédits, de fonds de concours, de reports de crédits et de rétablissements de crédits dans les conditions fixées par la loi organique relative aux lois de finances.

Article 4. – Toutes les ressources et toutes les charges de l'État sont imputées aux comptes ouverts dans les écritures des ordonnateurs et/ou des comptables publics.

Par dérogation établie par une loi finances, certaines recettes et certaines dépenses de l'État peuvent ne pas être retracées dans les comptes concernant le budget général et faire l'objet d'une affectation comptable à un budget annexe ou à un compte spécial du Trésor dans les conditions définies aux articles 36 et suivants de la loi organique relative aux lois de finances.

Article 5. – Le budget général est présenté suivant la nomenclature fixée par le décret pris en application des dispositions de l'article 16 de la loi organique relative aux lois de finances, sur proposition du Ministre chargé des Finances, et compte tenu du classement des ressources et des charges établi aux articles 8, 11, 27, et 28 de la loi organique susvisée.

Au sein du budget général et de chaque budget annexe, l'ensemble des recettes s'applique à l'ensemble des dépenses.

Il n'est dérogé à cette règle que dans les cas prévus à l'article 37 de la loi organique relative aux lois de finances concernant les conventions de financement, les fonds de concours et les rétablissements de crédits.

Article 7. – L'année financière commence le 1er janvier et s'achève le 31 décembre de la même année.

Les opérations budgétaires sont prises en compte au titre de l'exercice auquel elles se rattachent, indépendamment de leur date d'encaissement ou de décaissement.

Article 8. – Les recettes sont enregistrées au vu de titres de perception ou de contrats pour les opérations fondées sur le système d'émission préalable de titres. Les recettes et les droits sont alors constatés au moment de la prise en charge comptable du titre de perception.

Par exception à l'alinéa précédent, certaines recettes peuvent être enregistrées au moment de la déclaration et/ou du versement spontané des impôts de toute nature par les contribuables. Toutefois, l'ensemble des recettes perçues au comptant doit faire l'objet d'émission de titres de régularisation.

Les dépenses budgétaires sont enregistrées sur base liquidation.

Par exception à l'alinéa précédent, les dépenses sans ordonnancement préalable sont enregistrées au moment du paiement.

La liste exhaustive des dépenses susceptibles d'être payées sans ordonnancement préalable est fixée par le Ministre chargé des Finances.

Article 9. – Aucune recette ne peut être liquidée ou encaissée pour le compte de l'État sans avoir été autorisée dans les conditions prévues par la loi organique relative aux lois de finances.

Aucune dépense publique ne peut être engagée ou payée si elle n'a été au préalable prévue au budget de l'État et n'est pas couverte par des crédits régulièrement ouverts.

Toutefois, des recettes non prévues par une loi de finances de l'année peuvent être liquidées ou encaissées à conditions d'être autorisées par un décret et régularisées dans la plus prochaine loi de finances.

Article 10. – Les crédits répartis en programme ou en dotation constituent, conformément à l'article 15 de la loi organique relative aux lois de finances, des plafonds de dépense qui s'imposent dans l'exécution de la loi de finances aux ordonnateurs ainsi qu'aux comptables.

Toutefois, à l'intérieur d'un même programme, les ordonnateurs peuvent, en cours d'exécution, modifier la nature des crédits pour les utiliser, s'ils sont libres d'emploi dans les cas ci-après :

- Des crédits de personnel, pour majorer les crédits de biens et services, de transfert ou d'investissement ;
- Des crédits de biens et services et de transfert, pour majorer les crédits d'investissement.

Ces modifications sont décidées par arrêté du ministre concerné. Il en informe le Ministre chargé des Finances.

Article 11. - Les crédits non consommés à la fin de la période d'exécution du budget de l'État ne peuvent plus être utilisés, sauf report dans les conditions fixées par la loi organique relative aux lois de finances pour les crédits affectés aux programmes.

Les ministres ne peuvent accroître par aucune ressource particulière de montant des crédits affectés à leurs services.

Article 12. – Conformément à l'article 13 de la loi organique relative aux lois de finances, les

programmes sont dirigés par des responsables de programmes. Les modalités de leur nomination leurs attributions ainsi que leurs responsabilités sont fixées par décret.

Article 13. – Lorsque des biens meubles ou immeubles appartenant à l'État et aux autres organismes publics ne peuvent être réemployés et sont susceptibles d'être vendus, la vente doit être faite dans les formes prescrites et le produit brut porté en recette au budget de l'année en cours.

Doivent également être prises en recette au budget, les restitutions de sommes qui auraient été payées indûment ou par erreur, sous réserve des rétablissements de crédits.

TITRE II. - PERSONNELS CHARGES DE L'EXECUTION DU BUDGET, LES ORDONNATEURS ET LES COMPTABLES PUBLICS

CHAPITRE PREMIER. - DISPOSITIONS COMMUNES

Article 14. – Les opérations relatives à l'exécution du budget de l'État et des budgets des autres organismes publics et à la gestion de leurs biens font intervenir deux catégories d'agents : les ordonnateurs et les comptables publics.

Les fonctions d'ordonnateur et celles de comptable public sont incompatibles.

Les conjoints, ascendants ou descendants des ordonnateurs ne peuvent être comptables des organismes publics auprès desquels lesdits ordonnateurs exercent leur fonction.

Article 15. – Sous peine des sanctions prévues par la loi, il est interdit à quiconque, fonctionnaire ou particulier, non pourvu d'un titre légal de s'immiscer dans l'exécution de la loi de finances et dans la gestion des biens et deniers de l'État.

Le titre légal résulte de la nomination et de l'accréditation conformément aux lois et règlements.

L'accréditation est l'obligation qui est faite à un agent intervenant dans les opérations financières de l'État de notifier à d'autres agents désignés par les lois et règlements, son acte de nomination et son spécimen de signature. Elle s'effectue par diligence de l'agent lui-même dès son installation et sous sa responsabilité.

Article 16. – Le Directeur chargé de la Comptabilité publique veille à l'élaboration et à la mise en œuvre des normes en matière comptable.

Les fonctions de Directeur chargé de la Comptabilité publique et de Directeur chargé du Trésor sont incompatibles avec les fonctions de comptable public.

CHAPITRE II – LES ORDONNATEURS

Article 17. – Est ordonnateur toute personne ayant qualité de prescrire, au nom de l'État et des autres organismes publics, l'exécution des recettes et/ou des dépenses inscrites au budget.

Les ministres et les présidents des institutions constitutionnelles sont ordonnateurs principaux des crédits des programmes, des dotations et des budgets annexes de leur ministère ou de leur institution, sous réserve du pouvoir de régulation budgétaire et de gestion de la trésorerie de l'État dévolu au Ministre chargé des Finances, et du pouvoir du contrôleur des opérations financières définis dans la loi organique relative aux lois de finances.

Le Ministre chargé des Finances est ordonnateur principal unique des recettes du budget de l'État. Il est également ordonnateur principal unique des comptes spéciaux du Trésor ainsi que de l'ensemble des opérations de trésorerie.

Les chefs d'exécutions des collectivités locales sont ordonnateurs principaux des recettes et des dépenses de ces collectivités.

Les directeurs des établissements publics nationaux et locaux et des autres organismes publics sont ordonnateurs principaux des recettes et des dépenses de ces établissements.

Les ordonnateurs principaux peuvent déléguer tout ou partie des crédits dont ils ont la charge à des agents publics dans les conditions déterminées par la règlementation.

Ils sont suppléés en cas d'absence ou d'empêchement.

Article 18. – Les ministres et présidents d'institutions constitutionnelles peuvent exercer leurs attributions d'ordonnateur par le moyen d'ordonnateurs délégués au niveau des administrations centrales et d'ordonnateurs secondaires au niveau des services déconcentrés de l'État.

Les ordonnateurs délégués et secondaires de l'État ainsi que leurs suppléants sont nommés par décret sur proposition de l'ordonnateur principal.

Article 19. – Les ordonnateurs prescrivent l'exécution des recettes, engagent les dépenses et en ordonnent le paiement.

Sous réserve du pouvoir de régulation du Ministre chargé des Finances, ils procèdent aux engagements, liquidations et ordonnancements.

Les ordonnateurs émettent des ordres de mouvement affectant les biens et matières de l'État.

Article 20. – Les ordonnateurs sont accrédités auprès des comptables publics chargés de l'exécution des opérations qu'ils prescrivent.

Ils sont responsables de la légalité, de la régularité et de l'exactitude des certifications qu'ils délivrent.

Article 21. – Dans le cadre de l'exécution de la loi de finances, le Ministre chargé des Finances veille au respect de l'équilibre budgétaire et financier. A ce titre, il dispose d'un pouvoir de régulation budgétaire qui lui permet, au cours de l'exécution du budget :

- d'annuler un crédit devenu sans objet ;
- d'annuler un crédit pour prévenir une détérioration de l'équilibre budgétaire et financier de la loi de finances.

En outre, le Ministre chargé des Finances peut subordonner l'utilisation des crédits par les ordonnateurs aux disponibilités de trésorerie de l'État.

Les crédits relatifs aux dépenses déjà engagées ne peuvent pas faire l'objet de régulation.

L'état de crédits gelés dans le cadre de la régulation budgétaire doit être porté à la connaissance du Parlement à travers les rapports ou situations d'exécution de la loi de finances.

Article 22. – Les ordonnateurs sont personnellement responsables des contrôles qui leur incombent dans l'exercice de leurs fonctions. Ils encourent une responsabilité qui peut être disciplinaire, pénale ou civile, sans préjudice des sanctions qui peuvent leur être infligées par la Cour des comptes en raison des fautes de gestion.

Les membres du gouvernement et les présidents des institutions constitutionnelles encourent, en raison de l'exercice de leurs attributions, les responsabilités prévues par les lois et règlements.

Article 23. – Les actes des ordonnateurs sont retracés dans la comptabilité budgétaire permettant de suivre le déroulement des opérations budgétaires et d'effectuer le rapprochement avec les écritures des comptables publics.

CHAPITRE III. - LES COMPTABLES PUBLICS

Section premier. - Définition et Catégories de Comptables Publics

Article 24. – Est comptable public tout agent régulièrement habilité pour effectuer, à titre exclusif, au nom de l'État ou d'un organisme public, des opérations de recettes, de dépenses ou de maniement de titres, soit au moyen de fonds et valeurs dont il a la garde, soit par virement interne d'écritures, soit par l'intermédiaire d'autres comptables.

Les comptables publics peuvent déléguer leurs pouvoirs à un ou plusieurs mandataires ayant la qualité pour agir en leur nom et sous leur responsabilité.

Sauf dérogation du Ministre chargé des Finances, le mandataire doit être choisi parmi les agents du poste. Il doit être accrédité dans les mêmes conditions que le comptable lui-même.

Les comptables publics sont principaux ou secondaires, supérieurs ou subordonnés.

Le comptable principal est celui qui rend directement ses comptes au juge des comptes alors que le comptable secondaire est celui dont les opérations sont centralisées par un comptable principal.

Le comptable supérieur est le comptable qui a sous son autorité hiérarchique un ou des comptables subordonnés.

Les comptables principaux de l'État sont nommés par décret sur proposition du Ministre chargé des Finances.

Les comptables secondaires de l'État sont nommés par décret sur proposition du Ministre chargé des Finances.

Les comptables secondaires de l'État et les comptables principaux des autres organismes publics sont nommés par arrêté du Ministre chargé des Finances.

Est comptable de fait, toute personne qui, sans avoir la qualité de comptable public ou sans agir sous contrôle et pour le compte d'un comptable public, s'immisce dans la gestion des deniers publics.

Article 25. – les différentes catégories de comptables publics sont :

- les comptables deniers et valeurs ;
- les comptables d'ordre.

Les comptables deniers et valeurs sont des personnes habilitées, affectées au maniement et à la conservation des fonds publics, des valeurs qui sont des valeurs de portefeuille, bons, traites, obligations, rentes et actions de société.

Ils sont les seuls habilités à effectuer les opérations ci-après décrites :

- la prise en charge et le recouvrement des titres de perception qui leur sont remis par un ordonnateur, des créances constatées par un contrat ou un marché public, un titre de propriété ou tout autre titre ou acte dont ils assurent la conservation ainsi que l'encaissement des droits au comptant et des recettes de toute nature que les administrations publiques sont habilitées à recevoir ;
- le visa, la prise en charge et le règlement des dépenses, soit sur ordre émanant d'un ordonnateur accrédité, soit au vu des titres présentés par les créanciers, soit de leur propre initiative, ainsi que la suite à donner aux

oppositions et autres significations ;

- la garde et la conservation des fonds, valeurs, titres appartenant ou confiés à l'État ou aux autres organismes publics ;
- le maniement des fonds et les mouvements des comptes de disponibilités ;
- la conservation des pièces justificatives des opérations et des documents de comptabilité ;
- la tenue de la comptabilité du poste qu'ils dirigent.

Les comptables d'ordre sont des fonctionnaires ou agents publics qui, sans exécuter eux-mêmes des opérations financières de recettes ou de dépenses, centralisent et présentent dans leurs écritures et leurs comptes les opérations exécutées par d'autres comptables.

L'agent comptable central du Trésor qui a la qualité de comptable principal assure la centralisation finale de la comptabilité de l'État.

Après avoir centralisé les opérations de trésorerie et du budget général ainsi que celles des comptes spéciaux qui sont faites par les comptables principaux sous leur responsabilité exclusive, l'agent comptable central du Trésor passe les écritures de fin d'année permettant de dresser les comptes annuels de l'État.

Les fonctions de comptable d'ordre ne sont pas incompatibles avec celles de comptables deniers et valeurs.

Article 26. – Sont comptables deniers et valeurs :

- les comptables directs du Trésor ;
- les comptables des administrations financières ;
- les agents comptables des organismes publics.

Article 27. – Sous l'autorité du Ministre chargé des Finances, les comptables directs du Trésor, principaux ou secondaires, exécutent toutes opérations budgétaires, financières, et de trésorerie de l'État, des budgets annexes et des comptes spéciaux du Trésor.

Ils assurent, par ailleurs, la garde et la conservation des deniers, valeurs et titres appartenant ou confiés à l'État et aux autres organismes publics et exécutent toutes opérations financières dont l'État et les autres organismes publics sont chargés, à l'exception de celles dont l'exécution est expressément confiée à d'autres comptables publics.

Article 28. – Les comptables des administrations financières des Impôts et des Douanes sont des fonctionnaires ou agents ayant qualité de comptables deniers et valeurs et chargés en particulier du recouvrement d'impôts, de droits, de redevances et des recettes, ainsi que des pénalités fiscales et des frais de poursuites dans les conditions fixées par les lois et règlements.

Les comptables des administrations financières sont des comptables secondaires. Leurs opérations sont centralisées dans les écritures des comptables directs du Trésor compétents.

Article 29. – Les agents comptables des organismes publics exécutent toutes les opérations de recettes et de dépenses budgétaires ainsi que toutes les opérations de trésorerie de l'organisme auprès duquel ils sont accrédités.

L'agent comptable, chef des services de la comptabilité, a la qualité de comptable principal.

Des comptables secondaires peuvent être désignés selon les modalités prévues par la règlementation en vigueur et les textes particuliers organisant l'établissement.

Article 30. – Les comptables deniers et valeurs peuvent avoir sous leur autorité des régisseurs de recettes et des régisseurs d'avances.

Ces régisseurs de recettes et d'avances, sont habilités à exécuter des opérations d'encaissement ou de décaissement. Ils sont soumis aux règles, obligations et responsabilités des comptables publics dans les conditions et limites fixées par les lois et règlements. A ce titre, ils sont personnellement et pécuniairement responsables de leurs opérations.

Le comptable public de rattachement à l'obligation de contrôler sur pièces et sur place les opérations et la comptabilité des régisseurs. Il est personnellement et pécuniairement responsable des opérations des régisseurs dans la limite des contrôles qui lui incombent.

Les régies de recettes sont créées par arrêté du Ministre chargé des Finances. Les régisseurs de recettes sont nommés par décision du Ministre chargé des Finances.

Les régies d'avances sont instituées par arrêté du Ministre chargé des Finances sur demande de l'ordonnateur principal. De même, le régisseur d'avances est nommé par décision du Ministre chargé des Finances sur proposition de l'ordonnateur principal concerné.

Section 2. - Droits et Obligations des comptables publics

Article 31. – Conformément aux dispositions du Code de transparence dans la gestion des finances publiques, les comptables publics bénéficient de conditions matérielles, financières et morales nécessaires à la bonne exécution de leur mission.

A ce titre, tout comptable public est logé dans les lieux du service, si le poste est doté d'un logement de fonction. A défaut, il bénéficie de la prestation gratuite d'un logement dans la localité de situation du poste ou d'une indemnité compensatrice.

Le comptable a également droit aux indemnités de responsabilité et de sujétion attachées à sa fonction.

Les montants des indemnités compensatrices ainsi que des indemnités de responsabilité et de sujétions sont fixés par arrêté du Ministre chargé des Finances.

Article 32. – Les comptables publics sont tenus de prêter serment et de constituer les garanties requises.

Avant d'être installés dans leur poste comptable, ils doivent justifier de la prestation de serment ou, à défaut, l'envoi de la demande de prestation de serment à la juridiction compétente.

Le montant des garanties et les conditions de leur constitution sont fixés par arrêté du Ministre chargé des Finances.

Les comptables intérimaires sont soumis aux mêmes obligations et bénéficient des mêmes avantages que les comptables titulaires.

Article 33. – Les comptables publics sont accrédités auprès des ordonnateurs ainsi que, le cas échéant, des autres comptables publics avec lesquels ils sont en relation.

Article 34. – Les seuls contrôles que les comptables publics sont tenus d'exercer sont les suivants :

a) en matière de recettes, le contrôle :

- de l'autorisation de percevoir les recettes, dans les conditions prévues pour l'État et les autres organisations publics, par les lois et règlements ;
- de la mise en recouvrement et de la liquidation des créances ainsi que de la régularité des réductions et des annulations de titres de recettes, dans la limite des éléments dont ils disposent ;

b) en matière de dépenses, le contrôle :

- de la qualité de l'ordonnateur ou de son délégué, et de l'assignation de la dépense ;
- de la validation de la créance, portant sur :
  - la justification du service fait, résultat de la certification délivrée par l'ordonnateur ainsi que les pièces justificatives produites ;
  - l'intervention préalable des contrôles, autorisations, approbations, avis ou visas réglementaires ;
  - la production des justifications et, le cas échéant, du certificat de prise en charge à l'inventaire ;
  - l'application des règles de prescription et de déchéance ;
- du caractère libératoire du règlement incluant le contrôle de l'existence éventuelle d'oppositions, notamment de saisies ou de cessions ;

c) en matière de patrimoine, le contrôle :

- de la prise en charge à l'inventaire des actifs financiers et non financiers acquis ;
- de la conservation des droits, privilèges et hypothèques des immobilisations incorporelles et corporelles.

Article 35. – Les comptables publics procèdent à l'arrêté périodique de leurs écritures dans les conditions fixées par la réglementation comptable en vigueur.

Au 31 décembre de chaque année, ils procèdent obligatoirement à l'arrêté de leurs comptes de disponibilité. A cette date, il est établi un procès-verbal constatant et détaillant l'état de l'encaisse et des valeurs ainsi que celui des autres comptes de disponibilité justifié par un état de rapprochement.

Article 36. – Les comptes de l'État sont produits à la Cour des comptes au plus tard le 30 juin de l'exercice suivant celui au titre duquel ils sont établis. En cas de retard, des amendes peuvent être infligées aux comptables.

En cas de besoin, le Ministre chargé des Finances commet d'office un comptable pour confectionner les comptes de gestion.

Conformément aux dispositions de l'article 69 de la loi organique relative aux lois de finances, les comptes de gestion, déposés en état d'examen à la Cour des comptes, doivent être jugés dans un délai de cinq (5) ans à compter de la date de leur dépôt. En l'absence de jugement dans ce délai, le comptable public est déchargé d'office de sa gestion.

Section 3. – Responsabilités des comptables publics

Article 37. – La responsabilité pécuniaire du comptable public est engagée lorsque :

- un déficit de caisse ou un manquant en deniers ou en valeurs a été constaté ;
- une recette n'a pas été recouvrée ;
- une dépense a été irrégulièrement payée, en manquement aux obligations de contrôles énumérés à l'article 34 du présent décret ;
- par sa faute, l'organisme public a dû procéder à l'indemnisation d'un autre organisme public ou d'un tiers.

Le comptable public dont la responsabilité est engagée a l'obligation de verser, de ses deniers personnels, une somme égale au montant du déficit ou manquant constaté, de la perte de recette subie, de la dépense payée à tort ou de l'indemnité mise de son fait à la charge de l'État ou de tout autre organisme public.

Les comptables publics ne sont ni personnellement ni pécuniairement responsables des erreurs commises dans l'assiette et la liquidation des produits qu'ils sont chargés de recouvrer.

Les gestions irrégulières entraînent, pour leurs auteurs déclarés comptables de fait par la Cour des comptes, les mêmes obligations et responsabilités que les gestions patentes pour les comptables publics selon les modalités procédurales décrites par la loi organique portant organisation et fonctionnement de la Cour des comptes.

Article 38. – Les comptables publics ne sont pas tenus de déférer aux ordres irréguliers qui engagent leur responsabilité personnelle et pécuniaire, sauf réquisition émanant de l'ordonnateur principal dans les conditions définies à l'article 102 du présent décret. Dans ce cas, la responsabilité de ce dernier se substitue à celle du comptable.

Article 39. – La responsabilité pécuniaire d'un comptable public est mise en jeu par un acte de nature administrative ou juridictionnelle. Le débet administratif résulte d'un arrêté du ministre chargé des finances. Le débet juridictionnel d'un arrêté de la Cour des comptes.

Les arrêtés de débet produisent les mêmes effets et sont soumis aux mêmes règles d'exécution que les décisions juridictionnelles. Ils sont susceptibles de recours. Le comptable de fait peut être condamné par la Cour des comptes à une amende, en raison de son immixtion dans les fonctions de comptable public. Cette amende est calculée suivant l'importance et la durée de la détention ou du maniement des deniers. Son montant ne pourra dépasser le total des sommes indûment détenues ou maniées.

Cette amende n'est pas exclusive des autres sanctions liées à la perte de revenu et/ou au surplus de dépenses supportés par l'État du fait de cette immixtion.

Article 40. – Les comptables publics peuvent obtenir une décharge de responsabilité ou la remise gracieuse des sommes laissées à leur charge dans les conditions prévues par la réglementation.

Ils peuvent bénéficier d'un sursis de versement pendant l'examen de leur demande de décharge de responsabilité ou de remise gracieuse.

En cas de décharge de responsabilité ou de remise gracieuse, les débets restent à la charge du budget de l'État ou de tout autre organisme public concerné dans les conditions fixées par la règlementation.

Section 4. - Cessation de fonction des comptables publics et libération des garanties

Article 41. – La cessation de fonction d'un comptable public est prononcée dans les mêmes formes que sa nomination.

Hormis le cas de décès ou d'absence irrégulière, la cessation de fonction d'un comptable public donne lieu à l'établissement d'un procès-verbal de remise de service.

Dans les conditions définies par la règlementation, le Ministre chargé des Finances ou toute autre autorité supérieure compétente peut désigner, dans l'attente de la prise de fonction du comptable titulaire, un comptable intérimaire qui a les mêmes droits et obligations que ce dernier.

Article 42. – La libération des garanties constituées par un comptable public ne peut intervenir que dans les conditions suivantes :

- **pour les comptables principaux** : après arrêts définitifs de quitus rendus par la Cour des comptes sur les différentes gestions dont ils avaient la charge jusqu'à leur cessation de fonction ou par intervention de la décharge d'office conformément aux dispositions de l'article 71 de la loi organique relative aux lois de finances ;
- **pour les comptables secondaires** : après obtention du certificat de décharge délivré par le Directeur chargé de la comptabilité publique, sur avis des comptables principaux auxquels ces comptables secondaires sont rattachés ; Le certificat de décharge est délivré dans un délai fixé, par la

réglementation. Il permet uniquement d'accorder la libération des garanties, mais n'emporte pas de conséquences quant à l'appréciation de la responsabilité éventuelle du comptable secondaire.

La libération des garanties est accordée par décision du Ministre chargé des Finances sur proposition du Directeur chargé de la comptabilité publique, après constatation que les conditions prévues ci-dessus sont réunies.

TITRE III – OPERATIONS D'EXECUTION DU BUDGET

CHAPITRE PREMIER. - LES OPÉRATIONS DE RECETTES

Section première. - Dispositions générales

Article 43. – Les recettes de l'État comprennent notamment, les produits des impôts, et taxes, droits, les rémunérations des services rendus et redevance ; les fonds de concours, dons et les autres produits autorisés par les lois et règlements en vigueur ou résultant de décisions de justice ou de conventions.

Article 44. – Toutes contributions directes ou indirectes autres que celles qui sont légalement instituées, à quelque titre et sous quelque dénomination qu'elles se perçoivent, sont formellement interdites sous peine, pour les agents qui confectionneraient les titres de perception et tarifs et ceux qui en feraient le recouvrement, d'être poursuivis comme concussionnaires, sans préjudice de l'action en répétition ouverte sur trois années contre tout comptable ou individu qui en aurait fait la perception.

Sont également punissables des peines prévues à l'égard des concussionnaires tout détenteur de l'autorité publique qui, sous une forme quelconque et pour quelque motif que ce soit, aura sans autorisation de la loi, accordé des exonérations en franchises de droit, impôt ou taxe, ou auront effectué gratuitement la délivrance de produits ou services payants de l'État.

Article 45. – Il est fait recette au budget de l'État et des organismes publics du montant intégral de tous les produits, quelle qu'en soit la provenance, et sans contraction entre les recettes et les dépenses. Les frais de perception et de régie ainsi que les autres frais accessoires sont portés en dépenses aux dits budgets.

Article 46. – Dans les conditions prévues pour chacune d'elles, les recettes sont constatées, liquidées et ordonnancées avant d'être prises en charge et recouvrées.

La constatation a pour objet d'identifier et d'évaluer la matière imposable.

La liquidation a pour objet de déterminer le montant de la créance sur les redevables et d'indiquer les bases sur lesquelles elle est effectuée.

Article 47. - Toute créance constatée et liquidée fait l'objet d'un titre de perception ou d'un ordre de recette émis par l'ordonnateur du budget concerné qui en a seul l'initiative.

Les rôles, les avis d'imposition, les états de liquidation d'impôts et taxes assimilées, les titres de régularisation, les décisions de justice et les arrêtés de débet pris par les autorités compétentes sont des titres de perception exécutoires.

Les ordres de recettes sont rendus exécutoires par les ordonnateurs qui les ont émis. Ils sont à cet effet revêtus de la formule exécutoire, datés et signés par les ordonnateurs.

Les redevances pour services rendus et les autres produits divers et éventuels de l'État sont perçus sur ordres de recettes formant titres de perception des créances constatées par états de liquidation ou décisions administratives.

Toute erreur de liquidation donne lieu, soit à l'émission d'un ordre d'annulation ou de réduction de recette, soit à l'émission d'un ordre de recette complémentaire.

Article 48. – Les actes formant titres de perception sont notifiés aux comptables publics pour prise en charge selon des modalités déterminées par des textes particuliers ; ils sont notifiés aux redevables par avis les informant de la date d'échéance et des modalités de règlement.

Article 49. – Sauf exception tenant, soit à la nature ou au caractère contentieux de la créance, soit à la nécessité de prendre sans délai des mesures conservatoires, le recouvrement forcé est précédé d'une tentative de recouvrement amiable.

Le recouvrement forcé des créances est poursuivi par les voies et moyens de droit en vertu d'un titre ayant force exécutoire.

Article 50. – Le recouvrement des titres exécutoires est poursuivi jusqu'à opposition du débiteur devant la juridiction compétente.

Les réclamations et contestations de toutes natures relatives à l'assiette et à la liquidation des droits n'ont pas d'effet suspensif sur les poursuites si elles ne sont pas assorties de garanties acceptées par le comptable public, à hauteur des sommes contestées.

Article 51. – Les redevables de l'État et des autres organismes publics s'acquittent de leurs dettes par versement d'espèces, par remise de chèques ou effets bancaires ou postaux, ou par versement ou virement dans l'un des comptes de disponibilité ouverts au nom des comptables publics en respectant la réglementation en vigueur concernant les instruments de paiement.

Toutefois, dans les cas prévus par la loi, les redevables peuvent s'acquitter par remise de valeurs ou par l'exécution de prestations en nature.

Ils peuvent également, dans les conditions prévues par les textes régissant l'État ou la catégorie de recette en cause, s'acquitter par remise d'effets de commerce ou d'obligations cautionnées.

Article 52. – Tout versement en numéraire donne lieu à la délivrance d'un reçu qui forme titre envers le Trésor public.

Par exception à la règle fixée à l'alinéa précédent, il n'est pas délivré de reçu lorsque le redevable reçoit en échange de son versement, des timbres, formules ou tickets ou s'il est donné quittance sur un document restitué ou remis au redevable.

Article 53. – Les redevables de l'État ne peuvent opposer la compensation dans le cas où ils se trouvent dans le même temps créanciers de l'État ou d'organismes publics.

Dans la même situation, préalablement à tout paiement, le comptable public doit opérer la compensation entre les dettes et les créances assignées sur sa caisse.

Article 54. - Sous réserve des dispositions particulières prévues par le Code général des impôts et le Code des douanes, le débiteur de l'État est libéré s'il présente un reçu régulier, s'il invoque le bénéfice d'une prescription effective, ou s'il établit la réalité de l'encaissement par un comptable public des effets bancaires ou postaux émis au profit du Trésor public.

Article 55. – Les règles propres à l'État et à chacun des autres organismes publics, et le cas échéant, à chaque catégorie de créances, fixent les conditions dans lesquelles le recouvrement d'une créance peut être suspendu ou abandonné ou dans lesquelles une remise de dette, une transaction ou une adhésion à un concordat peuvent intervenir.

Article 56. – Les comptables publics sont responsables du recouvrement de la totalité des droits liquidés par les ordonnateurs et pris en charge par leurs soins.

Ils doivent justifier de l'apurement de ces prises en charge dans les délais et formes prévus par les dispositions du présent décret.

L'apurement résulte soit de recouvrements effectifs, soit de réduction ou d'annulation de droits préalablement liquidés, soit d'admission en non-valeur.

La responsabilité des comptables publics en matière de recouvrement est engagée et mise en jeu dans les conditions fixées par les lois et règlements.

Article 57. – Les délais de prescription des créances de l'État ainsi que les règles d'exigibilité sont fixés par les textes en vigueur.

Section 2. - Impôts directs et taxes assimilées

1. - Mise en recouvrement et encaissement

Article 58. – Dès que le rôle est rendu exécutoire, le Ministre chargé des Finances adresse au Directeur général des Impôts et Domaines, supérieur hiérarchique du comptable chargé du recouvrement, une expédition authentique du rôle et deux états récapitulatifs présentant, en articles distincts par nature d'impôts, le montant du rôle.

Le supérieur hiérarchique du comptable chargé du recouvrement envoie, sous couvert du Directeur général de la Comptabilité publique et du Trésor, l'expédition authentique du rôle et l'un des états récapitulatifs au comptable principal de rattachement et conserve l'autre état.

Après prise en charge dans sa comptabilité, le comptable principal de rattachement transmet le rôle d'impôts au comptable chargé du recouvrement.

Article 59. – Les comptables publics chargés du recouvrement des impôts directs sont tenus d'émarger chaque article du rôle, du montant des versements totaux ou partiels effectués à leur caisse, la date de ces versements et le numéro de la quittance.

2. - Recours

a) Réclamations

Article 60. – Les réclamations tendant à obtenir une décharge ou une réduction en vue soit de faire réparer des erreurs commises dans l'assiette ou le calcul des impositions, soit de bénéficier d'une disposition législative ou réglementaire, sont adressées au Ministre chargé des Finances.

Il en est délivré récépissé au contribuable, sur sa demande.

Les réclamations sont individuelles. Toutefois, les membres de sociétés de personnes qui contestent les impôts à la charge de la société sont habilités à déposer une réclamation au nom de la société pour laquelle ils agissent.

Article 61. – Toute personne qui introduit ou soutient une réclamation pour autrui doit justifier d'un mandat régulier. Toutefois, la production d'un mandat n'est pas exigée des avocats régulièrement inscrits au barreau et des personnes qui tiennent de leurs fonctions ou qualité le droit d'agir au nom du contribuable. Il en est de même si le signataire a été mis personnellement en demeure d'acquitter les contributions visées dans la réclamation.

Article 62. – Sous peine d'irrecevabilité, toute réclamation doit :

- mentionner la ou les contributions concernées ;
- être accompagnée soit de l'avertissement, d'une copie de l'avertissement ou d'un extrait du rôle, soit, dans le cas où l'impôt ne donne pas lieu à l'établissement du rôle, d'une pièce justifiant le montant de la retenue ou du versement ;
- contenir l'exposé sommaire des moyens et les conclusions de la partie notamment en ce qui concerne le montant contesté ;
- porter la signature manuscrite de son auteur.

Le délai de réclamation est de trois (3) mois à compter du jour où il est établi que le contribuable a eu connaissance de son imposition ou, à défaut, du jour où ont été exercées les premières poursuites avec frais.

Article 63. – Le Ministre chargé des Finances statue sur les réclamations dans un délai de six (6) mois à compter de la date de leur présentation dans les conditions prévues par le Code de Procédure civile.

Il a la faculté de déléguer en totalité ou en partie son pouvoir de décision.

L'octroi de la décharge ou de la réduction entraîne l'annulation des pénalités ou majorations correspondantes.

Le réclamant peut saisir le Tribunal régional dans les conditions prévues au Livre III du Code de procédure civile et relatives à la matière fiscale.

Dans la limite du délai de prescription, le Ministre chargé des Finances ou son délégué peut, en tout temps, prononcer d'office le dégrèvement de tout ou partie de cote formant surtaxes.

Les délais prévus au présent article sont des délais francs.

b) Les demandes en remise ou modération

Article 64. - Les demandes en remise ou modération doivent être adressées au Ministre chargé des Finances appuyées de toutes pièces probantes dans le mois de l'événement qui les motive, sauf celles qui sont provoquées par la gêne ou l'indigence du contribuable, lesquelles peuvent être formulées à toute époque.

Le Ministre statue dans les conditions prévues à l'alinéa 1 de l'article précédent.

Les demandes en remise de pénalités ou de majoration pour paiement tardif peuvent être présentées à tout moment. Elles sont instruites après paiement du principal de l'impôt.

c) Dispositions communes

Article 65. - Le Ministre chargé des Finances ou son délégué avise chaque bénéficiaire du dégrèvement qui lui est accordé.

Le montant des dégrèvements accordés pour décharge, réduction, remise ou modération fait l'objet de certificats de dégrèvement adressés par le Ministre chargé des Finances ou son délégué au Directeur chargé de la Comptabilité publique qui les transmet au comptable principal compétent ; celui-ci procède par voie de diminution du montant de ses prises en charge, en informe éventuellement le comptable chargé du recouvrement, et joint lesdits certificats aux pièces justificatives à transmettre à l'appui du compte de gestion.

Article 66. - Quand un contribuable, avant le dégrèvement, a versé des sommes qui, jointes au dégrèvement dont il bénéficie, excèdent le montant de la cote, l'excédent est versé dans un compte ouvert chez le comptable principal où il est conservé dans la limite du délai de prescription des dettes de l'État.

Dans ce délai, l'excédent est remboursé au bénéficiaire, au vu d'un ordre de paiement, après imputation du montant des impositions éventuellement exigibles.

3. Apurement des rôles

a) Cotes indûment imposées ou irrécouvrables

Article 67. - Dans les six (6) mois qui suivent la date de mise en recouvrement des rôles, les comptables chargés du recouvrement établissent pour leur comptable principal de rattachement des états de cotes indûment imposées comprenant les cotes établies par faux et double emploi manifeste. Ils procèdent de même pour les cotes qui leur paraissent avoir été établies à tort, mais seulement lorsqu'il s'agit de contribuables qui ne peuvent réclamer eux-mêmes ou dont le domicile est inconnu.

Dans les quatre (4) mois, le Ministre chargé des Finances statue sur ces états de cotes indûment imposées.

Article 68. - Au plus tard à la fin du deuxième mois de la troisième année financière suivant celle à laquelle les rôles sont rattachés, les comptables principaux ou les supérieurs hiérarchiques des comptables chargés du recouvrement présentent au Ministre chargé des Finances des états primitifs de cotes irrévocables avec l'indication des frais de poursuite qui ont été engagés pour obtenir le recouvrement.

Au plus tard à la fin du deuxième mois de la deuxième année financière, des états supplémentaires de cotes irrévocables peuvent être présentés au Ministre chargé des Finances. Ces états peuvent comprendre des cotes présentées pour la première fois comme irrévocables et des cotes qui, ayant été portées sur les états primitifs, n'ont pas été admises en non valeur.

Le Ministre chargé des Finances statue dans un délai de cinq (5) mois sur les états de cotes irrécouvrables.

Article 69. - Le montant des cotes indûment imposées ou irrécouvrables admises en non-valeur fait l'objet de certificats de dégrèvement dans les conditions prévues à l'article 65.

Si au-delà des délais fixés aux articles 67 et 68 aucune réponse n'a été reçue par le comptable principal ou le supérieur hiérarchique concerné, les cotes indûment imposées ou les cotes irrécouvrables en cause sont réputées admises en non-valeur. En cas de rejet, le comptable principal a la faculté de porter l'affaire devant la juridiction compétente.

b) Restes à recouvrer

Article 70. - Au premier jour de la deuxième année suivant l'année financière de rattachement, les comptables chargés du recouvrement adressent aux comptables principaux de rattachement une situation détaillée des restes à recouvrer de leur poste.

Cette situation est mise à jour trimestriellement.

A la fin du premier trimestre de la troisième année suivant celle de rattachement, le comptable principal de rattachement dresse un état détaillé des restes à recouvrer par poste comptable de son ressort.

Le Ministre chargé des Finances, dans un délai de quatre (4) mois, peut autoriser le comptable principal de rattachement à réduire d'autant ses prises en charge.

Article 71. - Au plus tard à la fin de la troisième année suivant l'année financière de rattachement, la responsabilité du comptable principal est engagée à raison des sommes qui n'auraient pas été recouvrées ou admises régulièrement en non valeur ou en réduction, sauf recours contre les comptables secondaires chargés du recouvrement. Il est ainsi tenu de solder lesdites sommes de ses deniers personnels.

Le comptable principal dont la responsabilité a été engagée peut revendiquer le bénéfice du sursis, de la décharge ou de la remise dans les conditions prévues par la réglementation en vigueur.

Le comptable qui a versé de ses deniers personnels les sommes ainsi mises à sa charge est subrogé dans les droits et recours du Trésor.

Pour l'application des précédentes dispositions, l'année financière de rattachement est celle au cours de laquelle se situe la date de mise en recouvrement du rôle.

c) Mutation de comptables

Article 72. - En cas de mutation de comptables chargés du recouvrement, le comptable entrant est responsable du recouvrement de la totalité des impôts assignés dans le poste sous réserve des sommes que son prédécesseur aurait dû solder de ses deniers.

Ces réserves approuvées par le comptable principal ou, en cas de contestation du comptable sortant, par le Directeur chargé de la comptabilité publique, ont pour effet de dégager sa responsabilité pécuniaire en ce qui concerne l'apurement des cotes concernées.

Le comptable sorti de fonctions endosse à nouveau la responsabilité de l'apurement des cotes en cause. Il doit en être informé par le comptable principal.

Malgré ce partage des responsabilités entre les comptables entrant et sortant, le comptable entrant est tenu de justifier, sous contrôle hiérarchique, de toutes diligences propres à assurer l'apurement des rôles pris en charge dans ses écritures.

Article 73. - En cas de mutation de comptables principaux, le paiement des sommes, au titre des impôts non recouvrés à la fin de la troisième année suivant l'année financière au cours de laquelle les rôles ou les titres de perception ont été pris en charge, incombe au comptable principal en fonction à la fin du premier semestre de l'année en cours.

Section 3. - Impôts indirects et autres droits et taxes perçus sur liquidation

Article 74. - Chaque comptable chargé du recouvrement des droits perçus sur liquidation dresse à la clôture de l'année financière, le relevé nominatif des sommes non recouvrées indiquant, pour chaque somme, les motifs du défaut de recouvrement. Il les transmet au chef de service concerné et y joint, s'il y a lieu, les pièces justificatives.

Au moyen des relevés et pièces susmentionnés, les chefs de service établissent :

- un bordereau des sommes dont le comptable devra être déchargé ;
- un bordereau des sommes qui doivent être mises à sa charge ;
- un bordereau des sommes qui sont susceptibles d'un recouvrement ultérieur.

Les deux premiers sont soumis au Ministre chargé des Finances, qui statue dans les trois mois sur les responsabilités, sauf recours à la juridiction compétente.

Un exemplaire du bordereau de décharge approuvé par l'autorité compétente justifie la réduction des prises en charge chez le comptable principal concerné.

Section 4. - Taxes pour services rendus, produits du domaine, amendes et condamnations pécuniaires

1. - Taxes pour services rendus et produits du domaine

Article 75. - Les taxes pour services rendus et les produits du domaine sont liquidés et perçus selon le régime des droits constatés ou le régime des droits au comptant dans les conditions prévues par le code du domaine de l'État, le code forestier, les lois et règlements spéciaux aux services ou établissements concernés.

Les bordereaux de versement des taxes et les états de produits des organismes visés au précédent alinéa justifient de la recette chez le comptable de rattachement.

Tous les mois, les chefs de service ou d'établissement dressent un état récapitulatif des droits constatés et des recettes effectuées et le transmettent au Directeur chargé du Budget.

2. - Amendes et condamnations pécuniaires

Article 76. - Les amendes pénales, civiles et administratives, les confiscations, réparations, restitutions, dommages-intérêts, frais ayant le caractère de réparations et intérêts moratoires ainsi que les frais de justice sont liquidés sur la base des textes législatifs et réglementaires régissant chaque catégorie et des décisions judiciaires ou administratives qui les ont prononcés.

Article 77. - Les droits de timbre et d'enregistrement afférents aux amendes et condamnations pécuniaires sont pris en charge par le comptable principal compétent et recouvrés en même temps que lesdites amendes et condamnations.

Le titre de perception qui est constitué, suivant le cas, par l'extrait de jugement ou la décision administrative est transmis au comptable principal du Trésor concerné ou au supérieur hiérarchique du comptable chargé du recouvrement.

Article 78. - Le montant des amendes et pénalités infligées par l'administration à un fournisseur ou à un entrepreneur de travaux au titre d'un marché public est repris par la voie de précompte sur le premier paiement dû à l'intéressé. Celui-ci conserve de faculté de se libérer par un versement direct à la caisse du comptable chargé du recouvrement.

Si le débiteur fait opposition en justice au recouvrement par voie de précompte sur les sommes qui lui sont dues, le comptable transmet le dossier à l'Agent judiciaire de l'État chargé de le défendre devant les tribunaux compétents.

Article 79. - Le recouvrement des amendes pécuniaires dues par les détenus peut être effectué par prélèvement sur leur pécule. Les condamnés peuvent, dans les conditions prévues par la loi, faire l'objet de contrainte par corps.

Article 80. - Les amendes forfaitaires pour contraventions de police concernant la circulation perçue directement par les agents verbalisateurs sont reversées à la caisse des comptables directs du Trésor dans les conditions prévues par la réglementation en vigueur.

Section 5 - Autres recettes

Article 81. - Les créances de l'État autres que celles régies par les sections 2, 3 et 4 du présent chapitre font l'objet d'ordres de recette émis par l'ordonnateur.

Les ordres de recettes sont rendus exécutoires par les ordonnateurs qui les ont émis. Ils sont à cet effet revêtus de la formule exécutoire, datés et signés par les ordonnateurs. Les ordonnateurs délégués et les ordonnateurs secondaires sont autorisés à ne pas émettre les ordres de recette correspondant aux créances dont le montant initial en principal est inférieur à un minimum fixé par arrêté du Ministre chargé des Finances.

Article 82. - Les ordres de recette sont transmis pour prise en charge et recouvrement au comptable principal compétent. Le débiteur en est informé immédiatement par l'ordonnateur par la voie d'un avis indiquant le montant et l'origine de la dette à payer.

Comme en matière d'impôts directs, les ordres de recette peuvent être recouvrés par voie de poursuite conformément aux dispositions en vigueur.

Article 83. - Il est procédé à l'apurement des restes à recouvrer comme indiqué à l'article 74.

Des remises totales ou partielles peuvent être accordées à titre gracieux aux redevables par le Ministère chargé des Finances.

CHAPITRE II. - LES OPERATIONS DE DEPENSES

Section première. - Dispositions générales

Article 84. - Les dépenses de l'État sont autorisées par le Parlement. Celles des autres organismes publics sont autorisées par leur conseil d'administration ou organes délibérants en tenant lieu.

Les dépenses sont engagées, liquidées et ordonnancées avant d'être payées.

Toutefois, en application des articles 95 et 96 ci-après, certaines catégories de dépenses limitativement énumérées peuvent, dans les conditions prévues par les textes en vigueur, être payées avant ordonnancement. Elles doivent faire l'objet d'un ordonnancement de régularisation.

L'engagement, la liquidation et l'ordonnancement constituent la phase administrative de la dépense publique alors que le paiement en constitue la phase comptable.

Section 2. - L'engagement

Article 85. - L'engagement est l'acte par lequel l'État ou un autre organisme public crée ou constate à son encontre une obligation de laquelle résultera une charge.

Au plan comptable, l'engagement consiste à affecter des crédits au paiement de la dépense.

Seuls les ordonnateurs peuvent, dans les formes et sous les conditions prévues par les lois et règlements, engager des dépenses à la charge de l'État.

Ils ne peuvent procéder à aucun recrutement au-delà des effectifs et des emplois autorisés par la loi de finances.

Article 86. - Les engagements de dépenses de l'État sont justifiés, concernant :

- les frais de personnel, par les textes législatifs ou réglementaires et les contrats relatifs au régime des soldes et indemnités, par les décisions prises concernant la situation de chaque agent ou les missions de travaux dont il est chargé ;
- les achats de fournitures et l'exécution de travaux ou services, par l'établissement d'une commande ou la passation d'un marché ;
- les opérations immobilières, par la passation d'un contrat ou par la décision d'expropriation ou la décision qui en autorise le paiement ;
- les subventions et secours, par les décisions ministérielles ;
- les frais de gestion, par les décisions des administrateurs qualifiés ;
- les charges résultant des opérations de trésorerie, par les décisions du Ministre chargé des Finances ;
- les autres dépenses, par les actes intervenus en vertu des textes législatifs ou réglementaires.

Article 87. - L'engagement doit rester dans la limite des autorisations budgétaires et demeurer subordonné aux autorisations, avis ou visas prévus par les lois et règlements. Les engagements de dépenses ordinaires stipulent l'exécution du service au plus tard le 31 décembre de la même année.

Section 3 - La liquidation

Article 88. : La liquidation est l'opération qui consiste à constater et à arrêter les droits du créancier.

Constater les droits du créancier consiste à vérifier que sa créance existe et qu'elle est exigible.

Arrêter les droits du créancier consiste à fixer le montant exact de sa créance.

La liquidation ne peut être faite qu'au vu des titres et pièces justifiant les droits acquis par les créanciers.

En ce qui concerne notamment les fournitures, services et travaux, ces titres et pièces sont constitués par les marchés, les mémoires ou factures en original détaillant les livraisons, services ou travaux effectués et les procès-verbaux de réception signés par les ordonnateurs, les contrôleurs des opérations financières et éventuellement par les responsables des services techniques dans le cadre de la réglementation en vigueur

Article 89. - Sauf cas d'avances ou de paiements préalables autorisés par les lois ou règlements, les services chargés de la liquidation ne peuvent arrêter les droits des créanciers, y compris pour ce qui concerne les acomptes sur marché de travaux et fournitures, qu'après constatation du service fait.

Article 90. - La liquidation est faite :

- soit à la demande des créanciers, sur justifications produites par eux ou, dans leur intérêt, par les agents administratifs habilités ;

- soit, d'office, lorsque l'agent chargé de la liquidation dispose des éléments nécessaires et y est autorisé par les lois et règlements.

Article 91. - La production par les créanciers de leurs titres justificatifs ne s'effectue valablement que par l'envoi par voie postale ou assimilée ou le dépôt de l'original au service de l'ordonnateur.

Tout créancier de l'État ou des autres organismes publics a le droit de se faire délivrer un bulletin énonçant la date de sa demande en liquidation et les pièces produites à l'appui.

Article 92. - Les titres de liquidation doivent établir la preuve des droits acquis au créancier, ils sont rédigés conformément aux règlements et déterminés d'après les bases suivantes :

- dépenses de personnel - états nominatifs datés, arrêtés en toutes lettres et signés, énonçant le grade ou l'emploi, la situation de famille, la période du service et le décompte détaillé des sommes dues ;
- dépenses de matériel et de travaux d'entretien-factures, mémoires ou décomptes datés, arrêtés en toutes lettres et signés, et comportant la certification du service fait et la mention de liquidation, soit sur les pièces elles-mêmes, soit en cas d'utilisation de procédés informatiques de comptabilisation, sur les titres de créances ou de certification ;
- dans les deux cas suivant les besoins - arrêtés, décisions, conventions ou marchés, et, en général, toutes pièces justifiant les factures ou états ci-dessus.

Article 93. - Les factures et états visés à l'article précédent peuvent être arrêtés en chiffre lorsque cet arrêté est effectué au moyen d'appareils donnant des garanties d'inscription au moins égales à celles de l'inscription en toutes lettres.

Section 4 - L'ordonnancement

Article 94. - L'ordonnancement est l'acte administratif par lequel, conformément aux résultats de la liquidation, l'ordre est donné par l'ordonnateur au comptable public de payer la dette de l'État ou celle des autres organismes publics.

Il est matérialisé par l'établissement d'un mandat de paiement.

Article 95. - L'ordonnancement peut également intervenir à titre de régularisation en vue de prescrire à un comptable principal d'imputer définitivement dans ses écritures des opérations effectuées à titre provisoire, tant par lui-même et ses subordonnés que par des régisseurs d'avances.

Article 96. - Les catégories de dépenses payables sans ordonnancement préalable sont fixées par décret. Celui-ci peut également charger les comptables d'effectuer eux-mêmes la liquidation de ces dépenses.

Article 97. - Dans le cadre du contrôle de la régularité des pièces justificatives de dépenses, les comptables peuvent réclamer aux ordonnateurs des certificats administratifs ou pièces justificatives complémentaires.

Article 98. - Les mandats de paiement sont assignés sur la caisse des comptables compétents en raison de leurs attributions fonctionnelles et territoriales.

Le montant de chaque pièce justificative des mandats de paiement doit être énoncé non seulement en chiffre, mais aussi en toutes lettres, exception faite pour les opérations traitées par procédé informatique.

Les ratures, altérations, surcharges et renvois doivent être approuvés et signés par ceux qui ont arrêté les pièces justificatives et mandats de paiement.

L'usage d'une griffe est interdit pour toute signature à apposer sur les mandats de paiement et pièces justificatives.

Article 99. - Les mandats de paiement ne peuvent être émis que dans la limite des crédits ouverts, sous réserve de leur caractère évaluatif. Ils doivent énoncer l'année, l'objet, le bénéficiaire ainsi que l'imputation budgétaire de la dépense.

Les mandats de paiement sont soumis au visa préalable du contrôleur des opérations financières.

Article 100. - L'année financière de rattachement du mandat de paiement est, quelle que soit la date des opérations qu'il retrace et celle de décaissement de la dépense, l'année financière au cours de laquelle le mandat de paiement est visé par le comptable assignataire.

Toutefois, la régularisation des dépenses ordinaires de l'année financière précédente est, conformément aux dispositions réglementaires, effectuée au titre de ladite année.

Section 5 - Le paiement

Article 101. - Le paiement est l'acte par lequel l'État ou tout autre organisme public se libère de sa dette.

Sous réserve des exceptions prévues par les lois et règlements, les paiements ne peuvent intervenir avant l'échéance de la dette, l'exécution du service, la décision individuelle d'attribution de subvention, d'allocation ou d'avance.

Article 102. - Lorsque, à l'occasion des contrôles prévus en matière de dépenses à l'article 34, des irrégularités sont constatées par les comptables, ceux-ci sont tenus de refuser le visa de la dépense.

Les comptables sont tenus d'adresser aux ordonnateurs une déclaration écrite et motivée de leurs refus de paiement, accompagnée des pièces rejetées.

En cas de désaccord persistant, l'ordonnateur principal, après avoir reçu l'avis consultatif du Ministre chargé des Finances, peut réquisitionner le comptable.

Dans ce cas le comptable procède au paiement de la dépense et annexe au mandat une copie de sa déclaration de rejet et l'original de l'acte de réquisition qu'il a reçu.

Une copie de la réquisition et une copie de la déclaration de rejet sont transmises à la Cour des Comptes et au Ministre chargé des Finances et publiées dans les formes et conditions fixées par arrêté du Ministre chargé des Finances.

Par dérogation aux dispositions du précédent alinéa, les comptables ne peuvent déférer à l'ordre de payer de l'ordonnateur principal dès lors que le refus de visa est motivé par :

- l'absence de justification du service fait, sauf pour les avances et les subventions ;
- le caractère non libératoire du paiement.

Lorsque le comptable obtempère à l'ordre de payer de l'ordonnateur, en dehors des cas ci-dessus, il cesse d'être personnellement et pécuniairement responsable de la dépense en cause. La responsabilité est transférée à l'ordonnateur.

Article 103. - Les règlements de dépenses sont faits soit par remise d'espèces ou de chèques, soit par virement bancaire ou postal dans les conditions fixées par la règlementation régissant la matière.

Article 104. - Le paiement des dépenses par virement à un compte bancaire ou postal est obligatoire pour tout règlement supérieur à un montant fixé par la réglementation en vigueur.

Dans tous les cas, il est obligatoire, quel que soit le montant de la créance, pour tout règlement à effectuer au profit de créanciers inscrits au Registre du Commerce et du Crédit mobilier ou au Registre des Métiers ou de personnes morales de droit public ou privé.

Article 105. - Lorsque, à la demande des intéressés et en respect de la réglementation en vigueur, le paiement est effectué par mode de règlement qui génère des frais, ceux-ci sont déduits du montant des sommes dues.

Article 106. - Les chèques sur le Trésor sont soumis à la législation sur le chèque.

Les chèques non barrés sont payables sans frais sur l'ensemble du territoire aux guichets des comptables directs du Trésor. Ils peuvent être encaissés aux guichets de tout autre établissement financier dans les conditions admises par la réglementation bancaire.

Article 107. - Les comptables publics sont chargés, sous leur responsabilité et conformément aux lois et règlements, de vérifier les droits et qualités des parties prenantes et la régularité de leurs acquits et, à cet effet, d'exiger la production de toutes justifications utiles.

Article 108. - Le paiement est libératoire s'il a été effectué selon l'un des modes de règlement prévus à l'article 103 au profit de la personne capable de donner valablement quittance, soit en qualité de créancier, soit en qualité de mandataire, d'ayant droit ou d'ayant cause dudit créancier, conformément aux lois et règlements en vigueur.

Article 109. - Tout agent qui procède au paiement doit, sous sa responsabilité, s'assurer du caractère libératoire de l'acquit qui lui est donné.

En cas de paiement à des ayants-droits ou représentants de créanciers, il est seul chargé de vérifier, sous sa responsabilité et conformément aux lois et règlements, les droits et les qualités de ces parties prenantes et la régularité de leurs acquits.

Les dispositions relatives à l'acquit à fournir par les parties prenantes en cas de paiement en espèces sont fixées par instruction du ministre chargé des Finances.

Article 110. - Les agents qui procèdent au paiement doivent également, sous leur responsabilité, certifier ou faire certifier par ceux qui paient en leurs lieu et place, sur les livrets de paiement des corps de troupe, unités, organes ou établissements, administrés comme tels, toutes les sommes qui sont payées à quelque titre que ce soit.

Article 111. - Les paiements faits pour le compte d'un comptable assignataire ne peuvent être valablement effectués que sur présentation du titre de règlement revêtu du visa de ce comptable.

Ce visa et l'acquit régulier de la partie prenante suffisent pour dégager la responsabilité de l'agent qui a effectué des paiements de cette nature.

Article 112. - Lorsque le créancier de l'État ou de tout autre organisme public refuse de recevoir le paiement, la somme correspondante est consignée dans l'attente du règlement du litige.

Article 113. - Toutes oppositions ou autres significations ayant pour objet d'arrêter un paiement doivent être faites, sous peine de nullité, entre les mains du comptable assignataire de la dépense, et pour des créances expressément désignées.

A défaut, pour le saisissant ou l'opposant, de remplir les formalités prescrites en la matière par la réglementation en vigueur, l'opposition sera réputée non avenue.

En cas de refus de paiement par opposition ou saisie, ce comptable est tenu de remettre au porteur du titre de paiement une déclaration écrite énonçant les nom et domicile élu de l'opposant ou du saisissant et les causes de l'opposition ou de la saisie.

La portion saisissable des soldes, traitements ou salaires arrêtés par des saisies ou oppositions est versée d'office par le comptable assignataire au compte des dépôts ouvert dans les écritures du Trésor.

Le dépôt à ce compte de toute somme autre que les soldes, traitements ou salaires frappés de saisie-arrêt ou d'opposition, ne peut être effectué qu'autant qu'il a été autorisé par la loi, par décision de justice ou par acte passé entre l'administration et les créanciers.

Article 114. - Conformément aux dispositions de la loi organique portant lois de Finances, sont prescrites au profit de l'État, toutes créances de tiers qui n'ont pas été payées dans un délai de quatre ans à partir du premier jour de l'année suivant celle au cours de laquelle les droits ont été acquis.

Les conditions d'interruption, de suspension ou d'exemption du cours de la prescription sont régies par la règlementation en vigueur.

Section 5 - Dispositions spéciales à certaines opérations et à certains services

1- Cessions ou prêts entre services publics

Article 115. - Les cessions ou prêts de biens meubles de toute nature intervenant entre services de l'État, et des autres organismes publics donnent lieu à ordre de mouvement avant leur exécution par dérogation aux dispositions de l'article 94 ci-dessus.

Si leur montant ne peut être déterminé exactement qu'après exécution, il est procédé à l'ordonnancement d'une provision au vu d'un état évaluatif des frais de toute nature à prévoir, établi par le service cédant et approuvé par le service cessionnaire. Le règlement définitif est effectué dès l'établissement des pièces justificatives.

Article 116. - Le règlement des cessions ou prêts visés à l'article ci-dessus ne donne lieu à rétablissement de crédits au profit du chapitre cédant que dans les cas où ce rétablissement a été expressément autorisé par le Ministre chargé des Finances.

2. - Imputation des ordres de recette

Article 117. - Les sommes payées indûment ou à titre provisoire sur crédits budgétaires sont recouvrées sur ordres de recette.

Un arrêté du Ministre chargé des Finances fixe les conditions dans lesquelles les restitutions ainsi obtenues donnent lieu à rétablissement de crédits. Celui-ci ne peut être opéré que dans le cadre d'une même gestion.

3. - Dispositions spéciales à certains services

Article 118. - Les règles relatives à l'engagement, à la liquidation, l'ordonnancement et au paiement sont applicables à l'ensemble des dépenses publiques de l'État.

Toutefois, des modifications portant sur des points particuliers peuvent y être apportées par décret pris sur la proposition du Ministre chargé des Finances et éventuellement, du ministre intéressé, pour ce qui concerne :

- les dépenses effectuées sur crédits spéciaux ;
- les dépenses des corps de troupe, unités, organes ou établissements administrés comme tels ;
- les dépenses en capital effectuées sur aide extérieure.

CHAPITRE III. - LES OPERATIONS DE TRESORERIE

Section première. - Dispositions générales

Article 119. - Sont définis comme opérations de trésorerie tous les mouvements de numéraires, de valeurs mobilisables, de comptes de dépôts, de comptes courants et de comptes de créances et de dettes à court, moyen et long termes.

Les opérations de trésorerie comprennent :

- les opérations d'encaissement et de décaissement ;
- l'approvisionnement et le dégagement en fonds des caisses publiques ;
- l'escompte, la mise en pension et l'encaissement des traites et obligations émises au profit de l'État dans le cadre de la réglementation en vigueur ;
- la gestion des fonds déposés par les correspondants et les opérations faites pour leur compte ;
- les tirages sur financements extérieurs, l'émission, la conversion, la gestion et le remboursement des emprunts publics à court, moyen et long termes ;
- les opérations de prêts et avances ;
- l'encaissement des produits des cessions d'actifs.

Article 120. - Les opérations de trésorerie sont exécutées exclusivement par les comptables publics soit à leur propre initiative, soit sur l'ordre ou à la demande des tiers qualifiés pour leur compte.

Les opérations de trésorerie sont décrites pour leur totalité et sans contraction entre elles.

Article 121. - Les fonds détenus par les comptables publics sont gérés selon le principe de l'unité de caisse. Ce principe s'applique à toutes les disponibilités des comptables quelle qu'en soit la nature. Il entraîne l'obligation de comptabiliser à un seul compte financier toutes les disponibilités correspondant à sa nature.

Les fonds appartenant à l'État et aux autres organismes publics sont insaisissables par les tiers.

Article 122. - Un poste comptable dispose, sauf dérogation expresse du Ministre chargé des Finances, d'une seule caisse, d'un seul compte courant bancaire et d'un seul compte courant postal.

L'unité de trésorerie est le principe selon lequel le Trésor a un seul compte ouvert à la Banque centrale, dans lequel toutes les ressources de l'État sont déposées et duquel tous les décaissements sont effectués.

Article 123. - Les charges et produits résultant de l'exécution des opérations de trésorerie sont imputés aux comptes budgétaires.

Article 124. - Le Ministre chargé des Finances fixe les conditions de la participation des banques ou autres établissements financiers à l'exécution des opérations de trésorerie.

Section 2 - Disponibilités et mouvements de fonds

Article 125. - Seuls les comptables deniers et valeurs sont habilités à manier les fonds du Trésor public.

Ces fonds y compris les ressources extérieures mobilisées au titre des projets sont déposés dans un compte unique du Trésor public ouvert dans les livres de la BCEAO. Toutefois, le Ministre chargé des Finances peut autoriser l'ouverture de comptes :

- sur le territoire national, dans une banque commerciale, pour y loger les fonds du Trésor public, y compris les ressources extérieures ;
- sur le territoire national, à la BCEAO ou dans une banque commerciale pour y déposer les fonds mobilisés dans le cadre de conventions de financement des bailleurs de fonds. Dans ce cas, la convention prévoit les modalités de gestion desdits comptes ;
- sur le territoire national, dans des banques commerciales situées dans des localités non desservies par des agences de la BCEAO ;
- à l'étranger, dans les institutions financières.

Les subventions, dons, et autres concours alloués par l'État aux établissements publics, aux agences et aux autres organismes publics similaires sont domiciliés dans les comptes de dépôts ouverts au Trésor.

Article 126. - Les agents de l'État et des autres organismes publics ne peuvent se faire ouvrir ès qualité un compte de disponibilités que sur autorisation expressément donnée par le Ministre chargé des Finances.

Tout compte ouvert en violation des dispositions de l'alinéa précédent fait encourir à son titulaire la responsabilité de comptable de fait.

Article 127. - Les conditions d'ouverture et de fonctionnement des comptes de disponibilités ouverts au nom des comptables de l'État sont fixées par arrêté du Ministre chargé des Finances.

Article 128. - Les plafonds des encaisses des comptables publics et des régisseurs, ainsi que les conditions et délais de leur engagement, sont fixés par arrêté du Ministre chargé des Finances.

De même, la limitation de l'actif des comptes courants postaux des comptables publics est fixée par le Ministre chargé des Finances.

Article 129. - Hormis les mouvements de numéraire nécessités par l'approvisionnement et le dégagement des caisses des comptables publics, tout autre mouvement entre comptables publics est réalisé par virement de compte.

Le Ministre chargé des Finances peut prescrire aux comptables ou aux correspondants du Trésor toute procédure susceptible de simplifier les opérations de règlement ou d'en réduire les délais.

Section 3. - Traites et obligations

Article 130. - Les comptables publics présentent à l'encaissement les traites et obligations qu'ils détiennent.

Le Trésorier général est habilité, dans les conditions fixées par réglementation en vigueur, à escompter ou mettre en pension auprès de l'institut d'émission les traites et obligations cautionnées reçues par ces comptables.

Section 4. - Correspondants

Article 131. - Les correspondants du Trésor sont les organismes et particuliers qui, soit en application des lois et règlements, soit en vertu de conventions, déposent à titre obligatoire ou facultatif, des fonds au Trésor ou sont autorisés à procéder à des opérations de recettes et des dépenses par l'intermédiaire des comptables directs du Trésor.

Article 132. - Le Ministre chargé des Finances fixe les conditions d'ouverture ou de fonctionnement des comptes ouverts au nom des correspondants ainsi que le taux et le mode de liquidation de l'intérêt qui peut, éventuellement, leur être alloué.

Sauf autorisation donnée par le Ministre chargé des Finances, il ne peut être ouvert qu'un seul compte au Trésor par correspondant.

Les comptes ouverts au Trésor au nom des correspondants ne peuvent pas présenter de découvert.

Section 5. - Emprunts

Article 133. - Aucune dette de l'Etat ne peut être contractée sous forme de souscription de rente perpétuelle, d'emprunt à court, moyen et long termes, ou sous forme d'engagements payables à terme ou par annuités, aucune opération de conversion de la dette publique ne peut être opérée, qu'en vertu de la loi de Finances.

Article 134. - Les conditions et modalités d'émission des emprunts de l'Etat sont fixées par décret pris sur le rapport du Ministre chargé des Finances.

Article 135. - Les créances résultant d'un emprunt de l'Etat donnent lieu soit :

- à la remise d'un titre au souscripteur ou bénéficiaire ;
- à une inscription au crédit d'un compte courant de titres dans les conditions fixées par décret pris sur proposition du Ministre chargé des Finances.

Sauf dérogations prévues par la loi, les titres sont établis, à la demande du souscripteur ou du bénéficiaire, sous forme au porteur ou nominative. Sous la même réserve, les titres sont cessibles, négociables et peuvent faire l'objet d'une conversion au nominatif ou au porteur.

Les titres d'emprunt ne peuvent être délivrés aux souscripteurs avant que ceux-ci ne soient libérés de la totalité de leur souscription.

Article 136. - Dans le cadre de l'autorisation donnée annuellement par la loi de finances, le Ministre chargé des Finances peut créer et placer dans le public et auprès des banques et organismes divers, des valeurs du Trésor et le taux d'intérêt alloué sont fixés par arrêté du Ministre chargé des Finances.

Article 137. - Les valeurs du Trésor sont émises au porteur. Elles peuvent être mises à ordre et domiciliées sous la forme anonyme dans les conditions fixées par arrêté du Ministre chargé des Finances.

Ces valeurs peuvent être barrées ; elles sont alors remboursables dans les conditions prévues par la réglementation des chèques barrés.

Article 138. - La conversion de la dette publique ne peut être opérée que conformément aux autorisations données par une loi de finances.

Les titres d'emprunt émis par l'Etat détériorés, perdus ou volés peuvent être frappés d'opposition, remplacés ou remboursés dans les conditions fixées par la réglementation.

Section 6. - Opérations sur le patrimoine

Article 139. - Le patrimoine financier de l'État est l'ensemble des actifs financiers détenus, à savoir les espèces, les dépôts à vue et à terme, les valeurs mobilières ou les créances sur les tiers.

Le patrimoine non financier est l'ensemble des biens corporels et incorporels appartenant à l'État.

Article 140. - La gestion du patrimoine non financier de l'État relève de la compétence de chaque ordonnateur dans la limite de la part existant dans son ministère ou institution, sous réserve des pouvoirs des autorités chargées du patrimoine non financier.

Les modalités de prise en charge, d'emploi et de conservation des biens et des matières, des objets et des valeurs, les règles de classement et d'évaluation des divers éléments du patrimoine mobilier et immobilier et des stocks, les limites dans lesquelles doivent être contenus les taux d'amortissement ou les provisions pour dépréciation, les modalités de réévaluation ainsi que les conditions de réforme et de cession des biens durables du patrimoine sont fixées par les lois et règlements.

Article 141. - Les biens corporels et incorporels appartenant à l'État ou à tout autre organisme public doté d'un comptable public sont insaisissables.

CHAPITRE VII – OPERATIONS DE REGULARISATION ET JUSTIFICATIONS

Article 142. - Pour le paiement des dépenses ordinaires autres que de personnel se rapportant à des droits constatés au cours de la gestion qui s'achève, les mandats émis jusqu'au 31 décembre de l'année et ceux de régularisation émis durant la période complémentaire fixée pour la clôture sont pris en compte au titre du budget de l'année.

La période complémentaire s'étale jusqu'au :

- 10 janvier de l'année suivante pour les comptables secondaires de l'État ;
- 20 janvier de l'année suivante pour les comptables principaux et pour les opérations désignées par un arrêté du Ministre chargé des Finances ;
- 31 janvier de l'année suivante pour l'Agent comptable du Trésor.

Article 143. - Les opérations de régularisation concernent

- l'imputation définitive de recettes ou de dépenses déjà constatées en écritures, notamment à des comptes d'imputation provisoire ;
- la modification d'une écriture erronée ;
- le règlement par la procédure de rétablissement de crédits des cessions

consenties à un service de l'État par un autre service relevant du budget général ou d'un budget annexe ;

- l'emploi des reversements de fonds consécutifs à la restitution au Trésor de sommes payées indûment ou à titre provisoire lorsque cet emploi a pour objet de rétablir les crédits correspondants.

Article 144. - Les opérations visées à l'article 143 précédent peuvent être constatées en écritures complémentaires au 31 décembre de l'année :

- jusqu'au 10 janvier par les comptables secondaires de l'État ;
- jusqu'au 20 janvier par les comptables principaux et pour les opérations désignées par un arrêté du Ministre chargé des Finances ;
- jusqu'au 31 janvier par l'agent comptable central du Trésor pour la modification d'une écriture erronée.

Article 145. - Les opérations de fin d'année et d'inventaire ainsi que les régularisations prévues par la loi de règlement sont prises en compte au titre du budget de l'année précédente jusqu'à la date de clôture du Compte général de l'Administration des finances fixée par le Ministre chargé des Finances.

Article 146. - Les pièces justificatives des opérations de recettes, de dépenses, de trésorerie et de patrimoine, sont précisées dans une nomenclature établie par arrêté pris par le Ministre chargé des Finances après avis de la Cour des comptes.

Elles sont produites à l'appui des comptes adressés à la Cour des comptes et sont tenues à sa disposition pendant toute la durée de ses investigations.

Lorsqu'elles sont conservées par les comptables publics, elles ne peuvent être détruites avant l'examen des comptes concernés ou avant la durée de prescription applicable à l'opération.

La durée de conservation des pièces justificatives est de dix ans.

Article 147. - En cas de perte, de vol, de destruction ou de détérioration de pièces justificatives remises aux comptables, ceux-ci se font établir un certificat de perte transmis au comptable supérieur qui peut autoriser le comptable subordonné à pourvoir au remplacement des pièces sous forme de duplicata. Le comptable supérieur dans la même situation doit requérir l'autorisation du Directeur chargé de la Comptabilité publique.

TITRE IV – COMPTABILITE ET COMPTES DE L'ETAT

CHAPITRE PREMIER. - DISPOSITIONS GÉNÉRALES

Article 148. - La comptabilité de l'État a pour objet la description de ses opérations financières.

A cet effet, elle est organisée en vue de permettre :

- l'information des autorités de contrôle et de gestion ;
- la connaissance et le contrôle des opérations budgétaires et des opérations de trésorerie ;

- la connaissance de la situation du patrimoine ;
- la détermination des résultats annuels ;
- le calcul du prix de revient, du coût et du rendement de l'activité des services;
- l'intégration des opérations dans la comptabilité économique nationale ;
- les analyses économiques et financières en vue de l'établissement de ratios et tableaux de bord.

Article 149. - La comptabilité de l'État concerne :

- toutes les opérations rattachées au budget de l'année en cause jusqu'à la date de clôture de ce budget ;
- toutes les opérations de trésorerie et les opérations sur le patrimoine faites au cours de l'année ainsi que les opérations de régularisation.

Les comptes de l'État sont arrêtés à la fin de la période d'exécution du budget par les ordonnateurs en ce qui concerne la comptabilité budgétaire et la comptabilité des matières, et par les comptables publics en ce qui concerne la comptabilité générale de l'État.

Article 150. – La comptabilité de l'État et des autres organismes publics comprend une comptabilité budgétaire, une comptabilité générale de l'État tenue par les comptables publics et selon les besoins et les caractères propres à l'État ou aux autres organismes publics, une comptabilité analytique des coûts, une comptabilité des matières, valeurs et titres.

CHAPITRE II – LA COMPTABILITE BUDGETAIRE

Section première. - Dispositions générales

Article 151. – La comptabilité budgétaire a pour objet de retracer, pour l'exercice concerné, les opérations d'exécution du budget de l'État et des autres organismes publics en recettes et en dépenses et conformément à la nomenclature de présentation et de vote du budget ou de l'état des prévisions.

Cette comptabilité est renseignée par les comptables publics en ce qui concerne les encaissements et paiements relatifs aux opérations de recettes et de dépenses.

Elle permet de suivre les liquidations, émissions, prises en charge, recouvrements et restes à recouvrer en matière de recettes, d'une part, les engagements, liquidations, ordonnancements, paiements et restes à payer en matière de dépenses, d'autre part

La comptabilité budgétaire dégage un résultat correspondant à la différence entre les recettes encaissées et les dépenses ordonnancées sur le budget général et les comptes spéciaux au titre de l'année considérée.

Article 152. – La comptabilité budgétaire tenue par les ordonnateurs couvre la phase administrative des opérations de recettes et de dépenses. Elle est tenue en partie simple.

Article 153. – La période couverte par la comptabilité budgétaire est la gestion couvrant l'année civile, sans période complémentaire. Une circulaire du Ministre chargé des Finances fixe les délais-limites pour l'arrêté des opérations d'engagement, de liquidation et d'ordonnancement au titre de l'exécution du budget d'une année donnée.

Article 154. – Les comptes générés par la comptabilité budgétaire sont constitués des comptes administratifs établis par les ordonnateurs et consolidés par le Ministre chargé des Finances, appuyés d'un état de développement des recettes budgétaires et d'un état de développement des dépenses budgétaires établis par le comptable principal.

Article 155. – La phase administrative de la comptabilité budgétaire décrit toutes les opérations relatives à :

- la mise en place des crédits budgétaires et, le cas échéant, des autorisations d'engagement ;
- les crédits budgétaires mis en réserves ;
- l'engagement des dépenses ;
- la liquidation et à l'ordonnancement des recettes et des dépenses.

Il est tenu dans chaque département ministériel et au niveau de chaque institution constitutionnelle une comptabilité des crédits ouverts, une comptabilité des engagements, une comptabilité des liquidations et des ordonnancements.

Article 156. – Un ordonnateur ne peut engager, liquider ou ordonnancer, un comptable ne peut payer une dépense qu'après publication de la loi de finances et des décrets de répartition au Journal officiel.

La comptabilité budgétaire des ordonnateurs de l'État est rapprochée de la comptabilité des comptables assignataires de ces opérations.

Article 157. – L'ordonnateur certifie selon le cas sur le compte de gestion ou le compte financier établi par le comptable la conformité des opérations de sa comptabilité avec celle décrites par ledit compte.

Article 158. – Les ordonnateurs et les contrôleurs des opérations financières suivent l'ensemble des engagements, des liquidations et des ordonnancements par le moyen des situations visées aux articles ci-après.

Les comptes administratifs produits par les ordonnateurs principaux sont centralisés par le Ministre chargé des finances aux fins de rapprochement avec la balance consolidée nationale.

Section 2. - Comptabilité des engagements

Article 159. – La comptabilité des engagements de dépenses est une comptabilité de prévisions qui a pour but de fournir à tout moment une évaluation approchée des dépenses imputables à l'année financière en cours, ou pour ce qui concerne les autorisations d'engagement, de la période concernée.

Article 160. – Les engagements sont établis par imputation budgétaire, dans les formes prescrites par le Ministre chargé des Finances.

Ils font apparaître :

- la situation des crédits et, le cas échéant, des autorisations d'engagement, ainsi que, pour les dépenses de personnel, les effectifs autorisés ;
- la situation des engagements précédents ;
- la nature et le montant de l'engagement proposé, ainsi que pour les dépenses de personnel, l'effectif concerné.

Article 161. – Les engagements sont soumis au visa préalable du contrôleur des opérations financières compétent.

Aucune dépense ne peut recevoir un commencement d'exécution avant approbation de l'ordonnateur, excepté les dérogations prévues à l'article 95.

Article 162. – Les engagements dont l'exécution n'est pas intervenue au 31 décembre ou dont l'ordonnancement n'a pas été effectué dans les délais de prise en compte prévus à l'article 144 ci-dessus sont repris en engagement sur les crédits du budget de l'année suivante dans les conditions prévues par la réglementation en vigueur.

La liste de ces engagements, établie, si nécessaire, après réévaluation, le cas échéant, par les responsables de programme, est visée par l'ordonnateur et le contrôleur des opérations financières et adressée aux ministres concernés.

Article 163. – Tout ordonnateur est responsable de l'ajustement continu de la comptabilité de ses engagements aux réalités constatées au fur et à mesure de l'exécution du service et dès qu'il a connaissance des éléments modifiant ses prévisions antérieures.

Cet ajustement donne lieu à l'établissement, dans les conditions prévues par la réglementation, d'engagements complémentaires ou de dégagements.

Section 3. – Comptabilité des liquidations et des ordonnancements

Article 164. – La comptabilité des liquidations et des ordonnancements comporte deux composantes :

- une composante recette ;
- une composante dépense.

Article 165. – La composante destinée à suivre les opérations de recettes est tenue par l'ordonnateur à l'aide :

- d'un livre journal des droits constatés ;
- d'un livre de compte par nature de recettes ;
- d'un registre des baux et concessions ;
- d'un livre journal des opérations de recettes ;
- d'un registre des comptes de recettes.

Article 166. – Le livre journal des droits constatés est destiné à l'enregistrement immédiat et successif des titres de créances de l'État.

Le livre des comptes par nature de recettes est destiné au classement, par imputation budgétaire, des titres de créances enregistrés au livre-journal des droits constatés.

Le registre des baux et concessions comporte les principales données financières des baux et concessions ainsi que les liquidations effectuées.

Le livre journal des opérations de recettes est destiné à l'enregistrement immédiat et successif des titres de recette émis et de toutes opérations de régularisation les concernant.

Le registre des comptes de recette est destiné au classement par imputation budgétaire, de toutes les opérations enregistrées au livre journal.

Article 167. – La composante destinée à suivre les opérations de dépenses est tenue par l'ordonnateur à l'aide :

- d'un carnet-journal des bons d'engagement ou des bons de commande ;
- d'un registre des marchés et baux ;
- de l'état des effectifs ;
- de la situation générale des crédits établie après chaque émission ;
- de la situation détaillée mensuelle des dépenses ;
- de toute autre situation prescrite par le Ministre chargé des Finances.

Article 168. – Le carnet-journal des bons d'engagement ou bons de commande est destiné à l'enregistrement, par imputation budgétaire, des engagements, des liquidations et des ordonnancements.

Le registre des marchés et des baux est destiné à l'enregistrement des principales données financières des marchés et baux dont le service assure l'administration des crédits et les règlements effectués.

L'État des effectifs est destiné à faire apparaître les agents du service présents à leur poste pendant le mois.

Article 169. – Sur instruction du Ministre chargé des Finances, les livres et registres prévus aux articles 165 et 167 pourront être adaptés à l'utilisation des procédés informatiques de comptabilisation des opérations de l'État.

Article 170. – Indépendamment des livres et registres visés aux articles ci-dessus, les agents chargés de l'engagement, de la liquidation et de l'ordonnancement tiennent tous carnets de détail, livres et comptes auxiliaires nécessaires.

Ces livres de comptabilité sont arrêtés en recette et en dépense à la fin de chaque mois et à la clôture de l'année financière.

Article 171. – Au début de chaque mois et à la fin de l'année financière, tout agent liquidateur de recette établit et adresse au Ministre chargé des Finances et au ministre dont il relève une situation précisant par imputation budgétaire, avec rappel des antérieurs :

- le montant des droits constatés ou liquidés au profit de l'État ;
- le cas échéant, le montant des recouvrements effectués.

Article 172. – Suivant la périodicité et les formes fixées par les instructions ministérielles, sont établies et adressées au ministre ordonnateur principal compétent les situations précisant par imputation budgétaire, avec rappel des antérieurs :

- le montant des crédits et, le cas échéant, des autorisations d'engagement, répartis ;
- le montant des dépenses engagées ;
- le montant des dépenses liquidées.

Article 173. – Tous les mois et à la clôture de l'année financière, chaque ordonnateur principal établit par budget ou compte spécial le concernant :

- un état récapitulatif des ordres de recettes faisant ressortir, par imputation budgétaire, avec rappel des antérieurs, les émissions du mois et les opérations de régularisation effectuées ;
- une situation des mandatements faisant ressortir, par imputation budgétaire, avec rappel des antérieurs, le montant des crédits répartis, des dépenses engagées, des titres de paiement émis et des opérations de régularisation effectuées.

Ces états et situations doivent être visés par le comptable assignataire qui transmet un exemplaire au contrôleur des opérations financières pour transmission au Ministre chargé des Finances aux fins de consolidation.

Section 4. – Opérations sur autorisations de dépenses

Article 174. – Les opérations effectuées au niveau national et à l'étranger sur autorisations de dépenses sont assignées sur la caisse des comptables publics compétents.

Article 175. – Le service bénéficiaire établit des projets de bons d'engagement dans la limite des autorisations de dépenses qui lui sont notifiées.

Article 176. – L'ordonnateur secondaire contrôle, constate et approuve les engagements par le visa des bons d'engagement pour certification de la disponibilité des crédits et l'émission des titres de créances et de certification.

Article 177. – Après certification du service fait par le service bénéficiaire, la liquidation est effectuée par l'ordonnateur secondaire qui donne l'ordre de payer.

Article 178. – Les comptables secondaires, après avoir procédé aux contrôles prévus à l'article 34, effectuent les paiements qui sont centralisés dans les comptes du comptable principal compétent.

Article 179. – Des instructions du Ministre chargé des Finances préciseront, en tant que de besoin, les dispositions de la présente section relatives aux autorisations de dépenses assignées sur la caisse des comptables compétents.

Pour les services publics implantés à l'étranger, des instructions conjointes du Ministre chargé des Finances et du Ministre chargé des Affaires étrangères préciseront, en tant que de besoin, les dispositions de la présente section.

CHAPITRE III. – LA COMPTABILITE GENERALE DE L'ETAT

Article 180. – La comptabilité générale de l'État a pour objet de décrire le patrimoine de l'État et son évolution. Elle est tenue en partie double et est fondée sur le principe de la constatation des droits et des obligations dans les conditions fixées par la réglementation en vigueur.

Les opérations sont prises en compte au titre de l'exercice auquel elles se rattachent indépendamment de leur date de paiement ou d'encaissement.

La comptabilité générale de l'État s'appuie pour certains éléments du patrimoine sur la comptabilité des matières.

Article 181. – La comptabilité générale de l'État retrace :

- les opérations budgétaires ;
- les opérations de trésorerie ;
- les opérations faites avec des tiers et les opérations d'attente et de régularisation ;
- les mouvements du patrimoine et des valeurs ;
- les flux de gestion internes – amortissements, provisions, les produits et charges rattachés ;
- elle dégage des situations et résultats périodiques et fin d'année ;
- elle est tenue dans les conditions et limites fixées par la réglementation définissant les attributions de chaque catégorie de comptables publics.

Article 182. – Dans le cadre des règles établies par le Plan comptable de l'État la nomenclature et le fonctionnement des comptes tenus par les comptables publics sont fixés par le Ministre chargé des Finances.

Article 183. – L'organisation de la comptabilité générale de l'État est fondée sur les principes suivants :

- la déconcentration de la comptabilité générale, en vue de la rapprocher du fait générateur et des ordonnateurs ainsi que leurs services gestionnaires ;
- l'inscription au bilan de l'État de tous les flux de gestion portant sur les actifs non financiers, les dettes et créances, en vue de la connaissance du patrimoine public et partant, de la capacité de l'État à faire face à ses engagements.

Article 184. – La comptabilité générale de l'État est tenue exclusivement par les comptables publics par année financière.

Elle est assortie d'une période complémentaire d'une durée maximum d'un mois à compter de la fin de l'exercice budgétaire suivant les spécificités décrites à l'article 148 du présent décret.

Seules des opérations de régularisation d'ordre comptable peuvent être effectuées au cours de la période complémentaire.

Aucune opération budgétaire ayant pour conséquence de créer des droits nouveaux ne peut être effectuée au cours de cette période.

Les modalités d'exécution des opérations de régularisation pendant la période complémentaire sont définies dans les procédures comptables prévues par le décret portant Plan comptable de l'État et ses textes d'application.

Article 185. – Au plus tard le 30 juin de l'année suivant celle de l'exercice budgétaire clôturé, les comptables principaux adressent leur compte de gestion accompagné de toutes les pièces justificatives à la Cour des comptes par l'intermédiaire de la Direction chargée de la Comptabilité publique qui s'assure que les comptes sont en état d'examen.

Ces comptables principaux justifient auprès de la Cour des comptes les opérations effectuées pour le compte de l'État par eux-mêmes et par les comptables qui leur sont rattachés.

Article 186. – Le compte de gestion de chaque comptable principal de l'État comprend :

- l'inventaire qui fait ressortir l'acte de nomination du comptable, la liste des procurations données à ses mandataires, les documents généraux se rapportant aux opérations des régisseurs et la récapitulation des opérations budgétaires et de trésorerie ;
- la balance générale des comptes arrêtés à la clôture de la gestion ;
- l'état détaillé par compte d'imputation des dépenses et des recettes du budget général, des budgets annexes et des comptes spéciaux du Trésor ;
- l'état des restes à recouvrer et restes à payer sur la gestion ;
- l'état de développement des soldes en ce qui concerne les comptes qui se justifient en solde ;
- les pièces justificatives.

Les modalités d'application des dispositions du présent article sont fixées par instruction du Ministre chargé des Finances.

Article 187. – La procédure de jugement des comptes des comptables publics est celle définie dans les conditions fixées par la loi organique sur la Cour des comptes et son décret d'application.

Article 188. – Les comptes annuels de l'État sont dressés par le Ministre chargé des Finances et comprennent le Compte général de l'Administration des Finances et les états financiers.

Le Compte général de l'Administration des Finances comprend :

- la balance générale des comptes ;
- le développement des recettes budgétaires ;
- le développement des dépenses budgétaires ;
- le développement des opérations constatées aux comptes spéciaux du Trésor ;
- le développement des comptes de résultats.

Le compte général de l'Administration des Finances est transmis à la Cour des comptes à l'appui du projet de loi de règlement qui lui est communiqué annuellement.

Au vu des comptes de gestion des comptables principaux du Trésor et du Compte général de l'Administration des Finances, le juge des comptes rend une déclaration générale de conformité.

La situation d'exécution des financements extérieurs doit, le cas échéant, être produite et transmise à la Cour des Comptes.

La comptabilité générale de l'État permet également de produire les états financiers de l'État comprenant le bilan, le compte de résultat, le tableau des opérations financières du Trésor, le tableau des flux de trésorerie et l'état annexé dans les conditions définies par le décret portant Plan Comptable de l'État.

CHAPITRE IV. – LA COMPTABILITE DES MATIERES

Article 189. – La comptabilité des matières est une comptabilité d'inventaire permanent ayant pour objet la description des existants, des biens mobiliers et immobiliers, des stocks autres que les deniers et valeurs de l'État.

Elle permet un suivi des immobilisations incorporelles, des immobilisations corporelles, des stocks.

La comptabilité des matières peut être tenue en partie simple ou en partie double.

Elle décrit l'existant et les mouvements d'entrée et de sortie concernant :

- les immobilisations incorporelles et corporelles ;
- les stocks de marchandises et de fournitures ;
- les objets appartenant ou confiées à l'État.

Des inventaires sont faits à date fixe et à l'occasion des contrôles effectués par les organes habilités.

Article 190. – Les biens corporels et incorporels acquis avant la date de mise en vigueur du présent décret, sont inventoriés, immatriculés, valorisés et enregistrés dans les livres suivant les modalités, méthodes et techniques définies dans un référentiel harmonisé à l'usage des États membres de l'Union.

Les nouvelles acquisitions sont enregistrées au fur et à mesure des certifications délivrées par les ordonnateurs et des imputations données par les comptables aux comptes appropriés.

Des rapprochements contradictoires périodiques sont effectués entre les données de la comptabilité des matières et celles de la comptabilité générale de l'État.

Article 191. – La comptabilité des matières est tenue par des agents habilités par l'ordonnateur. Les comptables des matières sont préposés à la gestion d'un ou de plusieurs magasin ; ils assurent la garde et la conservation des matériels et matières en stocks, et suivent les mouvements des biens ordonnés par les ordonnateurs et leurs délégués.

Ils sont responsables personnellement et pécuniairement de la garde et de la conservation des existants, ainsi que de la régularité de leurs écritures comptables.

Les fonctions de comptable des matières sont incompatibles avec celles de comptable deniers et valeurs.

L'organisation et le système comptables applicables à la comptabilité des matières sont définis par instruction du Ministre chargé des Finances.

Article 192. – Les règles de comptabilité des matières, valeurs et titres de l'État et des autres organismes publics sont fixées par la réglementation en vigueur.

Article 193. – Les comptables des matières habilités produisent un compte de gestion matière établi dans les conditions fixées par le Ministre chargé des finances.

CHAPITRE V – LA COMPTABILITE ANALYTIQUE DES COUTS

Article 194. – La comptabilité analytique a pour objet, dans le cadre notamment des budgets-programmes et de la gestion axée sur les résultats, de :

- faire apparaître les éléments de calcul du coût des services rendus ou du prix de revient des biens et produits fabriqués ;
- permettre le contrôle du rendement des services.

Les objectifs assignés à la comptabilité analytique ainsi que les modalités de son organisation et de sa mise en œuvre sont fixés par le Ministre chargé des Finances.

TITRE V. - CONTROLES DE L'EXECUTION DU BUDGET

CHAPITRE PREMIER. - DISPOSITIONS GÉNÉRALES

Article 195. – Sans préjudice des pouvoirs du Parlement, les opérations d'exécution du budget de l'État sont soumises à un contrôle, administratif et à un contrôle juridictionnel.

Le contrôle administratif est le contrôle de l'administration sur ses agents, incluant le contrôle interne *a priori*, concomitant et *a posteriori*.

Le contrôle juridictionnel est exercé par la Cour des comptes ou, le cas échéant, par la Cour des comptes de l'Union Économique et Monétaire Ouest Africaine.

CHAPITRE II – LE CONTROLE ADMINISTRATIF

Section première. - Dispositions générales

Article 196. – Le contrôle administratif s'exerce soit sous la forme de contrôle hiérarchique, soit sous la forme de contrôle organique par l'intermédiaire de corps et organes de contrôle spécialisés.

Article 197. – Les agents de contrôle ministériels assurent au nom et pour le compte du ministère dont ils relèvent, le contrôle permanent et l'inspection des services placés sous l'autorité du ministre concerné.

Article 198. – L'Inspection générale d'État assure, selon les règles de compétence et de procédure qui lui sont propres et dans les conditions prévues par le statut des inspecteurs généraux d'État, les missions qui lui sont confiées et notamment la vérification de la gestion des services de l'État et de tout autre organisme public.

Article 199. – Les modalités d'action du Contrôle financier de la Présidence de la république sont celles prévues par les règlements qui le régissent.

Article 200. – Les contrôles *a priori* et *a posteriori* des opérations budgétaires sont assurés par les contrôleurs des opérations financières dans les conditions prévues aux articles 203 à 209 ci-après.

Article 201. – Le Président de la République, le Premier Ministre ou le Ministre chargé des Finances peuvent en outre charger tout fonctionnaire ou agent public ou groupe d'experts, de mission particulière d'audit.

Article 202. – Les rapports produits à la suite des contrôles, vérifications et audits effectués par les organes et corps de contrôle administratifs, sont mis à la disposition du public, dans les conditions déterminées par les lois et règlements.

En tout état de cause, les droits des différentes parties doivent être garantis.

Les modalités de coordination des activités des différents organes de contrôle administratif sont prévues par les lois et règlements.

Section 2. – Contrôles exercés par les contrôleurs des opérations financières

Article 203. – Les Contrôleurs des opérations financières exercent des contrôles *a priori* et *a posteriori* des opérations budgétaires de l'État.

Ils relèvent du Ministre chargé des finances et sont placés auprès des ordonnateurs.

Article 204. – Les contrôles *a priori* exercés par les Contrôleurs des opérations financières portent sur les opérations budgétaires et sur le rythme de consommation des crédits conformément au plafond d'engagement trimestriel.

Tous les actes des ordonnateurs portant engagement de dépenses budgétaires sont soumis au visa préalable du Contrôle des opérations financières.

Sont également soumis au visa préalable du Contrôle des opérations financières, les arrêtés, mesures ou décisions émanant d'un ordonnateur.

Ces actes sont examinés au regard de l'imputation de la dépense, de la disponibilité des crédits, de l'application des dispositions d'ordre financier, des lois et règlements, de leur conformité avec les autorisations parlementaires ainsi que des conséquences que les mesures proposées peuvent avoir sur les finances publiques.

Article 205. – Toute ordonnance de paiement, tout mandat de paiement ou toute délégation de crédits ne peut être présenté à la signature de l'ordonnateur qu'après avoir été soumis au visa du Contrôleur des opérations financières ou de son délégué.

Les ordonnances ou mandats de paiement et les délégations de crédits non revêtus du visa du Contrôleur des opérations ou de son délégué sont nuls et de nul effet.

Le Contrôleur des opérations financières ou son délégué s'assure notamment que les ordonnances et les mandats se rapportent à un engagement de dépenses déjà visé par lui.

Si les titres de paiement lui paraissent entachés d'irrégularités, il doit en refuser le visa.

Article 206. – Le Contrôleur des opérations financières ou son délégué tient la comptabilité des dépenses engagées afin de suivre la consommation des crédits et de déterminer la disponibilité ou non de crédits suffisants pour de nouveaux engagements de dépenses.

Article 207. – Le Contrôleur des opérations financières évalue *a posteriori* les résultats et les performances des programmes, au regard des objectifs fixés, des moyens utilisés et de l'organisation des services des ordonnateurs.

Article 208. – Sous réserve des dispositions ci-dessus, les modalités de mise en œuvre des contrôles du Contrôleur des opérations financières, au regard de la qualité et de l'efficacité du contrôle interne ainsi que du contrôle de gestion mis en œuvre par l'ordonnateur, sont définies par le Ministre chargé des Finances.

Article 209. – Le Contrôleur des opérations financières est personnellement responsable des contrôles portant sur la disponibilité des crédits, sur la vérification des prix par rapport à la mercuriale, le cas échéant, et, au titre de la validité de la créance, sur l'exactitude des calculs de liquidation de la dépense.

Si les mesures proposées lui paraissent entachées d'irrégularités au regard des dispositions qui précèdent, le Contrôleur des opérations financières refuse son visa.

En cas de désaccord persistant, il s'en réfère au Ministre chargé des finances. Il ne peut être passé outre au refus de visa du Contrôleur des opérations financières que sur autorisation écrite du Ministre chargé des finances. Dans ce cas, la responsabilité du Ministre chargé des finances se substitue à celle du Contrôleur des opérations financières.

De même, lorsque le Contrôleur des opérations financières délivre une autorisation écrite permettant de passer outre le refus de visa de son délégué auprès d'un ministère, d'une institution ou d'une autre administration centrale ou déconcentrée, la responsabilité du Contrôleur des opérations financières se substitue à celle de son délégué.

Section 3. – Contrôle des opérations des comptables publics

Article 210. – Les comptables publics de l'État sont assujettis aux dispositions prévues par la réglementation concernant les comptables publics et à celles de la présente section.

1. - Vérification de fin de gestion

Article 211. – Les procès-verbaux établis à l'occasion des vérifications de fin de gestion des comptables publics de l'État sont rédigés en un nombre d'exemplaires suffisant pour servir les archives du poste vérifié et, le cas échéant, le comptable sortant, et être adressés sans délai au Ministre chargé des Finances, au Directeur chargé de la Comptabilité publique, et :

- s'il s'agit de comptables directs du Trésor subordonnés, au comptable principal ;
- s'il s'agit de comptables des administrations financières et des autres organismes publics, au directeur de service.

Article 212. – Les procès-verbaux établis à l'occasion des vérifications de fin de gestion des régisseurs sont en un nombre d'exemplaires suffisant pour servir les archives de la régie et, le cas échéant, du régisseur sortant, et être adressés sans délai au Ministre chargé des Finances, au ministre concerné, au directeur chargé de la Comptabilité publique et au comptable direct du Trésor de rattachement.

Un acte du Ministre chargé des Finances fixe les modalités relatives à l'organisation, au déroulement, au délai de dépôt, d'exploitation et de publication des procès-verbaux de ces opérations de contrôle.

2. - Vérifications inopinées

Article 213. Sans préjudice des attributions conférées par la loi aux autorités administratives, ont qualité pour procéder aux vérifications inopinées des écritures et des situations de caisse et de portefeuille des comptables directs du Trésor et des comptables des administrations financières :

- les Inspecteurs généraux d'État ;
- les Inspecteurs généraux des Finances ;
- le Directeur chargé de la Comptabilité publique ou ses délégués, et, en outre, en ce qui concerne :
  - les comptables des administrations financières, les directeurs de service ou leurs délégués ;
  - les régisseurs d'avances ou de recettes, les délégués du ministre concerné ;
- les comptables de rattachement.

Article 214. – Le Directeur chargé de la Comptabilité publique est tenu de procéder au moins une fois tous les trois ans à la vérification inopinée des situations et des écritures des comptables principaux du Trésor.

Pour l'application des dispositions de l'alinéa ci-dessus, le Directeur chargé de la Comptabilité publique peut faire appel à l'Inspection générale des Finances.

Les directeurs des administrations financières, à l'égard des comptables de ces administrations et les comptables principaux du Trésor, à l'égard des comptables qui leur sont subordonnés, sont tenus à cette obligation au moins une fois tous les deux ans.

Les ordonnateurs sont tenus à l'obligation de procéder à la vérification inopinée des régisseurs exerçant dans leur département au moins une fois par an.

Toutefois, en ce qui concerne les agents comptables à l'étranger, le Ministre chargé des Finances et le Ministre chargé des Affaires étrangères peuvent déroger à l'obligation de l'annualité de la vérification.

Article 215. – Les procès-verbaux établis à l'occasion des vérifications inopinées sont rédigés et adressés dans les conditions prévues par l'article 202, à l'exception de celles faites par l'Inspection générale d'Etat qui obéissent à une procédure particulière.

Les procès-verbaux comportent toujours les réponses de l'agent ou du service vérifié.

Article 216. – Le Ministre chargé des Finances veille à l'application des prescriptions ci-dessus relatives aux vérifications des comptables et des régisseurs de recettes et d'avances et décide de toutes mesures à prendre qui ne seraient pas du ressort des ministres ou des chefs de service concernés.

CHAPITRE III – LE CONTROLE DE LA COUR DES COMPTES

Article 217. – La Cour des comptes juge les comptes des comptables publics et se prononce sur la qualité de la gestion des ordonnateurs, notamment la bonne exécution de leurs programmes selon les règles de compétence et de procédure qui lui sont propres.

Sans préjudice de sa mission ci-dessus, la Cour des comptes contrôle les résultats des programmes et en évalue l'économie, l'efficacité et l'efficience.

Les comptables principaux de l'État établissent un compte de gestion, sur chiffres et sur pièces, par budget et par exercice budgétaire définitivement clôturé. Ce compte est transmis à la Cour des comptes au plus tard le 30 juin de l'exercice suivant celui au titre duquel il est établi.

CHAPITRE IV – LE CONTROLE PARLEMENTAIRE

Article 218. – La nature et l'étendue du contrôle parlementaire sont celles prévues par la Constitution et les lois.

Ce contrôle s'effectue :

- *a priori* au moment de l'examen du projet de loi de finances de l'année ;
- au moment de l'exécution de la loi de finances ;
- *a posteriori* au moment de l'examen de la loi de règlement.

TITRE VI – DISPOSITIONS TRANSITOIRES ET FINALES

Article 219. – Les dispositions du présent décret s'appliquent à compter du 1er janvier 2012.

Toutefois, peut être différée jusqu'au plus tard le 1er janvier 2017, l'application intégrale des dispositions suivantes ;

- les avis sur la qualité des procédures comptables et des comptes publics prévus à l'article 217 ;
- la compétence de la Cour des comptes en matière de sanction des fautes de gestion des ordonnateurs prévus à l'article 22 ;
- l'application intégrale des règles et procédures découlant du principe de la constatation des droits et obligations régissant la comptabilité générale de l'État tel que définie à l'article 180 ;
- la déconcentration de la fonction d'ordonnateur principal prévue aux articles 17 et suivants.

Article 220. – Sous réserves des dispositions transitoires prévues à l'article 219, le présent décret abroge et remplace toutes les dispositions antérieures contraires notamment celles du décret n° 2003- 101 du 13 mars 2003 portant règlement général sur la comptabilité publique, modifié.

Article 221. – Le Ministre d'État, Ministre des Affaires étrangères, le Ministre d'État, Ministre de l'Économie et des Finances, le Ministre d'État, Garde des Sceaux, Ministre de la Justice, le Ministre d'État, Ministre de l'Intérieur, le Ministre d'État, Ministre des Forces armées, le Ministre d'État, Ministre de l'Environnement et de la Protection de la nature, le Ministre d'État, Ministre de la Culture, du genre et du Cadre de vie, le Ministre d'État, Ministre de l'Urbanisme, de l'Habitat, de l'Hydraulique et de l'Assainissement, le Ministre d'État, Ministre de la Coopération internationale, des Transports aériens, des Infrastructures et de l'Énergie, le Ministre d'État, Ministre des Mines, de l'Industrie, de l'Agro-Industrie et des PME, le Ministre d'État, Ministre de la Famille et des Organisations féminines, le Ministre d'État, Ministre de la Fonction publique et de l'Emploi, le Ministre d'État, Ministre de la Petite Enfance et de l'Enfance, le Ministre de l'Économie maritime, le Ministre de l'Enseignement supérieur, des Universités et des Centres universitaires Régionaux (CUR) et de la Recherche scientifique, le Ministre de l'Agriculture, le Ministre de l'Enseignement préscolaire, de l'Élémentaire, du moyen secondaire et des Langues nationales, le Ministre de la Santé, de l'Hygiène publique et de la Prévention, le Ministre de la Décentralisation et des Collectivités locales, le Ministre du Travail et des Organisations Professionnelles, le Ministre de la Jeunesse et des Loisirs, le Ministre de l'Artisanat, du Tourisme et des Relations avec le secteur privé et le secteur informel, le Ministre de l'Élevage, le Ministre des Transports Terrestres, des Transports Ferroviaires et de l'Aménagement du territoire, le Ministre de l'Enseignement technique et de la formation professionnelle, le Ministre du Commerce, le Ministre de la communication et des Télécommunications, chargé des Technologies de l'Information et de la Communication, Porte-parole du gouvernement, le Ministre chargée des Relations avec les Institutions, le Ministre des Sénégalais de l'Extérieur, le Ministre des Sports, le Ministre de l'Action Sociale et de la Solidarité Nationale, le Ministre de l'Entreprenariat Féminin et de la Microfinance, le Ministre des Énergies Renouvelables, le Ministre chargé des Eco-villages, des bassins de rétention, des Lacs artificiels et de la Pisciculture et le Ministre chargé des Élections, sont chargés, chacun en ce qui le concerne, de l'exécution du présent décret qui sera publié au Journal officiel.

Fait à Dakar, le 24 novembre 2011
Par le Président de la République :
Abdoulaye WADE

Le Premier Ministre,
Souleymane Ndéné NDIAYE

TOGO :
RÈGLEMENT GÉNÉRAL SUR LA COMPTABILITÉ PUBLIQUE

REPUBLIQUE TOGOLAISE

Travail-Liberté - Patrie

MINISTERE DE L'ECONOMIE DES FINANCES ET DE LA PLANIFICATION DU DEVELOPPEMENT

DECRET N° 2015- 054 /PR

portant règlement général sur la comptabilité publique

LE PRESIDENT DE LA REPUBLIQUE

Sur le rapport du ministre d'État, ministre de l'économie, des finances et de la planification du développement,

Vu la constitution du 14 octobre 1992 ;

Vu la loi organique n° 98-014 du 10 juillet 1998 portant organisation et fonctionnement de la Cour des comptes ;

Vu la loi organique n° 2014-013 du 27 juin 2014 relative aux lois de finances ;

Vu la loin° 2014-009 du 11 juin 2014 portant code de transparence dans la gestion des finances publiques ;

Vu le décret n°2001-155/PR du 20 août 2001 portant organisation et attributions de la direction générale du trésor et de la comptabilité publique ;

Vu le décret n° 2012-004/PR du 29 février 2012 relatif aux attributions des ministres d'Etat et ministres ;

Vu le décret n° 2012-006/PR du 07 mars 2012 portant organisation des départements ministériels ;

Vu le décret 2015-038/PR du 5 juin 2015 portant nomination du Premier ministre ;

Vu le décret n° 2015-041 /PR du 28 juin 2015 portant composition du gouvernement ;

Le conseil des ministres entendu,

DECRETE :

TITRE PREMIER - DISPOSITIONS GÉNÉRALES

Article 1er : Le présent décret fixe les règles fondamentales régissant l'exécution des budgets publics, la comptabilité, le contrôle des opérations financières, la gestion des deniers, valeurs et biens appartenant ou confiés à l'État et à ses établissements publics à caractère administratif.

Les collectivités locales et leurs établissements, ainsi que les organismes de sécurité sociale le cas échéant, sont régis par des textes particuliers qui s'inspirent des principes définis dans le présent décret.

Article 2 : Les biens immobiliers, les biens mobiliers, les valeurs, titres et matières qui constituent le patrimoine de l'État sont acquis, affectés, conservés et cédés dans les conditions fixées par les dispositions du présent décret et par les règles particulières concernant la passation des marchés publics, la comptabilité des deniers, des valeurs et celle des matières .

Article 3 : Les ressources et les charges de l'État sont autorisées par une loi de finances qui est exécutée conformément aux lois, règlements et instructions en vigueur.

Aucune recette ne peut être liquidée ou encaissée, aucune dépense publique ne peut être engagée ou payée si elle n'a été au préalable autorisée par une loi de finances.

De même, les emprunts à moyen et long termes, les cessions d'actifs ainsi que les prêts et avances font l'objet d'autorisation par une loi de finances.

En cours d'année, des opérations modificatives de la loi de finances peuvent intervenir pour changer la répartition initiale sous la forme d'ouverture de crédits par décret d'avances, de transferts de crédits, de virements de crédits, de fonds de concours, de reports de crédits et de rétablissements de crédits dans les conditions fixées par la loi organique relative aux lois de finances.

TITRE II - DES ORDONNATEURS ET DES COMPTABLES

CHAPITRE I- DES DISPOSITIONS COMMUNES

Article 4 : Les opérations relatives à l'exécution de la loi de finances et à la gestion des biens de l'État font intervenir deux (2) catégories d'agents : les ordonnateurs et les comptables.

Article 5 : Les fonctions d'ordonnateur et celles de comptable sont incompatibles. Les conjoints, les ascendants et les descendants des ordonnateurs ne peuvent être comptables des organismes auprès desquels ces ordonnateurs exercent leurs fonctions.

Article 6 : Il est interdit à toute personne non pourvue d'un titre légal d'exercer des fonctions d'ordonnateur, de contrôleur financier ou de comptable public, sous peine de poursuites prévues par la loi.

Le titre légal résulte de la nomination et de l'accréditation d'un ordonnateur, d'un contrôleur financier ou d'un comptable public conformément aux lois et règlements.

Article 7 : L'accréditation est l'obligation qui est faite à un agent intervenant dans les opérations financières de l'État de notifier à d'autres agents désignés par les lois et règlements, son acte de nomination et son spécimen de signature.

L'accréditation s'effectue par diligence de l'agent lui-même dès son installation et sous sa responsabilité.

CHAPITRE II : DES ORDONNATEURS

Article 8 : Est ordonnateur toute personne ayant qualité au nom de l'État de prescrire l'exécution des recettes et/ou des dépenses inscrites au budget.

Les ministres et les présidents des institutions constitutionnelles sont ordonnateurs principaux des crédits, des programmes et des budgets annexes de leur ministère ou de leur institution.

Les ministres et présidents d'institutions constitutionnelles exercent leurs attributions d'ordonnateur par le moyen d'ordonnateurs délégués au niveau des administrations centrales et d'ordonnateurs secondaires au niveau des services déconcentrés de l'État.

Les ordonnateurs peuvent déléguer par arrêté ministériel tout ou partie des crédits dont ils ont la charge à des agents publics.

Les directeurs des établissements publics nationaux sont ordonnateurs principaux des recettes et des dépenses de ces établissements. Ils peuvent déléguer leurs pouvoirs dans les conditions prévues par les lois et règlements régissant les établissements publics.

Les ordonnateurs peuvent également être suppléés en cas d'absence ou d'empêchement.

Article 9 : Le ministre chargé des finances est ordonnateur principal unique des recettes du budget général, des comptes spéciaux du Trésor et de l'ensemble des opérations de trésorerie. Il prescrit l'exécution des recettes, constate les droits de l'État, liquide et émet les titres de créances correspondants.

Le ministre chargé des finances est ordonnateur principal des crédits, des programmes et des budgets annexes de son ministère.

Article 10 : Le ministre chargé des finances est responsable de l'exécution de la loi de finances et du respect de l'équilibre budgétaire et financier défini par celle-ci. A ce titre, il dispose d'un pouvoir de régulation budgétaire qui lui permet, au cours de l'exécution du budget :

- d'annuler un crédit devenu sans objet au cours de l'exercice ;
- d'annuler un crédit pour prévenir une détérioration de l'équilibre budgétaire et financier de la loi de finances.

En outre, le ministre chargé des finances peut subordonner l'utilisation des crédits par, les ordonnateurs aux disponibilités de trésorerie de l'État.

Article 11 : Les ordonnateurs prescrivent l'exécution des dépenses mentionnées au titre III du présent décret.

Sous réserve des dispositions particulières de l'article 10 du présent décret, ils procèdent aux engagements, liquidations et ordonnancements.

Les ordonnateurs émettent les ordres de mouvement affectant les biens et matières de l'État.

Article 12 : Les ordonnateurs sont accrédités auprès des comptables publics assignataires des opérations dont ils prescrivent l'exécution, conformément aux dispositions de l'article 7 du présent décret.

Article 13 : Les ordonnateurs sont personnellement responsables des contrôles qui leur incombent dans l'exercice de leurs fonctions. Ils encourent une responsabilité qui peut être disciplinaire, pénale ou civile, sans préjudice des sanctions qui peuvent leur être infligées par la Cour des comptes à raison des fautes de gestion.

Dans les conditions définies par la loi organique relative aux lois de finances, les membres du gouvernement et les présidents des institutions constitutionnelles encourent, à raison de l'exercice de leurs attributions, les responsabilités que prévoit la constitution.

Article 14 : Les actes des ordonnateurs, engagement, liquidation et ordonnancement sont retracés dans la comptabilité budgétaire permettant de suivre le déroulement des opérations budgétaires et d'effectuer le rapprochement avec les écritures des comptables publics.

CHAPITRE III : DES COMPTABLES PUBLICS

Section 1ere : De la définition et des catégories de comptables publics

Article 15 : Est comptable public tout agent public régulièrement habilité pour effectuer, à titre exclusif, au nom de l'État ou d'un organisme public, des opérations de recettes, de dépenses ou de maniement de titres, soit au moyen de fonds et valeurs dont il a la garde, soit par virement interne d'écritures, soit par l'intermédiaire d'autres comptables.

Les modalités de nomination des comptables publics sont définies par le décret portant régime juridique applicable aux comptables publics.

Est comptable de fait, toute personne qui, sans avoir la qualité de comptable public ou sans agir sous le contrôle et pour le compte d'un comptable public, s'immisce dans la gestion de deniers publics.

Les organismes publics comprennent en particulier les collectivités locales, les établissements publics à caractère administratif et les organismes de protection sociale.

Article 16 : Les différentes catégories de comptables publics sont : les comptables deniers et valeurs et les comptables d'ordre.

Les comptables deniers et valeurs sont des personnes habilitées, affectées au maniement et à la conservation des fonds publics, des valeurs qui sont des valeurs de portefeuille, bons, traites, obligations, rentes et actions de société.

Les comptables deniers et valeurs sont :

- les comptables directs du Trésor ;
- les comptables des administrations financières ;
- les agents comptables des établissements publics.

Les comptables d'ordre sont ceux qui centralisent et présentent dans leurs écritures et leurs comptes les opérations financières exécutées par d'autres comptables. Toutefois, les fonctions de comptable d'ordre ne sont pas incompatibles avec celles de comptables deniers et valeurs.

Le comptable supérieur est le comptable qui a sous son autorité hiérarchique un ou des comptables subordonnés.

Le comptable principal rend ses comptes à la Cour des comptes.

Le comptable secondaire est celui dont les opérations sont centralisées par un comptable principal auquel il rend compte.

Les fonctions de directeur général du trésor et de la comptabilité publique sont incompatibles avec celles de comptable public.

Article 17 : Les comptables publics deniers et valeurs visés à l'article 16 du présent décret sont seuls habilités à effectuer les opérations ci-après décrites :

- la prise en charge et le recouvrement des rôles, titres de perception, bulletins de liquidation et ordres de recettes non fiscales qui lui sont remis par un ordonnateur, des créances constatées par un contrat ou un marché public, un titre de propriété ou tout autre titre ou acte dont il assure la conservation ainsi que l'encaissement des droits au comptant et des recettes de toute nature que les administrations publiques sont habilitées à recevoir ;
- le visa, la prise en charge et le règlement des dépenses, soit sur ordre émanant d'un ordonnateur accrédité, soit au vu des titres présentés par les créanciers, soit de sa propre initiative, ainsi que la suite à donner aux oppositions et autres significations ;
- la garde et la conservation des fonds, valeurs et titres appartenant ou confiés à l'État ou aux autres administrations publiques ;
- le maniement des fonds, les mouvements des comptes de disponibilités et l'exécution des autres opérations de trésorerie ;
- la conservation des pièces justificatives des opérations et des documents de comptabilité ;
- la tenue de la comptabilité du poste qu'il dirige.

Article 18 : Sous l'autorité du ministre chargé des finances, les comptables directs du Trésor, principaux ou secondaires, exécutent toutes opérations budgétaires, financières et de trésorerie de l'État, des budgets annexes et des comptes spéciaux du Trésor.

Article 19 : Les comptables des administrations financières des impôts et des douanes sont des fonctionnaires ou agents chargés en particulier du recouvrement d'impôts, de droits, de redevances et de recettes diverses ainsi que des pénalités fiscales et des frais de poursuites dans les conditions fixées par le code général des impôts, le code des douanes, le code du domaine de l'État, ainsi que les lois et règlements.

Article 20 : Les agents comptables des établissements publics exécutent toutes les opérations de recettes et de dépenses budgétaires ainsi que toutes les opérations de trésorerie de l'établissement auprès duquel ils sont accrédités.

L'agent comptable, chef des services de la comptabilité, a la qualité de comptable principal.

Des comptables secondaires peuvent être désignés selon les modalités prévues par le décret portant régime juridique applicable aux comptables publics

Article 21 : Les comptables peuvent avoir sous leur autorité des régisseurs de recettes et d'avances.

Ces régisseurs de recettes et d'avances sont habilités à exécuter des opérations d'encaissement ou de décaissement. Ils sont personnellement et pécuniairement responsables de leurs opérations.

Le comptable public de rattachement a l'obligation de contrôler sur pièces et sur place les opérations et la comptabilité des régisseurs. Il est personnellement et pécuniairement responsable des opérations des régisseurs dans la limite des contrôles qui lui incombent.

Les modalités de création et de fonctionnement des régies de recettes et des régies d'avances ainsi que les conditions de nomination des régisseurs sont fixées par le décret portant organisation et fonctionnement des régies de recettes, des régies d'avances de l'État et des autres organismes publics.

Section 2 : Des droits et obligations des comptables publics

Article 22 : Les comptables publics sont astreints à la prestation de serment devant les juridictions compétentes et à la constitution de garanties.

La formule de serment est définie par le décret portant régime juridique applicable aux comptables publics.

Aucun comptable ne peut entrer en fonction s'il n'a pas justifié de l'accomplissement de ces deux (2) obligations.

Un arrêté du ministre chargé des finances fixe les conditions de constitution, de gestion et de libération des garanties des comptables publics.

Conformément à la loi organique portant code de transparence dans la gestion des finances publiques, l'État garantit aux comptables publics les conditions matérielles, financières et morales nécessaires à la bonne exécution de leurs missions.

Article 23 : Les comptables publics sont accrédités auprès des ordonnateurs et, le cas échéant, auprès des autres comptables publics avec lesquels ils sont en relation.

Article 24 : Les comptables publics peuvent déléguer leurs pouvoirs à un ou plusieurs mandataires ayant qualité pour agir en leur nom et sous leur responsabilité. Sauf dérogation du ministre chargé des finances, le mandataire doit être choisi parmi les agents du poste.

Le mandataire est accrédité dans les mêmes conditions que le comptable titulaire.

Article 25 : Les seuls contrôles que les comptables publics sont tenus d'exercer sont les suivants :

a) en matière de recettes, le contrôle :

- de l'autorisation de percevoir les recettes pour l'État et chaque catégorie d'administrations publiques, dans les conditions prévues par les lois et règlements ;
- de la mise en recouvrement et de la liquidation des créances ainsi que de la régularité des réductions et des annulations de titres de recettes, dans la limite des éléments dont ils disposent.

b) en matière de dépenses, le contrôle :

- de la qualité de l'ordonnateur ou de son délégué et de l'assignation de la dépense ;
- de la validité de la créance portant sur :
  - la justification du service fait, résultant de la certification délivrée par l'ordonnateur ainsi que des pièces justificatives produites ;
  - l'intervention préalable des contrôles, autorisations, approbations, avis ou visas réglementaires ;
  - la production des justifications et, le cas échéant, du certificat de prise en charge à l'inventaire ;
  - l'application des règles de prescription et de déchéance ;
- du caractère libératoire du règlement incluant le contrôle de l'existence éventuelle d'oppositions, notamment de saisies arrêts ou de cessions;

c) en matière de patrimoine, le contrôle :

- de la prise en charge à l'inventaire des actifs financiers et non financiers acquis ;
- de la conservation des droits, privilèges et hypothèques des immobilisations incorporelles et corporelles.

Article 26 : Les comptables publics procèdent à l'arrêté périodique de leurs écritures dans les conditions fixées par instruction du ministre chargé des finances.

Au 31 décembre de chaque année, ils procèdent obligatoirement à l'arrêté de toutes les caisses publiques. A cette date, il est établi un procès-verbal constatant et détaillant l'état de l'encaisse et des valeurs ainsi que celui des comptes de dépôts justifié par un état de rapprochement.

Un acte du ministre chargé des finances fixe les modalités relatives à l'organisation, au déroulement, au délai de dépôt, d'exploitation et de publication des rapports de ces opérations de contrôle.

Article 27 : Les comptes de gestion sont produits à la Cour des comptes au plus tard le 30 juin de l'exercice suivant celui au titre duquel ils sont établis.

En cas de retard, des amendes peuvent être infligées aux comptables par la Cour des comptes, conformément aux dispositions du décret portant organisation et fonctionnement de la Cour des comptes.

En cas de besoin, un comptable commis d'office peut être désigné par le ministre chargé des finances pour produire les comptes de gestion.

Section 3 : De la responsabilité des comptables publics

Article 28 : La responsabilité des comptables publics se trouve engagée dans les situations suivantes :

- un déficit de caisse ou un manquant en deniers ou en valeurs a été constaté ;
- une recette n'a pas été recouvrée ;
- une dépense a été irrégulièrement payée, en manquement aux obligations de contrôles énumérés à l'article 25 du présent décret ;
- par la faute du comptable public, l'organisme public a dû procéder à l'indemnisation d'un autre organisme public ou d'un tiers.

Le comptable public dont la responsabilité est engagée a l'obligation de verser, de ses deniers personnels, une somme égale soit au montant du déficit ou manquant constaté, soit à la perte de recette subie, soit encore à la dépense payée à tort ou de l'indemnité mise de son fait à la charge de l'État ou de tout autre organisme public.

Les comptables publics ne sont ni personnellement ni pécuniairement responsables des erreurs commises dans l'assiette et la liquidation des produits qu'ils sont chargés de recouvrer.

Les gestions irrégulières entraînent, pour leurs auteurs déclarés comptables de fait par la Cour des comptes, les mêmes obligations et responsabilités que les gestions patentes pour les comptables publics selon les modalités procédurales décrites par les dispositions du décret portant régime juridique applicable aux comptables publics.

Article 29 : Les comptables publics ne sont pas tenus de déférer aux ordres irréguliers qui engagent leur responsabilité personnelle et pécuniaire, sauf réquisition émanant de l'ordonnateur principal dans les conditions définies à l'article 49 ci-dessous. Dans ce cas, la responsabilité de ce dernier se substitue à celle du comptable.

Article 30 : La responsabilité pécuniaire d'un comptable public est mise en jeu par une décision de débet de nature soit administrative, soit juridictionnelle. Le débet administratif résulte d'un arrêté du ministre chargé des finances. Le débet juridictionnel résulte d'un arrêt de la Cour des comptes.

Les arrêtés de débet produisent les mêmes effets et sont soumis aux mêmes règles d'exécution que les décisions juridictionnelles. Ils sont susceptibles de recours.

Le comptable de fait peut être condamné par la Cour des comptes à une amende, en raison de son immixtion dans les fonctions de comptable public. Cette amende est calculée suivant l'importance et la durée de la détention ou du maniement des deniers. Son montant ne pourra dépasser le total des sommes indûment détenues ou maniées.

Article 31 : Les comptables publics peuvent obtenir une décharge de responsabilité ou la remise gracieuse de sommes laissées à leur charge dans les conditions prévues par le décret portant régime juridique applicable aux comptables publics.

Les comptables publics peuvent bénéficier d'un sursis de versement pendant l'examen de leur demande de décharge de responsabilité ou de remise gracieuse.

En cas de décharge de responsabilité ou de remise gracieuse, les débets restent à la charge du budget de l'État ou de tout autre organisme public concerné.

Section 4 : De la cessation de la fonction du comptable public et de la libération des garanties

Article 32 : La cessation de fonction d'un comptable public est prononcée dans les mêmes formes que sa nomination.

Hormis le cas de décès ou d'absence irrégulière, la cessation de fonction d'un comptable public donne lieu à l'établissement d'un procès-verbal de remise de service.

Dans les conditions définies par la réglementation, le ministre chargé des finances ou toute autre autorité supérieure compétente peut désigner, dans l'attente de la prise de fonction du comptable titulaire, un comptable intérimaire qui a les mêmes droits et obligations que ce dernier.

Article 33 : La libération des garanties constituées par un comptable public ne peut intervenir que dans les conditions suivantes :

- pour les comptables principaux : après arrêts définitifs de quitus rendus par la Cour des comptes sur les différentes gestions dont ils avaient la charge jusqu'à leur cessation de fonction ou par intervention de la prescription acquisitive, conformément aux dispositions de la loi organique relative aux lois de finances ;
- pour les comptables secondaires : après obtention du certificat de décharge délivré par le directeur général du trésor et de la comptabilité publique, sur avis des comptables principaux auxquels ces comptables secondaires sont rattachés.

Le certificat de décharge est délivré dans un délai fixé par arrêté du ministre chargé des finances. Il permet uniquement d'accorder la libération des garanties, mais n'emporte pas de conséquences quant à l'appréciation de la responsabilité éventuelle du comptable secondaire.

La libération des garanties est accordée par décision du ministre chargé des finances sur proposition du directeur général du trésor et de la comptabilité publique, après constatation que les conditions prévues ci-dessus sont réunies

TITRE III DES OPÉRATIONS D'EXÉCUTION DU BUDGET

CHAPITRE PREMIER DES OPÉRATIONS DE RECETTES

Article 34 : Les recettes de l'État comprennent les produits d'impôts, de taxes, de droits, les dons et les autres produits autorisés par les lois et règlements en vigueur ou résultant de décisions de justice ou de conventions.

Article 35 : Seules les recettes définies à l'article 34 du présent décret peuvent être perçues.

Il est interdit d'accorder des exonérations en franchise des recettes définies à l'article 34 du présent décret ou d'effectuer gratuitement la délivrance de produits ou services payants de l'État.

Article 36 : Il est fait recette au budget de l'État du montant intégral de tous les produits, quelle qu'en soit la provenance et sans contraction entre les recettes et les dépenses.

Section 1er : De la constatation, de la liquidation et de l'ordonnancement des recettes

Article 37 : Dans les conditions prévues pour chacune d'elles, les recettes sont constatées, liquidées et ordonnancées avant d'être prises en charge et recouvrées.

La constatation a pour objet d'identifier et d'évaluer la matière imposable.

La liquidation a pour objet de déterminer le montant de la créance sur les redevables et d'indiquer les bases sur lesquelles elle est effectuée.

Toute créance constatée et liquidée fait l'objet d'un titre de perception ou d'un ordre de recette émis par l'ordonnateur du budget concerné qui en a seul l'initiative.

En matière d'impôts et taxes assimilées les rôles, les avis d'imposition, les états de liquidation et les titres de régularisation forment titres de perception.

Les redevances pour services rendus et les autres produits divers et éventuels de l'État sont perçus sur ordres de recettes formant titres de perception des créances constatées par états de liquidation ou décisions administratives.

Toute erreur de liquidation donne lieu, soit à l'émission d'un ordre d'annulation ou de réduction de recette, soit à l'émission d'un ordre de recette complémentaire.

Article 38 : Les régies d'exigibilité des créances de l'État sont fixées par les législations fiscales et douanières et concernant les recettes non fiscales, par les textes les ayant instituées.

Les actes formant titres de perception sont notifiés aux comptables publics pour prise en charge. Ils sont notifiés aux redevables par avis les informant de la date d'échéance et des modalités de règlement.

Section 2 : Des recouvrements et des restes à recouvrer

Article 39 : Les modalités de recouvrement des recettes et des restes à recouvrer sont régies par arrêté du ministre chargé des finances.

Section 3 : De la compensation et de la prescription de la recette publique

Article 40 : Les débiteurs de l'État ne peuvent pas se prévaloir de leurs créances vis-à-vis de l'État pour s'opposer au paiement de leurs dettes.

Par contre, le comptable doit, préalablement à tout paiement, opérer la compensation légale entre les dettes et les créances assignées sur sa caisse.

Article 41 : Les règles de prescription des recettes fiscales et douanières sont régies par le code général des impôts et le code général des douanes.

Un arrêté du ministre chargé des finances détermine les règles de prescription applicables aux autres recettes publiques.

CHAPITRE II - DES OPÉRATIONS DE DÉPENSES

Article 42 : Les dépenses de l'État sont autorisées par la loi de finances. Celles des établissements publics à caractère administratif sont autorisées par leur conseil d'administration ou organes délibérants en tenant lieu.

Article 43 : Les dépenses sont engagées, liquidées et ordonnancées avant d'être payées. Toutefois, certaines catégories de dépenses limitativement énumérées peuvent, dans les conditions prévues par l'arrêté portant modalités d'exécution de certaines catégories de dépenses de l'État et fixant les délais de traitement et de réconciliations, être payées avant ordonnancement, mais doivent faire l'objet d'un ordonnancement de régularisation.

Section 1ere : De la phase administrative de la dépense publique

Article 44 : L'engagement juridique de la dépense publique est l'acte par lequel l'État crée ou constate à son encontre une obligation de laquelle résultera une charge.

L'engagement comptable de la dépense publique consiste à affecter des crédits au paiement de la dépense.

Le montant total des engagements ne doit pas dépasser le montant des autorisations budgétaires et doit demeurer subordonné aux lois et règlements en vigueur.

Article 45 : La liquidation a pour objet de vérifier la réalité de la dette et d'arrêter le montant exact de la dépense. Elle est faite au vu des titres et pièces justifiant la preuve des droits acquis par les créanciers.

Sauf dans les cas d'avances ou de paiement préalable autorisés par les lois et règlements, les services liquidateurs de l'État ne peuvent arrêter les droits des créanciers, y compris pour ce qui concerne les acomptes sur marché de travaux, biens ou services, qu'après constatation du service fait.

Article 46 : L'ordonnancement est l'acte administratif par lequel, conformément aux résultats de la liquidation, l'ordre est donné par l'ordonnateur au comptable assignataire de payer la dette de l'État.

Les ordres de paiement signés par les ordonnateurs sont assignés sur la caisse des comptables de l'État.

Article 47 : Les modalités pratiques d'exécution de la dépense, lors de la phase administrative, sont fixées par arrêté du ministre chargé des finances.

Section 2 : De la phase comptable de la dépense publique et de la réquisition de paiement

Article 48 : Le paiement est l'acte par lequel l'État se libère de sa dette. Sous réserve des exceptions prévues par les lois et règlements, les paiements ne peuvent intervenir qu'à l'échéance de la dette, après l'exécution du service, au vu de décisions individuelles d'attribution de subventions, d'allocations ou d'avances.

Article 49 : Lorsqu'à l'occasion des contrôles prévus en matière de dépenses à l'article 25 du présent décret des irrégularités sont constatées par les comptables, ceux-ci sont tenus de refuser le visa de la dépense.

Les comptables sont tenus d'adresser aux ordonnateurs et au ministre chargé des finances une déclaration écrite et motivée de leurs refus de visa, accompagnée des pièces rejetées.

En cas de désaccord persistant, l'ordonnateur principal, après avoir recueilli l'avis consultatif du ministre chargé des finances, peut réquisitionner le comptable. Dans ce cas, le comptable procède au paiement de la dépense et annexe au mandat, une copie de sa déclaration de rejet et l'original de l'acte de réquisition qu'il a reçu. Une copie de la réquisition et une copie de la déclaration des rejets sont transmises à la Cour des comptes et au ministre chargé des finances et publiées.

Toutefois, les comptables ne peuvent déférer à la réquisition de l'ordonnateur dès lors que le refus de visa est motivé par :

- l'indisponibilité de crédits ;
- l'absence de justification du service fait, sauf pour les avances et les subventions ;
- le caractère non libératoire du règlement.

Lorsque le comptable obtempère, en dehors des cas ci-dessus, à l'ordre de payer de l'ordonnateur, il cesse d'être responsable personnellement et pécuniairement de la dépense en cause. Dans ce cas, la responsabilité est transférée à l'ordonnateur.

Article 50 : Toutes oppositions ou autres significations ayant pour objet de suspendre le paiement doivent être adressées au comptable assignataire de la dépense. A défaut pour le saisissant ou l'opposant de remplir les formalités prescrites en la matière, l'opposition ou la signification sera réputée non avenue.

Article 51 : Les règlements de dépenses sont faits par remise d'espèces, de chèques, virement, ou d'autres instruments de paiements fixés par la loi uniforme relative aux instruments de paiement. Ces règlements ne doivent intervenir que sous réserve de l'application par le comptable assignataire des dispositions de l'article 40 du présent décret relatives à la compensation légale.

Les comptables assignataires sont chargés de vérifier les droits et qualités des parties prenantes et la régularité de leurs acquis et, à cet effet, d'exiger les pièces justificatives prévues par arrêté du ministre chargé des finances.

Article 52 : Lorsque le créancier de l'État refuse de recevoir le paiement, la somme correspondante est consignée dans les écritures du Trésor dans l'attente de la solution du litige.

Section 4 : De la prescription de la dépense publique

Article 53 : Conformément aux dispositions de la loi organique relative aux lois de finances, sont prescrites au profit de l'État, toutes créances de tiers qui n'ont pas été payées dans un délai de quatre ans à partir du premier jour de l'année suivant celle au cours de laquelle les droits ont été acquis.

L'interruption, la suspension ou l'exemption de la prescription qui découle des dispositions du présent article sont régies par arrêté du ministre chargé des finances.

CHAPITRE III DES OPÉRATIONS DE TRÉSORERIE

Article 54 : Sont définis comme opérations de trésorerie tous les mouvements de numéraires, de valeurs mobilisables, de comptes de dépôts, de comptes courants et de comptes de créances et de dettes à court, moyen et long termes.

Les opérations de trésorerie comprennent :

- les opérations d'encaissement et de décaissement ;
- l'approvisionnement et le dégagement en fonds des caisses publiques ;
- l'escompte et l'encaissement des traites et obligations émises au profit de l'État dans le cadre de la réglementation en vigueur ;
- la gestion des fonds déposés par les correspondants et les opérations faites pour leur compte ;
- les tirages sur financements extérieurs, l'émission, la conversion, la gestion et le remboursement des emprunts publics à court, moyen et long termes ;
- les opérations de prêts et avances ;

- l'encaissement des produits des cessions d'actifs.

Article 55 : Les opérations de trésorerie sont exécutées exclusivement par les comptables publics, soit à leur propre initiative, soit sur l'ordre du ministre chargé des finances, soit encore à la demande des tiers qualifiés pour leur compte. Les opérations de trésorerie sont décrites pour leur montant respectif et sans contraction.

Article 56 : Les fonds détenus par les comptables publics sont gérés selon le principe de l'unité de caisse. Un poste comptable dispose, sauf dérogation expresse du ministre chargé des finances, d'une seule caisse, d'un seul compte courant bancaire ou postal quel que soit le nombre d'unités administratives dont il assure la gestion.

L'unité de trésorerie est le principe selon lequel le Trésor a un seul compte ouvert à la banque centrale dans lequel toutes les ressources de l'État sont déposées et duquel tous les décaissements sont effectués.

Hormis les mouvements de numéraires nécessités par l'approvisionnement et le dégagement des caisses des comptables publics, tous les règlements entre comptables publics sont réalisés par compte de transfert ou par virement de compte.

Les comptables publics procèdent à l'encaissement des titres et obligations qu'ils détiennent. Ils les présentent à l'escompte dans les conditions prévues par la réglementation bancaire en vigueur.

Les plafonds des encaisses des comptables publics ainsi que les conditions et délais de leur dégagement sont fixés par arrêté du ministre chargé des finances en ce qui concerne les comptables du Trésor et des régies financières des Impôts et des Douanes et par délibération du conseil d'administration des établissements publics à caractère administratif.

Article 57 : Tous les fonds publics, y compris les ressources extérieures mobilisées au titre des projets sont déposés dans un compte unique du Trésor public ouvert dans les livres de la Banque Centrale des États de l'Afrique de l'Ouest (BCEAO).

Toutefois, le ministre chargé des finances peut autoriser l'ouverture de comptes :

- sur le territoire national, à la BCEAO ou dans une banque commerciale pour y déposer les fonds mobilisés dans le cadre de conventions de financement des bailleurs de fonds. Dans ce cas, la convention de financement prévoit les modalités de gestion desdits comptes ;
- sur le territoire national, dans des banques commerciales situées dans des localités non desservies par des agences de la BCEAO ;
- à l'étranger, dans des institutions financières agréées par le ministre chargé de finances.

Article 58 : Les fonds appartenant au Trésor public sont insaisissables.

Article 59 : La conversion de la dette publique ne peut être opérée que conformément aux autorisations données par une loi de finances.

Article 60 : Les correspondants du Trésor sont les organismes et particuliers qui, soit en application des lois et règlements, soit en vertu de conventions, déposent, à titre obligatoire ou facultatif, des fonds au Trésor ou sont autorisés à procéder à des opérations de recettes et de dépenses par l'intermédiaire de ses comptables.

Un arrêté du ministre chargé des finances détermine les conditions d'ouverture ou de fonctionnement des comptes ouverts au nom des correspondants.

Les comptes ouverts au nom des correspondants ne peuvent présenter de découvert.

CHAPITRE IV - DES OPÉRATIONS SUR LE PATRIMOINE

Article 61 : Le patrimoine financier de l'État est l'ensemble des actifs financiers détenus, à savoir les espèces, les dépôts à vue et à terme, les valeurs mobilières ou les créances sur les tiers.

Le patrimoine non financier est l'ensemble des biens corporels et incorporels appartenant à l'État.

Article 62 : La gestion du patrimoine de l'État relève de la compétence de chaque ordonnateur dans la limite de la part existant dans son ministère ou institution, sous réserve des pouvoirs des autorités chargées du patrimoine non financier.

Les modalités de prise en charge, d'emploi et de conservation des biens et des matières, des objets et des valeurs sont fixées par décret pris en conseil des ministres.

Les règles de classement et d'évaluation des divers éléments du patrimoine mobilier et immobilier et des stocks, les limites dans lesquelles doivent être fixés les taux d'amortissement ou les provisions pour dépréciation ainsi que les modalités de réévaluation sont prévues par un dispositif communautaire.

Article 63 : Les biens corporels et incorporels appartenant à l'État ou à tout autre organisme public doté d'un comptable public sont insaisissables.

Article 64 : Les conditions de réforme et de cession des biens durables du patrimoine sont déterminées par décret pris en conseil des ministres.

CHAPITRE V DE LA JUSTIFICATION DES OPÉRATIONS

Article 65 : Les opérations de recettes, de dépenses, de trésorerie et de patrimoine qui sont décrites aux chapitres 1 à 4 du titre III du présent décret doivent être appuyées des pièces justificatives prévues dans une nomenclature établie par arrêté du ministre chargé des finances après avis de la Cour des comptes.

Article 66 : Les pièces justificatives des opérations de recettes, de dépenses, de trésorerie et de patrimoine produites à l'appui des comptes adressés à la Cour des comptes sont tenues à sa disposition pendant toute la durée de ses investigations.

Lorsqu'elles sont conservées par les comptables publics, elles ne peuvent être détruites avant l'examen des comptes concernés ou avant la durée de prescription applicable à l'opération.

La durée de conservation des pièces justificatives est de dix (10) ans, après le jugement des comptes du comptable public.

Article 67 : En cas de perte, de vol, de destruction ou de détérioration de pièces justificatives remises aux comptables, ceux-ci établissent un certificat de perte transmis au comptable supérieur qui peut autoriser le comptable subordonné à pourvoir au remplacement des pièces sous forme de duplicata.

TITRE IV - DE LA COMPTABILITÉ ET DES COMPTES DE L'ETAT

CHAPITRE PREMIER DES DISPOSITIONS COMMUNES

Article 68 : Le plan comptable de l'État s'inspire du Système Comptable Ouest Africain et des autres normes comptables internationales, tout en tenant compte des spécificités de l'État.

Article 69 : La comptabilité de l'État a pour objet la description de ses opérations financières.

A cet effet, elle est organisée en vue de permettre :

- l'information des autorités de contrôle et de gestion ;
- la connaissance et le contrôle des opérations budgétaires et des opérations de trésorerie ;
- la connaissance de la situation du patrimoine ;
- la détermination des résultats annuels ;
- le calcul du prix de revient, du coût et du rendement de l'activité des services ;
- l'intégration des opérations dans la comptabilité économique nationale ;
- des analyses économiques et financières en vue de l'établissement de ratios et tableaux de bord.

Article 70 : La comptabilité de l'État comprend une comptabilité budgétaire et une comptabilité générale.

Article 71 : La comptabilité de l'État comprend :

- toutes les opérations rattachées au budget de l'année en cause jusqu'à la date de clôture de ce budget selon les dispositions de la loi organique relative aux lois de finances ;
- toutes les opérations de trésorerie et les opérations sur le patrimoine faites au cours de l'année ainsi que les opérations de régularisation.

Les comptes de l'État sont arrêtés à la fin de la période d'exécution du budget par les ordonnateurs en ce qui concerne la comptabilité budgétaire et la comptabilité matière et par les comptables principaux en ce qui concerne la comptabilité générale de l'État.

CHAPITRE II - DE LA COMPTABILITÉ BUDGÉTAIRE

Article 72 : La comptabilité budgétaire a pour objet de retracer, pour l'exercice concerné, les opérations d'exécution du budget de l'État et des autres organismes publics en recettes et en dépenses et conformément à la nomenclature de présentation et de vote du budget ou de l'état des prévisions.

Cette comptabilité est renseignée par les comptables publics en ce qui concerne les encaissements et paiements relatifs aux opérations de recettes et de dépenses.

Elle permet de suivre les liquidations, émissions, prises en charge, recouvrements et restes à recouvrer en matière de recettes, d'une part, les engagements, liquidations, ordonnancements, paiements et restes à payer en matière de dépenses, d'autre part.

La comptabilité budgétaire dégage un résultat correspondant à la différence entre les recettes encaissées et les dépenses ordonnancées sur le budget général et les comptes spéciaux au titre de l'année considérée.

Article 73 : La comptabilité budgétaire tenue par les ordonnateurs couvre la phase administrative des opérations de recettes et de dépenses. Elle est tenue en partie simple.

Article 74 : La période couverte par la comptabilité budgétaire est la gestion couvrant l'année civile, sans période complémentaire. Une circulaire du ministre chargé des finances fixe les délais limites pour l'arrêté des opérations d'engagement, de liquidation et d'ordonnancement au titre de l'exécution du budget d'une année donnée.

Article 75 : Les comptes générés par la comptabilité budgétaire sont constitués des comptes administratifs établis par les ordonnateurs et consolidés par le ministre chargé des finances, appuyés d'un état de développement des recettes budgétaires et d'un état de développement des dépenses budgétaires établis par le comptable principal.

CHAPITRE III - DE LA COMPTABILITÉ GÉNÉRALE DE L'ETAT

Article 76 : La comptabilité générale de l'État a pour objet de décrire le patrimoine de l'État et son évolution. Elle est tenue en partie double et est fondée sur le principe de la constatation des droits et des obligations dans les conditions fixées par le décret relatif au plan comptable de l'État.

Les opérations sont prises en compte au titre de l'exercice auquel elles se rattachent indépendamment de leur date de paiement ou d'encaissement.

La comptabilité générale de l'État s'appuie sur la comptabilité des matières.

La comptabilité générale de l'État est une comptabilité d'exercice. Elle a pour objet de retracer :

- les opérations budgétaires ;

- les opérations de trésorerie ;
- les opérations faites avec des tiers et les opérations d'attente et de régularisation ;
- les mouvements du patrimoine et des valeurs ;
- les flux de gestion internes : amortissements, provisions, les produits et charges rattachés.

Article 77 : L'organisation de la comptabilité générale de l'État est fondée sur les principes suivants :

- la déconcentration de la comptabilité générale, en vue de la rapprocher du fait générateur et des ordonnateurs ainsi que leurs services gestionnaires ;
- l'inscription au bilan de l'État de tous les flux de gestion portant sur, les actifs non financiers, les dettes et créances, en vue de la connaissance du patrimoine public et partant, de la capacité de l'État à faire face à ses engagements.

Article 78 : La comptabilité générale de l'Etat est tenue exclusivement par les comptables directs du Trésor et les comptables des administrations financières par année civile.

Elle peut être assortie d'une période complémentaire d'une durée maximale d'un mois à compter de la fin de l'exercice budgétaire.

Seules des opérations de régularisation d'ordre comptable peuvent être effectuées au cours de la période complémentaire. Aucune opération budgétaire ne peut être effectuée au cours de cette période.

Article 79 : Les modalités d'exécution des opérations de régularisations pendant la période complémentaire sont définies dans les procédures comptables prévues par le décret relatif au plan comptable de l'État.

Article 80 : Les comptes annuels de l'État sont dressés par le ministre chargé des finances et comprennent le compte général de l'administration des finances et les états financiers.

Le compte général de l'administration des finances comprend :

- la balance générale des comptes ;
- le développement des recettes budgétaires ;
- le développement des dépenses budgétaires ;
- le développement des opérations constatées aux comptes spéciaux du Trésor ;
- le développement des comptes de résultats.

Le compte général de l'administration des finances est produit à la Cour des comptes à l'appui du projet de loi de règlement.

La comptabilité générale de l'État permet également de produire les états financiers de l'État comprenant le bilan, le compte de résultat, le tableau des opérations financières du Trésor, le tableau des flux de trésorerie et l'état annexé dans les conditions définies par le décret portant plan comptable de l'État.

CHAPITRE IV- DE LA COMPTABILITÉ DES MATIÈRES, VALEURS ET TITRES

Article 81 : La comptabilité des matières, valeurs et titres est une comptabilité d'inventaire permanent ayant pour objet la description des existants, des biens mobiliers et immobiliers, des stocks autres que les deniers et valeurs de l'État.

Elle permet un suivi des immobilisations incorporelles, des immobilisations corporelles des stocks et des valeurs inactives.

La comptabilité des matières peut être tenue en partie simple ou en partie double. Elle décrit l'existant et les mouvements d'entrée et de sortie concernant :

- les immobilisations incorporelles et corporelles ;
- les stocks de marchandises, fournitures ;
- les titres nominatifs au porteur ou à ordre et les valeurs diverses appartenant ou confiées à l'État ainsi que les objets qui lui sont remis en dépôt ;
- les formules, titres, tickets et vignettes destinés à l'émission ou à la vente.

Des inventaires et comptes d'emploi sont établis à date fixe et à l'occasion des contrôles effectués par les organes habilités.

Article 82 : Les biens corporels et incorporels acquis avant la date de mise en vigueur du présent décret sont inventoriés, immatriculés, valorisés et enregistrés dans les livres suivant les modalités, méthodes et techniques définies dans un référentiel harmonisé de l'UEMOA.

Les nouvelles acquisitions sont enregistrées au fur et à mesure des certifications délivrées par les ordonnateurs et des imputations données par les comptables aux comptes appropriés.

Des rapprochements contradictoires périodiques sont effectués entre les données de la comptabilité matières et celles de la comptabilité générale de l'État.

Article 83 : La comptabilité des matières est tenue par des agents habilités par l'ordonnateur. Ces derniers sont personnellement et pécuniairement responsables des mouvements qu'ils ordonnent sur les éléments du patrimoine.

L'organisation et le système comptables applicables à la comptabilité matières sont définis par le décret portant comptabilité des matières appartenant à l'État et aux autres organismes publics.

CHAPITRE V - DE LA COMPTABILITÉ ANALYTIQUE DES COÛTS

Article 84 : La comptabilité analytique des coûts a pour objet de faire apparaître les éléments de coûts des services rendus ou de prix de revient des biens produits et des services fournis ainsi que de permettre le contrôle des rendements et performances des services, notamment dans le cadre des budgets de programmes et de la gestion axée sur les résultats.

Les modalités de mise en œuvre de cette comptabilité sont définies par décret sur rapport du ministre chargé des finances.

TITRE V - DU CONTRÔLE DE L'EXÉCUTION DU BUDGET

Article 85 : Sans préjudice des pouvoirs du parlement, les opérations d'exécution du budget de l'État sont soumises à un double contrôle, administratif et juridictionnel.

Le contrôle administratif est le contrôle de l'administration sur ses agents, incluant le contrôle interne *a priori*, concomitant et *a posteriori*.

Le contrôle juridictionnel est exercé par la Cour des comptes. Il peut également être exercé par la Cour des comptes de l'Union Économique et Monétaire Ouest Africaine (UEMOA).

CHAPITRE PREMIER - DU CONTRÔLE ADMINISTRATIF

Section 1ere : Des caractéristiques du contrôle administratif

Article 86 : Le contrôle administratif s'exerce soit sous la forme de contrôle hiérarchique, soit sous la forme de contrôle organique par l'intermédiaire de corps et organes de contrôle spécialisés.

Section 2 : Des contrôles exercés par les contrôleurs financiers

Article 87 : Les contrôleurs financiers exercent des contrôles *a priori* et *a posteriori* des opérations budgétaires de l'État.

Ils relèvent du ministre chargé des finances et sont placés auprès des ordonnateurs.

Article 88 : Les contrôles *a priori* exercés par les contrôleurs financiers portent sur les opérations budgétaires.

Tous les actes des ordonnateurs portant engagement de dépenses, notamment les marchés publics ou contrats, arrêtés, mesures ou décisions émanant d'un ordonnateur sont soumis au visa préalable du contrôleur financier.

Ces actes sont examinés au regard de l'imputation de la dépense, de la disponibilité des crédits, de l'application des dispositions d'ordre financier, des lois et règlements, de leur conformité avec les autorisations parlementaires et des conséquences que les mesures proposées peuvent avoir sur les finances publiques.

Toute ordonnance de paiement, tout mandat de paiement ou toute délégation de crédits ne peut être présenté à la signature de l'ordonnateur qu'après avoir été soumis au visa du contrôleur financier ou de son délégué. Les ordonnances ou mandats de paiement et les délégations de crédits non revêtus du visa du contrôleur financier ou de son délégué sont nuls et de nul effet.

Le contrôleur financier ou son délégué s'assure notamment que les ordonnances et les mandats se rapportent à un engagement de dépenses déjà visé par lui.

Si les titres de paiement lui paraissent entachés d'irrégularités, il doit en refuser le visa.

Article 89 : Le contrôleur financier ou son délégué tient la comptabilité des dépenses engagées afin de suivre la consommation des crédits et de déterminer la disponibilité ou non de crédits suffisants pour de nouveaux engagements de dépenses.

Article 90 : Les contrôleurs financiers évaluent a posteriori les résultats et les performances des programmes, au regard des objectifs fixés, des moyens utilisés et de l'organisation des services des ordonnateurs.

Article 91 : Par exception aux dispositions de l'article 87 du présent décret et conformément aux dispositions de la loi organique relative aux lois de finances, le contrôleur financier adapte, dans les conditions définies par le décret portant modalités de contrôle des opérations financières de l'État et des autres organismes publics, les conditions de mise en œuvre de ses contrôles au regard de la qualité et de l'efficacité du contrôle interne ainsi que du contrôle de gestion mis en œuvre par l'ordonnateur.

Section 3 : De la responsabilité du contrôleur financier

Article 92 : Le contrôleur financier est personnellement responsable des contrôles portant sur la disponibilité des crédits, la vérification des prix par rapport à la mercuriale en vigueur et, au titre de la validité de la créance, sur l'exactitude des calculs de liquidation de la dépense.

Si les mesures proposées lui paraissent entachées d'irrégularités au regard des dispositions qui précèdent, le contrôleur financier refuse son visa. En cas de désaccord persistant, il en réfère au ministre chargé des finances. Il ne peut être passé outre au refus de visa que sur autorisation écrite du ministre chargé des finances. Dans ce cas, la responsabilité du ministre chargé des finances se substitue à celle du contrôleur financier.

De même, lorsque le contrôleur financier délivre une autorisation écrite permettant de passer outre le refus de visa de son délégué auprès d'un ministère, d'une institution ou d'une autre administration publique centrale ou déconcentrée, la responsabilité du contrôleur financier se substitue à celle de son délégué.

Section 4 : Des autres organes de contrôle administratif

Article 93 : L'Exécutif peut créer des organes de contrôle a *posteriori*. Ces structures de contrôle interne à l'administration exercent leurs activités sur toutes les opérations liées à l'exécution du budget de l'État ainsi que sur celles de tout organisme de droit public ou privé bénéficiant de ressources publiques. Elles interviennent sur pièces et/ou sur place, sur les actes des ordonnateurs et sur ceux des comptables. Ils peuvent à tout moment effectuer des contrôles pendant l'exécution desdites opérations.

Article 94 : Les organes et corps de contrôle exercent leurs missions d'inspection, de vérification ou d'audit, conduisent leurs investigations et élaborent leurs rapports conformément aux normes internationales en vigueur.

Article 95 : Le résumé des rapports produits à la suite des contrôles, vérifications et audits effectués par les organes et corps de contrôle administratifs est mis à la disposition du public.

Chaque rapport de contrôle ; d'inspection et d'audit fait l'objet d'une réponse écrite de la part du service audité, qui précise comment les recommandations dudit rapport seront appliquées.

Dans tous les cas, les droits des différentes parties doivent être garantis.

Article 96 : Les modalités de coordination des activités des différents organes de contrôle administratif sont prévues par le décret portant modalités de contrôle des opérations financières de l'État et des autres organismes publics.

CHAPITRE II - DU CONTRÔLE JURIDICTIONNEL

Article 97 : La Cour des comptes juge les comptes des comptables publics et se prononce sur la qualité de la gestion des ordonnateurs, notamment la bonne exécution de leurs programmes.

Les comptables principaux de l'État établissent un compte de gestion sur chiffres et sur pièces, par budget et par exercice budgétaire définitivement clôturé. Ce compte est transmis à la Cour des comptes au plus tard le 30 juin de l'exercice suivant celui au titre duquel il est établi.

TITRE VI - DES DISPOSITIONS TRANSITOIRES ET FINALES

Article 98 : En attendant la mise en place du dispositif communautaire cité à l'article 62 ci-dessus, les dispositions du SYSCOA relatives au classement et à l'évaluation des biens corporels et incorporels sont applicables.

Article 99 : Des textes règlementaires complèteront, en tant que de besoin, les dispositions du présent décret.

Article 100 : Sont abrogées toutes les dispositions antérieures contraires à celles du présent décret, notamment le décret n° 2008-091/PR du 29 juillet 2008 portant règlement général sur la comptabilité publique.

Article 101 : Le ministre chargé des finances demeure l'ordonnateur principal unique du budget de l'État, des budgets annexes et des comptes spéciaux du Trésor jusqu'au 31 décembre 2016.

Article 102 : Les dispositions du présent décret sont applicables à compter du 1er janvier 2016.

Article 103 : Le ministre d'État ministre de l'économie, des finances et de la planification du développement est chargé de l'exécution du présent décret qui sera publié au Journal officiel de la République togolaise.

Fait à Lomé, le 27 AOUT 2015

Le Premier ministre
Selom Komi KLASSOU

Le ministre d'État ministre de l'économie,
des finances et de la planification du développement
Adji Otèth AYASSOR

LES PLANS COMPTABLES DE L'ÉTAT

COMMENTAIRES GÉNÉRAUX

INTRODUCTION

Le plan comptable de l'État, instrument indissociable de la réforme budgétaire, est l'une composante purement comptable du cadre harmonisé des finances publiques de l'UEMOA. Consacré par la directive 09/2009 du 26 juin 2009, il présente à la fois les techniques comptables et la matrice du référentiel comptable de l'État.

La directive traite successivement des normes comptables, des principes qui gouvernent le système d'information comptable de l'État, des états comptables et financiers, des amortissements et provisions et des règles d'évaluation et de détermination du résultat.

L'analyse de la structure et du contenu des divers textes de transposition de cette directive appelle aussi bien des observations de forme que de fond.

I- LES OBSERVATIONS DE FORME

1.- Une architecture quasi identique avec variation du nombre d'article et de la forme juridique

La Directive 09/2009 portant plan comptable de l'État est structurée en sept (07) titres avec quarante-huit (48) articles. Selon les termes des dispositions de son article 44, les pays membres de l'UEMOA devraient la transposer dans leur législation nationale au plus tard le 31 décembre 2011, donc deux ans et demi après son adoption. Mais il eut fallu 7 ans environs pour que l'ensemble des États procèdent à la transposition à travers divers types d'actes juridiques. Certains États ont adopté l'internalisation par voie de décret[12] et d'autre par arrêté du ministre en charge des finances[13].

[12] C'est le cas du Burkina Faso (DECRET N°2016- 601 /PRES/PM/MINEFID du 08 juillet 2016 portant cadre conceptuel de la comptabilité de l'État), de la Côte d'Ivoire (décret n 2014-418, du 09 juillet 2014 portant plan comptable de l'État), du Mali (décret n 2014-0774/ P-RM du 14 octobre 2014 fixant le plan comptable de l'État), du Niger (Décret n° 2013-85/PRN/MF du 1er mars 2013,

Le tableau ci-dessous présente l'architecture des textes portant internalisation des plans comptables.

Pays	Nombre de titre	Nombre d'articles	Date d'internalisation
Bénin	7	51	02 février 2015
Burkina Faso	7	48	08 juillet 2016
Côte d'Ivoire	7	47	07 juillet 2014
Mali	7	47	14 octobre 2014
Niger	7	46	1er mars 2013
Sénégal	7	47	11 janvier 2012
Togo	7	47	27 Août 2015

Comme on le constate, tous les textes portant plan comptable de l'État sont structurés en sept titres. Le PCE du Bénin comporte 51 articles soit 3 articles de plus que la directive et celui du Niger 46 articles soit 2 articles de moins que la directive. Le PCE du Burkina a le même nombre d'articles que la directive et ceux de la RCI, du Mali, du Sénégal et du Togo ont chacun un article de moins que la directive.

2- Des délais variables pour l'entrée en vigueur mais tous contenus dans le cadrage temporel global de la directive

Selon les termes des dispositions de l'article 45 de la Directive, elle entre en vigueur au plus tard le 1er janvier 2012. Toutefois, les États membres ont jusqu'au 1er janvier 2017 pour procéder à l'application intégrale des dispositions relatives à la mise en place de la comptabilité patrimoniale. Pour ce cas, les États membres qui le souhaitent disposent d'un délai supplémentaire de deux (2) ans.

Pour le Bénin, l'arrêté portant PCE entre en vigueur pour compter du 1er janvier 2017. Toutefois, il est prévu un moratoire de deux (02) ans, échéant le 31 janvier 2018, pour procéder à l'application intégrale des dispositions portant sur les règles et procédures découlant du principe de la constatation des droits et obligations régissant la comptabilité générale. Le Burkina Faso fixe le délai d'application intégrale des dispositions du texte au plus tard au 1er janvier 2019, la RCI au 1er janvier 2017, le Mali au 1er janvier 2015 mais

portant plan comptable de l'État), du Sénégal (Décret n° 2012-92 du 11 janvier 2012 portant Plan Comptable de l'État) et du Togo (décret n 2015-053 du 27 Août 2015 portant plan comptable de l'État).

13 C'est le cas du Bénin (Arrêté n 0410 /MEFPD/ DC / SGM / DGTCP/SP du 02 février 2015 portant plan comptable de l'État.

prorogeable au 1er janvier 2019, le Niger, au 1er janvier 2017, le Sénégal dès 2012 et le Togo au 1er janvier 2016 mais prorogeable au 1er janvier 2017.

L'analyse des délais d'entrée en vigueur fait constater que tous les délais sont contenus dans le cadrage temporel global de la directive qui est fixé au 1er janvier 2019. Toutefois, il y a lieu de préciser que c'est relativement à la mise en place de la comptabilité patrimoniale que la rallonge à cette date était prévue mais, à l'internalisation, tous les États n'ont plus tenu rigoureusement compte de cette donnée.

II- LES OBSERVATIONS DE FOND

1- Un champ d'application n'incluant pas systématiquement les établissements publics dans tous les États

L'article 1er de la Directive qui fixe le champ d'application de la comptabilité de l'État dispose que la comptabilité générale de l'État s'applique à l'administration centrale et à ses établissements publics à caractère administratif. Cet esprit a été repris par les PCE du Bénin, du Niger du Mali et du Togo qui ont expressément stipulé que la comptabilité de l'État s'applique aux établissements publics. Les PCE de la Côte d'Ivoire et du Sénégal sont restés muets sur le champ d'application alors que celui du Burkina Faso a précisé qu'il s'applique uniquement à l'État et à ses services déconcentrés. Le PCE du Burkina a d'ailleurs précisé que la comptabilité des collectivités locales et des Établissements publics s'inspire de la comptabilité de l'État.

2- Une définition de la comptabilité de l'État conforme dans tous les États à l'exception du Burkina Faso

Pour la Directive, la comptabilité de l'État retrace toutes les opérations ayant un impact sur la situation patrimoniale de l'État, dont notamment la variation des stocks, les opérations budgétaires et les opérations de trésorerie.

Cette définition de la comptabilité de l'État est conforme dans tous les États à celle donnée par la directive excepté le Burkina Faso qui a donné la précision sur la nécessité de retracer les opérations d'ordre dans la comptabilité de l'État.

3- Une exclusion de l'arrêt hebdomadaire des écritures comptables par certains États

Les comptes et états financiers de l'État faisant la synthèse des informations comptables sont arrêtés à chaque fin d'exercice. L'exercice coïncide avec l'année civile. Toutefois, les écritures comptables sont également arrêtées par journée, par semaine ou par décade et par mois. A chaque fin d'exercice, une période complémentaire fixée à un mois permet de procéder aux opérations de régularisation comptable à l'exclusion de toute opération budgétaire.

Ce mécanisme d'arrêt des écritures n'a pas été internalisé par tous les États. En effet, Le Bénin, le Burkina Faso et le Sénégal ont exclu la possibilité d'arrêter hebdomadairement les écritures comptables. Les autres États ont adopté le principe facultatif d'arrêt hebdomadaire posé par la directive.

4- L'enregistrement des recettes sur la base des titres : la règle et non l'exception pour le Sénégal.

En dehors du PCE du Sénégal, la directive et tous les PCE des autres États précisent que :

> *Les recettes sont enregistrées au moment de la déclaration et/ou du versement spontané des impôts de toute nature par les contribuables. Toutefois, l'ensemble des recettes perçues au comptant doit faire l'objet d'émission de titres de régularisation. Par exception à l'alinéa précédent, certaines recettes peuvent être enregistrées au vu de titres de perception, de rôles ou de contrats pour les opérations fondées sur le système d'émission préalable de titres. Les droits sont alors constatés au moment de la prise en charge comptable du titre de perception.*

Contrairement au principe d'enregistrement sur la base des déclarations et/ou versements ainsi établi par les autres États, le Sénégal a fait de l'enregistrement sur la base des titres la règle et non l'exception. Pour le PCE de ce pays :

> *Les recettes sont enregistrées au vu de titres de perception ou de contrats pour les opérations fondées sur le système d'émission préalable de titres. Les droits sont alors constatés au moment de la prise en charge comptable du titre de perception.*
>
> *Par exception à l'alinéa précédent, certaines recettes peuvent être enregistrées au moment de la déclaration et/ou du versement spontané des impôts de toute nature par les contribuables. Toutefois, l'ensemble des recettes perçues au comptant doit faire l'objet d'émission de titres de régularisation.*

5- Une nuance entre dépense et charges/ actifs apportée par le PCE du Bénin

L'article 09 de la directive dispose que les dépenses sont enregistrées au moment de la liquidation. Par exception à l'alinéa précédent, les dépenses sans ordonnancement préalable sont enregistrées au moment du paiement. La liste exhaustive des dépenses susceptibles d'être payées sans ordonnancement préalable est fixée par les règlementations nationales. Tous les PCE ont repris l'intégralité de cet article excepté le PCE du Bénin qui a préféré le groupe de mot charges et actif en remplacement de dépenses. Par cette nuance, le PCE du Bénin indique que ce n'est pas la dépense qui est enregistrée en comptabilité, mais les charges et les actifs consécutifs aux dépenses budgétaires.

6- Une affirmation diversifiée du principe de la continuité d'exploitation et de la permanence des méthodes

Le principe de la continuité d'exploitation est affirmée dans la directive dans les termes suivants :

> *La comptabilité générale de l'État respecte le principe de la continuité de l'exploitation et de permanence des méthodes : les méthodes comptables n'ont pas à subir de modifications dès lors que l'État n'enregistre pas un changement substantiel ou exceptionnel de son activité.*

Ce principe ainsi affirmé a été repris in extenso par les PCE du Burkina Faso, du Mali, du Niger et du Togo. Le PCE du Sénégal ne l'a pas affirmé expressément. Par contre le PCE du Bénin a apporté une précision relative à la gestion axée sur les résultats, dans son affirmation du principe de la continuité d'exploitation. En effet l'article 14 de l'arrêté portant plan comptable de l'État au Bénin dispose :

> *La comptabilité générale de l'État respecte le principe de la continuité de l'exploitation. Les évaluations et les prévisions sont faites dans l'hypothèse que le fonctionnement de l'État continue dans les mêmes conditions qu'aujourd'hui, jusqu'à l'achèvement des projets.*

Il ressort de ces dispositions que la possibilité de réviser les méthodes en cas de changement substantiel ou exceptionnel de l'activité de l'État prévue par la directive n'est pas prise en compte par le Bénin qui exclut tout changement de méthode jusqu'à la fin des projets.

7- L'indication catégorielle des opérations relatives aux comptes d'imputation par le Burkina Faso

La Directive retient que la codification des comptes du PCE UEMOA est fondée sur le principe de la décimalisation. Chaque classe est subdivisée en comptes identifiés par un numéro et un intitulé. La codification de base des comptes d'imputation retenue dans la Directive, est limitée à quatre (04) chiffres au maximum :

- les comptes principaux à deux (02) chiffres ;
- les comptes divisionnaires à trois (03) chiffres ;
- les comptes d'imputation de base à quatre (04) chiffres.

Ainsi, la directive n'a pas indiqué la nature d'opération ou l'indication catégorielle des opérations relatives aux comptes d'imputation. Tous les PCE des États sont restés dans la logique de la Directive, excepté celui du Burkina Faso qui a le mérite d'associer à chaque catégorie de compte d'imputation des références précises. Ainsi, chaque classe est subdivisée en comptes identifiés par des codes ou spécifications numériques établis en fonction des besoins d'informations comptables en respectant l'arborescence et les principes d'élaboration. Les spécifications numériques sont des informations chiffrées qui accompagnent les écritures enregistrées à certains comptes :

- pour le compte de transfert, elles indiquent le numéro de code du comptable assignataire des opérations transférées ;
- pour les comptes de dépenses, elles indiquent l'imputation budgétaire ;
- certains comptes peuvent en outre comporter le millésime et un numéro codique du poste comptable ou d'une autre entité.

8- L'introduction du principe des états consolidés par le Burkina Faso

La Directive prévoit que la balance générale des comptes est établie obligatoirement à la fin de chaque mois et en fin d'exercice. Elle doit faire apparaître, pour chaque compte :

- le solde débiteur ou créditeur au début de l'exercice ;
- le cumul des mouvements débiteurs et le cumul des mouvements créditeurs de la période ;
- le solde débiteur ou créditeur à la date considérée.

Elle est établie à l'aide des comptes d'imputation de base, ouverts en fonction des besoins propres à chaque État.

Si tous les autres États ont transposé cet article à la lettre, le Burkina Faso a ajouté le principe de la consolidation périodique des balances des comptes de dépenses, des comptes de recettes et de la balance générale des comptes du Trésor. C'est ainsi que le deuxième alinéa de l'article 23 du PCE du Burkina Faso précise, relativement aux états financiers, que mensuellement et en fin d'exercice, le mécanisme de centralisation des comptes permet d'établir :

- la balance consolidée des comptes de dépenses ;
- la balance consolidée des comptes de recettes ;
- la balance générale des comptes du Trésor.

9- L'introduction des notions d'excédents de trésorerie définitifs, de variation de trésorerie et d'excédent de trésorerie dans le PCE du Bénin

La Directive n'a pas défini explicitement les notions d'excédents de trésorerie définitifs, de variation de trésorerie et d'excédent de trésorerie.

Le PCE du Bénin a consacré la définition de ces notions à travers ses articles 29, 30 et 31 comme suit :

- « L'excédent de trésorerie définitif est le solde des liquidités dégagé par les opérations budgétaires et de trésorerie de l'État au cours d'une période donnée » ;
- « L'excédent de trésorerie après investissement correspond à la différence entre l'excédent de trésorerie définitif et les dépenses d'investissement imputées en classe 2 du bilan » ;
- « La variation de trésorerie de l'exercice est égale à la différence entre le solde des comptes de disponibilités de la classe 5 au début de l'exercice et le solde de ces mêmes comptes à la fin de l'exercice ».

PLAN COMPTABLE DU BENIN

RÉPUBLIQUE DU BENIN

Fraternité- Justice - Travail

----------x-----------

MINISTÈRE DE L'ÉCONOMIE, DES FINANCES ET DES PROGRAMMES DE DÉNATIONALISATION

ARRÊTE N° 0410/ MEFPD / DC / SGM / DGTCP/ SP PORTANT PLAN COMPTABLE DE L'ÉTAT

Vu la loi n° 90-032 du 11 décembre 1990 portant Constitution de la République du Bénin ;

Vu le traité de l'UEMOA notamment, en ses articles 16, 20, 21 et 67 ;

Vu la déclaration de la conférence des chefs d'État et de gouvernement, du 28 janvier 1999 sur le renforcement de la convergence et l'accélération de la croissance économique dans les États membres de l'UEMOA ;

Vu la directive n° 01/2009/CM/UEMOA du 27 mars 2009 portant code de transparence dans la gestion des finances publiques au sein de l'UEMOA ;

Vu la directive n° 06/2009/CM/UEMOA du 26 juin 2009 portant lois de finances au sein de l'UEMOA ;

Vu la directive n° 07 /2009 /CM/UEMOA du 26 juin 2009 portant règlement général sur la comptabilité publique au sein de l'UEMOA ;

Vu la directive n° 08/2009/CM/UEMOA du 26 juin 2009 portant nomenclature budgétaire de l'État ;

Vu la directive n° 09/2009/CM/UEMOA du 26 juin 2009 portant plan comptable de l'État ;

Vu la directive n° 10/2009/CM/UEMOA du 26 juin 2009 portant Tableau des Opérations Financières de l'État ;

Vu la loi organique n°2013-14 du 27 septembre 2013 relative aux lois de finances ;

Vu la loi n°2004-20 du 17 août 2007 portant règles de procédure applicable devant les formations juridictionnelles de la Cour Suprême ;

Vu la proclamation le 29 mars 2011 par la Cour constitutionnelle, des résultats définitifs de l'élection présidentielle du 13 mars 2011 ;

Vu le décret n°2014-512 du 20 août 2014, portant composition du gouvernement ;

Vu le décret n°2014-571 du 07 octobre 2014 portant Règlement Général sur la Comptabilité Publique ;

Vu le décret n°2014-757 du 26 décembre 2014 portant attributions, organisation et fonctionnement du Ministère de l'Économie, des Finances et des Programmes de dénationalisation ;

Vu le décret n°2014-794 du 31 décembre 2014 portant nomenclature budgétaire de l'État.

ARRÊTE

TITRE PREMIER : DES DISPOSITIONS GÉNÉRALES

Article 1er : Le présent arrêté détermine l'objet de la comptabilité générale de l'État et les normes, règles et procédures relatives à sa tenue et à la production des comptes et états financiers de l'État.

La comptabilité générale de l'État s'applique à l'administration centrale et à ses établissements publics à caractère administratif.

Article 2 : La comptabilité générale de l'État a pour objet la connaissance exacte et sincère de son patrimoine et des opérations qu'il effectue, en fonction des droits et obligations qui lui sont reconnus.

Cette comptabilité retrace toutes les opérations ayant un impact sur la situation patrimoniale de l'État, dont notamment la variation des stocks, les opérations budgétaires et les opérations de trésorerie.

Article 3 : La comptabilité générale de l'État s'inspire des normes internationales, notamment du Système Comptable Ouest Africain (SYSCOA).

La comptabilité générale de l'État est mise en œuvre à travers le Plan Comptable de l'État (PCE) annexé au présent arrêté.

TITRE II : DES NORMES COMPTABLES

Article 4 : Les normes comptables constituent un ensemble de principes, de règles, de méthodes et de critères uniformisés et reconnus sur les plans national et international, édictés par des professionnels comptables, aux fins de garantir la fiabilité, la transparence, la sincérité et la lisibilité des comptes.

Article 5 : La comptabilité générale de l'État est fondée sur le principe de la constatation des droits et obligations.

Article 6 : Les comptes et états financiers de l'État faisant la synthèse des informations comptables sont arrêtés à chaque fin d'exercice.

L'exercice coïncide avec l'année civile.

Toutefois, les écritures comptables sont également arrêtées par journée, par décade et par mois.

A chaque fin d'exercice, une période complémentaire fixée à un mois permet de procéder aux opérations de régularisation comptable à l'exclusion de toute opération budgétaire.

Article 7 : Les opérations budgétaires sont prises en compte au titre de l'exercice auquel elles se rattachent, indépendamment de leur date d'encaissement ou de décaissement.

Article 8 : Les recettes sont enregistrées au moment de la déclaration et/ ou du versement spontané des impôts de toute nature par les contribuables. Toutefois, l'ensemble des recettes perçues au comptant doit faire l'objet d'émission de titres de régularisation.

Par exception à l'alinéa précédent, certaines recettes peuvent être enregistrées au vu de titres de perception, de rôles ou de contrats pour les opérations fondées sur le système d'émission préalable de titres. Les droits sont alors constatés au moment de la prise en charge comptable du titre de perception.

Article 9 : Les charges et les actifs consécutifs aux dépenses budgétaires sont enregistrés en comptabilité générale au moment de la liquidation.

Par exception à l'alinéa précédent, les dépenses sans ordonnancement préalable sont enregistrées au moment du paiement.

La liste exhaustive des dépenses susceptibles d'être payées sans ordonnancement préalable est fixée par arrêté du Ministre en charge des Finances.

Article 10 : Toute opération enregistrée au débit d'un compte est portée au crédit d'un ou de plusieurs autres comptes pour un montant équivalent. Inversement, toute opération enregistrée au crédit d'un compte est portée au débit d'un ou de plusieurs autres comptes pour un même montant.

Les comptes de l'actif du bilan et les comptes de charges sont des emplois augmentant par enregistrement au débit et diminuant par enregistrement au crédit. De même, les comptes du passif du bilan et les comptes de produits sont des ressources augmentant par enregistrement au crédit et diminuant par enregistrement au débit.

Article 11 : La comptabilité générale de l'État respecte le principe de transparence. Elle fournit une description adéquate, régulière, sincère, claire, précise et complète des évènements, opérations et situations se rapportant à l'exercice.

Article 12 : La comptabilité générale de l'État respecte le principe de permanence dans la terminologie et dans les méthodes utilisées pour retracer les événements, opérations et situations comptables. Les méthodes comptables n'ont pas à subir de modifications dès lors que l'État n'enregistre pas un changement substantiel ou exceptionnel de son activité.

Article 13 : La comptabilité générale de l'État respecte les principes de sécurité, de pérennité et d'irréversibilité de l'information comptable.

Article 14 : La comptabilité générale de l'État respecte le principe de la continuité de l'exploitation. Les évaluations et les prévisions sont faites dans l'hypothèse que le fonctionnement de l'État continue dans les mêmes conditions qu'aujourd'hui, jusqu'à l'achèvement des projets.

Article 15 : La comptabilité générale de l'État respecte le principe de prudence. La prudence est l'appréciation raisonnable des événements et opérations afin d'éviter le risque de transfert, sur l'avenir, d'incertitudes présentes susceptibles de grever le patrimoine et le résultat de l'exercice.

Ce principe préside en particulier au calcul des provisions.

Toute information disponible au moment de l'établissement des comptes, sans exception, doit être prise en compte pour leur établissement.

Article 16 : La comptabilité générale de l'erat respecte le principe de l'intangibilité du bilan d'ouverture : le bilan détaillé d'ouverture d'un exercice doit correspondre exactement au bilan détaillé de clôture de l'exercice précédent.

Article 17 : La comptabilité générale de l'Etat respecte le principe du coût historique. Ce principe oblige que toute opération soit enregistrée dans les comptes au coût d'acquisition ou de production.

Article 18 : Toute procédure comptable, tout système informatique comptable doit respecter les normes comptables visées aux articles 4 à 17.

A cet effet, un manuel de procédures comptables est élaboré pour la mise en application du présent arrêté.

TITRE III : DU SYSTÈME D'INFORMATION COMPTABLE DU PCE

Article 19 : Les comptes du PCE sont regroupés par catégories homogènes dénommées classes qui comprennent :

- cinq (05) classes de comptes de bilan, numérotées de 1 à 5 ;
- deux (02) classes de comptes de gestion, numérotées 6 et 7 ;
- une (01) classe de comptes des engagements hors bilan, numérotée 8.

Article 20 : La codification des comptes du PCE est fondée sur le principe de la décimalisation.

Chaque classe est subdivisée en comptes identifiés par un numéro et un intitulé.

La codification de base des comptes d'imputation retenue dans le présent arrêté, est limitée à quatre chiffres :

- les comptes principaux à deux (02) chiffres ;
- les comptes divisionnaires à trois (03) chiffres ;
- les comptes d'imputation de base à quatre (04) chiffres.

Toutefois, la présente codification peut être complétée en fonction des besoins de l'État, tout en respectant l'arborescence et les principes d'élaboration.

Article 21 : Les documents comptables dont la tenue est obligatoire sont :

- le livre-journal, dans lequel sont enregistrées chronologiquement les opérations de l'exercice ;
- le grand livre, constitué par l'ensemble des comptes ;
- la balance générale des comptes de l'État, situation récapitulative faisant apparaître pour chaque compte, le cumul depuis l'ouverture de l'exercice des mouvements débiteurs ou créditeurs et le solde débiteur ou le solde créditeur à la date considérée ;
- le livre d'inventaire, constitué du bilan, du compte de résultat et du résumé des flux de gestion internes.

En fonction des besoins et de l'organisation administrative de l'État, des journaux et livres auxiliaires peuvent être tenus afin de faciliter l'établissement du livre-journal et du grand livre. Dans ce cas, les données des documents auxiliaires sont centralisées au moins chaque décade dans le journal ou le grand livre.

Article 22 : Les documents comptables doivent être tenus sans blanc, ni altération d'aucune sorte.

Toute correction d'erreur s'effectue exclusivement par l'inscription en négatif des éléments erronés ; l'enregistrement exact est ensuite opéré.

Article 23 : La centralisation comptable est le mécanisme qui organise et structure la comptabilité générale de l'Etat de manière à lui donner toute son unité. Les modalités de centralisation sont précisées par l'article 25 du Règlement Général sur la Comptabilité Publique.

TITRE IV : DES ÉTATS COMPTABLES ET FINANCIERS

Article 24 : La balance générale des comptes est établie obligatoirement à la fin de chaque mois et en fin d'exercice.

Elle doit faire apparaître, pour chaque compte :

- le solde débiteur ou créditeur au début de l'exercice ;

- le cumul des mouvements débiteurs et le cumul des mouvements créditeurs d'avant la période ;
- le cumul des mouvements débiteurs et le cumul des mouvements créditeurs de la période ;
- le solde débiteur ou créditeur à la date considérée.

Elle est établie à l'aide des comptes d'imputation de base, ouverts dans la nomenclature des comptes du PCE.

Article 25 : Les états financiers de l'État comprennent le bilan ou tableau de situation nette, le compte de résultat, le tableau de flux de trésorerie, le tableau des opérations financières du Trésor et l'état annexé visé à l'article 30. Ils forment un tout indissociable.

Article 26 : Le bilan ou tableau de situation nette présente l'actif et le passif de l'État. Il fait apparaître de façon distincte :

- à l'actif : l'actif immobilisé, l'actif circulant hors trésorerie, la trésorerie et les comptes de régularisation d'actifs ;
- au passif : Les dettes financières, les dettes non financières (hors trésorerie), les provisions pour risques et charges, la trésorerie et les comptes de régularisation de passif.

Les éléments financiers du bilan, constitués des actifs et des passifs financiers font l'objet d'une récapitulation spécifique.

Article 27 : Le compte de résultat de l'exercice fait apparaître les produits et les charges.

Les charges sont classées selon qu'elles concernent le fonctionnement, les interventions ou les opérations financières.

Les produits distinguent les produits fiscaux et les autres produits.

Les dotations aux amortissements et provisions sont imputées aux charges correspondantes.

La différence entre les produits et les charges permet d'établir le résultat de l'exercice.

Article 28 : Le tableau des flux de trésorerie fait apparaître les entrées et les sorties de trésorerie qui sont classées en trois catégories : les flux de trésorerie liés à l'activité, les flux de trésorerie liés aux opérations d'investissement, les flux de trésorerie liés aux opérations de financement.

Ce tableau permet de présenter les besoins de financement de l'Etat.

Le classement des agrégats de trésorerie permet de calculer trois· soldes significatifs : l'excédent de trésorerie définitif, l'excédent de trésorerie après investissement et la variation de trésorerie de l'exercice.

Article 29 : L'excédent de trésorerie définitif est le solde des liquidités dégagé par les opérations budgétaires et de trésorerie de l'Etat au cours d'une période donnée.

Article 30 : L'excédent de trésorerie après investissement correspond à la différence entre l'excédent de trésorerie définitif et les dépenses d'investissement imputées en classe 2 du bilan.

Article 31 : La variation de trésorerie de l'exercice est égale à la différence entre le solde des comptes de disponibilités de la classe 5 au début de l'exercice et le solde de ces mêmes comptes à la fin de l'exercice.

Article 32 : Le Tableau des Opérations Financières du Trésor fait apparaître de façon homogène les informations relatives aux flux économiques d'exécution de la loi de finances appelés agrégats, en vue d'appréhender leur impact sur le reste de l'économie.

Article 33 : L'état annexé contient l'ensemble des informations utiles à la compréhension et à l'utilisation des états financiers de l'État. Il comprend notamment l'explicitation et le chiffrage des engagements hors bilan.

Toute opération particulière ou modification des normes comptables entre deux exercices doit être décrite et justifiée dans l'état annexé.

Article 34 : Les états comptables et financiers de l'État sont soumis au respect des dispositions ci-après :

- la balance d'entrée et/ ou le bilan d'ouverture d'un exercice doit correspondre à la balance de sortie et/ ou le bilan de clôture de l'exercice précédent ;
- toute compensation entre postes d'actif et postes de passif dans le bilan ou le tableau de situation nette ou entre postes de charges et postes de produits dans le compte de résultat est interdite ;
- la présentation des états comptables et financiers est identique d'un exercice à l'autre ;
- chacun des postes des états comptables et financiers doit comporter le code relatif au poste correspondant de l'exercice précédent.

TITRE V : DES AMORTISSEMENTS ET DES PROVISIONS

Article 35 : La tenue de la comptabilité générale de l'État est soumise aux règles et pratiques des amortissements et provisions.

Les amortissements et provisions sont des opérations comptables et non budgétaires à l'exception des opérations sur la dotation destinée à couvrir les défauts de remboursement ou appels en garantie intervenus sur les comptes d'avances, de prêts, d'avals et de garanties directement prévues par la loi organique relative aux lois de finances.

Les règles d'amortissement et de provisions sont celles fixées et précisées par le Conseil Comptable Ouest Africain (CCOA) de l'UEMOA.

Article 36 : L'amortissement est la constatation comptable obligatoire de l'amoindrissement de la valeur des immobilisations qui se déprécient de façon certaine et irréversible avec le temps, l'usage ou en raison du changement des techniques, de l'évolution des marchés ou de toutes autres causes.

L'amortissement consiste à répartir le coût du bien sur sa durée probable d'utilisation selon un plan prédéfini.

Article 37 : Sauf exception, es biens sont amortis linéairement sur leur durée probable d'utilisation.

Article 38 : Lorsque l'amoindrissement de la valeur d'un élément d'actif est seulement probable en raison d'événements dont les effets sont jugés réversibles, il est constaté une provision pour dépréciation.

Une dépréciation irréversible d'éléments de l'actif non amortissable est constatée par une charge provisionnée.

Article 39 : Les amortissements et les provisions sont inscrits distinctement à l'actif en diminution de la valeur brute des biens et des créances correspondantes pour donner leur valeur comptable nette.

Article 40 : Toutes les opérations de prêts, d'avances, de garanties ou d'avals doivent faire l'objet de provisions en fonction de leurs risques.

Article 41 : Seuls les actifs dont la gestion est placée sous le contrôle de l'État peuvent être inscrits au bilan de l'État.

Cette règle s'applique en particulier aux actifs liés aux contrats de partenariat public-privé, par lesquels l'État confie à un tiers le financement, la réalisation, la maintenance et/ ou l'exploitation d'opérations d'investissement d'intérêt public.

Chaque contrat de partenariat public-privé fait l'objet de provisions spécifiques en fonction de ses risques.

TITRE VI : DES RÈGLES D'ÉVALUATION ET DE DÉTERMINATION DU RÉSULTAT

Article 42 : Les actifs sont valorisés sur la base du coût historique, conformément au SYSCOA.

La dette est valorisée à la valeur nominale de ses différents éléments constitutifs.

Article 43 : L'actif et le passif de l'État sont évalués en fin d'exercice à leurs valeurs actuelles.

La valeur de chaque élément d'actif ou de passif en fin d'exercice est comparée à sa valeur au bilan en début d'exercice ou à sa valeur d'entrée au bilan s'il est entré au bilan au cours de l'exercice.

Si la valeur de fin d'exercice est inférieure à la valeur d'entrée, une dépréciation est constatée sous la forme d'un amortissement ou d'une provision selon qu'elle est jugée définitive ou non.

Article 44 : A la sortie du magasin ou à l'inventaire, les biens interchangeables sont évalués selon les méthodes du " premier entré, premier sorti " ou du coût moyen pondéré.

Article 45 : Les biens acquis en devises sont comptabilisés en francs CFA par conversion de leur coût en devises sur la base du cours de change à la date de la comptabilisation.

Article 46 : Les créances et les dettes libellées en devises sont converties en francs CFA sur la base du cours de change à la date de la transaction.

Article 47 : Lorsque la naissance et le règlement des créances ou des dettes interviennent dans le même exercice, les écarts constatés par rapport aux valeurs d'entrée en raison de la variation des cours de change constituent des pertes ou des gains de change à inscrire respectivement dans les charges financières ou les produits financiers de l'exercice.

Article 48 : Les disponibilités en devises détenues par les comptables publics à la clôture de l'exercice sont converties en francs CFA sur la base du cours de change à la date de clôture de l'exercice.

Article 49 : Par exception à l'article 7 du présent arrêté, les produits et les charges concernant les exercices antérieurs qui n'ont pas été rattachés à leur exercice d'origine, sont enregistrés, selon leur nature, comme les produits et les charges de l'exercice en cours et participent à la formation du résultat de cet exercice. Ils doivent faire l'objet d'une mention spécifique dans l'état annexé.

TITRE VII : DES DISPOSITIONS TRANSITOIRES ET FINALES

Article 50 : Le présent arrêté entre en vigueur pour compter du 1er janvier 2017. Toutefois, il est prévu un moratoire de deux (02) ans, échéant le 31 janvier 2018, pour procéder à l'application intégrale des dispositions portant sur les règles et procédures découlant du principe de la constatation des droits et obligations régissant la comptabilité générale.

Article 51 : Le présent arrêté abroge toutes dispositions antérieures contraires et sera publié au Journal Officiel de la République du Bénin.

Fait à Cotonou, le 02 février 2015

Komi KOUTCHE

ANNEXE PORTANT PLAN COMPTABLE DE L'ÉTAT

CLASSE 1 : COMPTES DE RESSOURCES A MOYEN ET LONG TERMES
10. COMPTES D'INTÉGRATION OU DE CONTREPARTIE DES IMMOBILISATIONS
11. REPORT A NOUVEAU
12. DONS PROJETS ET LEGS
13. RÉSULTAT DE L'EXERCICE
14. BONS DU TRÉSOR A PLUS D'UN AN
15. EMPRUNTS PROJETS
16. EMPRUNTS PROGRAMMES
17. AUTRES EMPRUNTS
18. DETTES AVALISÉES
19. PROVISIONS POUR RISQUES FINANCIERS- PPP

10 COMPTES D'INTÉGRATION OU DE CONTREPARTIE DES IMMOBILISATIONS
101 Comptes d'intégration des immobilisations incorporelles
- 1011 Comptes d'intégration des brevets, marques de fabrique, droits d'auteur
- 1012 Comptes d'intégration des progiciels
- 1013 Comptes d'intégration des droits d'exploitation fonds de commerce
- 1019 Comptes d'intégration des autres droits et valeurs incorporelles
- 102 Comptes d'intégration des immobilisations corporelles
- 1022 Comptes d'intégration des sols-sous-sols
- 1023 Comptes d'intégration des immeubles
- 1024 Comptes d'intégration des meubles
- 1025 Comptes d'intégration des équipements militaires
- 1026 Comptes d'intégration des participations-cautionnements
- 103 Comptes de contrepartie d'actifs
- 1031 Comptes de contrepartie des immobilisations incorporelles
- 1032 Comptes de contrepartie des immobilisations corporelles
- 104 Comptes d'intégration des comptes d'affectation de recettes
- 1041 Comptes d'intégration des budgets annexes
- 1042 Comptes de contrepartie des budgets d'autres organismes à autonomie financière
105 Écart de réévaluation
- 1051 Écart de réévaluation des immobilisations incorporelles
- 1052 Écart de réévaluation des immobilisations corporelles
106 Écart d'équivalence
- 1061 Écart d'équivalence sur les titres de participation à l'intérieur
- 1062 Écart d'équivalence sur les titres de participation à l'extérieur
108 Opérations à caractère financier intégrées
- 1081 Emprunts multilatéraux intégrés
- 1082 Emprunts bilatéraux intégrés
11 REPORT A NOUVEAU
111 Résultat de l'exercice reporté-budget général
112 Résultat de l'exercice reporté-comptes spéciaux
113 Résultat de l'exercice reporté-budgets annexes

12 DONS PROJETS ET LEGS
121 Dons projets des institutions internationales
122 Dons projets des gouvernements affiliés au Club de Paris
123 Dons projets des gouvernements non affiliés au Club de Paris
124 Dons projets des organismes privés extérieurs
125 Fonds de concours
129 Autres dons et legs

13 RÉSULTAT DE L'EXERCICE
131 Résultat de l'exercice -budget général
132 Résultat de l'exercice -comptes spéciaux
133 Résultat de l'exercice -budgets annexes

14 BONS DU TRÉSOR A PLUS D'UN AN
141 Bons du trésor sur formule à plus d'un an
142 Bons du trésor en compte courant à plus d'un an
149 Autres bons du trésor à plus d'un an

15 EMPRUNTS PROJETS
151 Emprunts projets multilatéraux
152 Emprunts projets des gouvernements affiliés au Club de Paris
153 Emprunts projets des gouvernements non affiliés au Club de Paris
155 Emprunts projets auprès des organismes privés extérieurs
157 Emprunts projets à l'intérieur
158 Conventions à paiements différés
159 Emprunts projets rééchelonnés

16 EMPRUNTS PROGRAMMES
161 Emprunts programmes multilatéraux
162 Emprunts programmes des gouvernements affiliés au Club de Paris
163 Emprunts programmes des gouvernements non affiliés au club de Paris
169 Emprunts programmes rééchelonnés

17 AUTRES EMPRUNTS
171 Autres emprunts multilatéraux
172 Autres emprunts auprès des gouvernements affiliés au Club de Paris
173 Autres emprunts auprès des gouvernements non affiliés au Club de Paris
175 Autres emprunts auprès des organismes privés extérieurs
176 Autres emprunts intérieurs
179 Autres emprunts rééchelonnés

18 DETTES AVALISÉES
181 Dettes avalisées extérieures
182 Dettes avalisées intérieures
189 Autres paiements

19 PROVISIONS POUR RISQUES FINANCIERS
191 Provisions pour risques d'exploitation liés au Partenariat Public-Privé
192 Provisions pour risques d'investissement liés au Partenariat Public-Privé
199 Autres provisions pour risque à caractère financier.

CLASSE 2 : COMPTES D'IMMOBILISATIONS
20 CHARGES IMMOBILISÉES
21 IMMOBILISATIONS INCORPORELLES
22 SOLS ET SOUS- SOLS
23 IMMEUBLES
24 MATÉRIEL ET MOBILIER
25 ÉQUIPEMENTS MILITAIRES
26 PRISES DE PARTICIPATIONS ET CAUTIONNEMENTS
27 PRÊTS ET AVANCES
28 AMORTISSEMENTS
29 PROVISIONS POUR DÉPRÉCIATION

20 CHARGES IMMOBILISÉES
201 Charges à répartir sur plusieurs exercices
209 Autres charges immobilisées

21 IMMOBILISATIONS INCORPORELLES
211 Frais de recherche et de développement
212 Brevets, marques de fabrique, droits d'auteur
213 Conceptions de systèmes d'information
214 Droits d'exploitation fonds de commerce
219 Autres droits et valeurs incorporels

22 SOLS ET SOUS-SOLS
221 Terrains
222 Sous-sols, gisements et carrière
223 Plantation et forêts
224 Plans d'eau

23 IMMEUBLES
231 Bâtiments administratifs à usage de bureau
232 Bâtiments administratifs à usage de logement
233 Bâtiments administratifs à usage technique
234 Ouvrages
235 Infrastructures
236 Réseaux informatiques

24 MATÉRIEL ET MOBILIER
241 Mobilier et matériel de logement et de bureau
242 Matériel informatique de bureau
243 Matériel de transport de service et de fonction
244 Matériel et outillage techniques
245 Matériel de transports en commun et de marchandises

246 Collections-œuvres d'art
247 Stocks stratégiques ou d'urgence
248 immobilisations animales et agricoles

25 ÉQUIPEMENTS MILITAIRES
251 Bâtiments militaires
252 Ouvrages et infrastructures militaires
253 Mobiliers, matériels militaires et équipements
259 Autres équipements

26 PRISES DE PARTICIPATIONS ET CAUTIONNEMENTS
261 Prises de participations à l'intérieur
262 Prises de participations à l'extérieur
263 Cautionnements

27 PRÊTS ET AVANCES
271 Avances aux administrations publiques
272 Prêts aux administrations publiques
273 Prêts aux entreprises publiques non financières
274 Prêts aux institutions financières
275 Autres prêts intérieurs
276 Prêts à l'étranger
277 Prêts rétrocédés
278 Avances et Prêts aux particuliers
279 Autres prêts et avances

28 AMORTISSEMENTS
281 Amortissements des immobilisations incorporelles
282 Amortissements des immobilisations corporelles
29 PROVISIONS POUR DÉPRÉCIATION
291 Provisions pour dépréciation des immobilisations incorporelles
292 Provisions pour dépréciation des immobilisations corporelles
293 Provisions pour dépréciation des immobilisations financières

CLASSE 3 : COMPTES DE STOCKS, ENCOURS ET COMPTES INTERNES
31 MARCHANDISES
32 MATIÈRES PREMIÈRES
33 AUTRES APPROVISIONNEMENTS
34 PRODUITS ET SERVICES EN COURS
35 PRODUITS FINIS
36 SERVICES NON PERSONNALISES DE L'ÉTAT
37 RELATIONS AVEC LES BUDGETS ANNEXES

38 PROVISIONS POUR DÉPRÉCIATION DES STOCKS
39 COMPTES DE LIAISON INTERNE

31 MARCHANDISES
311 Marchandises A
312 Marchandises B
3111 Marchandises A1
3112 Marchandises A2

32 MATIÈRES PREMIÈRES
321 Matières A
322 Matières B
3211Matières A1
3212 Matières A2

33 AUTRES APPROVISIONNEMENTS
331 Matières consommables
332 Fournitures
339 Autres
3311 Carburants et lubrifiants
3312 Fournitures de bureau

34 PRODUITS ET SERVICES EN COURS
341 Produits en cours
- 3411 Produits A en cours
- 3412 Produits B en cours
342 Services en cours
- 3421 Services A en cours
- 3422 Services B en cours
35 PRODUITS FINIS
351 Produits finis A
352 Produits finis B
- 3511 Produits finis A1
- 3512 Produits finis A2

36 SERVICES NON PERSONNALISES DE L'ÉTAT
361 Compte au Trésor des Régisseurs d'avances de l'État
- 3611 Régisseur d'avances n° 1
- 3612 Régisseur d'avances n° 2
362 Avances aux régies
- 3621 Avances à la régie n° 1
- 3622 Avances à la régie n° 2
362 FNR

368 Divers services non personnalisés

37 RELATIONS AVEC LES BUDGETS ANNEXES

38 PROVISIONS POUR DÉPRÉCIATION DES STOCKS
381 Provisions pour dépréciation des marchandises
- 3811 Provisions pour dépréciation des marchandises A
- 3812 Provisions pour dépréciation des marchandises B
382 Provisions pour dépréciation des matières
- 3811 Provisions pour dépréciation des matières A
- 3812 Provisions pour dépréciation des matières B
385 Provisions pour dépréciation des produits
- 3851 Provisions pour dépréciation des produits A
- 3852 Provisions pour dépréciation des produits B

39 COMPTES DE LIAISONS INTERNES
390 Comptes d'opérations
- 3903 Comptes d'opérations entre Comptables du Trésor
- 3904 Comptes d'opérations entre Comptables des Administrations financières
- 3905 Comptes d'opérations entre Comptables du Trésor et les Comptables des Administrations financières
- 3906 Compte d'opérations entre divers Comptables
391 Comptes de transferts
- 3911 Transferts entre comptables supérieurs du Trésor
- 3911 Transferts entre comptables supérieurs des Administrations financières
396 Opérations centralisées
398 Variation nette des opérations de gestion chez les comptables secondaires
CLASSE 4 : COMPTES DE TIERS
40 FOURNISSEURS ET COMPTES RATTACHES
41 CLIENTS REDEVABLES ET COMPTES RATTACHES
42 COMPTES DE DÉPÔTS DES PARTICULIERS
43 ÉTAT, SÉCURITÉ SOCIALE ET AUTRES ORGANISMES RATTACHES
44 CORRESPONDANTS ET COMPTES RATTACHES
46 DÉBITEURS ET CRÉDITEURS DIVERS
47 COMPTES TRANSITOIRES ET D'ATTENTES
48 COMPTES DE RÉGULARISATIONS
49 DÉPRÉCIATIONS ET RISQUES PROVISIONNES

40 FOURNISSEURS ET COMPTES RATTACHES
401 Fournisseurs, dettes en comptes
401 Fournisseurs, dettes en comptes-Achats de biens ou de prestations de services
- 4012 Fournisseurs, dettes en comptes-Subventions et transferts à verser
- 4013 Fournisseurs, dettes en comptes- Créanciers au titre de la dette
- 4016 Fournisseurs, dettes en comptes- Achats de biens ou de prestations de services : retenues de garanties
- 4017 Fournisseurs, dettes en comptes-Achats de biens ou de prestations de services : pénalités
402 Fournisseurs d'investissements
- 4021 Fournisseurs d'investissements - Acquisitions d'immobilisations incorporelles
- 4022 Fournisseurs d'investissements- Acquisitions d'immobilisations corporelles
- 4026 Fournisseurs d'investissements- Acquisitions d'immobilisations : retenues de garanties
- 4027 Fournisseurs d'investissements- Acquisitions d'immobilisations : pénalités
403 Fournisseurs, effets à payer
- 4031 Fournisseur, effets à payer
404 Avances et prêts à verser
- 4041 Avances à verser
- 4042 Prêts à verser
408 Fournisseurs, factures non parvenues
- 4081 Fournisseurs de biens ou de prestations de services, factures non parvenues
- 4082 Fournisseurs d'immobilisations, factures non parvenues
409 Fournisseurs, débiteurs
- 4091 Fournisseurs avances sur commandes de biens ou de prestations de services
- 4092 Fournisseurs avances sur commandes d'immobilisations
41 CLIENTS, REDEVABLES ET COMPTES RATTACHES
411 Clients
- 4111 Ventes de biens ou de prestations de services, années courantes
- 4112 Ventes de biens ou de prestations de services, année précédente
- 4103 Ventes de biens ou de prestations de services, années antérieures
412 Redevables, impôts et taxes d'État
- 4121 Redevables, impôts et taxes d'État, année courante
- 4122 Redevables, impôts et taxes d'État, année précédente
- 4123 Redevables, impôts et taxes d'État, années antérieures
413 Redevables, impôts et taxes recouvrés pour compte de tiers
- 4131 Redevables, impôts et taxes recouvrés pour compte de tiers, année courante

- 4132 Redevables, impôts et taxes recouvrés pour compte de tiers, année précédente
- 4133 Redevables, impôts et taxes recouvrés pour compte de tiers, années antérieures
414 Redevables, créances sur les cessions d'actifs
- 4141 Redevables, créances sur les cessions d'actifs, année courante
- 4142 Redevables, créances sur les cessions d'actifs, année précédente
- 4143 Redevables, créances sur les cessions d'actifs, année antérieure
415 Redevables, créances liées aux amendes et aux pénalités
- 4151 Redevables, créances liées aux amendes et aux pénalités, année courante
- 4152 Redevables, créances liées aux amendes et aux pénalités, année précédente
- 4153 Redevables, créances liées aux amendes et aux pénalités, années antérieures
416 Clients, redevables, effets à recevoir
- 4161 Fournisseurs, effets à payer
418 Clients, redevables, produits à recevoir
- 4181 Clients ventes de biens ou de prestations de services, factures à établir
419 Clients et autres tiers créditeurs
- 4191 Clients et autres tiers créditeurs-avances sur commandes de biens ou de prestations de services
- 4193 Clients et autres tiers créditeurs-Comptes d'actif circulant intégrés
- 4194 Clients et autres tiers créditeurs-Comptes d'affectation intégrés

42 RÉMUNÉRATION DU PERSONNEL
421 Rémunération due au personnel
- 4211 Rémunération du personnel, exercice courant
- 4212 Rémunération du personnel, exercices antérieurs
- 4218 Avances sur salaires et pensions
422 Personnel, oppositions et saisies

43 ÉTAT, SÉCURITÉ SOCIALE ET AUTRES ORGANISMES RATTACHES
431 État, sécurité sociale
- 4311 Cotisations pension de retraites des agents de l'État,
- 4312 Cotisations employeur pour pension des agents de l'État,
- 4313 Allocations temporaires d'invalidité, validation de services
432 Caisse de sécurité sociale
- 4321 Cotisations pension de retraites des agents de l'État affiliés à la caisse
- 4322 Cotisations employeur pour pension des agents de l'État affiliés à la caisse
- 4323 Allocations temporaires d'invalidité, validation de services des agents affiliés à la caisse

436 Autres organismes rattachés
- 4368 Avances sur commandes du budget général et des comptes spéciaux à des comptes de commerce
- 4369 Avances reçues par des comptes de commerce
438 Charges à payer et produits à recevoir
- 4381 État, charges à payer
- 4382 État, produits à recevoir
- 4383 Sécurité sociale, charges à payer
- 4384 Sécurité sociale, produits à recevoir
- 4385 Autres organismes, charges à payer
- 4386 Autres organismes, produits à recevoir

44 CORRESPONDANTS ET COMPTES RATTACHES
441 Collectivités locales
- 4411 Régions
- 4412 Départements
- 4413 Communes
442 Établissements publics, Agences et autres organismes publics assimilés
443 Sociétés et entreprises publiques
- 4431 Sociétés d'État
- 4432 Sociétés d'économie mixte
- 4433 Établissements publics nationaux
444 Opérateurs de l'État et tiers créditeurs dans le cadre de politiques publiques
- 4441 Opérations de politiques d'interventions publiques
- 4422 Opérations de subventions pour charges de services publics
445 Opérations avec l'étranger
- 4451 Opérations à l'Étranger
- 4452 Règlements avec les gouvernements étrangers
- 4458 Opérations effectuées par le Trésor public pour le compte des Trésors étrangers
446 Organismes internationaux

46 DÉBITEURS ET CRÉDITEURS DIVERS
461 Tiers débiteurs divers
- 4611 Tiers débiteurs divers-Soldes débiteurs engageant la responsabilité des comptables
- 4612 Tiers débiteurs divers-Déficits des Comptables avant la prise d'un arrêté de débet ou d'un arrêt de débet
- 4613 Tiers débiteurs divers-Débets des comptables après la prise en charge d'un arrêté de débet ou arrêt de débet
- 4614 Tiers débiteurs divers-Amendes prononcées par la cour des comptes
- 4617 Tiers débiteurs divers-Traites en douane rejetée
- 4618 Tiers débiteurs divers-Chèques impayés non régularisés
466 Tiers Créditeurs divers

- 4661 Tiers créditeurs divers-Excédents de versement
- 4663 Tiers créditeurs divers-Consignations et retenues pour compte de tiers
- 4665 Tiers créditeurs divers-Cautionnement des comptables publics
- 4666 Tiers créditeurs divers-Rémunération accessoires de certains agents de l'État en instance de réparation
- 4668 Tiers créditeurs divers-Produits à reverser aux administrations territoriales
467 Oppositions
4671 Oppositions sur sommes mises en paiement par les services de l'État

47 COMPTES TRANSITOIRES ET D'ATTENTES
470 Imputation provisoire de dépenses à régulariser chez les comptables principaux
- 4701 Imputation provisoire de dépenses du Budget général
- 4702 Imputation provisoire de dépenses des Comptes spéciaux
- 4703 Imputation provisoire de dépenses des Budgets annexes
471 Imputation provisoire de dépenses chez les comptables secondaires centralisateurs
- 4711 Imputation provisoire de dépenses-correspondants et comptes rattachés
- 4719 Dépenses à imputer après vérification chez les comptables centralisateurs
472 Imputation provisoire de dépenses chez les comptables secondaires non centralisateurs
- 4721 Comptables sur le territoire national
- 4722 Comptables à l'étranger
473 Imputation provisoire de dépenses chez les receveurs Administrations financières
- 4731 Receveurs des Impôts
- 4733 Receveurs des Domaines et de l'Enregistrement
- 4735 Receveurs des Douanes
474 Imputation provisoire de dépenses sur crédits délégués
- 4741 Imputation provisoire de crédits délégués - Crédits de fonctionnement
- 4742 Imputation provisoire de crédits délégués - Crédits d'investissement
475 Imputation provisoire de recettes à régulariser chez les comptables principaux
- 4751 Imputation provisoire de recettes du Budget général
- 4752 Imputation provisoire de recettes des Comptes spéciaux du Trésor
- 4753 Imputation provisoire de recettes des Budgets annexes
476 Imputation provisoire de recette chez les comptables secondaires centralisateurs
- 4761 Imputation provisoire de recette-correspondants et comptes rattachés
- 4769 Recettes à imputer après vérification les comptables centralisateurs
477 Imputation provisoire de recette chez les comptables non centralisateurs

-	4771 Comptables sur le Territoire national
-	4772 Comptables à l'étranger
478 Imputation provisoire de recettes chez les receveurs des Administrations financières	
-	4781 Receveurs des Impôts
-	4782 Receveurs de l'Enregistrement
-	4783 Receveurs des Domaines
-	4784 Receveurs des Douanes
479 Bons du Trésor à moins d'un an	
-	4791 Bons du Trésor sur formule à moins d'un an
-	4792 Bons du Trésor en comptes courant à moins d'un an
-	4799 Autres bons du Trésor

48 COMPTES DE RÉGULARISATIONS	
481 Charges et produits à imputer aux exercices suivants	
-	4811 Charges comptabilisées d'avance
-	4812 Produits à recevoir
482 Écarts de conversion-Actif	
-	4821 Diminution des créances
-	4822 Augmentation des dettes
483 Dépenses réglées dans la gestion suivante	
-	4831 Dépenses réglées dans la gestion suivante : Budget général
-	4832 Dépenses imputables aux budgets de l'année suivante : Comptes spéciaux du Trésor
-	4833 Dépenses imputables aux budgets de l'année suivante : Budgets annexes
485 Impôts et taxes à répartir sur plusieurs exercices	
-	4851 Produits à répartir sur plusieurs exercices : recettes fiscales
-	4852 Produits à répartir sur plusieurs exercices : recettes non fiscales
-	4853 Produits à répartir sur plusieurs exercices : produits exceptionnels

486 Impôts et taxes encaissés pour le compte de la gestion suivante	
-	4861 Produits encaissés pour le compte de la gestion suivante : recettes fiscales
-	4862 Produits encaissés pour le compte de la gestion suivante : recettes non fiscales
-	4863 Produits encaissés pour le compte de la gestion suivante : produits exceptionnels
487 Écarts de conversion-Passif	
-	4871 Augmentation des créances
-	4872 Diminution des dettes

49 DÉPRÉCIATIONS ET RISQUES PROVISIONNES
490 Dépréciation des comptes de fournisseurs
491 Dépréciation des comptes clients et de redevables
- 4911 Provisions pour dépréciation des comptes clients
- 4912 Provisions pour dépréciation des comptes redevables
- 4919 Créances douteuses
493 Risques provisionnés
4931 Risques provisionnés sur opérations d'exploitation.

CLASSE 5 : COMPTES DE TRÉSORERIE
50 TITRES DE DE PLACEMENT
51 BANQUES, ÉTABLISSEMENTS FINANCIERS ET ASSIMILES
53 CAISSE
58 MOUVEMENT DE FONDS

50 TITRES DE PLACEMENT
501 Titres de placement à l'intérieur
- 5011 Actions à l'intérieur
513 Obligations à l'intérieur
502 Titres de placement à l'extérieur
- 5021 Actions à l'extérieur
- 5022 Obligations à l'extérieur

51 BANQUES, ÉTABLISSEMENTS FINANCIERS ET ASSIMILES
511 Effets à recevoir et engagements cautionnés
- 5111 Traites et valeurs mobilisables
- 5113 Chèques à l'encaissement
512 Banque centrale des États de l'Afrique de l'Ouest
- 5121 Compte courant des comptables principaux du Trésor
- 5122 Comptes courants des receveurs principaux des impôts
- 5123 Comptes courants des receveurs principaux des douanes
- 5124 Comptes courants des Établissements Publics Nationaux
- 5125 Comptes courants d'autres unités institutionnelles
513 Ventes
515 Autres banques
- 5152 Compte courant des comptables du Trésor dans les banques commerciales

53 CAISSE
531 Numéraires chez les comptables
- 5311 Numéraires chez les comptables centralisateurs
- 5312 Numéraires chez les comptables non centralisateurs
- 5313 Numéraires chez les comptables des impôts
- 5314 Numéraires chez les comptables des douanes

58 MOUVEMENT DE FONDS
581 Mouvement de fonds chez les comptables du Trésor
- 5811 Mouvement de fonds chez les comptables centralisateurs du Trésor
- 5812 Mouvement de fonds chez les comptables non centralisateurs du Trésor
582 Mouvement de fonds chez les comptables des impôts
- 5821 Mouvement de fonds chez les comptables des impôts
583 Mouvement de fonds chez les comptables des Douanes
- 5831 Mouvement de fonds chez les comptables des douanes
584 Mouvements de fonds internes

59 DÉPRÉCIATIONS ET RISQUES PROVISIONNÉS À CARACTÈRE FINANCIER
599 Dépréciations et risques provisionnés à caractère financier

CLASSE 6 : COMPTES DE CHARGES
60 ACHATS DE BIENS
61 ACQUISITION DE SERVICES
62 AUTRES SERVICES
63 SUBVENTIONS
64 TRANSFERTS
65 CHARGES EXCEPTIONNELLES
66 CHARGES DE PERSONNEL
67 INTÉRÊTS ET FRAIS FINANCIERS
68 DOTATIONS AUX AMORTISSEMENTS
69 DOTATIONS AUX PROVISIONS

60 ACHATS DE BIENS
601 Matières, matériel et fournitures
603 Variations des stocks de biens fongibles achetés
605 Eau, électricité, gaz et autres sources d'énergie
606 Matériel et fournitures spécifiques
609 Autres achats de biens

61 ACQUISITIONS DE SERVICES
611 Frais de transport et de mission
612 Loyers et charges locatives
614 Entretien et maintenance
615 Assurances
617 Frais de relations publiques
618 Dépenses de communications

62 AUTRES SERVICES
621 Frais bancaires

622 Prestations de services
623 Frais de formation du personnel
624 Redevances pour brevets, licences et logiciels
629 Autres acquisitions de services

63 SUBVENTIONS
632 Subventions aux entreprises publiques
633 Subventions aux entreprises privées
634 Subventions aux institutions financières
639 Autres subventions

64 TRANSFERTS
641Transferts aux établissements publics nationaux
642 Transferts aux collectivités locales
643 Transferts aux autres administrations publiques
644 Transferts aux institutions à but non lucratif
645 Transferts aux ménages
646 Transferts aux autorités supranationales et contributions aux organisations internationales
647 Transferts à d'autres budgets
648 Pensions de retraites des fonctionnaires et autres agents de l'État
649 Autres transferts

65 CHARGES EXCEPTIONNELLES
651 Annulations de produits constatés au cours des années antérieures
652 Condamnation et transactions
654 Valeurs comptables des immobilisations cédées, mises au rebut ou admises en non valeur
659 Autres charges exceptionnelles

66 CHARGES DE PERSONNEL
661 Traitements et salaires
663 Primes et indemnités
664 Cotisations sociales
665 Avantages en nature au personnel
666 Prestations sociales
669 Autres dépenses de personnel

67 INTÉRÊTS ET FRAIS FINANCIERS
671 Intérêts et frais financiers sur la dette
672 Pertes sur cessions de titres de placement
676 Pertes de changes
679 Autres intérêts et frais financiers

68 DOTATIONS AUX AMORTISSEMENTS
681 Dotations aux amortissements des immobilisations incorporelles
682 Dotations aux amortissements des immobilisations corporelles

69 DOTATIONS AUX PROVISIONS
691 Dotations aux provisions pour dépréciation
692 Dotations aux provisions à caractère financier

CLASSE 7 : COMPTES DE PRODUITS
70 VENTES DE PRODUITS ET SERVICES
71 RECETTES FISCALES
72 RECETTES NON FISCALES
73 TRANSFERTS REÇUS D'AUTRES BUDGETS
74 DONS PROGRAMMES ET LEGS
75 PRODUITS EXCEPTIONNELS
77 PRODUITS FINANCIERS
78 TRANSFERTS DE CHARGES
79 REPRISES SUR PROVISIONS

70 VENTES DE PRODUITS ET SERVICES
701 Ventes de produits
702 Ventes de prestations de services
703 Variation de stocks de produits

71 RECETTES FISCALES
711 Impôts sur les revenus, les bénéfices et les gains en capital
712 Impôts sur les salaires versés et autres rémunérations
713 Impôts sur le patrimoine
714 Autres impôts directs
715 Impôts et taxes intérieurs sur les biens et services
716 Droits d'enregistrement et de timbre
717 Droits et taxes à l'importation
718 Droit et taxes à l'exportation
719 Autres recettes fiscales

72 RECETTES NON FISCALES
721 Revenus de l'entreprise et du domaine
722 Droits et frais administratifs
723 Amendes et condamnations pécuniaires
725 Cotisations de sécurité sociale
729 Autres recettes non fiscales

73 TRANSFERTS REÇUS D'AUTRES BUDGETS
731 Transferts reçus du budget général

732 Transferts reçus des budgets annexes et des comptes spéciaux du Trésor

74 DONS ET LEGS
741 Dons programme et Legs
742 Dons projet
749 Autres dons et legs

75 RECETTES EXCEPTIONNELLES
751 Remises et annulation de dettes
752 Restitutions au Trésor de sommes indûment payées
754 Cessions d'immobilisations
759 Autres recettes exceptionnelles

77 PRODUITS FINANCIERS
771 Intérêts des prêts
772 Intérêts sur les dépôts à terme
774 Revenus des titres de placements
776 Gains de charge

78 TRANSFERT DE CHARGES
781 Transferts de charges courantes
782 Transferts de charges financières

79 REPRISES SUR PROVISIONS
791 Reprise sur provisions pour dépréciation
192 Reprises sur provisions à caractère financier

CLASSE 8 : ENGAGEMENTS HORS BILAN
80 ENGAGEMENTS OBTENUS OU ACCORDES PAR L'ÉTAT
81 CONTREPARTIE DES ENGAGEMENT DE L'ÉTAT

80 ENGAGEMENTS OBTENUS OU ACCORDES PAR L'ÉTAT
801 Engagements obtenus par l'État
- 8011 Emprunts obtenus par l'État
- 8012 Dons obtenus par l'État
805 Engagements accordés par l'État
- 8051 Prêts accordés par l'État et dette avalisée
- 8052 Dons accordés par l'État

81 CONTREPARTIE DES ENGAGEMENTS DE L'ÉTAT
811 Contrepartie des engagements obtenus par l'État
- 8111 Contrepartie des emprunts obtenus par l'État
- 8112 Contrepartie des dons obtenus par l'État

815 Contrepartie des engagements accordés par l'État	
-	8151 Contrepartie des prêts accordés par l'État et dette avalisée
-	8152 Contrepartie des dons accordés par l'État.

PLAN COMPTABLE DU BURKINA FASO

PZ/HO
BURKINA FASO

Unité – Progrès – Justice

LE PRÉSIDENT DU FASO,
PRÉSIDENT DU CONSEIL DES MINISTRES,

VU la Constitution,

VU le décret n°2016-001 /PRES du 06 janvier 2016 portant nomination du Premier Ministre ;

VU le décret n°2016-003 /PRES/PM du 12 janvier 2016 portant composition du Gouvernement ;

VU la loi n°39-2013/AN du 23 avril 2013 portant code de transparence dans la gestion des finances publiques au Burkina Faso ;

VU la loi organique n°073-2015/CNT du 06 novembre 2015 relative aux lois de finances ;

VU le décret n°2016-006/PRES/PM/SGG-CM du 08 février 2016 portant attributions des membres du Gouvernement ;

VU le décret n°2016-381/PRES/PM/MINEFID du 20 mai 2016 portant organisation du Ministère de l'Économie, des Finances et du Développement ;

VU le décret n°2016-598/PRES/PM/MINEFID du 08 juillet 2016 portant règlement général sur la comptabilité publique ;

VU le décret n°2016-600/PRES/PM/MINEFID du 08 juillet 2016 portant nomenclature budgétaire de l'État ;

Sur le rapport du Ministre de l'Économie, des Finances et du Développement ;

Le Conseil des Ministres, entendu en sa séance du 1er juin 2016 ;

DÉCRÈTE

TITRE I : DES DISPOSITIONS GÉNÉRALES

Article 1 : Le présent décret détermine l'objet de la comptabilité générale de l'État et les normes, règles et procédures relatives à sa tenue et la production des comptes et états financiers de l'État.

La comptabilité de l'État s'applique à l'administration centrale et ses services déconcentrés.

La comptabilité générale des établissements publics de l'État, des collectivités territoriales et de leurs établissements est régie par des textes particuliers qui s'inspirent des principes définis dans le présent décret.

Article 2 : La comptabilité générale de l'État a pour objet la connaissance exacte et sincère de son patrimoine et des opérations qu'il effectue, en fonction des droits et obligations qui lui sont reconnus.

Elle retrace toutes les opérations ayant un impact sur la situation patrimoniale de l'État, notamment la variation des stocks, les opérations budgétaires, les opérations de trésorerie et les opérations d'ordre.

Article 3 : La comptabilité générale de l'État s'inspire des normes comptables internationales, notamment le Système Comptable Ouest Africain (SYSCOA) tout en prenant en compte les spécificités de l'État.

La comptabilité générale de l'État est mise en œuvre à travers la nomenclature définie par arrêté du Ministre chargé des finances.

TITRE II : DES NORMES COMPTABLES

Article 4 : La comptabilité générale de l'État est tenue en partie double.

Article 5 : Toute opération enregistrée au débit d'un compte est portée au crédit d'un ou de plusieurs autres comptes pour un montant équivalent. Inversement, toute opération enregistrée au crédit d'un compte est portée au débit d'un ou de plusieurs comptes pour un même montant.

Les comptes de l'actif du bilan et les comptes de charges sont des emplois augmentant par enregistrement au débit et diminuant par enregistrement au crédit. De même, les comptes du passif du bilan et les comptes de produits sont des ressources augmentant par enregistrement au crédit et diminuant par enregistrement au débit.

Article 6 : La comptabilité générale de l'État est fondée sur le principe de la constatation des droits et obligations.

Article 7 : Les recettes sont enregistrées au moment de la déclaration et/ou du versement spontané des impôts de toute nature par les contribuables.

Les recettes perçues au comptant doivent faire l'objet d'émission de titre de régularisation par l'ordonnateur du budget sur proposition du comptable assignataire.

Certaines recettes peuvent être enregistrées au vu de titres de perception ou de contrats pour les opérations fondées sur le système d'émission préalable de titres.

Les droits sont alors constatés au moment de la prise en charge comptable du titre de perception.

Article 8 : Les dépenses sont enregistrées au moment de la liquidation.

Par exception à l'alinéa précédent, les dépenses sans ordonnancement préalable sont enregistrées au moment du paiement.

La liste exhaustive des dépenses susceptibles d'être payées sans ordonnancement préalable est fixée par la réglementation en vigueur.

Article 9 : Les opérations budgétaires sont prises en compte au titre de l'exerce auquel elles se rattachent, indépendamment de leur date d'encaissement ou de décaissement.

Article 10 : La comptabilité générale de l'État respecte les principes de la transparence. Elle fournit une description adéquate, régulière, sincère, claire, précise et complète des événements, opérations et situations se rapportant à l'exerce.

Article 11 : La comptabilité générale de l'État respecte le principe de permanence dans la terminologie et dans les méthodes utilisées pour retracer les événements, opérations et situations comptables.

Article 12 : La comptabilité générale de l'État respecte les principes de sécurité, de pérennité et d'irréversibilité de l'information comptable.

Article 13 : La comptabilité générale de l'État respecte le principe de la continuité de l'exploitation et de permanence des méthodes : les méthodes comptables n'ont pas à subir de modifications dès lors que l'État n'enregistre pas un changement substantiel ou exceptionnel de son activité.

Article 14 : La comptabilité générale de l'État respecte le principe de la prudence. La prudence est l'appréciation raisonnables des événements et opérations afin d'éviter le risque de transfert, sur l'avenir, d'incertitudes présentes susceptibles de grever le patrimoine et le résultat de l'exercice.

Ce principe préside en particulier au calcul des provisions.

Toute information disponible au moment de l'établissement des comptes, sans exception doit être prise en compte pour leur établissement.

Article 15 : La comptabilité générale de l'État respecte le principe d'intangibilité du bilan d'ouverture : le bilan détaillé d'ouverture d'un exercice doit correspondre exactement au bilan de clôture de l'exercice précédent.

Article 16 : Les comptes et états financiers de l'État faisant la synthèse des informations comptables sont arrêtés à chaque fin d'exercice.

L'exercice coïncide avec l'année civile.

Toutefois, les écritures comptables sont également arrêtées par journée, par décade et par mois.

A chaque fin d'exercice, une période complémentaire fixée à un mois permet de procéder aux opérations de régularisations comptables à l'exclusion de toute opération budgétaire.

Article 17 : Toute procédure comptable, tout système informatique comptable doit respecter les normes comptables visées aux articles 4 à 15 du présent décret.

Le ministre chargé des finances prend toutes les mesures nécessaires pour assurer la qualité des comptes et des procédures comptables.

TITRE III : DU SYSTÈME D'INFORMATION COMPTABLE DU PLAN COMPTABLE DE L'ÉTAT

Article 18 : Les Comptes du Plan Comptable de l'État (PCE) sont regroupés par catégories homogènes dénommées classes qui comprennent :

- Cinq (05) classes de comptes de bilan, numérotées de 1 à 5 ;
- Deux (02) classes de comptes de gestion, numérotées 6 et 7 ;
- Une (01) classe de comptes des engagements hors bilan, numérotée 8.

Article 19 : La codification des comptes de PCE est fondée sur le principe de la décimalisation.

Chaque classe est subdivisée en comptes identifiés par des codes ou spécifications numériques établis en fonction des besoins d'informations comptables en respectant l'arborescence et les principes d'élaboration.

Les spécifications numériques sont des informations chiffrées qui accompagnent les écritures enregistrées à certains comptes :

- pour le compte de transfert, elles indiquent le numéro du code comptable assignataire des opérations transférées ;
- pour les comptes de dépenses, elles indiquent l'imputation budgétaire ;
- certains comptes peuvent en outre comporter le millésime et un numéro codique du poste comptable ou d'une autre entité.

Article 20 : Les documents comptables dont la tenue est obligatoire sont :

- le livre-journal, dans lequel sont enregistrées chronologiquement les opérations de l'exercice visées aux articles 25 et 26 du présent décret ;
- le grand-livre qui retrace, compte par compte tous les mouvements de l'exercice ;
- la balance générale, état récapitulatif faisant apparaître pour chaque compte le cumul depuis l'ouverture de l'exercice des mouvements débiteurs ou créditeurs et le solde débiteur ou le solde créditeur à la date considérée ;
- le livre d'inventaire, constitué du bilan, du compte de résultat et du résumé des flux de gestion internes.

Des journaux et livres auxiliaires peuvent être tenus afin de faciliter le livre-journal et le grand-livre. Dans ce cas, les données des documents auxiliaires sont centralisées par jour, décade ou mois dans le journal ou le grand-livre.

Article 21 : Les documents comptables doivent être tenus sans blanc ni altération d'aucune sorte.

Toute correction d'erreur s'effectue exclusivement par l'inscription en négatif des éléments erronés ; l'enregistrement exact est ensuite opéré.

Article 22 : La centralisation comptable est le mécanisme qui organise et structure la comptabilité générale de l'État de manière à lui donner toute son unité.

TITRE IV : DES ÉTATS COMPTABLES ET FINANCIERS

Article 23 : La balance générale des comptes est établie obligatoirement à la fin de chaque mois et en fin d'exercice.

Elle doit faire apparaître pour chaque compte :

- la balance d'entrée correspondant au solde débiteur ou créditeur au début de l'exercice ;
- le cumul des mouvements débiteurs et le cumul des mouvements créditeurs de la période ;
- la balance de sortie correspondant au solde débiteur ou créditeur à la date considérée.

Elle est établie à l'aide des comptes d'imputation de base.

Mensuellement et en fin d'exercice, le mécanisme de centralisation des comptes permet d'établir :

- la balance consolidée des comptes de dépenses ;
- la balance consolidée des comptes de recettes ;
- la balance générale des comptes du Trésor.

Article 24 : Les états financiers comprennent le bilan, le compte des résultats, le tableau de flux de trésorerie, le tableau des opérations financières du Trésor et l'état annexé visé à l'article 28 du présent décret. Il forme un tour indissociable.

Article 25 : Le bilan est le tableau de situation nette qui présente l'actif et le passif de l'État. Il faire apparaître de façon distincte :

- à l'actif : l'actif immobilisé, l'actif circulant hors trésorerie, la trésorerie et les comptes de régularisation d'actif ;
- au passif : les dettes financières, les dettes non financières (hors trésorerie), les provisions pour risques et charges, la trésorerie et les comptes de régularisation de passif.

Les éléments financiers du bilan, constitués actifs et des passifs financiers font l'objet d'une récapitulation spécifique.

Article 26 : Le compte de résultat de l'exercice fait apparaître les produits et les charges.

Les charges sont classées selon qu'elles concernent le fonctionnement, les interventions ou les opérations financières.

Les produits distinguent les produits fiscaux et les autres produits.

La différence entre les produits et les charges permet d'établir le résultat de l'exercice.

Article 27 : Le tableau des flux de trésorerie fait apparaître les entrées et les sorties de trésorerie qui sont classées en trois catégories : les flux de trésorerie liés à l'activité, les flux de trésorerie liés aux opérations d'investissement, les flux de trésorerie liés aux opérations de financement.

Ce tableau permet de présenter les besoins de financement de l'État.

Le classement des agrégats de trésorerie permet de calculer trois soldes significatifs : l'excédent de trésorerie définitive, l'excédent de trésorerie après investissement, et la variation de trésorerie de l'exercice.

Article 28 : L'état annexé contient l'ensemble des informations utiles à la compréhension et l'utilisation des états financiers de l'État. Il comprend notamment l'explicitation et le chiffrage des engagements hors bilan.

Toute opération particulière ou modification des normes comptables entre deux exercices doit être décrite et justifiée dans l'état annexé.

Article 29 : Les états comptables et financiers sont soumis au respect des dispositions ci-après :

- La balance d'entrée et/ou le bilan d'ouverture d'un exercice doit correspondre à la balance de sortie et/ou le bilan de clôture de l'exercice précédent ;
- Toute compensation entre postes d'actif et postes de passif dans le bilan ou entre postes de charges et postes de produits dans le compte de résultat est interdite ;
- La présentation des états comptables et financiers est identique d'un exercice à l'autre ;
- Chacun des postes des états comptables et financiers doit comporter le code relatif au poste correspondant de l'exercice précédent.

TITRE V : DES AMORTISSEMENTS ET DES PROVISIONS

Article 30 : La tenue de la comptabilité générale de l'État est soumise aux règles et pratiques des amortissements et provisions conformément à la réglementation en vigueur.

Les amortissements et provisions sont des opérations comptables et non budgétaires à l'exception des opérations sur la dotation destinée à couvrir les défauts de remboursement ou appel en garantie intervenus sur les comptes d'avances, de prêts, d'avals et de garanties directement prévues par la loi organique relative aux lois de finances.

Les dotations aux amortissements et provisions sont imputées aux charges correspondantes.

Article 31 : L'amortissement est la constatation comptable obligatoire de l'amoindrissement de la valeur des immobilisations qui se déprécient de façon certaine et irréversible avec le temps, l'usage ou en raison du changement des techniques, de l'évolution des marchés ou de toutes autres causes.

L'amortissement consiste à répartir le coût du bien sur sa durée probable d'utilisation selon un plan prédéfini.

Article 32 : Sauf exception, les biens sont amortis linéairement sur leur durée probable d'utilisation.

Article 33 : Lorsque l'amoindrissement de la valeur d'un élément d'actif est seulement probable en raison d'événement dont les effets sont jugés réversibles, il est constaté une provision pour dépréciation.

Une dépréciation irréversible d'élément de l'actif non amortissable est constatée par une charge provisionnée.

Article 34 : Les amortissements et les provisions sont inscrits distinctement à l'actif en diminution de la valeur brute des biens et des créances correspondantes pour donner leur valeur comptable nette.

Article 35 : Toutes les opérations de prêts, d'avances, de garanties ou d'avals doivent faire l'objet de provisions en fonction de leurs risques.

Article 36 : Seuls les actifs dont la gestion est placée sous le contrôle de l'État peuvent être inscrits au bilan de l'État.

Cette règle s'applique en particulier aux actifs liés aux contrats de partenariat public-privé, par lesquels l'État confie à un tiers le financement, la réalisation, la maintenance et/ou l'exploitation d'opérations d'investissement d'intérêt public.

Chaque contrat de partenariat public-privé fait l'objet de provisions spécifiques en fonction de ses risques.

TITRE VI : DES RÈGLES D'ÉVALUATION ET DE DÉTERMINATION DU RÉSULTAT

Article 37 : Les actifs sont valorisés sur la base du coût historique.

La dette est valorisée à la valeur nominale de ses différents éléments constitutifs.

Article 38 : L'actif et le passif de l'État sont évalués en fin d'exercice de leurs valeurs actuelles.

La valeur de chaque élément d'actif ou de passif en fin d'exercice est comparée à sa valeur au bilan en début d'exercice ou sa valeur d'entrée au bilan s'il est entré au bilan au cours de l'exercice.

Si la valeur de fin d'exercice est inférieure à la valeur d'entrée, une dépréciation est constatée sous la forme d'un amortissement ou d'une provision selon qu'elle est jugée définitive ou non.

Article 39 : A la sortie du magasin ou à l'inventaire, les biens interchangeables sont évalués selon les méthodes du premier entré premier sorti ou du coût moyen pondéré.

Article 40 : Les biens acquis en devises sont comptabilisés en francs CFA par conversion de leur coût en devises sur la base du cours de change à la date de la comptabilisation.

Article 41 : Les créances et les dettes libellées en devises sont converties en francs CFA sur la base du cours de charge à la date de la transaction.

Article 42 : Lorsque la naissance et le règlement des créances ou des dettes interviennent dans le même exercice, les écarts constatés par rapport aux valeurs d'entrée en raison de la variation des cours de change constituent des pertes ou des gains de change à inscrire respectivement dans les charges financières ou les produits financiers de l'exercice.

Article 43 : Les disponibilités en devises détenues par les comptables publics à la clôture de l'exercice sont converties en francs CFA sur la base du cours de change à la date de clôture de l'exercice.

Article 44 : Par exception à l'article 9 du présent décret, les produits et les charges concernant les exercices antérieurs qui n'ont pas été rattachés à leurs exercices d'origine sont enregistrés, selon leur nature, comme les produits et les charges de l'exercice en cours et participent à la formation du résultat de cet exercice. Ils doivent faire l'objet d'une mention spécifique dans l'état annexé.

TITRE VII : DES DISPOSITIONS TRANSITOIRES ET FINALES

Article 45 : Le présent décret abroge toutes dispositions antérieures contraires.

Article 46 : Des textes particuliers viendront préciser les dispositions du présent décret.

Article 47 : Le ministre chargé des finances prend les dispositions pour l'application intégrale au plus tard le 1er janvier 2019 des règles et procédures décrites par le présent décret.

Article 48 : Le Ministre de l'Économie, des Finances et du Développement est charge de l'exécution du présent décret qui sera publié au journal officiel du Faso.

Ouagadougou, le 08 juillet 2016
Roch Marc Christian KABORE

Le Premier Ministre
Paul Kaba THIEBA

Le Ministre de l'Économie, des Finances
et du Développement
Hadizatou Rosine COULIBALY/SORI

PLAN COMPTABLE DU CODE D'IVOIRE

RÉPUBLIQUE DE CÔTE D'IVOIRE

DÉCRET N° 2014-418 DU 09 JUILLET 2014 PORTANT PLAN COMPTABLE DE L'ÉTAT

LE PRÉSIDENT DE LA RÉPUBLIQUE,

Sur rapport conjoint du Ministre auprès du Premier ministre, chargé de l'Économie et des Finances et du Ministre auprès du Premier ministre, chargé du Budget,

Vu la constitution ;

Vu le traité de l'Union Économique et Monétaire Ouest Africaine ;

Vu la loi organique n°2014-336 du 05 juin 2014 relative aux lois de finances ;

Vu la loi organique n°2014-337 du 05 juin 2014 portant Code de Transparence dans la gestion des Finances publiques ;

Vu le décret n°2012-1118 du 21 novembre 2012 portant nomination du Premier Ministre, Chef du Gouvernement ;

Vu le décret n°2012-1119 du 22 novembre 2012 portant nomination des membres du Gouvernement, tel que modifié par les décrets n°2013-505 du 25 juillet 2013, n°2013-784, n°2013-785, n°2013-786 du 19 novembre 2013 et n°2014-89 du 12 mars 2014 ;

Vu le décret n°2013-506 du 25 juillet 2013 portant attributions des membres du Gouvernement, tel que modifié par le décret n°2013-802 du 21 novembre 2013 ;

LE CONSEIL DES MINISTRES ENTENDU,

DÉCRÈTE :

TITRE I : DISPOSITIONS GÉNÉRALES

Article 1er : Le présent décret détermine les principes, les règles et les procédures relatifs à la tenue de la comptabilité générale de l'État et à la production des comptes et états financiers de l'État.

Article 2 : La comptabilité générale de l'État a pour objet la connaissance exacte et sincère de son patrimoine et des opérations qu'il effectue, en fonction des droits et obligations qui lui sont reconnus.

Cette comptabilité retrace toutes les opérations ayant un impact sur la situation patrimoniale de l'État, notamment la variation des stocks, les opérations budgétaires et les opérations de trésorerie.

Article 3 : La comptabilité générale de l'État s'inspire des normes internationales, notamment du Système Comptable Ouest Africain, en abrégé SYSCOA, et du Plan Comptable de l'État-UEMOA, en abrégé PCE-UEMOA. Elle est mise en œuvre à travers le Plan Comptable de l'État, en abrégé PCE, annexé au présent décret.

TITRE II : PRINCIPES COMPTABLES

Article 4 : La comptabilité générale de l'État est fondée sur le principe de la constatation des droits et obligations.

Article 5 : Les comptes et états financiers de l'État faisant la synthèse des informations comptables sont arrêtés à chaque fin d'exercice.

L'exercice coïncide avec l'année civile.

Toutefois, les écritures comptables sont arrêtées par journée, par semaine ou par décade ou par mois.

A chaque fin d'exercice, une période complémentaire fixée à un mois permet de procéder aux opérations de régularisation comptable à l'exclusion de toute opération budgétaire.

Article 6 : Les opérations budgétaires sont prises en compte au titre de l'exercice auquel elles se rattachent, indépendamment de leur date d'encaissement ou de décaissement.

Article 7 : Les recettes sont enregistrées au moment de leur déclaration ou de leur versement spontané par les redevables. Toutefois, l'ensemble des recettes perçues au comptant doit faire l'objet d'émission de titres de régularisation.

Par exception à l'alinéa précédent, certaines recettes peuvent être enregistrées au vu de titres de perception, de rôles ou de contrats pour les opérations fondées sur le système d'émission préalable de titres. Les droits sont alors constatés au moment de la prise en charge comptable du titre de perception.

Article 8 : Les dépenses sont enregistrées au moment de la liquidation.

Par exception à l'alinéa précédent, les dépenses sans ordonnancement préalable sont enregistrées au moment du paiement.

La liste exhaustive des dépenses susceptibles d'être payées sans ordonnancement préalable est fixée par décret.

Article 9 : Toute opération enregistrée au débit d'un compte est portée au crédit d'un ou de plusieurs autres comptes pour un montant équivalent. Inversement, toute opération enregistrée au crédit d'un compte est portée au débit d'un ou de plusieurs autres comptes pour un même montant.

Les comptes de l'actif du bilan et les comptes de charges sont des emplois augmentant par enregistrement au débit et diminuant par enregistrement au crédit. Par contre, les comptes du passif du bilan et les comptes de produits sont des ressources augmentant par enregistrement au crédit et diminuant par enregistrement au débit.

Article 10 : La comptabilité générale de l'État respecte le principe de transparence. Elle fournit une description adéquate, régulière, sincère, claire, précise et complète des évènements, opérations et situations se rapportant à l'exercice.

Article 11 : La comptabilité générale de l'État respecte le principe de permanence dans la terminologie et dans les méthodes utilisées pour retracer les événements, opérations et situations comptables.

Les méthodes comptables n'ont pas à subir de modifications dès lors que l'État n'enregistre pas un changement substantiel ou exceptionnel de son activité.

Tout changement de méthode comptable doit être mentionné dans l'état annexé.

Article 12 : La comptabilité générale de l'État respecte les principes de sécurité, de pérennité et d'irréversibilité de l'information comptable.

Article 13 : La comptabilité générale de l'État respecte le principe de la continuité de l'exploitation

Article 14 : La comptabilité générale de l'État respecte le principe de prudence. La prudence est l'appréciation raisonnable des événements et opérations afin d'éviter le risque de transfert, sur l'avenir, d'incertitudes présentes susceptibles de grever le patrimoine et le résultat de l'exercice.

Ce principe préside en particulier au calcul des provisions.

Toute information disponible au moment de l'établissement des comptes, sans exception, doit être prise en compte pour leur établissement.

Article 15 : La comptabilité générale de l'État respecte le principe de l'intangibilité du bilan d'ouverture : le bilan détaillé d'ouverture d'un exercice doit correspondre exactement au bilan détaillé de clôture de l'exercice précédent.

Article 16 : Toute procédure comptable, tout système informatique comptable doit respecter les principes comptables prévus aux articles 4 à 15 du présent décret.

TITRE III : SYSTÈME D'INFORMATION COMPTABLE DU PCE

Article 17 : Les comptes du PCE sont regroupés par catégories homogènes dénommées classes qui comprennent :

- cinq classes de comptes de bilan, numérotées de 1 à 5 ;
- deux classes de comptes de gestion, numérotées 6 et 7 ;
- une classe de comptes des engagements hors bilan, numérotée 8.

Article 18 : La codification des comptes du PCE est fondée sur le principe de la décimalisation.

Chaque classe est subdivisée en comptes identifiés par un numéro et un intitulé.

La codification de base des comptes d'imputation retenue dans le présent décret est limitée à quatre chiffres au maximum :

- les comptes principaux à deux chiffres ;
- les comptes divisionnaires à trois chiffres ;
- les comptes d'imputation de base à quatre chiffres.

En fonction des besoins, le Plan Comptable de l'État est complété par des codes respectant l'arborescence et les principes d'élaboration.

Article 19 : Les documents comptables dont la tenue est obligatoire sont :

- les livres journaux, dans lesquels sont enregistrées chronologiquement les opérations de l'exercice visées à l'article 25 du présent décret ;
- le grand-livre, constitué par l'ensemble des comptes ;
- la balance générale, état récapitulatif faisant apparaître pour chaque compte, le cumul depuis l'ouverture de l'exercice des mouvements débiteurs ou créditeurs et le solde débiteur ou le solde créditeur à la date considérée ;
- le livre d'inventaire, constitué du bilan, du compte de résultat et du résumé des flux de gestion internes.

Les livres auxiliaires sont tenus afin de faciliter l'établissement du livre journal et du grand-livre. Les données des documents auxiliaires sont centralisées chaque journée, chaque semaine ou chaque décade dans le journal ou le grand-livre.

Article 20 : Les documents comptables doivent être tenus sans blanc ni altération d'aucune sorte. Toute correction d'erreur s'effectue exclusivement par l'inscription en négatif des éléments erronés ; l'enregistrement exact est ensuite opéré.

Article 21 ; La centralisation comptable est le mécanisme qui organise et structure la comptabilité générale de l'État de manière à lui donner toute son unité.

Cette unité, qui met en jeu les relations existant entre les comptables de l'État, est assurée par une organisation des postes.

Les modalités de centralisation sont précisées par instructions comptables de l'autorité en charge de la règlementation comptable.

TITRE IV : BALANCE GÉNÉRALE DES COMPTES ET ÉTATS FINANCIERS

Article 22 : La balance générale des comptes est établie obligatoirement à la fin de chaque mois et en fin d'exercice.

Elle doit faire apparaître, pour chaque compte :

- le solde débiteur ou créditeur au début de l'exercice ;
- le cumul des mouvements débiteurs et le cumul des mouvements créditeurs de la période ;
- le solde débiteur ou créditeur à la date considérée.

Elle est établie à l'aide des comptes d'imputation de base du Plan Comptable de l'État.

Article 23 : Les états financiers comprennent le bilan, le compte de résultat, le tableau de flux de trésorerie, le tableau des opérations financières du Trésor et l'état annexé mentionné à l'article 28 du présent décret. Ils forment un tout indissociable.

Article 24 : Le bilan est le tableau de situation nette qui présente l'actif et le passif de l'État. Il fait apparaître de façon distincte :

- à l'actif : l'actif immobilisé, l'actif circulant hors trésorerie, la trésorerie et les comptes de régularisation d'actifs :
- au passif : les dettes financières, les dettes non financières hors trésorerie, les provisions pour risques et charges, la trésorerie et les comptes de régularisation de passif.

Les éléments financiers du bilan, constitués des actifs et des passifs financiers, font l'objet d'une récapitulation spécifique.

Article 25 : Le compte de résultat de l'exercice fait apparaître les produits et les charges.

Les charges sont classées selon qu'elles concernent le fonctionnement, les interventions ou les opérations financières.

Les produits distinguent les produits fiscaux des autres produits.

Les dotations aux amortissements et provisions sont imputées aux charges correspondantes.

La différence entre les produits et les charges permet d'établir le résultat de l'exercice.

Article 26 : Le tableau des flux de trésorerie fait apparaître les entrées et les sorties de trésorerie qui sont classées en trois catégories :

- les flux de trésorerie liés à l'activité ;
- les flux de trésorerie liés aux opérations d'investissement ;
- les flux de trésorerie liés aux opérations de financement.

Ce tableau permet de présenter la capacité ou le besoin de financement de l'État.

Le classement des agrégats de trésorerie permet de calculer trois soldes significatifs :

- l'excédent de trésorerie définitive ;
- l'excédent de trésorerie après investissement ;
- la variation de trésorerie de l'exercice.

Article 27 : Le tableau des opérations financières du Trésor retrace les flux des transactions en recettes, charges, acquisitions et cession d'actifs non financiers et financiers, augmentation et diminution de passifs des administrations publiques comptabilisées dans la balance générale des comptes du Trésor. Il est établi sur une base mensuelle, trimestrielle et annuelle.

Article 28 : L'état annexé contient l'ensemble des informations utiles à la compréhension et à l'utilisation des états financiers de l'État. Il comprend notamment l'explicitation et le chiffrage des engagements hors bilan.

Toute opération particulière ou modification des normes comptables entre deux exercices doit être décrite et justifiée dans l'état annexé.

Article 29 : la balance générale des comptes et les états financiers sont soumis au respect des dispositions ci- après :

- la balance d'entrée ou le bilan d'ouverture d'un exercice doit correspondre à la balance de sortie ou au bilan de clôture de l'exercice précédent ;
- toute compensation entre postes d'actif et postes de passif dans le bilan ou entre postes de charges et postes de produits dans le compte de résultat est interdite ;
- la présentation de la balance générale des comptes et des états financiers est identique d'un exercice à l'autre ;
- chacun des postes de la balance générale des comptes et des états financiers doit comporter le code relatif au poste correspondant de l'exercice précédent.

TITRE V : AMORTISSEMENTS ET PROVISIONS

Article 30 : La tenue de la comptabilité générale de l'État est soumise aux règles et pratiques des amortissements et provisions.

Les amortissements et provisions sont des opérations comptables et non budgétaires à l'exception des opérations sur la dotation destinée à couvrir les défauts de remboursement ou appels en garantie intervenus sur les comptes d'avances, de prêts, d'avals et de garanties directement prévues par la loi organique portant lois de finances.

Les règles d'amortissement et de provisions sont fixées et précisées par le Conseil Comptable Ouest Africain de l'UEMOA.

Article 31 : L'amortissement est la constatation comptable obligatoire de l'amoindrissement de la valeur des immobilisations qui se déprécient de façon certaine et irréversible avec le temps, l'usage ou en raison du changement des techniques, de l'évolution des marchés ou de toutes autres causes.

L'amortissement consiste à répartir le coût du bien sur sa durée probable d'utilisation selon un plan prédéfini.

Article 32 : Sauf exception, les biens sont amortis linéairement sur leur durée probable d'utilisation.

Article 33 : Lorsque l'amoindrissement de la valeur d'un élément d'actif est seulement probable en raison d'événements dont les effets sont jugés réversibles, il est constaté une provision pour dépréciation.

Une dépréciation irréversible d'éléments de l'actif non amortissable est constatée par une charge provisionnée.

Article 34 : Les amortissements et les provisions sont inscrits distinctement à l'actif en diminution de la valeur brute des biens et des créances correspondantes pour donner leur valeur comptable nette.

Article 35 : Toutes les opérations de prêts, d'avances, de garanties ou d'avals doivent faire l'objet de provisions en fonction de leurs risques.

Article 36 : Seuls les actifs dont la gestion est placée sous le contrôle de l'État peuvent être inscrits au bilan de l'État.

Cette règle s'applique en particulier aux actifs liés aux contrats de partenariat public- privé, par lesquels l'État confie à un tiers le financement. La réalisation, la maintenance ou l'exploitation d'opérations d'investissement d'intérêt public.

Chaque contrat de partenariat public-privé fait l'objet de provisions spécifiques en fonction de ses risques.

TITRE VI : RÈGLES D'ÉVALUATION ET DE DÉTERMINATION DU RÉSULTAT

Article 37 : Les actifs sont valorisés sur la base du coût historique, conformément au SYSCOA.

La dette est valorisée à la valeur nominale de ses différents éléments constitutifs.

Article 38 : L'actif et le passif de l'État sont évalués en fin d'exercice à leurs valeurs actuelles. La valeur de chaque élément d'actif ou de passif en fin d'exercice est comparée à sa valeur au bilan en début d'exercice ou à sa valeur d'entrée au bilan s'il est entré au bilan au cours de l'exercice.

Si la valeur de fin d'exercice est inférieure à la valeur d'entrée, une dépréciation est constatée sous la forme d'un amortissement ou d'une provision selon qu'elle est jugée définitive ou non.

Article 39 : A la sortie du magasin ou à l'inventaire, les biens interchangeables sont évalués selon les méthodes du premier entré premier sorti ou du coût moyen pondéré.

Article 40 : Les biens acquis en devises sont comptabilisés en francs CFA par conversion de leur coût en devises sur la base du cours de change à la date de la comptabilisation.

Article 41 : Les créances et les dettes libellées en devises sont converties en francs CFA sur la base du cours de change à la date de la transaction.

Article 42 : Lorsque la naissance et le règlement des créances ou des dettes interviennent dans le même exercice, les écarts constatés par rapport aux valeurs d'entrée en raison de la variation des cours de change constituent des pertes ou des gains de change à inscrire respectivement dans les charges financières ou les produits financiers de l'exercice.

Article 43 : Les disponibilités en devises détenues par les comptables publics à la clôture de l'exercice sont converties en francs CFA sur la base du cours de change à la date de clôture de l'exercice.

Article 44 : Par exception à l'article 6 du présent décret, les produits et les charges concernant les exercices antérieurs qui n'ont pas été rattachés à leur exercice d'origine, sont enregistrés, selon leur nature, comme les produits et les charges de l'exercice en cours et participent à la formation du résultat de cet exercice. Ils doivent faire l'objet d'une mention spécifique dans l'état annexé.

TITRE VII : DES DISPOSITIONS TRANSITOIRES ET FINALES

Article 45 : Le présent décret entre en vigueur à compter du 1er janvier 2017.

Article 46 : Jusqu'à l'entrée en vigueur, le 1er janvier 2017, du présent décret, les dispositions du décret n°98-260 du 03 juin 1998 portant mise en application du Plan Comptable de l'Etat restent applicables.

Article 47 : Le ministre auprès du Premier Ministre, chargé de l'Économie et des Finances et le ministre auprès du Premier Ministre, chargé du Budget assurent, chacun en ce qui le concerne, l'exécution du présent décret qui sera publié au Journal Officiel de la République de Côte d'Ivoire.

Fait à Abidjan, le 09 juillet 2014

Alassane OUATTARA

Copie certifiée conforme à l'original
Le secrétaire général du gouvernement
Sansan KAMBILE
Magistrat

PRÉSIDENCE DE LA RÉPUBLIQUE
RÉPUBLIQUE DE COTE D'IVOIRE
Union – Discipline-Travail

ANNEXE AU DÉCRET N° 2014-418 DU 09 JUILLET 2014 PORTANT PLAN COMPTABLE DE L'ÉTAT

CLASSE 1 : COMPTES DE RESSOURCES A MOYEN ET LONG TERMES
10 COMPTES D'INTÉGRATION OU DE CONTREPARTIE DES IMMOBILISATIONS
11. REPORT A NOUVEAU
13. RÉSULTAT DE L'EXERCICE
14. BONS DU TRÉSOR A PLUS D'UN AN
15. EMPRUNTS PROJETS
16. EMPRUNTS PROGRAMMES
17. AUTRES EMPRUNTS
18. DETTES AVALISÉES
19. PROVISIONS POUR RISQUES FINANCIERS- PPP

10 COMPTES D'intégration OU DE CONTREPARTIE DES IMMOBILISATIONS
101 Comptes d'intégration des immobilisations incorporelles
- 1011 Comptes d'intégration des brevets, marques de fabrique, droits d'auteur
- 1012 Comptes d'intégration des progiciels
- 1013 Comptes d'intégration des droits d'exploitation fonds de commerce
- 1019 Comptes d'intégration des autres droits et valeurs incorporelles
102 Comptes d'intégration des immobilisations corporelles
- 1022 Comptes d'intégration des sols-sous-sols
- 1023 Comptes d'intégration des immeubles
- 1024 Comptes d'intégration des meubles
- 1025 Comptes d'intégration des équipements militaires
- 1026 Comptes d'intégration des participations-cautionnements
103 Comptes de contrepartie d'actifs
- 1031 Comptes de contrepartie des immobilisations incorporelles
- 1032 Comptes de contrepartie des immobilisations corporelles

104 Comptes d'intégration des comptes d'affectation de recettes
- 1041 Comptes d'intégration des budgets annexes
- 1042 Comptes de contrepartie des budgets d'autres organismes à autonomie financière
105 Écart de réévaluation
- 1051 Écart de réévaluation des immobilisations incorporelles
- 1052 Écart de réévaluation des immobilisations corporelles
106 Écart d'équivalence
- 1061 Écart d'équivalence sur les titres de participation à l'intérieur
- 1062 Écart d'équivalence sur les titres de participation à l'extérieur
108 Opérations à caractère financier intégrées
- 1081 Emprunts multilatéraux intégrés
- 1082 Emprunts bilatéraux intégrés

11 REPORT A NOUVEAU
111 Résultat de l'exercice reporté-budget général
112 Résultat de l'exercice reporté-comptes spéciaux
113 Résultat de l'exercice reporté-budgets annexes

13 RÉSULTAT DE L'EXERCICE
131 Résultat de l'exercice -budget général
132 Résultat de l'exercice -comptes spéciaux
133 Résultat de l'exercice -budgets annexes

14 BONS DU TRÉSOR A PLUS D'UN AN
141 Bons du trésor sur formule à plus d'un an
142 Bons du trésor en compte courant à plus d'un an
149 Autres bons du trésor à plus d'un an

15 EMPRUNTS PROJETS
151 Emprunts projets multilatéraux
152 Emprunts projets des gouvernements affiliés au Club de Paris
153 Emprunts projets des gouvernements non affiliés au Club de Paris
155 Emprunts projets auprès des organismes privés extérieurs
157 Emprunts projets à l'intérieur
158 Conventions à paiements différés
159 Emprunts projets rééchelonnés

16 EMPRUNTS PROGRAMMES
161 Emprunts programmes multilatéraux
162 Emprunts programmes des gouvernements affiliés au Club de Paris
163 Emprunts programmes des gouvernements non affiliés au club de Paris
169 Emprunts programmes rééchelonnés

17 AUTRES EMPRUNTS
171 Autres emprunts multilatéraux
172 Autres emprunts auprès des gouvernements affiliés au Club de Paris
173 Autres emprunts auprès des gouvernements non affiliés au Club de Paris
175 Autres emprunts auprès des organismes privés extérieurs
179 Autres emprunts rééchelonnés

18 DETTES AVALISÉES
181 Dettes avalisées extérieures
182 Dettes avalisées intérieures
189 Autres paiements

19 PROVISIONS POUR RISQUES FINANCIERS
191 Provisions pour risques d'exploitation liés au Partenariat Public-Privé
192 Provision pour risques d'investissement liés au Partenariat Public-Privé
199 Autres provisions pour risque à caractère financier

CLASSE 2 : COMPTES D'IMMOBILISATIONS
20 CHARGES IMMOBILISÉES
21 IMMOBILISATIONS INCORPORELLES
22 SOLS ET SOUS- SOLS
23 IMMEUBLES
24 MATÉRIEL ET MOBILIER
25 ÉQUIPEMENTS MILITAIRES
26 PRISES DE PARTICIPATIONS ET CAUTIONNEMENTS
27 PRÊTS ET AVANCES
28 AMORTISSEMENTS
29 PROVISIONS POUR DÉPRÉCIATION

20 CHARGES IMMOBILISÉES
201 Charges à répartir sur plusieurs exercices
209 Autres charges immobilisées

21 IMMOBILISATIONS INCORPORELLES
211 Frais de recherche et de développement
212 Brevets, marques de fabrique, droits d'auteur
213 Conceptions de systèmes d'information
214 Droits d'exploitation fonds de commerce
219 Autres droits et valeurs incorporels

22 SOLS ET SOUS-SOLS
221 Terrains
222 Sous-sols, gisements et carrière
223 Plantation et forêts
224 Plans d'eau

23 IMMEUBLES
231 Bâtiments administratifs à usage de bureau
232 Bâtiments administratifs à usage de logement
233 Bâtiments administratifs à usage technique
234 Ouvrages
235 Infrastructures
236 Réseaux informatiques

24 MATÉRIEL ET MOBILIER
241 Mobilier et matériel de logement et de bureau
242 Matériel informatique de bureau
243 Matériel de transport de service et de fonction
244 Matériel et outillage techniques
245 Matériel de transports en commun et de marchandises
246 Collections-œuvres d'art
247 Stocks stratégiques ou d'urgence
248 Immobilisations animales et agricoles

25 ÉQUIPEMENTS MILITAIRES
251 Bâtiments militaires
252 Ouvrages et infrastructures militaires
253 Mobiliers, matériels militaires et équipements
259 Autres équipements

26 PRISES DE PARTICIPATIONS ET CAUTIONNEMENTS
261 Prises de participations à l'intérieur
262 Prises de participations à l'extérieur
263 Cautionnements

27 PRÊTS ET AVANCES
271 Avances aux administrations publiques
272 Prêts aux administrations publiques
273 Prêts aux entreprises publiques non financières
274 Prêts aux institutions financières
275 Autres prêts intérieurs
276 Prêts à l'étranger
277 Prêts rétrocédés
278 Avances et Prêts aux particuliers
279 Autres prêts et avances

28 AMORTISSEMENTS
281 Amortissements des immobilisations incorporelles
282 Amortissements des immobilisations corporelles

29 PROVISIONS POUR DÉPRÉCIATION
291 Provisions pour dépréciation des immobilisations incorporelles
292 Provisions pour dépréciation des immobilisations corporelles
293 Provisions pour dépréciation des immobilisations financières

CLASSE 3 : COMPTES DE STOCKS, ENCOURS ET COMPTES INTERNES
31 MARCHANDISES
32 MATIÈRES PREMIÈRES
33 AUTRES APPROVISIONNEMENTS

34 PRODUITS ET SERVICES EN COURS
35 PRODUITS FINIS
36 SERVICES NON PERSONNALISES DE L'ÉTAT
37 RELATIONS AVEC LES BUDGETS ANNEXES
38 PROVISIONS POUR DÉPRÉCIATION DES STOCKS
39 COMPTES DE LIAISON INTERNE

31 MARCHANDISES
311 Marchandises A
312 Marchandises B
- 3111 Marchandises A1
- 3112 Marchandises A2

32 MATIÈRES PREMIÈRES
321 Matières A
322 Matières B
- 3211Matières A1
- 3212 Matières A2

33 AUTRES APPROVISIONNEMENTS
331 Matières consommables
332 Fournitures
339 Autres
- 3311 Carburants et lubrifiants
- 3312 Fournitures de bureau

34 PRODUITS ET SERVICES EN COURS
341 Produits en cours
- 3411 Produits A en cours
- 3412 Produits B en cours
342 Services en cours
- 3421 Services A en cours
- 3422 Services B en cours

35 PRODUITS FINIS
351 Produits finis A
352 Produits finis B
- 3511 Produits finis A1
- 3512 Produits finis A2

36 SERVICES NON PERSONNALISES DE L'ÉTAT
361 Compte au Trésor des Régisseurs d'avances de l'État
- 3611 Régisseur d'avances n° 1
- 3612 Régisseur d'avances n° 2
362 Avances aux régies
- 3621 Avances à la régie n° 1
- 3622 Avances à la régie n° 2
362 FNR
368 Divers services non personnalisés

37 RELATIONS AVEC LES BUDGETS ANNEXES

38 PROVISIONS POUR DÉPRÉCIATION DES STOCKS
381 Provisions pour dépréciation des marchandises
- 3811 Provisions pour dépréciation des marchandises A
- 3812 Provisions pour dépréciation des marchandises B
382 Provisions pour dépréciation des matières
- 3811 Provisions pour dépréciation des matières A
- 3812 Provisions pour dépréciation des matières B
385 Provisions pour dépréciation des produits
- 3851 Provisions pour dépréciation des produits A
- 3852 Provisions pour dépréciation des produits B

39 COMPTES DE LIAISONS INTERNES
390 Comptes d'opérations
- 3903 Comptes d'opérations entre Comptables du Trésor
- 3904 Comptes d'opérations entre Comptables des Administrations financières
- 3905 Comptes d'opérations entre Comptables du Trésor et les Comptables des Administrations financières

- 3906 Compte d'opérations entre divers Comptables
391 Comptes de transferts
- 3911 Transferts entre comptables supérieurs du Trésor
- 3911 Transferts entre comptables supérieurs des Administrations financières
396 Opérations centralisées
398 Variation nette des opérations de gestion chez les comptables secondaires

CLASSE 4 : COMPTES DE TIERS
40 FOURNISSEURS ET COMPTES RATTACHES
41 CLIENTS REDEVABLES ET COMPTES RATTACHES
42 COMPTES DE DÉPÔTS DES PARTICULIERS
43 ÉTAT, SÉCURITÉ SOCIALE ET AUTRES ORGANISMES RATTACHES
44 CORRESPONDANTS ET COMPTES RATTACHES
46 DEBITEURS ET CRÉDITEURS DIVERS
47 COMPTES TRANSITOIRES ET D'ATTENTES
48 COMPTES DE RÉGULARISATIONS
49 DÉPRÉCIATIONS ET RISQUES PROVISIONNES

40 FOURNISSEURS ET COMPTES RATTACHES
401 Fournisseurs, dettes en comptes
401 Fournisseurs, dettes en comptes-Achats dc biens ou de prestations de services
- 4012 Fournisseurs, dettes en comptes-Subventions et transferts à verser
- 4013 Fournisseurs, dettes en comptes- Créanciers au titre de la dette
- 4016 Fournisseurs, dettes en comptes- Achats de biens ou de prestations de services : retenues de garanties
- 4017 Fournisseurs, dettes en comptes-Achats de biens ou de prestations de services : pénalités
402 Fournisseurs d'investissements
- 4021 Fournisseurs d'investissements - Acquisitions d'immobilisations incorporelles
- 4022 Fournisseurs d'investissements- Acquisitions d'immobilisations corporelles
- 4026 Fournisseurs d'investissements- Acquisitions d'immobilisations : retenues de garanties

- 4027 Fournisseurs d'investissements- Acquisitions d'immobilisations : pénalités
403 Fournisseurs, effets à payer
- 4031 Fournisseur, effets à payer
404 Avances et prêts à verser
- 4041 Avances à verser
- 4042 Prêts à verser
408 Fournisseurs, factures non parvenues
- 4081 Fournisseurs de biens ou de prestations de services, factures non parvenues
- 4082 Fournisseurs d'immobilisations, factures non parvenues
409 Fournisseurs, débiteurs
- 4091 Fournisseurs avances sur commandes de biens ou de prestations de services
- 4092 Fournisseurs avances sur commandes d'immobilisations

41 CLIENTS, REDEVABLES ET COMPTES RATTACHES
411 Clients
- 4111 Ventes de biens ou de prestations de services, années courantes
- 4112 Ventes de biens ou de prestations de services, année précédente
- 4103 Ventes de biens ou de prestations de services, années antérieures
412 Redevables, impôts et taxes d'État
- 4121 Redevables, impôts et taxes d'État, année courante
- 4122 Redevables, impôts et taxes d'État, année précédente
- 4123 Redevables, impôts et taxes d'État, années antérieures
413 Redevables, impôts et taxes recouvrés pour compte de tiers
- 4131 Redevables, impôts et taxes recouvrés pour compte de tiers, année courante
- 4132 Redevables, impôts et taxes recouvrés pour compte de tiers, année précédente
- 4133 Redevables, impôts et taxes recouvrés pour compte de tiers, années antérieures
414 Redevables, créances sur les cessions d'actifs
- 4141 Redevables, créances sur les cessions d'actifs, année courante
- 4142 Redevables, créances sur les cessions d'actifs, année précédente
- 4143 Redevables, créances sur les cessions d'actifs, année antérieure
415 Redevables, créances liées aux amendes et aux pénalités

- 4151 Redevable, créances liées aux amendes et aux pénalités, année courante
- 4152 Redevable, créances liées aux amendes et aux pénalités, année précédente
- 4153 Redevable, créances liées aux amendes et aux pénalités, années antérieures
416 Clients, redevables, effets à recevoir
- 4161 Fournisseurs, effets à payer
418 Clients, redevables, produits à recevoir
- 4181 Clients ventes de biens ou de prestations de services, factures à établir
419 Clients et autres tiers créditeurs
- 4191 clients et autres tiers créditeurs-avances sur commandes de biens ou de prestations de services
- 4193 Clients et autres tiers créditeurs-Comptes d'actif circulant intégrés
- 4194 Clients et autres tiers créditeurs-Comptes d'affectation intégrés

42 RÉMUNÉRATION DU PERSONNEL
421 Rémunération due au personnel
- 4211 Rémunération du personnel, exercice courant
- 4212 Rémunération du personnel, exercices antérieurs
- 4218 Avances sur salaires et pensions
422 Personnel, oppositions et saisies

43 ÉTAT, SÉCURITÉ SOCIALE ET AUTRES ORGANISMES RATTACHES
431 État, sécurité sociale
- 4311 Cotisations pension de retraites des agents de l'État
- 4312 Cotisations employeur pour pension des agents de l'État
- 4313 Allocations temporaires d'invalidité, validation de services
432 Caisse de sécurité sociale
- 4321 Cotisations pension de retraites des agents de l'État affiliés à la caisse
- 4322 Cotisations employeur pour pension des agents de l'État affiliés à la caisse
- 4323 Allocations temporaires d'invalidité, validation de services des agents affiliés à la caisse
436 Autres organismes rattachés
- 4368 Avances sur commandes du budget général et des comptes spéciaux à

des comptes de commerce
- 4369 Avances reçues par des comptes de commerce
438 Charges à payer et produits à recevoir
- 4381 État, charges à payer
- 4382 État, produits à recevoir
- 4383 Sécurité sociale, charges à payer
- 4384 Sécurité sociale, produits à recevoir
- 4385 Autres organismes, charges à payer
- 4386 Autres organismes, produits à recevoir

44 CORRESPONDANTS ET COMPTES RATTACHES
441 Collectivités locales
- 4411 Régions
- 4412 Départements
- 4413 Communes
442 Établissements publics, Agences et autres organismes publics assimilés
443 Sociétés et entreprises publiques
4431 Sociétés d'État
- 4432 Sociétés d'économie mixte
- 4433 Établissements publics nationaux
444 Opérateurs de l'État et tiers créditeurs dans le cadre de politiques publiques
4441 Opérations de politiques d'interventions publiques
- 4422 Opérations de subventions pour charges de services publics
445 Opérations avec l'étranger
- 4451 Opérations à l'Étranger
- 4452 Règlements avec les gouvernements étrangers
- 4458 Opérations effectuées par le Trésor public pour le compte des Trésors étrangers
446 Organismes internationaux

46 DEBITEURS ET CREDITEURS DIVERS
461 Tiers débiteurs divers
- 4611 Tiers débiteurs divers-Soldes débiteurs engageant la responsabilité des comptables
- 4612 Tiers débiteurs divers-Déficits des Comptables avant la prise d'un arrêté de débet ou d'un arrêt de débet

- 4613 Tiers débiteurs divers-Débets des comptables après la prise en charge d'un arrêté de débet ou arrêt de débet
- 4614 Tiers débiteurs divers-Amendes prononcées par la cour des comptes
- 4617 Tiers débiteurs divers-Traites en douane rejetée
- 4618 Tiers débiteurs divers-Chèques impayés non régularisés
466 Tiers Créditeurs divers
- 4661 Tiers créditeurs divers-Excédents de versement
- 4663 Tiers créditeurs divers-Consignations et retenues pour compte de tiers
- 4665 Tiers créditeurs divers-Cautionnement des comptables publics
- 4666 Tiers créditeurs divers-Rémunération accessoires de certains agents de l'État en instance de réparation
- 4668 Tiers créditeurs divers-Produits à reverser aux administrations territoriales
467 Oppositions
- 4671 Oppositions sur sommes mise en paiement par les services de l'État

47 COMPTES TRANSITOIRES ET D'ATTENTES
470 Imputation provisoire de dépenses à régulariser chez les comptables principaux
- 4701 Imputation provisoire de dépenses du Budget général
- 4702 Imputation provisoire de dépenses des Comptes spéciaux
- 4703 Imputation provisoire de dépenses des Budgets annexes
471 Imputation provisoire de dépenses chez les comptables secondaires centralisateurs
- 4711 Imputation provisoire de dépenses-correspondants et comptes rattachés
- 4719 Dépenses à imputer après vérification chez les comptables centralisateurs
472 Imputation provisoire de dépenses chez les comptables secondaires non centralisateurs
- 4721 Comptables sur le territoire national
- 4722 Comptables à l'étranger
473 Imputation provisoire de dépenses chez les receveurs Administrations financières
- 4731 Receveurs des Impôts
- 4733 Receveurs des Domaines et de l'Enregistrement
- 4735 Receveurs des Douanes

474 Imputation provisoire de dépenses sur crédits délégués
- 4741 Imputation provisoire de crédits délégués - Crédits de fonctionnement
- 4742 Imputation provisoire de crédits délégués - Crédits d'investissement
475 Imputation provisoire de recettes à régulariser chez les comptables principaux
- 4751 Imputation provisoire de recettes du Budget général
- 4752 Imputation provisoire de recettes des Comptes spéciaux du Trésor
- 4753 Imputation provisoire de recettes des Budgets annexes
476 Imputation provisoire de recette chez les comptables secondaires centralisateurs
- 4761 Imputation provisoire de recettes - correspondants et comptes rattachés
- 4769 Recettes à imputer après vérification chez les comptables centralisateurs
477 Imputation provisoire de recettes chez les comptables non centralisateurs
- 4771 Comptables sur le Territoire national
- 4772 Comptables à l'étranger
478 Imputation provisoire de recettes chez les receveurs des Administrations financières
- 4781 Receveurs des Impôts
- 4782 Receveurs de l'Enregistrement
- 4783 Receveurs des Domaines
- 4784 Receveurs des Douanes
479 Bons du Trésor à moins d'un an
- 4791 Bons du Trésor sur formule à moins d'un an
- 4792 Bons du Trésor en comptes courant à moins d'un an
- 4799 Autres bons du Trésor

48 COMPTES DE RÉGULARISATIONS
481 Charges et produits à imputer aux exercices suivants
- 4811 Charges comptabilisées d'avance
- 4812 Produits à recevoir
482 Écarts de conversion-Actif
- 4821 Diminution des créances
- 4822 Augmentation des dettes
483 Dépenses réglées dans la gestion suivante
- 4831 Dépenses réglées dans la gestion suivante : budget général

- 4832 Dépenses imputables aux budgets de l'année suivante : comptes spéciaux du Trésor
- 4833 Dépenses imputables aux budgets de l'année suivante : budgets annexes
485 Impôts et taxes à répartir sur plusieurs exercices
- 4851 Produits à répartir sur plusieurs exercices : recettes fiscales
- 4852 Produits à répartir sur plusieurs exercices : recettes non fiscales
- 4853 Produits à répartir sur plusieurs exercices : produits exceptionnels
486 Impôts et taxes encaissés pour le compte de la gestion suivante
- 4861 Produits encaissés pour le compte de la gestion suivante : recettes fiscales
- 4862 Produits encaissés pour le compte de la gestion suivante : recettes non fiscales
- 4863 Produits encaissés pour le compte de la gestion suivante : produits exceptionnels
487 Écarts de conversion-Passif
- 4871 Augmentation des créances
- 4872 Diminution des dettes
49 DÉPRÉCIATIONS ET RISQUES PROVISIONNES
490 Dépréciation des comptes de fournisseurs
491 Dépréciation des comptes clients et de redevables
- 4911 Provisions pour dépréciation des comptes clients
- 4912 Provisions pour dépréciation des comptes redevables
- 4919 Créances douteuses
493 Risques provisionnés
- 4931 Risques provisionnés sur opérations d'exploitation

CLASSE 5 : COMPTES DE TRÉSORERIE
50 TITRES DE PLACEMENT
51 BANQUES, ÉTABLISSEMENTS FINANCIERS ET ASSIMILES
53 CAISSE
58 MOUVEMENT DE FONDS
59 DÉPRÉCIATIONS ET RISQUES PROVISIONNÉS À CARACTÈRE FINANCIER

50 TITRE DE PLACEMENT
501 Titres de placement à l'intérieur
- 5011 Actions à l'intérieur
513 Obligations à l'intérieur
502 Titres de placement à l'extérieur
- 5021 Actions à l'extérieur
- 5022 Obligations à l'extérieur
51 BANQUES, ÉTABLISSEMENTS FINANCIERS ET ASSIMILES
511 Effets à recevoir et engagements cautionnés
- 5111 Traites et valeurs mobilisables
- 5113 Chèques à l'encaissement
512 Banque Centrale des Etats de l'Afrique de l'Ouest
- 5121 Compte courant des comptables principaux du Trésor
- 5122 Comptes courants des receveurs principaux des impôts
- 5123 Comptes courants des receveurs principaux des douanes
- 5124 Comptes courants des Établissements Publics Nationaux
- 5125 Comptes courants d'autres unités institutionnelles
513 Compte courant postal
515 Autres banques
- 5152 Compte courant des comptables du Trésor dans les banques commerciales
517 Facilités élargies FMI

53 CAISSE
531 Numéraires chez les comptables
- 5311 Numéraires chez les comptables centralisateurs
- 5312 Numéraires chez les comptables non centralisateurs
- 5313 Numéraires chez les comptables des impôts
- 5314 Numéraires chez les comptables des douanes

58 MOUVEMENT DE FONDS
581 Mouvement de fonds chez les comptables du Trésor
- 5811 Mouvement de fonds chez les comptables centralisateurs du Trésor
- 5812 Mouvement de fonds chez les comptables non centralisateurs du Trésor
582 Mouvement de fonds chez les comptables des impôts

- 5821 Mouvement de fonds chez les comptables des impôts
583 Mouvement de fonds chez les comptables des Douanes
- 5831 Mouvement de fonds chez les comptables des douanes
584 Mouvements de fonds internes

59 DÉPRÉCIATIONS ET RISQUES PROVISIONNÉS À CARACTÈRE FINANCIER
599 Dépréciations et risques provisionnés à caractère financier

CLASSE 6 : COMPTES DE CHARGES
60 ACHATS DE BIENS
61 ACQUISITION DE SERVICES
62 AUTRES SERVICES
63 SUBVENTIONS
64 TRANSFERTS
65 CHARGES EXCEPTIONNELLES
66 CHARGES DE PERSONNEL
67 INTÉRÊTS ET FRAIS FINANCIERS
68 DOTATIONS AUX AMORTISSEMENTS
69 DOTATIONS AUX PROVISIONS

60 ACHATS DE BIENS
601 Matières, matériel et fournitures
603 Variations des stocks de biens fongibles achetés
605 Eau, électricité, gaz et autres sources d'énergie
606 Matériel et fournitures spécifiques
609 Autres achats de biens

61 ACQUISITIONS DE SERVICES
611 Frais de transport et de mission
612 Loyers et charges locatives
614 Entretien et maintenance
615 Assurances
617 Frais de relations publiques
618 Dépenses de communications

62 AUTRES SERVICES
621 Frais bancaires
622 Prestations de services
623 Frais de formation du personnel
624 Redevances pour brevets, licences et logiciels
629 Autres acquisitions de services

63 SUBVENTIONS
632 Subventions aux entreprises publiques
633 Subventions aux entreprises privées
634 Subventions aux institutions financières
639 Autres subventions

64 TRANSFERTS
641Transferts aux établissements publics nationaux
642 Transferts aux collectivités locales
643 Transferts aux autres administrations publiques
644 Transferts aux institutions à but non lucratif
645 Transferts aux ménages
646 Transferts aux autorités supranationales et contributions aux organisations internationales
647 Transferts à d'autres budgets
648 Pensions de retraites des fonctionnaires et autres agents de l'Etat
649 Autres transferts

65 CHARGES EXCEPTIONNELLES
651 Annulations de produits constatés au cours des années antérieures
652 Condamnation et transactions
654 Valeurs comptables des immobilisations cédées, mises au rebut ou admises en non valeur
659 Autres charges exceptionnelles

66 CHARGES DE PERSONNEL
661 Traitements et salaires
663 Primes et indemnités
664 Cotisations sociales

665 Avantages en nature au personnel
666 Prestations sociales
669 Autres dépenses de personnel

67 INTÉRÊTS ET FRAIS FINANCIERS
671 Intérêts et frais financiers sur la dette
672 Pertes sur cessions de titres de placement
676 Pertes de changes
679 Autres intérêts et frais financiers

68 DOTATIONS AUX AMORTISSEMENTS
681 Dotations aux amortissements des immobilisations incorporelles
682 Dotations aux amortissements des immobilisations corporelles

69 DOTATIONS AUX PROVISIONS
691 Dotations aux provisions pour dépréciation
692 Dotations aux provisions à caractère financier

CLASSE 7 : COMPTES DE PRODUITS
70 VENTES DE PRODUITS ET SERVICES
71 RECETTES FISCALES
72 RECETTES NON FISCALES
73 TRANSFERTS REÇUS D'AUTRES BUDGETS
74 DONS PROGRAMMES ET LEGS
75 PRODUITS EXCEPTIONNELS
77 PRODUITS FINANCIERS
78 TRANSFERTS DE CHARGES
79 REPRISES SUR PROVISIONS

70 VENTES DE PRODUITS ET SERVICES
701 Ventes de produits
702 Ventes de prestations de services
703 Variation de stocks de produits

71 RECETTES FISCALES
711 Impôts sur les revenus, les bénéfices et les gains en capital
712 Impôts sur les salaires versés et autres rémunérations
713 Impôts sur le patrimoine
714 Autres impôts directs
715 Impôts et taxes intérieurs sur les biens et services
716 Droits d'enregistrement et de timbre
717 Droits et taxes à l'importation
718 Droit et taxes à l'exportation
719 Autres recettes fiscales

72 RECETTES NON FISCALES
721 Revenus de l'entreprise et du domaine
722 Droits et frais administratifs
723 Amendes et condamnations pécuniaires
725 Cotisations de sécurité sociale
729 Autres recettes non fiscales

73 TRANSFERTS REÇUS D'AUTRES BUDGETS
731 Transferts reçus du budget général
732 Transferts reçus des budgets annexes et des comptes spéciaux du Trésor

74 DONS ET LEGS
741 Dons programme et Legs
742 Dons projet
749 Autres dons et legs

75 RECETTES EXCEPTIONNELLES
751 Remises et annulation de dettes
752 Restitutions au Trésor de sommes indûment payées
754 Cessions d'immobilisations
759 Autres recettes exceptionnelles

77 PRODUITS FINANCIERS
771 Intérêts des prêts
772 Intérêts sur les dépôts à terme

774 Revenus des titres de placements
776 Gains de charge

78 TRANSFERT DE CHARGES
781 Transferts de charges courantes
782 Transferts de charges financières

79 REPRISES SUR PROVISIONS
791 Reprise sur provisions pour dépréciation
192 Reprises sur provisions à caractère financier

CLASSE 8 : ENGAGEMENTS HORS BILAN
80 ENGAGEMENTS OBTENUS OU ACCORDES PAR L'ÉTAT
81 CONTREPARTIE DES ENGAGEMENTS DE L'ÉTAT

80 ENGAGEMENTS OBTENUS OU ACCORDES PAR L'ÉTAT
801 Engagements obtenus par l'État
- 8011 Emprunts obtenus par l'État
- 8012 Dons obtenus par l'État
805 Engagements accordés par l'État
- 8051 Prêts accordés par l'État et dette avalisée
- 8052 Dons accordés par l'État

81 CONTREPARTIE DES ENGAGEMENTS DE L'ÉTAT
811 Contrepartie des engagements obtenus par l'État
- 8111 Contrepartie des emprunts obtenus par l'État
- 8112 Contrepartie des dons obtenus par l'État
815 Contrepartie des engagements accordés par l'État
- 8151 Contrepartie des prêts accordés par l'État et dette avalisée
- 8152 Contrepartie des dons accordés par l'État.

PLAN COMPTABLE DU MALI

RÉPUBLIQUE DU MALI
PRIMATURE
SECRÉTARIAT GENERAL DU GOUVERNEMENT
Un peuple-Un but- Une foi

Décret n° 2014-0774 /P-RM du 14 octobre 2014, FIXANT LE PLAN COMPTABLE DE L'ÉTAT (PCE)

LE PRÉSIDENT DE LA RÉPUBLIQUE,

Vu la Constitution ;

Vu le traité de l'Union Économique Monétaire Ouest Africaine signé le 10 janvier 1994 ;

Vu la directive n°09/2009/CM/UEMOA du 26 juin 2009 portant Plan Comptable de l'État au sein de l'UEMOA ;

Vu la loi n°2014-049 du 19 septembre 2014 portant principes fondamentaux de la création de l'organisation de la gestion du contrôle des services publics ;

Vu la loi n°2013-028 du 11 juillet 2013 relative aux lois de finances ;

Vu la loi n°2013-031 du 23 juillet 2013 portant appropriation du code de transparence dans la gestion des finances publiques ;

Vu le décret n°2014-0250/P-RM du 05 avril 2014 portant nomination du Premier ministre ;

Vu le décret n°2014-0257/P-RM du 11 avril 2014, modifié, portant nomination des membres du Gouvernement ;

Vu le décret n°2014-0392/P-RM du 30 mai 2014 fixant les intérims des membres du gouvernement ;

STATUANT EN CONSEIL DES MINISTRES
DÉCRÈTE :

TITRE 1er : DES DISPOSITIONS GÉNÉRALES

Article premier - Le présent décret fixe le Plan Comptable de l'État, les normes et procédures relatives à sa tenue et à la production des comptes et états financiers de l'État.

La comptabilité générale de l'État s'applique à l'administration centrale et à ses établissements publics à l'exception des établissements publics à caractère industriel et commercial (EPIC).

Article 2 - La comptabilité générale de l'État a pour objet la connaissance exacte et sincère de son patrimoine et des opérations qu'il effectue, en fonction des droits et obligations qui lui sont reconnus.

Elle retrace toutes les opérations ayant un impact sur la situation patrimoniale de l'État, dont notamment la variation des stocks, les opérations budgétaires et les opérations de trésorerie.

Article 3 - La comptabilité générale de l'État s'inspire des normes internationales, notamment du système comptable Ouest africain (SYSCOA).

Les règles applicables à la comptabilité générale de l'État se distinguent de celles applicables aux entreprises en raison des spécificités de son action.

La comptabilité générale de l'État est mise en œuvre à travers le Plan Comptable de l'État annexé au présent décret.

TITRE II : DES NORMES COMPTABLES

Article 4 - La comptabilité générale de l'État est fondée sur le principe de la constatation des droits et obligations.

Article 5 - Les comptes et états financiers de l'État faisant la synthèse des informations comptables sont arrêtés à chaque fin d'exercice.

L'exercice coïncide avec l'année civile.

Toutefois, les écritures comptables sont également arrêtées par journée, par semaine ou par décade et par mois.

A chaque fin d'exercice, une période complémentaire fixée à un mois permet de procéder aux opérations de régularisation comptable à l'exclusion de toute opération budgétaire.

Article 6 - Les opérations budgétaires sont prises en compte au titre de l'exercice auquel elles se rattachent, indépendamment de leur date d'encaissement ou de décaissement.

Toutes les opérations de l'État sont enregistrées au cours de l'exercice auquel elles se rapportent.

Les produits et les actifs sont comptabilisés au moment où ils sont acquis à l'État.

Les charges et les passifs sont enregistrés en comptabilité au moment de la naissance de l'obligation de l'État vis-à-vis du tiers

Article 7 - Les recettes sont enregistrées au moment de la déclaration et/ou du versement spontané des impôts de toute nature par les contribuables.

Toutefois, l'ensemble des recettes perçues au comptant doit faire l'objet d'émission de titres de régularisation.

Par exception à l'alinéa précédent, certaines recettes peuvent être enregistrées au vu de titres de perception, de rôles ou de contrats pour les opérations fondées sur le système d'émission préalable de titres. Les droits sont alors constatés au moment de la prise en charge comptable du titre de perception.

Article. 8 - Les dépenses sont enregistrées au moment de la liquidation.

Par exception à l'alinéa précédent, les dépenses sans ordonnancement préalable sont enregistrées au moment du paiement.

La liste exhaustive des dépenses susceptibles d'être payées sans ordonnancement préalable est fixée par arrêté du Ministre chargé des finances.

Article. 9–La comptabilité générale de l'État est tenue en partie double. Toute opération enregistrée au débit d'un compte est portée au crédit d'un ou de plusieurs autres comptes pour un montant équivalent. Inversement, toute opération enregistrée au crédit d'un compte est portée au débit d'un ou de plusieurs autres comptes pour un même montant.

Les comptes de l'actif du bilan et les comptes de charges sont des emplois augmentant par enregistrement au débit et diminuant par enregistrement au crédit. De même, les comptes du passif du bilan et les comptes de produits sont des ressources augmentant par enregistrement au crédit et diminuant par enregistrement au débit.

Article 10 - La comptabilité générale de l'État respecte le principe de transparence. Elle fournit une description adéquate, régulière, sincère, claire, précise et complète des évènements, opérations et situations se rapportant à l'exercice.

Article. 11 - La comptabilité générale de l'État respecte le principe de permanence dans la terminologie et dans les méthodes utilisées pour retracer les événements, opérations et situations comptables.

Article 12 - La comptabilité générale de l'État respecte les principes de sécurité, de pérennité et d'irréversibilité de l'information comptable.

Article 13 - La comptabilité générale de l'État respecte le principe de la continuité de l'exploitation et de permanence des méthodes : les méthodes comptables n'ont pas à subir de modifications dès lors que l'État n'enregistre pas un changement substantiel ou exceptionnel de son activité.

Article 14 - La comptabilité générale de l'État respecte le principe de prudence. La prudence est l'appréciation raisonnable des événements et opérations afin d'éviter le risque de transfert, sur l'avenir, d'incertitudes présentes susceptibles de grever le patrimoine et le résultat de l'exercice.

Ce principe préside en particulier à la comptabilisation des provisions.

Toute information disponible au moment de l'établissement des comptes, sans exception, doit être prise en compte pour leur établissement.

Article 15 - La comptabilité générale de l'État respecte le principe de l'intangibilité du bilan d'ouverture : ce principe impose que le bilan détaillé d'ouverture d'un exercice doit correspondre exactement au bilan détaillé de clôture de l'exercice précédent.

Article 16 - Toute procédure comptable, tout système informatique comptable doit respecter les normes comptables visées aux articles 4 à 15 du présent décret.

TITRE III : DU SYSTÈME D'INFORMATION COMPTABLE DU PCE

Article. 17 - Les comptes du PCE sont regroupés par catégories homogènes dénommées classes qui comprennent :

- cinq (05) classes de comptes de bilan, numérotées de 1 à 5 ;
- deux (02) classes de comptes de gestion, numérotées 6 et 7 ;
- une (01) classe de comptes des engagements hors bilan, numérotée 8.

Article 18 - La codification des comptes du PCE est fondée sur le principe de la décimalisation.

Chaque classe est subdivisée en comptes identifiés par un numéro et un intitulé.

La codification de base des comptes d'imputation retenue dans le présent décret, est limitée à quatre (04) chiffres au maximum :

- les comptes principaux à deux (02) chiffres ;
- les comptes divisionnaires à trois (03) chiffres ;
- les comptes d'imputation de base à quatre (04) chiffres.

La liste par classe de comptes principaux, des comptes divisionnaires et des comptes d'imputation de base figure en annexe du présent décret.

Un arrêté du ministre chargé des finances fixe la liste des comptes d'imputation définitive.

Article 19 - Les documents comptables dont la tenue est obligatoire sont :

- le livre-journal, dans lequel sont enregistrées chronologiquement les opérations de l'exercice visées à l'article 31 du présent décret ;
- le grand-livre, constitué par l'ensemble des comptes ;
- la balance générale, état récapitulatif faisant apparaître pour chaque compte le cumul depuis l'ouverture de l'exercice des mouvements débiteurs ou créditeurs et le solde débiteur ou le solde créditeur à la date considérée ;
- le livre d'inventaire, constitué du bilan, du compte de résultat et du résumé des flux de gestion internes.

En fonction des besoins, des journaux et livres auxiliaires peuvent être tenus afin de faciliter l'établissement du livre journal et du grand-livre.

Dans ce cas, les données des documents auxiliaires sont centralisées au moins chaque semaine dans le journal ou le grand-livre.

Article 20 - Les documents comptables doivent être tenus sans blanc ni altération d'aucune sorte.

Toute correction d'erreur s'effectue exclusivement par l'inscription en négatif des éléments erronés ; l'enregistrement exact est ensuite opéré.

Article 21 - La centralisation comptable est le mécanisme qui organise et structure la comptabilité générale de l'État de manière à lui donner toute son unité. Les modalités de centralisation sont précisées par la réglementation en vigueur.

TITRE IV : DES ÉTATS COMPTABLES ET FINANCIERS

Article 22 - La balance générale des comptes est établie obligatoirement à la fin de chaque mois et en fin d'exercice.

Elle doit faire apparaître, pour chaque compte :

- le solde débiteur ou créditeur au début de l'exercice ;
- le cumul des mouvements débiteurs et le cumul des mouvements créditeurs de la période ;
- le solde débiteur ou créditeur à la date considérée.

Elle est établie à l'aide des comptes d'imputation de base, ouverts en fonction des besoins de clarification et de précision que nécessite la traçabilité de chaque opération comptable.

Article 23 - Les états financiers comprennent le bilan, le compte de résultat, le tableau de flux de trésorerie, le tableau des opérations financières du Trésor et l'état annexé visé à l'article 27 du présent décret. Ils forment un tout indissociable.

Article 24 - Le bilan est le tableau de situation nette qui présente l'actif et le passif de l'État. Il fait apparaître de façon distincte :

- à l'actif : l'actif immobilisé, l'actif circulant hors trésorerie, la trésorerie et les comptes de régularisation d'actifs ;
- au passif : les dettes financières, les dettes non financières (hors trésorerie), les provisions pour risques et charges, la trésorerie et les comptes de régularisation de passifs.

Les éléments financiers du bilan, constitués des actifs et des passifs financiers font l'objet d'une récapitulation spécifique.

Article. 25 - Le compte de résultat de l'exercice fait apparaître les produits et les charges.

Les charges sont classées selon qu'elles concernent le fonctionnement, les interventions ou les opérations financières. Les dotations aux amortissements et provisions sont imputées aux charges correspondantes.

Les produits distinguent les produits fiscaux et les autres produits.

La différence entre les produits et les charges permet de déterminer le résultat de l'exercice.

Article 26 - Le tableau des flux de trésorerie fait apparaître les entrées et les sorties de trésorerie qui sont classées en trois catégories : les flux de trésorerie liés à l'activité, les flux de trésorerie liés aux opérations d'investissement, les flux de trésorerie liés aux opérations de financement.

Le tableau de flux de trésorerie permet de présenter les besoins de financement de l'Etat.

Le classement des agrégats de trésorerie permet de calculer trois soldes significatifs : l'excédent de trésorerie définitive, l'excédent de trésorerie après investissement, et la variation de trésorerie de l'exercice.

Article 27 - L'état annexé contient l'ensemble des informations utiles à la compréhension et à l'utilisation des états financiers de l'État. Il comprend notamment l'explicitation et le chiffrage des engagements hors bilan.

Toute opération particulière ou modification des normes comptables entre deux exercices doit être décrite et justifiée dans l'état annexé.

Article 28 - Les états comptables et financiers sont soumis au respect des dispositions ci-après :

- la balance d'entrée et/ou le bilan d'ouverture d'un exercice doit correspondre à la balance de sortie et/ou le bilan de clôture de l'exercice précédent ;
- toute compensation entre postes d'actif et postes de passif dans le bilan ou entre postes de charges et postes de produits dans le compte de résultat est interdite ;
- la présentation des états comptables et financiers est identique d'un exercice à l'autre ;
- chacun des postes des états comptables et financiers doit comporter le code relatif au poste correspondant de l'exercice précédent.

TITRE V : DES AMORTISSEMENTS ET DES PROVISIONS

Article 29 - La tenue de la comptabilité générale de l'État est soumise aux règles et pratiques des amortissements et provisions.

Les amortissements et provisions sont des opérations comptables et non budgétaires à l'exception des opérations sur la dotation destinée à couvrir les défauts de remboursement ou appels en garantie intervenus sur les comptes d'avances, de prêts, d'avals et de garanties directement prévues à l'article 42 de la loi relative aux lois de finances.

Les règles d'amortissement et de provisions sont fixées et précisées par le Conseil comptable Ouest africain (CCOA) de l'UEMOA.

Article 30 - L'amortissement est la constatation comptable obligatoire de l'amoindrissement de la valeur des immobilisations qui se déprécient de façon certaine et irréversible avec le temps, l'usage ou en raison du changement des techniques, de l'évolution des marchés ou de toutes autres causes.

L'amortissement consiste à répartir le coût du bien sur sa durée probable d'utilisation selon un plan prédéfini.

Article 31 - Sauf exception, les biens sont amortis linéairement sur leur durée probable d'utilisation.

Article 32 - Lorsque l'amoindrissement de la valeur d'un élément d'actif est seulement probable en raison d'événements dont les effets sont jugés réversibles, il est constaté une provision pour dépréciation.

Une dépréciation irréversible d'éléments de l'actif non amortissable est constatée par une charge provisionnée.

Article. 33 - Les amortissements et les provisions sont inscrits distinctement à l'actif en diminution de la valeur brute des biens et des créances correspondantes pour donner leur valeur comptable nette.

Article 34 - Toutes les opérations de prêts, d'avances, de garanties ou d'avals doivent faire l'objet de provisions en fonction de leurs risques.

Article. 35 - Seuls les actifs dont la gestion est placée sous le contrôle de l'État peuvent être inscrits au bilan de l'État.

Cette règle s'applique en particulier aux actifs liés aux contrats de partenariat public-privé, par lesquels l'État confie à un tiers le financement, la réalisation, la maintenance et/ou l'exploitation d'opérations d'investissement d'intérêt public.

Chaque contrat de partenariat public-privé fait l'objet de provisions spécifiques en fonction de ses risques.

TITRE VI : DES RÈGLES D'ÉVALUATION ET DE DÉTERMINATION DU RÉSULTAT

Article 36 - Les actifs sont valorisés sur la base du coût historique, conformément au SYSCOA.

La dette est valorisée à la valeur nominale de ses différents éléments constitutifs.

Article 37 - L'actif et le passif de l'État sont évalués en fin d'exercice à leurs valeurs actuelles.

La valeur de chaque élément d'actif ou de passif en fin d'exercice est comparée à sa valeur au bilan en début d'exercice ou à sa valeur d'entrée au bilan s'il est entré au bilan au cours de l'exercice.

Si la valeur de fin d'exercice est inférieure à la valeur d'entrée, une dépréciation est constatée sous la forme d'un amortissement ou d'une provision selon qu'elle est jugée définitive ou non.

Article 38 - A la sortie du magasin ou à l'inventaire, les biens interchangeables sont évalués selon les méthodes du premier entré premier sorti ou du coût moyen pondéré.

Article 39 - Les biens acquis en devises sont comptabilisés en francs CFA par conversion de leur coût en devises sur la base du cours de change à la date de la comptabilisation.

Article 40 - Les créances et les dettes libellées en devises sont converties en francs CFA sur la base du cours de change à la date de la transaction.

Article 41 - Lorsque la naissance et le règlement des créances ou des dettes interviennent dans le même exercice, les écarts constatés par rapport aux valeurs d'entrée en raison de la variation des cours de change constituent des pertes ou des gains de change à inscrire respectivement dans les charges financières ou les produits financiers de l'exercice.

Article 42 - Les disponibilités en devises détenues par les comptables publics à la clôture de l'exercice sont converties en francs CFA sur la base du cours de change à la date de clôture de l'exercice.

Article 43 - Par exception à l'article 6 du présent décret, les produits et les charges concernant les exercices antérieurs qui n'ont pas été rattachés à leur exercice d'origine, sont enregistrés, selon leur nature, comme les produits et les charges de l'exercice en cours et participent à la formation du résultat de cet exercice. Ils doivent faire l'objet d'une mention spécifique dans l'état annexé.

Article 44 : Les biens corporels et incorporels acquis avant la date de mise en vigueur du présent décret sont inventoriés, immatriculés, valorisés et enregistrés dans les livres comptables suivant les modalités, méthodes et techniques à définir dans une procédure conforme au présent décret et aux règles définies par les normes comptables.

VII TITRE : DES DISPOSITIONS TRANSITOIRES ET FINALES

Article 45 - Les dispositions du présent décret entrent en vigueur au plus tard le 1er janvier 2015.

Toutefois, l'application intégrale des dispositions relatives à la mise en place de la comptabilité patrimoniale est fixée au 1er janvier 2019.

Article 46 – Sous réserve des dispositions de l'article 45, le présent décret abroge toutes les dispositions antérieures contraires.

Article 47 - Le ministre de l'Économie et des finances est chargé de l'exécution du présent décret qui sera publié au Journal Officiel.

Bamako, le 14 Octobre 2014
Le Président de la République
Ibrahim Boubacar KEITA

Le Premier ministre
Moussa MARA

Le ministre du commerce,
Ministre de l'Économie et des Finances par intérim
Abdel Karim KONATE

ANNEXE DU DÉCRET N°2014-0774/P-RM DU 14 OCT 2014 PORTANT PLAN COMPTABLE DE L'ÉTAT (PCE)

CLASSE 1 : COMPTES DE RESSOURCES A MOYEN ET LONG TERMES
10. COMPTES D'INTÉGRATION OU DE CONTREPARTIE DES IMMOBILISATIONS
11. **REPORT A NOUVEAU**
12. **DONS PROJETS ET LEGS**
13. **RÉSULTAT DE L'EXERCICE**
14. **BONS DU TRÉSOR A PLUS D'UN AN**
15. **EMPRUNTS PROJETS**
16. **EMPRUNTS PROGRAMMES**
17. **AUTRES EMPRUNTS**
18. **DETTES AVALISÉES**
19. **PROVISIONS POUR RISQUES FINANCIERS- PPP**

10. **COMPTES D'INTÉGRATION OU DE CONTREPARTIE DES IMMOBILISATIONS**
101 Comptes d'intégration des immobilisations incorporelles
- 1011 Comptes d'intégration des brevets, marques de fabrique, droits d'auteur
- 1012 Comptes d'intégration des progiciels
- 1013 Comptes d'intégration des droits d'exploitation fonds de commerce
- 1019 Comptes d'intégration des autres droits et valeurs incorporelles
102 Comptes d'intégration des immobilisations corporelles
- 1022 Comptes d'intégration des sols-sous-sols
- 1023 Comptes d'intégration des immeubles
- 1024 Comptes d'intégration des meubles
- 1025 Comptes d'intégration des équipements militaires
- 1026 Comptes d'intégration des participations-cautionnements
103 Comptes de contrepartie d'actifs
- 1031 Comptes de contrepartie des immobilisations incorporelles
- 1032 Comptes de contrepartie des immobilisations corporelles
104 Comptes d'intégration des comptes d'affectation de recettes
- 1041 Comptes d'intégration des budgets annexes
- 1042 Comptes de contrepartie des budgets d'autres organismes à autonomie financière

105 Écart de réévaluation
- 1051 Écart de réévaluation des immobilisations incorporelles
- 1052 Écart de réévaluation des immobilisations corporelles
106 Écart d'équivalence
- 1061 Écart d'équivalence sur les titres de participation à l'intérieur
- 1062 Écart d'équivalence sur les titres de participation à l'extérieur
108 Opérations à caractère financier intégrées
- 1081 Emprunts multilatéraux intégrés
- 1082 Emprunts bilatéraux intégrés

11 REPORT A NOUVEAU
111 Résultat de l'exercice reporté-budget général
112 Résultat de l'exercice reporté-comptes spéciaux
113 Résultat de l'exercice reporté-budgets annexes

12 DONS PROJETS ET LEGS
121 Dons projets des institutions internationales
122 Dons projets des gouvernements affiliés au Club de Paris
123 Dons projets des gouvernements non affiliés au Club de Paris
124 Dons projets des organismes privés extérieurs
125 Fonds de concours
129 Autres dons et legs

13 RÉSULTAT DE L'EXERCICE
131 Résultat de l'exercice -budget général
132 Résultat de l'exercice -comptes spéciaux
133 Résultat de l'exercice -budgets annexes

14 BONS DU TRÉSOR A PLUS D'UN AN
141 Bons du trésor sur formule à plus d'un an
142 Bons du trésor en compte courant à plus d'un an
149 Autres bons du trésor à plus d'un an

15 EMPRUNTS PROJETS
151 Emprunts projets multilatéraux
152 Emprunts projets des gouvernements affiliés au Club de Paris

153 Emprunts projets des gouvernements non affiliés au Club de Paris
155 Emprunts projets auprès des organismes privés extérieurs
157 Emprunts projets à l'intérieur
158 Conventions à paiements différés
159 Emprunts projets rééchelonnés

16 EMPRUNTS PROGRAMMES
161 Emprunts programmes multilatéraux
162 Emprunts programmes des gouvernements affiliés au Club de Paris
163 Emprunts programmes des gouvernements non affiliés au club de Paris
169 Emprunts programmes rééchelonnés

17 **AUTRES EMPRUNTS**
171 Autres emprunts multilatéraux
172 Autres emprunts auprès des gouvernements affiliés au Club de Paris
173 Autres emprunts auprès des gouvernements non affiliés au Club de Paris
175 Autres emprunts auprès des organismes privés extérieurs
176 Autres emprunts intérieurs
179 Autres emprunts rééchelonnés

18 DETTES AVALISÉES
181 Dettes avalisées extérieures
182 Dettes avalisées intérieures
189 Autres paiements

19 PROVISIONS POUR RISQUES FINANCIERS
191 Provisions pour risques d'exploitation liés au Partenariat Public-Privé
192 Provision pour risques d'investissement liés au Partenariat Public-Privé
199 Autres provisions pour risque à caractère financier

CLASSE 2 : COMPTES D'IMMOBILISATIONS
20 CHARGES IMMOBILISÉES
21 IMMOBILISATIONS INCORPORELLES
22 SOLS ET SOUS- SOLS
23 IMMEUBLES
24 MATÉRIEL ET MOBILIER

25 ÉQUIPEMENTS MILITAIRES
26 PRISES DE PARTICIPATIONS ET CAUTIONNEMENTS
27 PRÊTS ET AVANCES
28 AMORTISSEMENTS
29 PROVISIONS POUR DÉPRÉCIATION

20 CHARGES IMMOBILISÉES
201 charges à répartir sur plusieurs exercices
209 autres charges immobilisées

21 IMMOBILISATIONS INCORPORELLES
211 Frais de recherche et de développement
212 Brevets, marques de fabrique, droits d'auteur
213 Conceptions de systèmes d'information
214 Droits d'exploitation fonds de commerce
219 Autres droits et valeurs incorporels

22 SOLS ET SOUS-SOLS
221 Terrains
222 Sous-sols, gisements et carrière
223 Plantation et forêts
224 Plans d'eau

23 IMMEUBLES
231 Bâtiments administratifs à usage de bureau
232 Bâtiments administratifs à usage de logement
233 Bâtiments administratifs à usage technique
234 Ouvrages
235 Infrastructures
236 Réseaux informatiques

24 MATÉRIEL ET MOBILIER
241 Mobilier et matériel de logement et de bureau
242 Matériel informatique de bureau
243 Matériel de transport de service et de fonction
244 Matériel et outillage techniques

245 Matériel de transports en commun et de marchandises
246 Collections-œuvres d'art
247 Stocks stratégiques ou d'urgence
248 Immobilisations animales et agricoles

25 ÉQUIPEMENTS MILITAIRES
251 Bâtiments militaires
252 Ouvrages et infrastructures militaires
253 Mobiliers, matériels militaires et équipements
259 Autres équipements

26 PRISES DE PARTICIPATIONS ET CAUTIONNEMENTS
261 Prises de participations à l'intérieur
262 Prises de participations à l'extérieur
263 Cautionnements

27 PRÊTS ET AVANCES
271 Avances aux administrations publiques
272 Prêts aux administrations publiques
273 Prêts aux entreprises publiques non financières
274 Prêts aux institutions financières
275 Autres prêts intérieurs
276 Prêts à l'étranger
277 Prêts rétrocédés
278 Avances et Prêts aux particuliers
279 Autres prêts et avances

28 AMORTISSEMENTS
281 Amortissements des immobilisations incorporelles
282 Amortissements des immobilisations corporelles

29 PROVISIONS POUR DÉPRÉCIATION
291 Provisions pour dépréciation des immobilisations incorporelles
292 Provisions pour dépréciation des immobilisations corporelles
293 Provisions pour dépréciation des immobilisations financières

CLASSE 3 : COMPTES DE STOCKS, ENCOURS ET COMPTES INTERNES
31 MARCHANDISES
32 MATIÈRES PREMIÈRES
33 AUTRES APPROVISIONNEMENTS
34 PRODUITS ET SERVICES EN COURS
35 PRODUITS FINIS
36 SERVICES NON PERSONNALISES DE L'ÉTAT
37 RELATIONS AVEC LES BUDGETS ANNEXES
38 PROVISIONS POUR DÉPRÉCIATION DES STOCKS
39 COMPTES DE LIAISON INTERNE

31 MARCHANDISES
311 Marchandises A
312 Marchandises B
- 3111 Marchandises A1
- 3112 Marchandises A2

32 MATIÈRES PREMIÈRES
321 Matières A
322 Matières B
- 3211Matières A1
- 3212 Matières A2

33 AUTRES APPROVISIONNEMENTS
331 Matières consommables
332 Fournitures
339 Autres
- 3311 Carburants et lubrifiants
- 3312 Fournitures de bureau

34 PRODUITS ET SERVICES EN COURS
341 Produits en cours
- 3411 Produits A en cours
- 3412 Produits B en cours
342 Services en cours
- 3421 Services A en cours
- 3422 Services B en cours

35 PRODUITS FINIS
351 Produits finis A
352 Produits finis B
- 3511 Produits finis A1
- 3512 Produits finis A2

36 SERVICES NON PERSONNALISES DE L'ÉTAT
361 Compte au Trésor des Régisseurs d'avances de l'État
- 3611 Régisseur d'avances n° 1
- 3612 Régisseur d'avances n° 2
362 Avances aux régies
- 3621 Avances à la régie n° 1
- 3622 Avances à la régie n° 2
362 **FNR**
368 Divers services non personnalisés

37 RELATIONS AVEC LES BUDGETS ANNEXES

38 **PROVISIONS POUR DÉPRÉCIATION DES STOCKS**
381 Provisions pour dépréciation des marchandises
- 3811 Provisions pour dépréciation des marchandises A
- 3812 Provisions pour dépréciation des marchandises B
382 Provisions pour dépréciation des matières
- 3811 Provisions pour dépréciation des matières A
- 3812 Provisions pour dépréciation des matières B
385 Provisions pour dépréciation des produits
- 3851 Provisions pour dépréciation des produits A
- 3852 Provisions pour dépréciation des produits B

39 COMPTES DE LIAISONS INTERNES
390 Comptes d'opérations
- 3903 Comptes d'opérations entre Comptables du trésor
- 3904 Comptes d'opérations entre Comptables des Administrations financières
- 3905 Comptes d'opérations entre Comptables du Trésor et les Comptables des Administrations financières
- 3906 Compte d'opérations entre divers Comptables
391 Comptes de transferts
- 3911 Transferts entre comptables supérieurs du Trésor
- 3911 Transferts entre comptables supérieurs des Administrations

financières
396 Opérations centralisées
398 Variation nette des opérations de gestion chez les comptables secondaires

CLASSE 4 : COMPTES DE TIERS
40 FOURNISSEURS ET COMPTES RATTACHES
41 CLIENTS REDEVABLES ET COMPTES RATTACHES
42 COMPTES DE DÉPÔTS DES PARTICULIERS
43 ÉTAT, SÉCURITÉ SOCIALE ET AUTRES ORGANISMES RATTACHES
44 CORRESPONDANTS ET COMPTES RATTACHES
46 DÉBITEURS ET CRÉDITEURS DIVERS
47 COMPTES TRANSITOIRES ET D'ATTENTES
48 COMPTES DE RÉGULARISATIONS
49 DÉPRÉCIATIONS ET RISQUES PROVISIONNES

40 FOURNISSEURS ET COMPTES RATTACHES
401 Fournisseurs, dettes en comptes
401 Fournisseurs, dettes en comptes-Achats de biens ou de prestations de services
- 4012 Fournisseurs, dettes en comptes-Subventions et transferts à verser
- 4013 Fournisseurs, dettes en comptes- Créanciers au titre de la dette
- 4016 Fournisseurs, dettes en comptes- Achats de biens ou de prestations de services : retenues de garanties
- 4017 Fournisseurs, dettes en comptes-Achats de biens ou de prestations de services : pénalités
402 Fournisseurs d'investissements
- 4021 Fournisseurs d'investissements - Acquisitions d'immobilisations incorporelles
- 4022 Fournisseurs d'investissements- Acquisitions d'immobilisations corporelles
- 4026 Fournisseurs d'investissements- Acquisitions d'immobilisations : retenues de garanties
- 4027 Fournisseurs d'investissements- Acquisitions d'immobilisations : pénalités
403 Fournisseurs, effets à payer
- 4031 Fournisseur, effets à payer
404 Avances et prêts à verser
- 4041 Avances à verser
- 4042 Prêts à verser
408 Fournisseurs, factures non parvenues

- 4081 Fournisseurs de biens ou de prestations de services, factures non parvenues
- 4082 Fournisseurs d'immobilisations, factures non parvenues
409 Fournisseurs, débiteurs
- 4091 Fournisseurs avances sur commandes de biens ou de prestations de services
- 4092 Fournisseurs avances sur commandes d'immobilisations

41 CLIENTS, REDEVABLES ET COMPTES RATTACHES
411 Clients
- 4111 Ventes de biens ou de prestations de services, années courantes
- 4112 Ventes de biens ou de prestations de services, année précédente
- 4103 Ventes de biens ou de prestations de services, années antérieures
412 Redevables, impôts et taxes d'État
- 4121 Redevables, impôts et taxes d'État, année courante
- 4122 Redevables, impôts et taxes d'État, année précédente
- 4123 Redevables, impôts et taxes d'État, années antérieures
413 Redevables, impôts et taxes recouvrés pour compte de tiers
- 4131 Redevables, impôts et taxes recouvrés pour compte de tiers, année courante
- 4132 Redevables, impôts et taxes recouvrés pour compte de tiers, année précédente
- 4133 Redevables, impôts et taxes recouvrés pour compte de tiers, années antérieures
414 Redevables, créances sur les cessions d'actifs
- 4141 Redevables, créances sur les cessions d'actifs, année courante
- 4142 Redevables, créances sur les cessions d'actifs, année précédente
- 4143 Redevables, créances sur les cessions d'actifs, année antérieure
415 Redevables, créances liées aux amendes et aux pénalités
- 4151 Redevable, créances liées aux amendes et aux pénalités, année courante
- 4152 Redevable, créances liées aux amendes et aux pénalités, année précédente
- 4153 Redevable, créances liées aux amendes et aux pénalités, années antérieures
416 Clients, redevables, effets à recevoir
- 4161 Fournisseurs, effets à payer
418 Clients, redevables, produits à recevoir

- 4181 Clients ventes de biens ou de prestations de services, factures à établir
419 Clients et autres tiers créditeurs
- 4191 Clients et autres tiers créditeurs-avances sur commandes de biens ou de prestations de services
- 4193 Clients et autres tiers créditeurs-Comptes d'actif circulant intégrés
- 4194 Clients et autres tiers créditeurs-Comptes d'affectation intégrés

42 RÉMUNÉRATION DU PERSONNEL
421 Rémunération due au personnel
- 4211 Rémunération du personnel, exercice courant
- 4212 Rémunération du personnel, exercices antérieurs
- 4218 Avances sur salaires et pensions
422 Personnel, oppositions et saisies

43 ÉTAT, SÉCURITÉ SOCIALE ET AUTRES ORGANISMES RATTACHES
431 État, sécurité sociale
- 4311 Cotisations pension de retraites des agents de l'État,
- 4312 Cotisations employeur pour pension des agents de l'État,
- 4313 Allocations temporaires d'invalidité, validation de services
432 Caisse de sécurité sociale
- 4321 Cotisations pension de retraites des agents de l'État affiliés à la caisse
- 4322 Cotisations employeur pour pension des agents de l'État affiliés à la caisse
- 4323 Allocations temporaires d'invalidité, validation de services des agents affiliés à la caisse
436 Autres organismes rattachés
- 4368 Avances sur commandes du budget général et des comptes spéciaux à des comptes de commerce
- 4369 Avances reçues par des comptes de commerce
438 Charges à payer et produits à recevoir
- 4381 État, charges à payer
- 4382 État, produits à recevoir
- 4383 Sécurité sociale, charges à payer
- 4384 Sécurité sociale, produits à recevoir
- 4385 Autres organismes, charges à payer
- 4386 Autres organismes, produits à recevoir

44 CORRESPONDANTS ET COMPTES RATTACHES
441 Collectivités locales
- 4411 Régions
- 4412 Départements
- 4413 Communes
442 Établissements publics, Agences et autres organismes publics assimilés
443 Sociétés et entreprises publiques
- 4431 Sociétés d'État
- 4432 Sociétés d'économie mixte
- 4433 Établissements publics nationaux
444 Opérateurs de l'État et tiers créditeurs dans le cadre de politiques publiques
- 4441 Opérations de politiques d'interventions publiques
- 4422 Opérations de subventions pour charges de services publics
445 Opérations avec l'étranger
- 4451 Opérations à l'Étranger
- 4452 Règlements avec les gouvernements étrangers
- 4458 Opérations effectuées par le Trésor public pour le compte des Trésors étrangers
446 Organismes internationaux

46 DÉBITEURS ET CRÉDITEURS DIVERS
461 Tiers débiteurs divers
- 4611 Tiers débiteurs divers-Soldes débiteurs engageant la responsabilité des comptables
- 4612 Tiers débiteurs divers-Déficits des Comptables avant la prise d'un arrêté de débet ou d'un arrêt de débet
- 4613 Tiers débiteurs divers-Débets des comptables après la prise en charge d'un arrêté de débet ou arrêt de débet
4614 Tiers débiteurs divers-Amendes prononcées par la cour des comptes
- 4617 Tiers débiteurs divers-Traites en douane rejetée
- 4618 Tiers débiteurs divers-Chèques impayés non régularisés
466 Tiers Créditeurs divers
- 4661 Tiers créditeurs divers-Excédents de versement
- 4663 Tiers créditeurs divers-Consignations et retenues pour compte de tiers
- 4665 Tiers créditeurs divers-Cautionnement des comptables publics

- 4666 Tiers créditeurs divers-Rémunération accessoires de certains agents de l'État en instance de réparation
- 4668 Tiers créditeurs divers-Produits à reverser aux administrations territoriales
467 Oppositions
- 4671 Oppositions sur sommes mise en paiement par les services de l'Etat

47 COMPTES TRANSITOIRES ET D'ATTENTES
470 Imputation provisoire de dépenses à régulariser chez les comptables principaux
- 4701 Imputation provisoire de dépenses du Budget général
- 4702 Imputation provisoire de dépenses des Comptes spéciaux
- 4703 Imputation provisoire de dépenses des Budgets annexes
471 Imputation provisoire de dépenses chez les comptables secondaires centralisateurs
- 4711 Imputation provisoire de dépenses-correspondants et comptes rattachés
- 4719 Dépenses à imputer après vérification chez les comptables centralisateurs
- 472 Imputation provisoire de dépenses chez les comptables secondaires non centralisateurs
- 4721 Comptables sur le territoire national
- 4722 Comptables à l'étranger
473 Imputation provisoire de dépenses chez les receveurs Administrations financières
- 4731 Receveurs des Impôts
- 4733 Receveurs des Domaines et de l'Enregistrement
- 4735 Receveurs des Douanes
474 Imputation provisoire de dépenses sur crédits délégués
- 4741 Imputation provisoire de crédits délégués - Crédits de fonctionnement
- 4742 Imputation provisoire de crédits délégués - Crédits d'investissement
475 Imputation provisoire de recettes à régulariser chez les comptables principaux
- 4751 Imputation provisoire de recettes du Budget général
- 4752 Imputation provisoire de recettes des Comptes spéciaux du Trésor
- 4753 Imputation provisoire de recettes des Budgets annexes
476 Imputation provisoire de recettes chez les comptables secondaires centralisateurs
- 4761 Imputation provisoire de recette-correspondants et comptes rattachés
- 4769 Recettes à imputer après vérification chez les comptables centralisateurs

477 Imputation provisoire de recette chez les comptables non centralisateurs
- 4771 Comptables sur le Territoire national
- 4772 Comptables à l'étranger
478 Imputation provisoire de recettes chez les receveurs des Administrations financières
- 4781 Receveurs des Impôts
- 4782 Receveurs de l'Enregistrement
- 4783 Receveurs des Domaines
- 4784 Receveurs des Douanes
479 Bons du Trésor à moins d'un an
- 4791 Bons du Trésor sur formule à moins d'un an
- 4792 Bons du Trésor en comptes courant à moins d'un an
- 4799 Autres bons du Trésor

48 COMPTES DE REGULARISATIONS
481 Charges et produits à imputer aux exercices suivants
- 4811 Charges comptabilisées d'avance
- 4812 Produits à recevoir
482 Écarts de conversion-Actif
- 4821 Diminution des créances
- 4822 Augmentation des dettes
483 Dépenses réglées dans la gestion suivante
- 4831 Dépenses réglées dans la gestion suivante : budget général
- 4832 Dépenses imputables aux budgets de l'année suivante : comptes spéciaux du Trésor
- 4833 Dépenses imputables aux budgets de l'année suivante : budgets annexes
485 Impôts et taxes à répartir sur plusieurs exercices
- 4851 Produits à répartir sur plusieurs exercices : recettes fiscales
- 4852 Produits à répartir sur plusieurs exercices : recettes non fiscales
- 4853 Produits à répartir sur plusieurs exercices : produits exceptionnels
486 Impôts et taxes encaissés pour le compte de la gestion suivante
- 4861 Produits encaissés pour le compte de la gestion suivante : recettes fiscales
- 4862 Produits encaissés pour le compte de la gestion suivante : recettes non fiscales
- 4863 Produits encaissés pour le compte de la gestion suivante : produits

exceptionnels
487 Écarts de conversion-Passif
- 4871 Augmentation des créances
- 4872 Diminution des dettes

49 **DEPRECIATIONS ET RISQUES PROVISIONNES**
490 Dépréciation des comptes de fournisseurs
491 Dépréciation des comptes clients et de redevables
- 4911 Provisions pour dépréciation des comptes clients
- 4912 Provisions pour dépréciation des comptes redevables
- 4919 Créances douteuses
493 Risques provisionnés
- 4931 Risques provisionnés sur opérations d'exploitation

CLASSE 5 : COMPTES DE TRESORERIE
50 TITRES DE DE PLACEMENT
51 BANQUES, ETABLISSEMENTS FINANCIERS ET ASSIMILES
53 CAISSE
58 MOUVEMENT DE FONDS
59 DÉPRÉCIATIONS ET RISQUES PROVISIONNÉS À CARACTÈRE FINANCIER

50 TITRES DE PLACEMENT
501 Titres de placement à l'intérieur
- 5011 Actions à l'intérieur
513 Obligations à l'intérieur
502 Titres de placement à l'extérieur
- 5021 Actions à l'extérieur
- 5022 Obligations à l'extérieur

51 BANQUES, ETABLISSEMENTS FINANCIERS ET ASSIMILES
511 Effets à recevoir et engagements cautionnés
- 5111 Traites et valeurs mobilisables
- 5113 Chèques à l'encaissement
512 Banque Centrale des États de l'Afrique de l'Ouest
- 5121 Compte courant des comptables principaux du Trésor
- 5122 Comptes courants des receveurs principaux des impôts
- 5123 Comptes courants des receveurs principaux des douanes

-	5124 Comptes courants des Établissements Publics Nationaux
	5125 Comptes courants d'autres unités institutionnelles
513 Compte courant postal	
515 Autres banques	
-	5152 Compte courant des comptables du Trésor dans les banques commerciales
-	517 Facilités élargies FMI

53 CAISSE	
531 Numéraires chez les comptables	
-	5311 Numéraires chez les comptables centralisateurs
-	5313 Numéraires chez les comptables des impôts
-	5314 Numéraires chez les comptables des douanes

58 MOUVEMENT DE FONDS	
581 Mouvement de fonds chez les comptables du Trésor	
-	5811 Mouvement de fonds chez les comptables centralisateurs du Trésor
-	5812 Mouvement de fonds chez les comptables non centralisateurs du Trésor
582 Mouvement de fonds chez les comptables des impôts	
-	5821 Mouvement de fonds chez les comptables des impôts
583 Mouvement de fonds chez les comptables des Douanes	
-	5831 Mouvement de fonds chez les comptables des douanes
584 Mouvements de fonds internes	

59 DÉPRÉCIATIONS ET RISQUES PROVISIONNÉS À CARACTÈRE FINANCIER
599 Dépréciations et risques provisionnés à caractère financier

CLASSE 6 : COMPTES DE CHARGES
60 ACHATS DE BIENS
61 ACQUISITION DE SERVICES
62 AUTRES SERVICES
63 SUBVENTIONS
64 TRANSFERTS
65 CHARGES EXCEPTIONNELLES
66 CHARGES DE PERSONNEL
67 INTERETS ET FRAIS FINANCIERS

68 DOTATIONS AUX AMORTISSEMENTS
69 DOTATIONS AUX PROVISIONS
60 ACHATS DE BIENS
601 Matières, matériel et fournitures
603 Variations des stocks de biens fongibles achetés
605 Eau, électricité, gaz et autres sources d'énergie
606 Matériel et fournitures spécifiques
609 Autres achats de biens

61 ACQUISITIONS DE SERVICES
611 Frais de transport et de mission
612 Loyers et charges locatives
614 Entretien et maintenance
615 Assurances
617 Frais de relations publiques
618 Dépenses de communications

62 AUTRES SERVICES
621 Frais bancaires
622 Prestations de services
623 Frais de formation du personnel
624 Redevances pour brevets, licences et logiciels
629 Autres acquisitions de services

63 SUBVENTIONS
632 Subventions aux entreprises publiques
633 Subventions aux entreprises privées
634 Subventions aux institutions financières
639 Autres subventions

64 **TRANSFERTS**
641Transferts aux établissements publics nationaux
642 Transferts aux collectivités locales
643 Transferts aux autres administrations publiques
644 Transferts aux institutions à but non lucratif
645 Transferts aux ménages
646 Transferts aux autorités supranationales et contributions aux organisations internationales
647 Transferts à d'autres budgets

648 Pensions de retraites des fonctionnaires et autres agents de l'État
649 Autres transferts

65 CHARGES EXCEPTIONNELLES
651 Annulations de produits constatés au cours des années antérieures
652 Condamnation et transactions
654 Valeurs comptables des immobilisations cédées, mises au rebut ou admises en non valeur
659 Autres charges exceptionnelles

66 **CHARGES DE PERSONNEL**
661 Traitements et salaires
663 Primes et indemnités
664 Cotisations sociales
665 Avantages en nature au personnel
666 Prestations sociales
669 Autres dépenses de personnel

67 INTERETS ET FRAIS FINANCIERS
671 Intérêts et frais financiers sur la dette
672 Pertes sur cessions de titres de placement
676 Pertes de changes
679 Autres intérêts et frais financiers

68 DOTATIONS AUX AMORTISSEMENTS
681 Dotations aux amortissements des immobilisations incorporelles
682 Dotations aux amortissements des immobilisations corporelles

69 DOTATIONS AUX PROVISIONS
691 Dotations aux provisions pour dépréciation
692 Dotations aux provisions à caractère financier

CLASSE 7 : COMPTES DE PRODUITS
70 VENTES DE PRODUITS ET SERVICES
71 RECETTES FISCALES
72 RECETTES NON FISCALES
73 TRANSFERTS RECUS D'AUTRES BUDGETS
74 DONS PROGRAMMES ET LEGS

75 PRODUITS EXCEPTIONNELS
77 PRODUITS FINANCIERS
78 TRANSFERTS DE CHARGES
79 REPRISES SUR PROVISIONS

70 VENTES DE PRODUITS ET SERVICES
701 Ventes de produits
702 Ventes de prestations de services
703 Variation de stocks de produits

71 RECETTES FISCALES
711 Impôts sur les revenus, les bénéfices et les gains en capital
712 Impôts sur les salaires versés et autres rémunérations
713 Impôts sur le patrimoine
714 Autres impôts directs
715 Impôts et taxes intérieurs sur les biens et services
716 Droits d'enregistrement et de timbre
717 Droits et taxes à l'importation
718 Droit et taxes à l'exportation
719 Autres recettes fiscales

72 RECETTES NON FISCALES
721 Revenus de l'entreprise et du domaine
722 Droits et frais administratifs
723 Amendes et condamnations pécuniaires
725 Cotisations de sécurité sociale
729 Autres recettes non fiscales

73 TRANSFERTS RECUS D'AUTRES BUDGETS
731 Transferts reçus du budget général
732 Transferts reçus des budgets annexes et des comptes spéciaux du Trésor

74 DONS ET LEGS
741 Dons programme et Legs
742 Dons projet
749 Autres dons et legs

75 RECETTES EXCEPTIONNELLES
751 Remises et annulation de dettes
752 Restitutions au Trésor de sommes indûment payées
754 Cessions d'immobilisations
759 Autres recettes exceptionnelles

77 PRODUITS FINANCIERS
771 Intérêts des prêts
772 Intérêts sur les dépôts à terme
774 Revenus des titres de placements
776 Gains de charge

78 TRANSFERT DE CHARGES
781 Transferts de charges courantes
782 Transferts de charges financières

79 REPRISES SUR PROVISIONS
791 Reprise sur provisions pour dépréciation
192 Reprises sur provisions à caractère financier

CLASSE 8 : ENGAGEMENTS HORS BILAN
80 ENGAGEMENTS OBTENUS OU ACCORDES PAR L'ETAT
81 CONTREPARTIE DES ENGAGEMENTS DE L'ETAT

80 ENGAGEMENTS OBTENUS OU ACCORDES PAR L'ETAT
801 Engagements obtenus par l'État
- 8011 Emprunts obtenus par l'État
- 8012 Dons obtenus par l'État
805 Engagements accordés par l'État
- 8051 Prêts accordés par l'État et dette avalisée
- 8052 Dons accordés par l'État

81 CONTREPARTIE DES ENGAGEMENTS DE L'ETAT
811 Contrepartie des engagements obtenus par l'État
- 8111 Contrepartie des emprunts obtenus par l'État
- 8112 Contrepartie des dons obtenus par l'État

815 Contrepartie des engagements accordés par l'État	
-	8151 Contrepartie des prêts accordés par l'État et dette avalisée
-	8152 Contrepartie des dons accordés par l'État.

PLAN COMPTABLE DU NIGER

REPUBLIQUE DU NIGER

Décret n° 2013-85/PRN/MF du 1er mars 2013, portant Plan Comptable de l'État

LE PRÉSIDENT DE LA RÉPUBLIQUE,

Vu la Constitution du 25 novembre 2010 ;

Vu la loi organique n° 2012-09 du 26 mars 2012, portant loi organique relative aux lois de finances ;

Vu l'ordonnance n° 2010-015 du 15 avril 2010, portant création, organisation et attributions de la Direction générale du trésor et de la Comptabilité publique et les textes modificatifs subséquents ;

Vu le décret n° 2011-001/PRN du 07 avril 2011, portant nomination du Premier ministre ;

Vu le décret n° 2011-015/PRN du 21 avril 2011, portant nomination des membres du Gouvernement et les textes modificatifs subséquents ;

Vu le décret n° 2011-53/PRN/MF du 18 mai 2011, déterminant les attributions du ministre des finances ;

Vu le décret n° 2011-54/PRN/MF du 18 mai 2011, portant organisation du ministère des finances ;

Sur rapport du ministre des finances ;

LE CONSEIL DES MINISTRES ENTENDU ;

DÉCRÈTE :

TITRE PREMIER : DES DISPOSITIONS GÉNÉRALES

Article premier - Le présent décret détermine l'objet de la comptabilité générale de l'État et les normes, règles et procédures relatives à sa tenue et à la production des comptes et états financiers de l'État.

La comptabilité générale de l'État s'applique à l'administration centrale et à ses Établissements publics à caractère administratif.

Article 2 - La comptabilité générale de l'État a pour objet la connaissance exacte et sincère de son patrimoine et des opérations qu'il effectue, en fonction des droits et obligations qui lui sont reconnus.

Cette comptabilité retrace toutes les opérations ayant un impact sur la situation patrimoniale de l'État, dont notamment la variation des stocks, les opérations budgétaires et les opérations de trésorerie.

Article 3 - La comptabilité générale de l'État s'inspire des normes internationales, notamment du système comptable Ouest africain (SYSCOA).

La comptabilité générale de l'État est mise en œuvre à travers le Plan Comptable de l'État annexé au présent décret.

TITRE II : DES NORMES COMPTABLES

Article 4 - La comptabilité générale de l'État est fondée sur le principe de la constatation des droits et obligations.

Article 5 - Les comptes et états financiers de l'État faisant la synthèse des informations comptables sont arrêtés à chaque fin d'exercice.

L'exercice coïncide avec l'année civile.

Toutefois, les écritures comptables sont également arrêtées par journée, par semaine ou par décade et par mois.

A chaque fin d'exercice, une période complémentaire fixée à un mois permet de procéder aux opérations de régularisation comptable à l'exclusion de toute opération budgétaire.

Article 6 - Les opérations budgétaires sont prises en compte au titre de l'exercice auquel elles se rattachent, indépendamment de leur date d'encaissement ou de décaissement.

Article 7 - Les recettes sont enregistrées au moment de la déclaration et/ou du versement spontané des impôts de toute nature par les contribuables. Toutefois, l'ensemble des recettes perçues au comptant doit faire l'objet d'émission de titres de régularisation.

Par exception à l'alinéa précédent, certaines recettes peuvent être enregistrées au vu de titres de perception, de rôles ou de contrats pour les opérations fondées sur le système d'émission préalable de titres. Les droits sont alors constatés au moment de la prise en charge comptable du titre de perception.

Article 8 - Les dépenses sont enregistrées au moment de la liquidation.

Par exception à l'alinéa précédent, les dépenses sans ordonnancement préalable sont enregistrées au moment du paiement.

La liste exhaustive des dépenses susceptibles d'être payées sans ordonnancement préalable est fixée par un acte du Ministre chargé des finances.

Article 9 - Toute opération enregistrée au débit d'un compte est portée au crédit d'un ou de plusieurs autres comptes pour un montant équivalent. Inversement, toute opération enregistrée au crédit d'un compte est portée au débit d'un ou de plusieurs autres comptes pour un même montant.

Les comptes de l'actif du bilan et les comptes de charges sont des emplois augmentant par enregistrement au débit et diminuant par enregistrement au crédit. De même, les comptes du passif du bilan et les comptes de produits sont des ressources augmentant par enregistrement au crédit et diminuant par enregistrement au débit.

Article 10 - La comptabilité générale de l'État respecte le principe de transparence. Elle fournit une description adéquate, régulière, sincère, claire, précise et complète des évènements, opérations et situations se rapportant à l'exercice.

Article 11 - La comptabilité générale de l'État respecte le principe de permanence dans la terminologie et dans les méthodes utilisées pour retracer les événements, opérations et situations comptables.

Article 12 - La comptabilité générale de l'État respecte les principes de sécurité, de pérennité et d'irréversibilité de l'information comptable.

Article 13 - La comptabilité générale de l'État respecte le principe de la continuité de l'exploitation et de permanence des méthodes : les méthodes comptables n'ont pas à subir de modifications dès lors que l'État n'enregistre pas un changement substantiel ou exceptionnel de son activité.

Article 14 - La comptabilité générale de l'État respecte le principe de prudence. La prudence est l'appréciation raisonnable des événements et opérations afin d'éviter le risque de transfert, sur l'avenir, d'incertitudes présentes susceptibles de grever le patrimoine et le résultat de l'exercice.

Ce principe préside en particulier au calcul des provisions. Toute information disponible au moment de l'établissement des comptes, sans exception, doit être prise en compte pour leur établissement.

Article 15 - La comptabilité générale de l'État respecte le principe de l'intangibilité du bilan d'ouverture : le bilan détaillé d'ouverture d'un exercice doit correspondre exactement au bilan détaillé de clôture de l'exercice précédent.

Article 16 - Toute procédure comptable, tout système informatique comptable doit respecter les normes comptables visées aux articles 4 à 15 du présent décret.

L'État prend toutes les mesures nécessaires pour assurer la qualité des procédures comptables.

TITRE III : DU SYSTÈME D'INFORMATION COMPTABLE DU PCE

Article 17 - Les comptes du PCE sont regroupés par catégories homogènes dénommées classes qui comprennent :

- cinq (05) classes de comptes de bilan, numérotées de 1 à 5 ;
- deux (02) classes de comptes de gestion, numérotées 6 et 7 ;
- une (01) classe de comptes des engagements hors bilan, numérotée 8.

Article 18 - La codification des comptes du PCE est fondée sur le principe de la décimalisation.

Chaque classe est subdivisée en comptes identifiés par un numéro et un intitulé.

La codification de base des comptes d'imputation retenue dans le présent décret, est limitée à quatre (04) chiffres au maximum :

- les comptes principaux à deux (02) chiffres ;
- les comptes divisionnaires à trois (03) chiffres ;
- les comptes d'imputation de base à quatre (04) chiffres.

Le PCE peut être complété par des codes établis en fonction des besoins en respectant les principes d'élaboration par arrêté du Ministre chargé des finances.

Article 19 - Les documents comptables dont la tenue est obligatoire sont :

- le livre-journal, dans lequel sont enregistrées chronologiquement les opérations de l'exercice visées à l'article 25 du présent décret ;
- le grand-livre, constitué par l'ensemble des comptes ;
- la balance générale, état récapitulatif faisant apparaître pour chaque compte le cumul depuis l'ouverture de l'exercice des mouvements débiteurs ou créditeurs et le solde débiteur ou le solde créditeur à la date considérée ;
- le livre d'inventaire, constitué du bilan, du compte de résultat et du résumé des flux de gestion internes.

En fonction des besoins, des journaux et livres auxiliaires peuvent être tenus afin de faciliter l'établissement du livre journal et du grand-livre. Dans ce cas, les données des documents auxiliaires sont centralisées au moins chaque semaine dans le journal ou le grand-livre.

Article 20 - Les documents comptables doivent être tenus sans blanc ni altération d'aucune sorte.

Toute correction d'erreur s'effectue exclusivement par l'inscription en négatif des éléments erronés ; l'enregistrement exact est ensuite opéré.

Article 21 - La centralisation comptable est le mécanisme qui organise et structure la comptabilité générale de l'État de manière à lui donner toute son unité. Les modalités de centralisation sont précisées par les textes en vigueur.

TITRE IV : DES ETATS COMPTABLES ET FINANCIERS

Article 22 - La balance générale des comptes est établie obligatoirement à la fin de chaque mois et en fin d'exercice.

Elle doit faire apparaître, pour chaque compte :

- le solde débiteur ou créditeur au début de l'exercice ;
- le cumul des mouvements débiteurs et le cumul des mouvements créditeurs de la période ;
- le solde débiteur ou créditeur à la date considérée.

Elle est établie à l'aide des comptes d'imputation de base.

Article 23 - Les états financiers comprennent le bilan, le compte de résultats, le tableau de flux de trésorerie, le tableau des opérations financières du Trésor et l'état annexé visé à l'article 27 du présent décret. Ils forment un tout indissociable.

Article 24 - Le bilan est le tableau de situation nette qui présente l'actif et le passif de l'État. Il fait apparaître de façon distincte :

- à l'actif : l'actif immobilisé, l'actif circulant hors trésorerie, la trésorerie et les comptes de régularisation d'actifs ;

- au passif : les dettes financières, les dettes non financières (hors trésorerie), les provisions pour risques et charges, la trésorerie et les comptes de régularisation de passif.

Les éléments financiers du bilan, constitués des actifs et des passifs financiers font l'objet d'une récapitulation spécifique.

Article 25 - Le compte de résultat de l'exercice fait apparaître les produits et les charges.

Les charges sont classées selon qu'elles concernent le fonctionnement, les interventions ou les opérations financières.

Les produits distinguent les produits fiscaux et les autres produits.

Les dotations aux amortissements et provisions sont imputées aux charges correspondantes.

La différence entre les produits et les charges permet d'établir le résultat de l'exercice.

Article 26 - Le tableau des flux de trésorerie fait apparaître les entrées et les sorties de trésorerie qui sont classées en trois catégories : les flux de trésorerie liés à l'activité, les flux de trésorerie liés aux opérations d'investissement, les flux de trésorerie liés aux opérations de financement.

Ce tableau permet de présenter les besoins de financement de l'État.

Le classement des agrégats de trésorerie permet de calculer trois soldes significatifs : l'excédent de trésorerie définitive, l'excédent de trésorerie après investissement, et la variation de trésorerie de l'exercice.

Article 27 - L'état annexé contient l'ensemble des informations utiles à la compréhension et à l'utilisation des états financiers de l'État. Il comprend notamment l'explicitation et le chiffrage des engagements hors bilan.

Toute opération particulière ou modification des normes comptables entre deux exercices doit être décrite et justifiée dans l'état annexé.

Article 28 - Les états comptables et financiers sont soumis au respect des dispositions ci-après :

- la balance d'entrée et/ou le bilan d'ouverture d'un exercice doit correspondre à la balance de sortie et/ou le bilan de clôture de l'exercice précédent ;
- toute compensation entre postes d'actif et postes de passif dans le bilan ou entre postes de charges et postes de produits dans le compte de résultat est interdite ;
- la présentation des états comptables et financiers est identique d'un exercice à l'autre ;
- chacun des postes des états comptables et financiers doit comporter le code relatif au poste correspondant de l'exercice précédent.

TITRE V : DES AMORTISSEMENTS ET DES PROVISIONS

Article 29 - La tenue de la comptabilité générale de l'État est soumise aux règles et pratiques des amortissements et provisions.

Les amortissements et provisions sont des opérations comptables et non budgétaires à l'exception des opérations sur la dotation destinée à couvrir les défauts de remboursement ou appels en garantie intervenus sur les comptes d'avances, de prêts, d'avals et de garanties directement prévues par la loi organique relative aux lois de finances.

Les règles d'amortissement et de provisions seront fixées et précisées par le Conseil comptable Ouest africain (CCOA) de l'UEMOA.

Article 30 - L'amortissement est la constatation comptable obligatoire de l'amoindrissement de la valeur des immobilisations qui se déprécient de façon certaine et irréversible avec le temps, l'usage ou en raison du changement des techniques, de l'évolution des marchés ou de toutes autres causes.

L'amortissement consiste à répartir le coût du bien sur sa durée probable d'utilisation selon un plan prédéfini.

Article 31 - Sauf exception, les biens sont amortis linéairement sur leur durée probable d'utilisation.

Article 32 - Lorsque l'amoindrissement de la valeur d'un élément d'actif est seulement probable en raison d'événements dont les effets sont jugés réversibles, il est constaté une provision pour dépréciation.

Une dépréciation irréversible d'éléments de l'actif non amortissable est constatée par une charge provisionnée.

Article 33 - Les amortissements et les provisions sont inscrits distinctement à l'actif en diminution de la valeur brute des biens et des créances correspondantes pour donner leur valeur comptable nette.

Article 34 - Toutes les opérations de prêts, d'avances, de garanties ou d'avals doivent faire l'objet de provisions en fonction de leurs risques.

Article 35 - Seuls les actifs dont la gestion est placée sous le contrôle de l'État peuvent être inscrits au bilan de l'État.

Cette règle s'applique en particulier aux actifs liés aux contrats de partenariat public-privé, par lesquels l'État confie à un tiers le financement, la réalisation, la maintenance et/ou l'exploitation d'opérations d'investissement d'intérêt public.

Chaque contrat de partenariat public-privé fait l'objet de provisions spécifiques en fonction de ses risques.

TITRE VI : DES RÈGLES D'ÉVALUATION ET DE DÉTERMINATION DU RÉSULTAT

Article 36 - Les actifs sont valorisés sur la base du coût historique, conformément au SYSCOA.

La dette est valorisée à la valeur nominale de ses différents éléments constitutifs.

Article 37 - L'actif et le passif de l'État sont évalués en fin d'exercice à leurs valeurs actuelles.

La valeur de chaque élément d'actif ou de passif en fin d'exercice est comparée à sa valeur au bilan en début d'exercice ou à sa valeur d'entrée au bilan s'il est entré au bilan au cours de l'exercice.

Si la valeur de fin d'exercice est inférieure à la valeur d'entrée, une dépréciation est constatée sous la forme d'un amortissement ou d'une provision selon qu'elle est jugée définitive ou non.

Article 38 - A la sortie du magasin ou à l'inventaire, les biens interchangeables sont évalués selon les méthodes du premier entré premier sorti ou du coût moyen pondéré.

Article 39 - Les biens acquis en devises sont comptabilisés en francs CFA par conversion de leur coût en devises sur la base du cours de change à la date de la comptabilisation.

Article 40 - Les créances et les dettes libellées en devises sont converties en francs CFA sur la base du cours de change à la date de la transaction.

Article 41 - Lorsque la naissance et le règlement des créances ou des dettes interviennent dans le même exercice, les écarts constatés par rapport aux valeurs d'entrée en raison de la variation des cours de change constituent des pertes ou des gains de change à inscrire respectivement dans les charges financières ou les produits financiers de l'exercice.

Article 42 - Les disponibilités en devises détenues par les comptables publics à la clôture de l'exercice sont converties en francs CFA sur la base du cours de change à la date de clôture de l'exercice.

Article 43 - Par exception à l'article 6 du présent décret, les produits et les charges concernant les exercices antérieurs qui n'ont pas été rattachés à leur exercice d'origine, sont enregistrés, selon leur nature, comme les produits et les charges de l'exercice en cours et participent à la formation du résultat de cet exercice. Ils doivent faire l'objet d'une mention spécifique dans l'état annexé.

TITRE VII : DES DISPOSITIONS TRANSITOIRES ET FINALES

Article 44 - Les dispositions du présent décret sont applicables à compter du 1er janvier 2014.

Toutefois, l'application intégrale des dispositions relatives à la mise en place de la comptabilité patrimoniale interviendra au plus tard le 1er janvier 2017. Pendant cette période, les dispositions du décret 2002-198/PRN/MF/E du 26 juillet 2002 portant plan comptable de l'État restent applicables.

Article 45 - Le présent décret abroge et remplace toutes les dispositions antérieures contraires.

Article 46 - Le ministre des finances est chargé de l'application du présent décret qui sera publié au *Journal Officiel* de la République du Niger.

Fait à Niamey, le 1er mars 2013
Le Président de la République
Issoufou Mahamadou

Le Premier ministre
Brigi Rafini

Le ministre des finances
Baillet Gilles.

PLAN COMPTABLE DU SÉNÉGAL

RÉPUBLIQUE DU SÉNÉGAL

Décret n° 2012-92 du 11 janvier 2012 portant Plan Comptable de l'État

RAPPORT DE PRÉSENTATION

Conformément au Traité de l'Union Économique et Monétaire Ouest Africaine (UEMOA) prévoyant la mise en place d'un cadre harmonisé des finances publiques visant à assainir et à améliorer la gestion budgétaire. Le Conseil des Ministres de l'Union avait en 1997, 1998 et 2000, adopté six directives financières dont celle n° 05/98/CM/UEMOA du 22 décembre 1998 portant Plan Comptable de l'État, modifiée par la Directive n° 05/99/CM/UEMOA du 21 décembre 1999. Cette dernière a été transposée dans la règlementation nationale par le décret 2003-162 du 28 mars 2003 portant sur le même objet.

En 2004, une mission d'évaluation de la mise en œuvre de ces directives par les États-membres de l'Union a relevé un certain nombre d'insuffisances liées notamment à leur forme et contenu. Ainsi, le Conseil des Ministres de l'UEMOA a pris la décision d'une réécriture des directives du cadre harmonisé des finances publiques dans le sens d'une correction des erreurs et incohérences, d'une simplification et d'une amélioration intégrant les évolutions techniques et normatives en matière de gestion budgétaire.

C'est dans ce cadre que les six (6) nouvelles directives rénovant le cadre harmonisé des finances publiques ont été adoptées par le Conseil des Ministres le 27 mars et le 26 juin 2009.

Ces nouvelles directives s'inscrivent dans une volonté de modernisation de la gestion des finances publiques avec l'alignement de ses instruments sur les meilleures pratiques internationales et l'adoption de la gestion axée sur les résultats dans la conduite des politiques publiques. Elles marquent une évolution profonde du système budgétaire et visent à renforcer l'efficacité de la dépense publique, à mesurer la performance de l'action publique et à instaurer une plus grande discipline budgétaire ainsi qu'une meilleure information du Parlement et des contrôles plus étroits de l'exécution des lois de finances.

Le présent projet de décret a pour objet de transposer dans le droit interne la directive n° 09/2009/CM/UEMOA du 26 juin 2009 portant Plan Comptable de l'Etat (PCE) au sein de l'UEMOA.

A ce titre et à l'image de la directive communautaire précitée, il introduit un profond changement avec le décret 2003-162 du 28 mars 2003 même si certaines options sont maintenues, parmi lesquelles :

- la comptabilité en partie double ;
- le système centralisateur.

En plus de ces options, des innovations fondamentales ont été apportées. Il s'agit entre autres :

- de l'intégration des normes comptables applicables aux entreprises privées en tenant compte des spécificités de l'État ;
- la tenue d'une double comptabilité : une comptabilité générale et une comptabilité budgétaire ;
- de la consécration d'une comptabilité d'exercice fondée sur le principe de la constatation des droits et obligations ;
- de la prise en compte de la dimension patrimoniale.

En effet, le nouveau plan comptable de l'État s'inspire profondément du SYSCOA et des normes comptables internationales.

La structure des comptes se rapproche de celle applicable aux entreprises. De nouveaux principes et de nouvelles méthodes de gestion sont établis. Ainsi, il faut noter :

- la suppression des classes 0 et 9 ;
- l'intégration des comptes de stocks ;
- l'enregistrement des opérations, en temps réel, dans les comptes patrimoniaux et de gestion ;
- le suivi des engagements de l'État hors bilan ;
- l'enregistrement des recettes liées au financement du bilan ;
- la détermination d'un résultat de l'exercice ;
- l'établissement des états financiers.

Les comptes de ce nouveau Plan Comptable de l'État sont regroupés en huit classes dont :

- cinq classes de comptes de bilan numérotées de 1 à 5 ;
- deux classes de comptes de gestion numérotées 6 et 7 ;
- une classe de comptes des engagements hors bilan numérotée 8.

Le niveau de codification de base des comptes d'imputation est limité à quatre (4) chiffres au maximum avec :

- les comptes principaux à deux (2) chiffres ;
- les comptes divisionnaires à trois (3) chiffres ;
- les comptes d'imputation de base à quatre (4) chiffres ;

Au besoin, l'État pourra les compléter par des codes en respectant l'arborescence et les principes d'élaboration. En outre, des aménagements sont prévus pour adapter ces règles aux spécificités de l'État (compte de la classe 3, compte d'intégration….).

Par ailleurs, il faut préciser que désormais, en comptabilité de l'État, les opérations budgétaires sont prises en compte au titre de l'exercice auquel elles se rattachent indépendamment de leur date d'encaissement ou de décaissement.

Selon le principe des droits constatés, les recettes sont enregistrées au vu de titres de perception ou de contrats pour les opérations fondées sur le système d'émission préalable de titres. Les autres recettes sont enregistrées au moment de la déclaration et/ou du versement spontané des impôts de toute nature par les contribuables.

Quant aux dépenses, elles sont enregistrées au moment de la liquidation.

Il s'y ajoute la prise en compte de la dimension patrimoniale, élément clef de la réforme. De nouvelles règles de gestion des biens de l'État sont introduites (valorisation des actifs, suivi des amortissements et dépréciations….). Celles-ci impliquent nécessairement une importante évolution des méthodes de travail.

Enfin, il est prévu de définir les modalités d'application de certaines dispositions du présent décret par des arrêtés ou instructions du Ministre chargé des Finances et par des instructions et notes de service du Directeur général de la Comptabilité publique et du Trésor.

Le présent projet de décret est articulé autour de 46 articles répartis en 7 titres :

TITRE I : Des dispositions générales

TITRE II : Des règles et principes comptables

TITRE III : Du système d'information comptable du PCE

TITRE IV : Des états comptables et financiers

TITRE V : Des amortissements et des provisions

TITRE VI : Des règles d'évaluation et de détermination du résultat

TITRE VII : Des dispositions finales

Telle est l'économie du présent projet de décret.

LE PRÉSIDENT DE LA RÉPUBLIQUE,

Vu la Constitution ;

Vu la loi n° 99-70 du 17 février 1999 portant loi organique sur la Cour des Comptes ;

Vu la loi n° 2011-15 du 8 juillet 2011 portant loi organique relative aux lois de finances ;

Vu le décret n° 62-195 du 17 mai 1962 portant réglementation concernant les comptables publics ;

Vu le décret n° 2003-162 du 28 mars 2003 portant plan comptable de l'État ;

Vu le décret n° 2009-451 du 30 avril 2009 portant nomination du Premier Ministre ;

Vu le décret n° 2011-628 du 16 mai 2011 relatif à la composition du Gouvernement, modifié ;

Vu le décret n° 2011-634 du 17 mai 2011 portant répartition des services de l'État et du contrôle des établissements publics, des sociétés nationales et des sociétés à participation publique entre la Présidence de la République, la Primature et les ministères, modifié ;

Vu le décret n° 2011-1880 du 24 novembre 2011 portant Règlement général sur la Comptabilité publique ;

Sur le rapport du Ministre d'État, Ministre de l'Économie et des Finances ;

DÉCRÈTE :

TITRE I - DES DISPOSITIONS GÉNÉRALES

Article premier. – Le présent décret détermine les règles et principes relatifs à la tenue de la comptabilité générale de l'État, les modalités de sa mise en œuvre et de production des comptes et états financiers de l'État.

Article 2. – La Comptabilité générale de l'État a pour objet la connaissance exacte et sincère du patrimoine de l'État et des opérations qu'il effectue en fonction des droits et obligations qui lui sont reconnus.

Article 3. – Cette comptabilité retrace toutes les opérations ayant un impact sur la situation patrimoniale de l'État, dont notamment la variation des stocks, les opérations budgétaires et les opérations de trésorerie.

Article 4. – La Comptabilité générale de l'État s'inspire des normes internationales et des principes du Système Comptable Ouest Africain (SYSCOA).

La Comptabilité générale de l'État est mise en œuvre à travers le Plan Comptable de l'État (PCE) annexé au présent décret.

TITRE II - DES RÈGLES ET PRINCIPES COMPTABLES

Article 5. – La Comptabilité générale de l'État est fondée sur le principe de la constatation des droits et obligations.

Article 6. – Les comptes et états financiers de l'État faisant la synthèse des informations comptables sont arrêtés à la fin de chaque exercice.

L'exercice coïncide avec l'année civile.

Toutefois, les écritures comptables sont également arrêtées par journée, par décade et par mois.

A la fin de chaque exercice, une période complémentaire fixée à un mois permet de procéder aux opérations de régularisation comptable à l'exclusion de toute opération budgétaire ayant pour objet de créer de nouveaux droits et obligations.

Article 7. – Les opérations budgétaires sont prises en compte au titre de l'exercice auquel elles se rattachent, indépendamment de leur date d'encaissement ou de décaissement.

Article 8. – Les recettes sont enregistrées au vu de titres de perception ou de contrats pour les opérations fondées sur le système d'émission préalable de titres. Les droits sont alors constatés au moment de la prise en charge comptable du titre de perception.

Par exception à l'alinéa précédent, certaines recettes peuvent être enregistrées au moment de la déclaration et/ou du versement spontané des impôts de toute nature par les contribuables. Toutefois, l'ensemble des recettes perçues au comptant doit faire l'objet d'émission de titres de régularisation.

Article 9. – Les dépenses sont enregistrées au moment de la liquidation.

Par exception à l'alinéa précédent, les dépenses sans ordonnancement préalable sont enregistrées au moment du paiement.

La liste exhaustive des dépenses susceptibles d'être payées sans ordonnancement préalable est fixée par décret.

Article 10. – Toute opération enregistrée au débit d'un compte est portée au crédit d'un ou plusieurs autres comptes pour un montant équivalent. Inversement, toute opération enregistrée au crédit d'un compte est portée au débit d'un ou plusieurs autres comptes pour un même montant.

Les comptes de l'actif du bilan et les comptes de charges sont des emplois augmentant par enregistrement au débit et diminuant par enregistrement au crédit. De même, les comptes du passif du bilan et les comptes de produits sont des ressources augmentant par enregistrement au crédit et diminuant par enregistrement au débit.

Article 11. - La comptabilité générale de l'État respecte le principe de transparence. Elle fournit une description adéquate, régulière, sincère, claire, précise et complète des évènements, opérations et situations se rapportant à l'exercice.

Article 12. – La comptabilité générale de l'État respecte le principe de permanence dans la terminologie et dans les méthodes utilisées pour retracer les événements, opérations et situations comptables.

Article 13. – La comptabilité générale de l'État respecte les principes de sécurité, de pérennité et d'irréversibilité de l'information comptable.

Article 14. – La comptabilité générale de l'État respecte le principe de spécialité des exercices. Le résultat de chaque exercice est indépendant de celui qui le précède et de celui qui le suit.

Il est rattaché à chaque exercice, les charges et les produits qui le concernent, uniquement ceux-là.

Article 15. – La comptabilité générale de l'État respecte le principe de prudence. La prudence est l'appréciation raisonnable des événements et opérations afin d'éviter le risque de transfert, sur l'avenir, d'incertitudes présentes susceptibles de grever le patrimoine et le résultat de l'exercice.

Ce principe préside en particulier au calcul des provisions.

Toute information disponible au moment de l'établissement des comptes, sans exception, doit être prise en compte pour leur établissement.

Article 16. – La comptabilité générale de l'État respecte le principe de l'intangibilité du bilan : le bilan détaillé d'ouverture d'un exercice doit correspondre exactement au bilan détaillé de clôture de l'exercice précédent.

Article 17. – Toute procédure comptable, tout système informatique comptable doit respecter les règles et principes comptables visés aux articles 4 à 15 du présent décret.

TITRE III - DU SYSTÈME D'INFORMATION COMPTABLE DU PCE

Article 18. - Les comptes du Plan Comptable de l'État (PCE) sont regroupés par catégories homogènes dénommées classes qui comprennent :

- cinq (5) classes de comptes de bilan, numérotées de 1 à 5 ;
- deux (2) classes de comptes de gestion, numérotées 6 et 7 ;
- une (1) classe de comptes des engagements hors bilan, numérotée 8.

Article 19. – La codification des comptes du PCE est fondée sur le principe de la décimalisation.

Chaque classe est subdivisée en comptes identifiés par un numéro et un intitulé.

La codification de base des comptes d'imputation retenue dans le présent décret est limitée à quatre (4) chiffres au maximum :

- les comptes principaux à deux (2) chiffres ;
- les comptes divisionnaires à trois (3) chiffres ;
- les comptes d'imputation de base à quatre (4) chiffres.

En fonction des besoins, le PCE peut être complété par des codes établis en respectant l'arborescence et les principes d'élaboration.

Aucun compte principal ne peut être ouvert sans l'autorisation du ministre chargé des Finances.

Par délégation du ministre chargé des finances, le Directeur chargé de la comptabilité publique est compétent pour créer, intituler et supprimer des comptes divisionnaires et des comptes d'imputation de base.

Article 20. – Les documents comptables dont la tenue est obligatoire sont :

- le livre-journal, dans lequel sont enregistrées chronologiquement les opérations de l'exercice visées à l'article 25 du présent décret ;
- le grand-livre, constitué par l'ensemble des comptes ;
- la balance générale, état récapitulatif faisant apparaître pour chaque compte le cumul depuis l'ouverture de l'exercice des mouvements débiteurs ou créditeurs et le solde débiteur ou le solde créditeur à la date considérée ;

- le livre d'inventaire, constitué du bilan, du compte de résultat et du résumé des flux de gestion internes.

En fonction des besoins, des journaux et livres auxiliaires peuvent être tenus afin de faciliter l'établissement du livre-journal et du grand-livre.

Dans ce cas, les données des documents auxiliaires sont centralisées dans le livre-journal et le grand-livre.

Article 21. – Les documents comptables doivent être tenus sans blanc ni altération d'aucune sorte.

Toute correction d'erreur s'effectue exclusivement par l'inscription en négatif des éléments erronés ; l'enregistrement exact est ensuite opéré.

Article 22. – La centralisation comptable est le mécanisme qui organise et structure la comptabilité générale de l'État de manière à lui donner toute son unité. Les modalités de centralisation sont précisées par la règlementation en vigueur en la matière.

TITRE IV - DES ÉTATS COMPTABLES ET FINANCIERS

Article 23. – La balance générale des comptes est établie à la fin de chaque mois et en fin d'exercice.

Elle doit faire apparaître, pour chaque compte ;

- le solde débiteur ou créditeur au début de l'exercice ;
- le cumul des mouvements débiteurs et le cumul des mouvements créditeurs de la période ;
- le solde débiteur ou créditeur à la date considérée.

Elle est établie à l'aide des comptes d'imputation de base, ouverts en fonction des besoins.

Article 24. – Les états financiers comprennent le bilan, le compte de résultat, le tableau de flux de trésorerie, le tableau des opérations financières du Trésor et l'état annexé visé à l'article 27 du présent décret. Ils forment un tout indissociable.

Article 25. – Le bilan est le tableau de situation nette qui présente l'actif et le passif de l'État. Il fait apparaître de façon distincte :

- à l'actif : l'actif immobilisé, l'actif circulant hors trésorerie, la trésorerie et les comptes de régularisation d'actifs ;
- au passif : les dettes financières, les dettes non financières (hors trésorerie), les provisions pour les risques et charges, la trésorerie et les comptes de régularisation de passif.

Les éléments financiers du bilan, constitués des actifs et des passifs financiers, font l'objet d'une récapitulation spécifique.

Article 26. – Le compte de résultat de l'exercice fait apparaître les produits et les charges.

Les charges sont classées selon qu'elles concernent le fonctionnement, les transferts ou les opérations financières.

Les produits comprennent les produits fiscaux et les autres produits.

Les dotations aux amortissements et provisions sont imputées aux charges correspondantes.

La différence entre les produits et les charges permet d'établir le résultat de l'exercice.

Article 27. – Le tableau des flux de trésorerie fait apparaître les entrées et les sorties de trésorerie qui sont classées en trois catégories : les flux de trésorerie liés à l'activité, les flux de trésorerie liés aux opérations d'investissement, les flux de trésorerie liés aux opérations de financement.

Ce tableau permet de présenter les besoins de financement de l'État.

Le classement des agrégats de trésorerie permet de calculer trois soldes significatifs : le solde de trésorerie définitif, le solde de trésorerie après investissement et la variation de trésorerie de l'exercice.

Article 28. – L'état annexé contient l'ensemble des informations utiles à la compréhension et à l'utilisation des états financiers de l'État. Il comprend notamment l'explication et le chiffrage des engagements hors bilan.

Toute opération particulière ou modification des règles et principes comptables entre deux exercices doit être décrite et justifiée dans l'état annexé.

Article 29. – Les états comptables et financiers sont élaborés dans le respect des dispositions ci-après :

- la balance d'entrée et le bilan d'ouverture d'un exercice doivent correspondre à la balance de sortie et au bilan de clôture de l'exercice précédent ;
- toute compensation entre postes d'actif et postes de passif dans le bilan ou entre postes de charges et postes de produits dans le compte de résultat est interdite ;
- la présentation des états comptables et financiers est identique d'un exercice à l'autre ;
- chacun des postes des états comptables et financiers doit comporter le code relatif au poste correspondant de l'exercice précédent.

TITRE V. - DES AMORTISSEMENTS ET DES PROVISIONS

Article 30. – La tenue de la comptabilité générale de l'État est soumise aux règles et pratiques des amortissements et provisions.

Les amortissements et provisions sont des opérations comptables et non budgétaires à l'exception des opérations sur la dotation destinée à couvrir les défauts de remboursement ou appels en garantie intervenus sur les comptes d'avances, de prêts, d'avals et de garanties directement prévues par la Loi organique relative aux Lois de Finances.

Les règles d'amortissement et de provisions sont celles fixées par le Conseil Comptable Ouest Africain (CCOA) de l'UEMOA.

Article 31. – L'amortissement est la constatation comptable obligatoire de l'amoindrissement de la valeur des immobilisations qui se déprécient de façon certaine et irréversible avec le temps, l'usage ou en raison du changement des techniques, de l'évolution des marchés ou toutes autres causes.

L'amortissement consiste à répartir le coût du bien sur sa durée probable d'utilisation selon un plan prédéfini.

Article 32. – Sauf exception, les biens sont amortis linéairement sur leur durée de vie.

Article 33. – Lorsque l'amortissement de la valeur d'un élément d'actif est seulement probable en raison d'événements dont les effets sont jugés réversibles, il est constaté une provision pour dépréciation.

Une dépréciation irréversible d'éléments de l'actif non amortissable est constatée par une charge provisionnée.

Article 34. – Les amortissements et les provisions sont inscrits distinctement à l'actif en diminution de la valeur brute des biens et des créances correspondantes pour donner leur valeur comptable nette.

Article 35. – Toutes les opérations de prêts, d'avances, de garanties ou d'avals doivent faire l'objet de provision en fonction de leurs risques.

Article 36. – Seuls les actifs dont la gestion est placée sous le contrôle de l'État peuvent être inscrits au bilan de l'État.

Cette règle s'applique en particulier aux actifs liés aux contrats de partenariat public-privé, par lesquels l'État confie à un tiers le financement, la réalisation, la maintenance et/ou l'exploitation d'opérations d'investissement d'intérêt public.

Chaque contrat de partenariat public-privé fait l'objet de provisions spécifiques en fonction de ses risques.

TITRE VI - DES RÈGLES D'ÉVALUATION ET DE DÉTERMINATION DES RÉSULTATS

Article 37. – Les actifs sont valorisés sur la base du coût historique, conformément au Système Comptable Ouest Africain (SYSCOA).

La dette est valorisée à la valeur nominale de ses différents éléments constitutifs.

Article 38. – L'actif et le passif de l'État sont évalués en fin d'exercice à leurs valeurs actuelles.

La valeur de chaque élément d'actif ou de passif en fin d'exercice est comparée à sa valeur au bilan en début d'exercice ou à sa valeur d'entrée au bilan s'il est entré au bilan au cours de l'exercice.

Si la valeur de fin d'exercice est inférieure à la valeur d'entrée, une dépréciation est constatée sous la forme d'un amortissement ou d'une provision selon qu'elle est jugée définitive ou non.

Article 39. – A la sortie du magasin ou à l'inventaire, les biens interchangeables sont évalués selon les méthodes du premier entré premier sorti ou du coût moyen pondéré.

Article 40. - Les biens acquis en devises sont comptabilisés en francs CFA par conversion de leur coût en devises sur la base du cours de change à la date de la comptabilisation.

Article 41. – Les créances et les dettes libellées en devises sont converties en francs CFA sur la base du cours de change à la date de la transaction.

Article 42. - Lorsque la naissance et le règlement des créances ou des dettes interviennent dans le même exercice, les écarts constatés par rapport aux valeurs d'entrée en raison de la variation des cours de change constituent des pertes ou des gains de change à inscrire respectivement dans les charges financières ou les produits financiers de l'exercice.

Article 43. – Les disponibilités en devises détenues par les comptables publics à la clôture de l'exercice sont converties en francs CFA sur la base du cours de change à la date de clôture de l'exercice.

Article 44. - Par dérogation à l'article 6 du présent décret, les produits et les charges concernant les exercices antérieurs qui n'ont pas été rattachés à leur exercice d'origine, sont enregistrés, selon leur nature, comme les produits et les charges de l'exercice en cours et participent à la formation du résultat de cet exercice. Ils doivent faire l'objet d'une mention spécifique dans l'état annexé.

TITRE VII. - DES DISPOSITIONS FINALES

Article 45. – Le présent décret abroge et remplace le décret n° 2003-162 du 28 mars 2003 fixant le Plan Comptable de l'État et ses textes modificatifs.

Article 46. – Des textes d'applications (arrêtés et instructions) pourront, en tant que de besoin, déterminer les modalités d'application du présent décret.

Article 47. – Le Ministre chargé de l'Économie et des Finances est chargé de l'exécution du présent décret qui sera publié au Journal Officiel de la République du Sénégal.

Fait à Dakar, le 11 janvier 2012
Abdoulaye WADE

Par le Président de la République :
Le Premier Ministre,
Souleymane Ndéné NDIAYE

ANNEXES

Plan Comptable de l'État

CLASSE 1 : COMPTES DE RESSOURCES A MOYEN ET LONG TERMES

10 COMPTES D'INTÉGRATION OU DE CONTREPARTIE DES IMMOBILISATIONS

11. REPORT A NOUVEAU

13. RÉSULTAT DE L'EXERCICE

14. BONS DU TRÉSOR A PLUS D'UN AN

15. EMPRUNTS PROJETS

16. EMPRUNTS PROGRAMMES

17. AUTRES EMPRUNTS

18. DETTES AVALISÉES

19. PROVISIONS POUR RISQUES FINANCIERS- PPP

10 COMPTES D'INTÉGRATION OU DE CONTREPARTIE DES IMMOBILISATIONS

101 Comptes d'intégration des immobilisations incorporelles

- 1011 Comptes d'intégration des brevets, marques de fabrique, droits d'auteur
- 1012 Comptes d'intégration des progiciels
- 1013 Comptes d'intégration des droits d'exploitation fonds de commerce
- 1019 Comptes d'intégration des autres droits et valeurs incorporelles

102 Comptes d'intégration des immobilisations corporelles

- 1022 Comptes d'intégration des sols-sous-sols
- 1023 Comptes d'intégration des immeubles
- 1024 Comptes d'intégration des meubles
- 1025 Comptes d'intégration des équipements militaires
- 1026 Comptes d'intégration des participations-cautionnements

103 Comptes de contrepartie d'actifs

- 1031 Comptes de contrepartie des immobilisations incorporelles
- 1032 Comptes de contrepartie des immobilisations corporelles

104 Comptes d'intégration des comptes d'affectation de recettes

- 1041 Comptes d'intégration des budgets annexes
- 1042 Comptes de contrepartie des budgets d'autres organismes à autonomie financière

105 Écart de réévaluation

- 1051 Écart de réévaluation des immobilisations incorporelles
- 1052 Écart de réévaluation des immobilisations corporelles

106 Écart d'équivalence

- 1061 Écart d'équivalence sur les titres de participation à l'intérieur
- 1062 Écart d'équivalence sur les titres de participation à l'extérieur

108 Opérations à caractère financier intégrées

1081 Emprunts multilatéraux intégrés

1082 Emprunts bilatéraux intégrés

11 REPORT A NOUVEAU

111 Résultat de l'exercice reporté-budget général

112 Résultat de l'exercice reporté-comptes spéciaux

113 Résultat de l'exercice reporté-budgets annexes

13 RÉSULTAT DE L'EXERCICE

131 Résultat de l'exercice -budget général

132 Résultat de l'exercice -comptes spéciaux

133 Résultat de l'exercice -budgets annexes

14 BONS DU TRÉSOR A PLUS D'UN AN

141 Bons du trésor sur formule à plus d'un an

142 Bons du trésor en compte courant à plus d'un an

149 Autres bons du trésor à plus d'un an

15 EMPRUNTS PROJETS

151 Emprunts projets multilatéraux

152 Emprunts projets des gouvernements affiliés au Club de Paris

153 Emprunts projets des gouvernements non affiliés au Club de Paris

155 Emprunts projets auprès des organismes privés extérieurs

157 Emprunts projets à l'intérieur

158 Conventions à paiements différés

159 Emprunts projets rééchelonnés

16 EMPRUNTS PROGRAMMES

161 Emprunts programmes multilatéraux

162 Emprunts programmes des gouvernements affiliés au Club de Paris

163 Emprunts programmes des gouvernements non affiliés au club de Paris

169 Emprunts programmes rééchelonnés

17 AUTRES EMPRUNTS

171 Autres emprunts multilatéraux

172 Autres emprunts auprès des gouvernements affiliés au Club de Paris

173 Autres emprunts auprès des gouvernements non affiliés au Club de Paris

175 Autres emprunts auprès des organismes privés extérieurs

176 Autres emprunts intérieurs

179 Autres emprunts rééchelonnés

18 DETTES AVALISÉES

181 Dettes avalisées extérieures

182 Dettes avalisées intérieures

189 Autres paiements

19 PROVISIONS POUR RISQUES FINANCIERS

191 Provisions pour risques d'exploitation liés au Partenariat Public-Privé

192 Provision pour risques d'investissement liés au Partenariat Public-Privé

199 Autres provisions pour risque à caractère financier

CLASSE 2 : COMPTES D'IMMOBILISATIONS

20 CHARGES IMMOBILISÉES
21 IMMOBILISATIONS INCORPORELLES
22 SOLS ET SOUS- SOLS
23 IMMEUBLES
24 MATÉRIEL ET MOBILIER
25 ÉQUIPEMENTS MILITAIRES
26 PRISES DE PARTICIPATIONS ET CAUTIONNEMENTS
27 PRÊTS ET AVANCES
28 AMORTISSEMENTS
29 PROVISIONS POUR DÉPRÉCIATION

20 CHARGES IMMOBILISÉES

201 Charges à répartir sur plusieurs exercices

209 Autres charges immobilisées

21 IMMOBILISATIONS INCORPORELLES

211 Frais de recherche et de développement

212 Brevets, marques de fabrique, droits d'auteur

213 Conceptions de systèmes d'information

214 Droits d'exploitation fonds de commerce

219 Autres droits et valeurs incorporels

22 SOLS ET SOUS-SOLS

221 Terrains

222 Sous-sols, gisements et carrière

223 Plantation et forêts

224 Plans d'eau

23 IMMEUBLES

231 Bâtiments administratifs à usage de bureau

232 Bâtiments administratifs à usage de logement

233 Bâtiments administratifs à usage technique

234 Ouvrages

235 Infrastructures

236 Réseaux informatiques

24 MATÉRIEL ET MOBILIER

241 Mobilier et matériel de logement et de bureau

242 Matériel informatique de bureau

243 Matériel de transport de service et de fonction

244 Matériel et outillage techniques

245 Matériel de transports en commun et de marchandises

246 Collections-œuvres d'art

247 Stocks stratégiques ou d'urgence

248 Immobilisations animales et agricoles

25 ÉQUIPEMENTS MILITAIRES

251 Bâtiments militaires

252 Ouvrages et infrastructures militaires

253 Mobiliers, matériels militaires et équipements

259 Autres équipements

26 PRISES DE PARTICIPATIONS ET CAUTIONNEMENTS

261 Prises de participations à l'intérieur

262 Prises de participations à l'extérieur

263 Cautionnements

27 PRÊTS ET AVANCES

271 Avances aux administrations publiques

272 Prêts aux administrations publiques

273 Prêts aux entreprises publiques non financières

274 Prêts aux institutions financières

275 Autres prêts intérieurs

276 Prêts à l'étranger

277 Prêts rétrocédés

278 Avances et Prêts aux particuliers

279 Autres prêts et avances

28 AMORTISSEMENTS

281 Amortissements des immobilisations incorporelles

282 Amortissements des immobilisations corporelles

29 PROVISIONS POUR DÉPRÉCIATION

291 Provisions pour dépréciation des immobilisations incorporelles

292 Provisions pour dépréciation des immobilisations corporelles

293 Provisions pour dépréciation des immobilisations financières

CLASSE 3 : COMPTES DE STOCKS, EN-COURS ET COMPTES INTERNES

31 MARCHANDISES

32 MATIÈRES PREMIÈRES

33 AUTRES APPROVISIONNEMENTS

34 PRODUITS ET SERVICES EN COURS

35 PRODUITS FINIS

36 SERVICES NON PERSONNALISES DE L'ÉTAT

37 RELATIONS AVEC LES BUDGETS ANNEXES

38 PROVISIONS POUR DÉPRÉCIATION DES STOCKS

39 COMPTES DE LIAISON INTERNE

31 MARCHANDISES

311 Marchandises A

312 Marchandises B

- 3111 Marchandises A1
- 3112 Marchandises A2

32 MATIÈRES PREMIÈRES

321 Matières A

322 Matières B

- 3211Matières A1
- 3212 Matières A2

33 AUTRES APPROVISIONNEMENTS

331 Matières consommables

332 Fournitures

339 Autres

- 3311 Carburants et lubrifiants
- 3312 Fournitures de bureau

34 PRODUITS ET SERVICES EN COURS

341 Produits en cours

- 3411 Produits A en cours
- 3412 Produits B en cours

342 Services en cours

- 3421 Services A en cours
- 3422 Services B en cours

35 PRODUITS FINIS

351 Produits finis A

352 Produits finis B

- 3511 Produits finis A1
- 3512 Produits finis A2

36 SERVICES NON PERSONNALISES DE L'ÉTAT

361 Compte au Trésor des Régisseurs d'avances de l'État

- 3611 Régisseur d'avances n° 1
- 3612 Régisseur d'avances n° 2

362 Avances aux régies

- 3621 Avances à la régie n° 1
- 3622 Avances à la régie n° 2

362 **FNR**

368 Divers services non personnalisés

37 RELATIONS AVEC LES BUDGETS ANNEXES

38 PROVISIONS POUR DÉPRÉCIATION DES STOCKS

381 Provisions pour dépréciation des marchandises

- 3811 Provisions pour dépréciation des marchandises A
- 3812 Provisions pour dépréciation des marchandises B

382 Provisions pour dépréciation des matières

- 3811 Provisions pour dépréciation des matières A
- 3812 Provisions pour dépréciation des matières B

385 Provisions pour dépréciation des produits

- 3851 Provisions pour dépréciation des produits A
- 3852 Provisions pour dépréciation des produits B

39 COMPTES DE LIAISONS INTERNES

390 Comptes d'opérations

- 3903 Comptes d'opérations entre Comptables du Trésor
- 3904 Comptes d'opérations entre Comptables des Administrations financières
- 3905 Comptes d'opérations entre Comptables du Trésor et les Comptables des Administrations financières
- 3906 Compte d'opérations entre divers Comptables

391 Comptes de transferts

- 3911 Transferts entre comptables supérieurs du Trésor
- 3911 Transferts entre comptables supérieurs des Administrations financières

396 Opérations centralisées

398 Variation nette des opérations de gestion chez les comptables secondaires

CLASSE 4 : COMPTES DE TIERS

40 FOURNISSEURS ET COMPTES RATTACHES

41 CLIENTS REDEVABLES ET COMPTES RATTACHES

42 COMPTES DE DÉPÔTS DES PARTICULIERS

43 ÉTAT, SÉCURITÉ SOCIALE ET AUTRES ORGANISMES RATTACHES

44 CORRESPONDANTS ET COMPTES RATTACHES

46 DÉBITEURS ET CRÉDITEURS DIVERS

47 COMPTES TRANSITOIRES ET D'ATTENTES

48 COMPTES DE RÉGULARISATIONS

49 DÉPRÉCIATIONS ET RISQUES PROVISIONNES

40 FOURNISSEURS ET COMPTES RATTACHES

401 Fournisseurs, dettes en comptes

401 Fournisseurs, dettes en comptes-Achats de biens ou de prestations de services

- 4012 Fournisseurs, dettes en comptes-Subventions et transferts à verser
- 4013 Fournisseurs, dettes en comptes- Créanciers au titre de la dette
- 4016 Fournisseurs, dettes en comptes- Achats de biens ou de prestations de services : retenues de garanties
- 4017 Fournisseurs, dettes en comptes-Achats de biens ou de prestations de services : pénalités

402 Fournisseurs d'investissements

- 4021 Fournisseurs d'investissements - Acquisitions d'immobilisations incorporelles
- 4022 Fournisseurs d'investissements- Acquisitions d'immobilisations corporelles
- 4026 Fournisseurs d'investissements- Acquisitions d'immobilisations : retenues de garanties
- 4027 Fournisseurs d'investissements- Acquisitions d'immobilisations : pénalités

403 Fournisseurs, effets à payer

- 4031 Fournisseur, effets à payer

404 Avances et prêts à verser

- 4041 Avances à verser
- 4042 Prêts à verser

408 Fournisseurs, factures non parvenues

- 4081 Fournisseurs de biens ou de prestations de services, factures non parvenues
- 4082 Fournisseurs d'immobilisations, factures non parvenues

409 Fournisseurs, débiteurs

- 4091 Fournisseurs avances sur commandes de biens ou de prestations de services
- 4092 Fournisseurs avances sur commandes d'immobilisations

41 CLIENTS, REDEVABLES ET COMPTES RATTACHES

411 Clients

- 4111 Ventes de biens ou de prestations de services, années courantes
- 4112 Ventes de biens ou de prestations de services, année précédente
- 4103 Ventes de biens ou de prestations de services, années antérieures

412 Redevables, impôts et taxes d'État

- 4121 Redevables, impôts et taxes d'État, année courante
- 4122 Redevables, impôts et taxes d'État, année précédente
- 4123 Redevables, impôts et taxes d'État, années antérieures

413 Redevables, impôts et taxes recouvrés pour compte de tiers

- 4131 Redevables, impôts et taxes recouvrés pour compte de tiers, année courante
- 4132 Redevables, impôts et taxes recouvrés pour compte de tiers, année précédente
- 4133 Redevables, impôts et taxes recouvrés pour compte de tiers, années antérieures

414 Redevables, créances sur les cessions d'actifs

- 4141 Redevables, créances sur les cessions d'actifs, année courante
- 4142 Redevables, créances sur les cessions d'actifs, année précédente
- 4143 Redevables, créances sur les cessions d'actifs, année antérieure

415 Redevables, créances liées aux amendes et aux pénalités

- 4151 Redevable, créances liées aux amendes et aux pénalités, année courante
- 4152 Redevable, créances liées aux amendes et aux pénalités, année précédente
- 4153 Redevable, créances liées aux amendes et aux pénalités, années antérieures

416 Clients, redevables, effets à recevoir

- 4161 Fournisseurs, effets à payer

418 Clients, redevables, produits à recevoir

- 4181 Clients ventes de biens ou de prestations de services, factures à établir

419 Clients et autres tiers créditeurs

- 4191 Clients et autres tiers créditeurs-avances sur commandes de biens ou de prestations de services
- 4193 Clients et autres tiers créditeurs-Comptes d'actif circulant intégrés
- 4194 Clients et autres tiers créditeurs-Comptes d'affectation intégrés

42 RÉMUNÉRATION DU PERSONNEL

421 Rémunération due au personnel

- 4211 Rémunération du personnel, exercice courant
- 4212 Rémunération du personnel, exercices antérieurs
- 4218 Avances sur salaires et pensions

422 Personnel, oppositions et saisies

43 ÉTAT, SÉCURITÉ SOCIALE ET AUTRES ORGANISMES RATTACHES

431 État, sécurité sociale

- 4311 Cotisations pension de retraites des agents de l'État,
- 4312 Cotisations employeur pour pension des agents de l'État,
- 4313 Allocations temporaires d'invalidité, validation de services

432 Caisse de sécurité sociale

- 4321 Cotisations pension de retraites des agents de l'État affiliés à la caisse
- 4322 Cotisations employeur pour pension des agents de l'État affiliés à la caisse
- 4323 Allocations temporaires d'invalidité, validation de services des agents affiliés à la caisse

436 Autres organismes rattachés

- 4368 Avances sur commandes du budget général et des comptes spéciaux à des comptes de commerce
- 4369 Avances reçues par des comptes de commerce

438 Charges à payer et produits à recevoir

- 4381 État, charges à payer
- 4382 État, produits à recevoir
- 4383 Sécurité sociale, charges à payer
- 4384 Sécurité sociale, produits à recevoir
- 4385 Autres organismes, charges à payer
- 4386 Autres organismes, produits à recevoir

44 CORRESPONDANTS ET COMPTES RATTACHES

441 Collectivités locales

- 4411 Régions
- 4412 Départements
- 4413 Communes

442 Établissements publics, Agences et autres organismes publics assimilés

443 Sociétés et entreprises publiques

- 4431 Sociétés d'État
- 4432 Sociétés d'économie mixte
- 4433 Établissements publics nationaux

444 Opérateurs de l'État et tiers créditeurs dans le cadre de politiques publiques

- 4441 Opérations de politiques d'interventions publiques
- 4422 Opérations de subventions pour charges de services publics

445 Opérations avec l'étranger

- 4451 Opérations à l'Étranger
- 4452 Règlements avec les gouvernements étrangers
- 4458 Opérations effectuées par le Trésor public pour le compte des Trésors étrangers

446 Organismes internationaux

46 DÉBITEURS ET CRÉDITEURS DIVERS

461 Tiers débiteurs divers

- 4611 Tiers débiteurs divers-Soldes débiteurs engageant la responsabilité des comptables
- 4612 Tiers débiteurs divers-Déficits des Comptables avant la prise d'un arrêté de débet ou d'un arrêt de débet
- 4613 Tiers débiteurs divers-Débets des comptables après la prise en charge d'un arrêté de débet ou arrêt de débet
- 4614 Tiers débiteurs divers-Amendes prononcées par la cour des comptes
- 4617 Tiers débiteurs divers-Traites en douane rejetée
- 4618 Tiers débiteurs divers-Chèques impayés non régularisés

466 Tiers Créditeurs divers

- 4661 Tiers créditeurs divers-Excédents de versement

- 4663 Tiers créditeurs divers-Consignations et retenues pour compte de tiers
- 4665 Tiers créditeurs divers-Cautionnement des comptables publics
- 4666 Tiers créditeurs divers-Rémunération accessoires de certains agents de l'État en instance de réparation
- 4668 Tiers créditeurs divers-Produits à reverser aux administrations territoriales

467 Oppositions

- 4671 Oppositions sur sommes mises en paiement par les services de l'État

47 COMPTES TRANSITOIRES ET D'ATTENTES

470 Imputation provisoire de dépenses à régulariser chez les comptables principaux

- 4701 Imputation provisoire de dépenses du Budget général
- 4702 Imputation provisoire de dépenses des Comptes spéciaux
- 4703 Imputation provisoire de dépenses des Budgets annexes

471 Imputation provisoire de dépenses chez les comptables secondaires centralisateurs

- 4711 Imputation provisoire de dépenses-correspondants et comptes rattachés
- 4719 Dépenses à imputer après vérification chez les comptables centralisateurs

472 Imputation provisoire de dépenses chez les comptables secondaires non centralisateurs

- 4721 Comptables sur le territoire national
- 4722 Comptables à l'étranger

473 Imputation provisoire de dépenses chez les receveurs Administrations financières

- 4731 Receveurs des Impôts
- 4733 Receveurs des Domaines et de l'Enregistrement
- 4735 Receveurs des Douanes

474 Imputation provisoire de dépenses sur crédits délégués

- 4741 Imputation provisoire de crédits délégués - Crédits de fonctionnement
- 4742 Imputation provisoire de crédits délégués - Crédits d'investissement

475 Imputation provisoire de recettes à régulariser chez les comptables principaux

- 4751 Imputation provisoire de recettes du Budget général
- 4752 Imputation provisoire de recettes des Comptes spéciaux du Trésor
- 4753 Imputation provisoire de recettes des Budgets annexes

476 Imputation provisoire de recettes chez les comptables secondaires centralisateurs

- 4761 Imputation provisoire de recette-correspondants et comptes rattachés
- 4769 Recettes à imputer après vérification les comptables centralisateurs

477 Imputation provisoire de recettes chez les comptables non centralisateurs

- 4771 Comptables sur le Territoire national
- 4772 Comptables à l'étranger

478 Imputation provisoire de recettes chez les receveurs des Administrations financières

- 4781 Receveurs des Impôts
- 4782 Receveurs de l'Enregistrement
- 4783 Receveurs des Domaines
- 4784 Receveurs des Douanes

479 Bons du Trésor à moins d'un an

- 4791 Bons du Trésor sur formule à moins d'un an
- 4792 Bons du Trésor en comptes courant à moins d'un an
- 4799 Autres bons du Trésor

48 COMPTES DE RÉGULARISATIONS

481 Charges et produits à imputer aux exercices suivants

- 4811 Charges comptabilisées d'avance
- 4812 Produits à recevoir

482 Écarts de conversion-Actif

- 4821 Diminution des créances
- 4822 Augmentation des dettes

483 Dépenses réglées dans la gestion suivante

- 4831 Dépenses réglées dans la gestion suivante : budget général
- 4832 Dépenses imputables aux budgets de l'année suivante : comptes spéciaux du Trésor
- 4833 Dépenses imputables aux budgets de l'année suivante : budgets annexes

485 Impôts et taxes à répartir sur plusieurs exercices

- 4851 Produits à répartir sur plusieurs exercices : recettes fiscales
- 4852 Produits à répartir sur plusieurs exercices : recettes non fiscales
- 4853 Produits à répartir sur plusieurs exercices : produits exceptionnels

486 Impôts et taxes encaissés pour le compte de la gestion suivante

- 4861 Produits encaissés pour le compte de la gestion suivante : recettes fiscales
- 4862 Produits encaissés pour le compte de la gestion suivante : recettes non fiscales
- 4863 Produits encaissés pour le compte de la gestion suivante : produits exceptionnels

487 Écarts de conversion-Passif

- 4871 Augmentation des créances
- 4872 Diminution des dettes

49 DÉPRÉCIATIONS ET RISQUES PROVISIONNES

490 Dépréciation des comptes de fournisseurs

491 Dépréciation des comptes clients et de redevables

- 4911 Provisions pour dépréciation des comptes clients
- 4912 Provisions pour dépréciation des comptes redevables
- 4919 Créances douteuses

493 Risques provisionnés

- 4931 Risques provisionnés sur opérations d'exploitation.

CLASSE 5 : COMPTES DE TRÉSORERIE

50 TITRES DE PLACEMENT

51 BANQUES, ÉTABLISSEMENTS FINANCIERS ET ASSIMILES

53 CAISSE

58 MOUVEMENT DE FONDS

59 DÉPRÉCIATIONS ET RISQUES PROVISIONNÉS À CARACTÈRE FINANCIER

50 TITRES DE PLACEMENT

501 Titres de placement à l'intérieur

- 5011 Actions à l'intérieur

513 Obligations à l'intérieur

502 Titres de placement à l'extérieur

- 5021 Actions à l'extérieur
- 5022 Obligations à l'extérieur

51 BANQUES, ÉTABLISSEMENTS FINANCIERS ET ASSIMILES

511 Effets à recevoir et engagements cautionnés

- 5111 Traites et valeurs mobilisables
- 5113 Chèques à l'encaissement

512 Banque centrale des États de l'Afrique de l'Ouest

- 5121 Compte courant des comptables principaux du Trésor
- 5122 Comptes courants des receveurs principaux des impôts
- 5123 Comptes courants des receveurs principaux des douanes
- 5124 Comptes courants des Établissements Publics Nationaux
- 5125 Comptes courants d'autres unités institutionnelles

513 Compte courant postal

515 Autres banques

- 5152 Compte courant des comptables du Trésor dans les banques commerciales

517 Facilités élargies FMI

53 CAISSE

531 Numéraires chez les comptables

- 5311 Numéraires chez les comptables centralisateurs
- 5312 Numéraires chez les comptables non centralisateurs
- 5313 Numéraires chez les comptables des impôts
- 5314 Numéraires chez les comptables des douanes

58 MOUVEMENT DE FONDS

581 Mouvement de fonds chez les comptables du Trésor

- 5811 Mouvement de fonds chez les comptables centralisateurs du Trésor
- 5812 Mouvement de fonds chez les comptables non centralisateurs du Trésor

582 Mouvement de fonds chez les comptables des impôts

- 5821 Mouvement de fonds chez les comptables des impôts

583 Mouvement de fonds chez les comptables des douanes

- 5831 Mouvement de fonds chez les comptables des douanes

584 Mouvements de fonds internes

59 DÉPRÉCIATIONS ET RISQUES PROVISIONNÉS À CARACTÈRE FINANCIER

599 Dépréciations et risques provisionnés à caractère financier

CLASSE 6 : COMPTES DE CHARGES

60 ACHATS DE BIENS

61 ACQUISITION DE SERVICES

62 AUTRES SERVICES

63 SUBVENTIONS

64 TRANSFERTS

65 CHARGES EXCEPTIONNELLES

66 CHARGES DE PERSONNEL

67 INTÉRÊTS ET FRAIS FINANCIERS

68 DOTATIONS AUX AMORTISSEMENTS

69 DOTATIONS AUX PROVISIONS

60 ACHATS DE BIENS

601 Matières, matériel et fournitures

603 Variations des stocks de biens fongibles achetés

605 Eau, électricité, gaz et autres sources d'énergie

606 Matériel et fournitures spécifiques

609 Autres achats de biens

61 ACQUISITIONS DE SERVICES

611 Frais de transport et de mission

612 Loyers et charges locatives

614 Entretien et maintenance

615 Assurances

617 Frais de relations publiques

618 Dépenses de communications

62 AUTRES SERVICES

621 Frais bancaires

622 Prestations de services

623 Frais de formation du personnel

624 Redevances pour brevets, licences et logiciels

629 Autres acquisitions de services

63 SUBVENTIONS

632 Subventions aux entreprises publiques

633 Subventions aux entreprises privées

634 Subventions aux institutions financières

639 Autres subventions

64 TRANSFERTS

641Transferts aux établissements publics nationaux

642 Transferts aux collectivités locales

643 Transferts aux autres administrations publiques

644 Transferts aux institutions à but non lucratif

645 Transferts aux ménages

646 Transferts aux autorités supranationales et contributions aux organisations internationales

647 Transferts à d'autres budgets

648 Pensions de retraites des fonctionnaires et autres agents de l'État

649 Autres transferts

65 CHARGES EXCEPTIONNELLES

651 Annulations de produits constatés au cours des années antérieures

652 Condamnation et transactions

654 Valeurs comptables des immobilisations cédées, mises au rebut ou admises en non valeur

659 Autres charges exceptionnelles

66 CHARGES DE PERSONNEL

661 Traitements et salaires

663 Primes et indemnités

664 Cotisations sociales

665 Avantages en nature au personnel

666 Prestations sociales

669 Autres dépenses de personnel

67 INTÉRÊTS ET FRAIS FINANCIERS

671 Intérêts et frais financiers sur la dette

672 Pertes sur cessions de titres de placement

676 Pertes de changes

679 Autres intérêts et frais financiers

68 DOTATIONS AUX AMORTISSEMENTS

681 Dotations aux amortissements des immobilisations incorporelles

682 Dotations aux amortissements des immobilisations corporelles

69 DOTATIONS AUX PROVISIONS

691 Dotations aux provisions pour dépréciation

692 Dotations aux provisions à caractère financier

CLASSE 7 : COMPTES DE PRODUITS

70 VENTES DE PRODUITS ET SERVICES

71 RECETTES FISCALES

72 RECETTES NON FISCALES

73 TRANSFERTS REÇUS D'AUTRES BUDGETS

74 DONS PROGRAMMES ET LEGS

75 PRODUITS EXCEPTIONNELS

77 PRODUITS FINANCIERS

78 TRANSFERTS DE CHARGES

79 REPRISES SUR PROVISIONS

70 VENTES DE PRODUITS ET SERVICES

701 Ventes de produits

702 Ventes de prestations de services

703 Variation de stocks de produits

71 RECETTES FISCALES

711 Impôts sur les revenus, les bénéfices et les gains en capital

712 Impôts sur les salaires versés et autres rémunérations

713 Impôts sur le patrimoine

714 Autres impôts directs

715 Impôts et taxes intérieurs sur les biens et services

716 Droits d'enregistrement et de timbre

717 Droits et taxes à l'importation

718 Droit et taxes à l'exportation

719 Autres recettes fiscales

72 RECETTES NON FISCALES

721 Revenus de l'entreprise et du domaine

722 Droits et frais administratifs

723 Amendes et condamnations pécuniaires

725 Cotisations de sécurité sociale

729 Autres recettes non fiscales

73 TRANSFERTS REÇUS D'AUTRES BUDGETS

731 Transferts reçus du budget général

732 Transferts reçus des budgets annexes et des comptes spéciaux du Trésor

74 DONS ET LEGS

741 Dons programme et Legs

742 Dons projet

749 Autres dons et legs

75 RECETTES EXCEPTIONNELLES

751 Remises et annulation de dettes

752 Restitutions au Trésor de sommes indûment payées

754 Cessions d'immobilisations

759 Autres recettes exceptionnelles

77 PRODUITS FINANCIERS

771 Intérêts des prêts

772 Intérêts sur les dépôts à terme

774 Revenus des titres de placements

776 Gains de charge

78 TRANSFERT DE CHARGES

781 Transferts de charges courantes

782 Transferts de charges financières

79 REPRISES SUR PROVISIONS

791 Reprise sur provisions pour dépréciation

192 Reprises sur provisions à caractère financier

CLASSE 8 : ENGAGEMENTS HORS BILAN

80 ENGAGEMENTS OBTENUS OU ACCORDES PAR L'ÉTAT
81 CONTREPARTIE DES ENGAGEMENT DE L'ÉTAT

80 ENGAGEMENTS OBTENUS OU ACCORDES PAR L'ÉTAT

801 Engagements obtenus par l'État

- 8011 Emprunts obtenus par l'État
- 8012 Dons obtenus par l'État

805 Engagements accordés par l'État

- 8051 Prêts accordés par l'État et dette avalisée
- 8052 Dons accordés par l'État

81 CONTREPARTIE DES ENGAGEMENTS DE L'ÉTAT

811 Contrepartie des engagements obtenus par l'État

- 8111 Contrepartie des emprunts obtenus par l'État
- 8112 Contrepartie des dons obtenus par l'État

815 Contrepartie des engagements accordés par l'État

- 8151 Contrepartie des prêts accordés par l'État et dette avalisée
- 8152 Contrepartie des dons accordés par l'État.

PLAN COMPTABLE DU TOGO

RÉPUBLIQUE TOGOLAISE
Travail- Liberté - Patrie
MINISTÈRE DE L'ÉCONOMIE, DES FINANCES ET DE LA PLANIFICATION DU DÉVELOPPEMENT

DÉCRET N° 2015- 053/PR portant Plan Comptable de l'État

LE PRÉSIDENT DE LA RÉPUBLIQUE,

Sur le rapport du ministre d'État, ministre de l'économie, des finances et de la planification du développement,

Vu la constitution du 14 octobre 1992 ;

Vu la loi organique n° 98-014 du 10 juillet 1998 portant organisation et fonctionnement de la Cour des comptes ;

Vu la loi organique n° 2014-013 du 27 juin 2014 relative aux lois de finances ;

Vu la loi n° 20 l 4-009 du 11 juin 2014 portant code de transparence dans la gestion des finances publiques ;

Vu le décret n° 2001-155/PR du 20 août 2001 portant organisation et attributions de la direction générale du trésor et de la comptabilité publique ;

Vu le décret n° 2012-004/PR du 29 février 2012 relatif aux attributions des ministres d'état et ministres ;

Vu le décret n° 2012-006/PR du 7 mars 2012 portant organisation des départements ministériels ;

Vu le décret 2015-038/PR du 5 juin 2015 portant nomination du Premier ministre ;

Vu le décret n° 2015-041/PR du 28 juin 2015 portant composition du gouvernement ;

Le conseil des ministres entendu,

DÉCRÈTE :

CHAPITRE 1er- DISPOSITIONS GÉNÉRALES

Article 1er : Le présent décret détermine l'objet de la comptabilité générale de l'État et les normes, règles et procédures relatives à sa tenue et à la production des comptes et états financiers de l'État.

La comptabilité générale de l'État s'applique à l'administration centrale et à ses établissements publics à caractère administratif.

Article 2 : La comptabilité générale de l'État a pour objet la connaissance exacte et sincère de son patrimoine et des opérations qu'il effectue, en fonction des droits et obligations qui lui sont reconnus.

Cette comptabilité retrace toutes les opérations ayant un impact sur la situation patrimoniale de l'État, notamment la variation des stocks, les opérations budgétaires et les opérations de trésorerie.

Article 3 : La comptabilité générale de l'État s'inspire des normes internationales, notamment du Système Comptable Ouest Africain (SYSCOA).

La comptabilité générale de l'État est mise en œuvre à travers le Plan Comptable de l'État (PCE) annexé au présent décret.

CHAPITRE II - DES NORMES COMPTABLES

Article 4 : La comptabilité générale de l'État est fondée sur le principe de la constatation des droits et obligations.

Article 5 : Les comptes et états financiers de l'État faisant la synthèse des informations comptables sont arrêtés à chaque fin d'exercice.

L'exercice coïncide avec l'année civile.

Toutefois, les écritures comptables sont également arrêtées par journée, par semaine ou par décade et par mois.

A chaque fin d'exercice, une période complémentaire fixée à un mois permet de procéder aux opérations de régularisation comptable à l'exclusion de toute opération budgétaire.

Article 6 : Les opérations budgétaires sont prises en compte au titre de l'exercice auquel elles se rattachent, indépendamment de leur date d'encaissement ou de décaissement.

Article 7 : Les recettes sont enregistrées au moment de la déclaration et/ou du versement spontané des impôts de toute nature par les contribuables. Toutefois, l'ensemble des recettes perçues au comptant doit faire l'objet d'émission de titres de régularisation.

Par exception à l'alinéa précédent, certaines recettes peuvent être enregistrées au vu de titres de perception, de rôles ou de contrats pour les opérations fondées sur le système d'émission préalable de titres. Les droits sont alors constatés au moment de la prise en charge comptable du titre de perception.

Article 8 : Les dépenses sont enregistrées au moment de la liquidation.

Par exception à l'alinéa précédent, les dépenses sans ordonnancement préalable sont enregistrées au moment du paiement.

La liste exhaustive des dépenses susceptibles d'être payées sans ordonnancement préalable est fixée par arrêté du ministre chargé des finances.

Article 9 : Toute opération enregistrée au débit d'un compte est portée au crédit d'un ou de plusieurs autres comptes pour un montant équivalent. Inversement, toute opération enregistrée au crédit d'un compte est portée au débit d'un ou de plusieurs autres comptes pour un même montant.

Les comptes de l'actif du bilan et les comptes de charges sont des emplois augmentant par ·enregistrement au débit et diminuant par enregistrement au crédit. De même, les comptes du passif du bilan et les comptes de produits sont des ressources augmentant par enregistrement au crédit et diminuant par enregistrement au débit.

Article 10 : La comptabilité générale de l'État respecte le principe de transparence. Elle fournit une description adéquate, régulière, sincère, claire, précise et complète des évènements, opérations et situations se rapportant à l'exercice.

Article 11 : La comptabilité générale de l'État respecte le principe de permanence dans la terminologie et dans les méthodes utilisées pour retracer les événements, opérations et situations comptables.

Article 12 : La comptabilité générale de l 'État respecte les principes de sécurité, de pérennité et d'irréversibilité de l'information comptable.

Article 13 : La comptabilité générale de l'État respecte le principe de la continuité de l'exploitation et de permanence des méthodes : les méthodes comptables n'ont pas à subir de modifications dès lors que l'État n'enregistre pas un changement substantiel ou exceptionnel de son activité.

Article 14 : La comptabilité générale de l'État respecte le principe de prudence. La prudence est l'appréciation raisonnable des événements et opérations afin d'éviter le risque de transfert, sur l'avenir, d'incertitudes présentes susceptibles de grever le patrimoine et le résultat de l'exercice.

Ce principe préside en particulier au calcul des provisions.

Toute information disponible au moment de l'établissement des comptes, sans exception, doit être prise en compte pour leur établissement.

Article 15 : La comptabilité générale de l'État respecte le principe de l'intangibilité du bilan d'ouverture : le bilan détaillé d'ouverture d'un exercice doit correspondre exactement au bilan détaillé de clôture de l'exercice précédent.

Article 16 : Toute procédure comptable, tout système informatique comptable doit respecter les normes comptables visées aux articles 4 à 15 du présent décret.

CHAPITRE III - DU SYSTÈME D'INFORMATION COMPTABLE DU PCE

Article 17 : Les comptes du PCE sont regroupés par catégories homogènes dénommées classes qui comprennent :

- cinq (5) classes de comptes de bilan, numérotées de 1 à 5 ;
- deux (2) classes de comptes de gestion, numérotées 6 et 7 ;
- une (1) classe de comptes des engagements hors bilan, numérotée 8.

Article 18 : La codification des comptes du PCE est fondée sur le principe de la décimalisation.

Chaque classe est subdivisée en comptes identifiés par un numéro et un intitulé.

La codification de base des comptes d'imputation retenue dans le présent décret est limitée à quatre (4) chiffres au maximum :

- les comptes principaux à deux (2) chiffres ;
- les comptes divisionnaires à trois (3) chiffres ;
- les comptes d'imputation de base à quatre (4) chiffres.

Le PCE peut être complété par un code établi en fonction des besoins de la comptabilité en respectant l'arborescence et les principes d'élaboration.

Article 19 : Les documents comptables dont la tenue est obligatoire sont :

- le livre-journal, dans lequel sont enregistrées chronologiquement les opérations de l'exercice visées à l'article 25 du présent décret ;
- le grand livre, constitué par l'ensemble des comptes ;
- la balance générale, état récapitulatif faisant apparaître pour chaque compte le cumul depuis l'ouverture de l'exercice des mouvements débiteurs ou créditeurs et
- le solde débiteur ou le solde créditeur à la date considérée ;
- le livre d'inventaire, constitué du bilan, du compte de résultat et du résumé des flux de gestion internes.

En fonction des besoins de la comptabilité, des journaux et livres auxiliaires peuvent être tenus afin de faciliter l'établissement du livre-journal et du grand-livre. Dans ce cas, les données des documents auxiliaires sont centralisées au moins chaque semaine dans le journal ou le grand-livre.

Article 20 : Les documents comptables doivent être tenus sans blanc ni altération d'aucune sorte.

Toute correction d'erreur s'effectue exclusivement par l'inscription en négatif des éléments erronés ; l'enregistrement exact est ensuite opéré.

Article 21 : La centralisation comptable est le mécanisme qui organise et structure la comptabilité générale de l'État de manière à lui donner toute son unité. Les modalités de centralisation sont précisées par instruction du ministre chargé des finances.

CHAPITRE IV - DES ÉTATS COMPTABLES ET FINANCIERS

Article 22 : La balance générale des comptes est établie obligatoirement à la fin de chaque mois et en fin d'exercice.

Elle doit faire apparaître, pour chaque compte :

- le solde débiteur ou créditeur au début de l'exercice ;
- le cumul des mouvements débiteurs et le cumul des mouvements créditeurs de la période ;
- le solde débiteur ou créditeur à la date considérée.

Elle est établie à l'aide des comptes d'imputation de base ouverts pour les besoins de la comptabilité.

Article 23 : Les états financiers comprennent le bilan, le compte de résultats, le tableau de flux de trésorerie, le tableau des opérations financières du Trésor et l'état annexé visé à l'article 27 du présent décret. Ils forment un tout indissociable.

Article 24 : Le bilan est le tableau de situation nette qui présente l'actif et le passif de l'État. Il fait apparaître de façon distincte :

- à l'actif : l'actif immobilisé, l'actif circulant hors trésorerie, la trésorerie et les comptes de régularisation d'actifs ;
- au passif : les dettes financières, les dettes non financières (hors trésorerie), les provisions pour risques et charges, la trésorerie et les comptes de régularisation de passif.

Les éléments financiers du bilan, constitués des actifs et des passifs financiers font l'objet d'une récapitulation spécifique.

Article 25 : Le compte de résultat de l'exercice fait apparaître les produits et les charges.

Les charges sont classées selon qu'elles concernent le fonctionnement, les interventions ou les opérations financières.

Les produits distinguent les produits fiscaux et les autres produits.

Les dotations aux amortissements et provisions sont imputées aux charges correspondantes.

La différence entre les produits et les charges permet d'établir le résultat de l'exercice.

Article 26 : Le tableau des flux de trésorerie fait apparaître les entrées et les sorties de trésorerie qui sont classées en trois catégories : les flux de trésorerie liés à l'activité, les flux de trésorerie liés aux opérations d'investissement, les flux de trésorerie liés aux opérations de financement.

Ce tableau permet de présenter les besoins de financement de l'État.

Le classement des agrégats de trésorerie permet de calculer trois soldes significatifs : l'excédent de trésorerie définitive, l'excédent de trésorerie après investissement et la variation de trésorerie de l'exercice.

Article 27 : L'état annexé contient l'ensemble des informations utiles à la compréhension et à l'utilisation des états financiers de l'État. Il comprend notamment l'explicitation et le chiffrage des engagements hors bilan.

Toute opération particulière ou modification des normes comptables entre deux (2) exercices doit être décrite et justifiée dans l'état annexé.

Article 28 : Les états comptables et financiers sont soumis au respect des dispositions ci- après :

- la balance d'entrée et/ou le bilan d'ouverture d'un exercice doit correspondre à la balance de sortie et/ou le bilan de clôture de l'exercice précédent ;

- toute compensation entre postes d'actif et postes de passif dans le bilan ou entre postes de charges et postes de produits dans le compte de résultat est interdite ;
- la présentation des états comptables et financiers est identique d'un exercice à l'autre ;
- chacun des postes des états comptables et financiers doit comporter le code relatif au poste correspondant de l'exercice précédent.

CHAPITRE V - DES AMORTISSEMENTS ET DES PROVISIONS

Article 29 : La tenue de la comptabilité générale de l'État est soumise aux règles et pratiques des amortissements et provisions.

Les amortissements et provisions sont des opérations comptables et non budgétaires à l'exception des opérations sur la dotation destinée à couvrir les défauts de remboursement ou appels en garantie intervenus sur les comptes d'avances, de prêts, d'avals et de garanties directement prévues par la loi organique relative aux lois de finances.

Les règles d'amortissement et de provisions sont celles fixées par le Conseil Comptable Ouest Africain (CCOA) de l'UEMOA.

Article 30 : L'amortissement est la constatation comptable obligatoire de l'amoindrissement de la valeur des immobilisations qui se déprécient de façon certaine et irréversible avec le temps, l'usage ou en raison du changement des techniques, de l'évolution des marchés ou de toutes autres causes.

L'amortissement consiste à répartir le coût du bien sur sa durée probable d'utilisation selon un plan prédéfini.

Article 31 : Sauf exception, les biens sont amortis linéairement sur leur durée probable d'utilisation.

Article 32 : Lorsque l'amoindrissement de la valeur d'un élément d'actif est seulement probable en raison d'événements dont les effets sont jugés réversibles, il est constaté une provision pour dépréciation.

Une dépréciation irréversible d'éléments de l'actif non amortissable est constatée par une charge provisionnée.

Article 33 : Les amortissements et les provisions sont inscrits distinctement à l'actif en diminution de la valeur brute des biens et des créances correspondantes pour donner leur valeur comptable nette.

Article 34 : Toutes les opérations de prêts, d'avances, de garanties ou d'avals doivent faire l'objet de provisions en fonction de leurs risques.

Article 35 : Seuls les actifs dont la gestion est placée sous le contrôle de l'État peuvent être inscrits au bilan de l'État.

Cette règle s'applique en particulier aux actifs liés aux contrats de partenariat public- privé par lesquels l'État confie à un tiers le financement, la réalisation, la maintenance et/ou l'exploitation d'opérations d'investissement d'intérêt public.

Chaque contrat de partenariat public-privé fait l'objet de provisions spécifiques en fonction de ses risques.

CHAPITRE VI - DES RÈGLES D'ÉVALUATION ET DE DÉTERMINATION DU RÉSULTAT

Article 36 : Les actifs sont valorisés sur la base du coût historique, conformément au SYSCOA.

La dette est valorisée à la valeur nominale de ses différents éléments constitutifs.

Article 37 : L'actif et le passif de l'État sont évalués en fin d'exercice à leurs valeurs actuelles. La valeur de chaque élément d'actif ou de passif en fin d'exercice est comparée à sa valeur au bilan en début d'exercice ou à sa valeur d'entrée au bilan s'il est entré au bilan au cours de l'exercice.

Si la valeur de fin d'exercice est inférieure à la valeur d'entrée, une dépréciation est constatée sous la forme d'un amortissement ou d'une provision selon qu'elle est jugée définitive ou non.

Article 38 : A la sortie du magasin ou à l'inventaire, les biens interchangeables sont évalués selon les méthodes du premier entré premier sorti ou du coût moyen pondéré.

Article 39 : Les biens acquis en devises sont comptabilisés en francs CFA par conversion de leur coût en devises sur la base du cours de change à la date de la comptabilisation.

Article 40 : Les créances et les dettes libellées en devises sont converties en francs CFA sur la base du cours de change à la date de la transaction.

Article 41 : Lorsque la naissance et le règlement des créances ou des dettes interviennent dans le même exercice, les écarts constatés par rapport aux valeurs d'entrée en raison de la variation des cours de change constituent des pertes ou des gains de change à inscrire respectivement dans les charges financières ou les produits financiers de l'exercice.

Article 42 : Les disponibilités en devises détenues par les comptables publics à la clôture de l'exercice sont converties en francs CFA sur la base du cours de change à la date de clôture de l'exercice.

Article 43 : Par exception à l'article 6 du présent décret, les produits et les charges concernant les exercices antérieurs qui n'ont été rattachés à leur exercice d'origine, sont enregistrés, selon leur nature, comme les produits et les charges de l'exercice en cours et participent à la formation du résultat de cet exercice. Ils doivent faire l'objet d'une mention spécifique dans l'état annexé.

CHAPITRE VII - DES DISPOSITIONS TRANSITOIRES ET FINALES

Article 44 : Des textes réglementaires complèteront, en tant que de besoin, les dispositions du présent décret.

Article 45 : Sont abrogées, toutes les dispositions antérieures contraires à celles du présent décret, notamment l'arrêté n° 243/MEFP/CAB du 20 décembre 2001 portant plan comptable de l'État et les textes subséquents.

Article 46 : Les dispositions du présent décret sont applicables à compter du 1erjanvier 2016. Toutefois, les dispositions relatives à la mise en place de la comptabilité patrimoniale ne seront applicables qu'à compter du 1er janvier 2017.

Article 47 : Le ministre d'État, ministre de l'économie, des finances et de la planification du développement est chargé de l'exécution du présent décret qui sera publié au Journal officiel de la République togolaise.

Fait à Lomé, le 27 AOÛT 2015
Le Président de la République
Faure Essozimna GNASSINGBE

Le Premier ministre
Selom Komi KLASSOU

Le ministre d'État, ministre de l'économie,
des finances et de la planification du développement
Adji Otèth AYASSOR

Pour ampliation,
Le secrétaire général de la Présidence de la République
Daté Patrick TEVI-BENISSAN

LES NOMENCLATURES BUDGÉTAIRES DE L'ÉTAT

COMMENTAIRES GÉNÉRAUX

INTRODUCTION

1- Tous les États ont transposé la Directive n°08/2009/CM/UEMOA du 26 juin 2009 portant nomenclature budgétaire de l'État.
2- Les textes de transposition sont des décrets.
3- Le Sénégal est le premier pays ayant réalisé la transposition alors que le Burkina-Faso est le dernier.

Pays	Référence du texte de transposition	Temps de transposition
Bénin	Décret n° 2014-794 du 31 décembre 2014	5 ans
Burkina-Faso	Décret n° 2016-600/PRES/P01/MINEFID	7 ans
Côte d'ivoire	Décret n° 2014-417 du 09 juillet 2014	5 ans
Mali	Décret n° 2014/0694/P-RM du 12 sept 2014	5 ans
Niger	Décret n°2013-84/PRN/MF du 1er mars 2013	4 ans
Sénégal	Décret n° 2012-673 portant nomenclature budgétaire de l'État	3 ans
Togo	Décret n°2015/652/PR portant nomenclature budgétaire de l'État	6 ans

I.- DISPOSITIONS *PRAETER LEGEM*

Bénin	- Les articles 5, 6 à 8 intègrent plus la logique de la Lolf. En effet, il est évoqué la notion de « mission » absente dans la Directive portant NBE. - Les autres dispositions sont conformes à la Directive et vont dans les détails notamment les articles 16 et 17.
Sénégal	- L'article 7 a bien précisé que la codification du numéro d'ordre du service sur quatre (04) caractères…confirmant le terme « au moins 3… » utilisé par l'article 7 de la directive…
Togo	Reproduction identique
Mali	Reproduction quasi -identique
Burkina-Faso	- Les articles 12 et 13 du décret détaillent l'article 12 de la Directive - Les autres articles conformes
Niger	- Reproduction identique - La codification du service comprend quatre (4) caractères, à raison de deux (2) caractères pour le service principal et deux (2) caractères pour le service secondaire confirmant le terme « au moins 3… » utilisé par l'article 7 de la Directive
Côte d'ivoire	Conformité totale

II.- DISPOSITIONS *CONTRA LEGEM*

Bénin	- L'article 7 du décret dispose que le programme est identifié par 3 caractères contrairement à la directive qui mentionne 2 caractères.
Sénégal	- L'article 6 du décret dispose que le chapitre porte 11 caractères alors que celui de la directive a prévu 6 caractères. - Selon l'article 7 du décret, la codification du type d'unité administrative porte sur un caractère, la codification de la catégorie d'unités administrative, sur un caractère réalisé suivant une codification arborescente mise en place selon le principe décimal (donc au total 2) alors que le même article 7 de la Directive prescrit 1 caractère.
Togo	Néant
Mali	Néant
Burkina-Faso	La codification des activités, prévue à l'article 7 du décret n'est pas expressément prévue par l'article 8 de la Directive portant NBE.
Niger	Néant
Côte d'ivoire	Néant

NOMENCLATURE BUDGÉTAIRE DU BÉNIN

RÉPUBLIQUE DU BENIN
PRÉSIDENCE DE LA RÉPUBLIQUE
Décret n°2014-794 du 31 décembre 2014
portant nomenclature budgétaire de l'état

LE PRÉSIDENT DE LA RÉPUBLIQUE,
CHEF DE L'ÉTAT,
CHEF DU GOUVERNEMENT,

Vu la loi n°90-32 du 11 décembre 1990 portant Constitution de la République du Bénin ;

Vu la loi organique n°2013-14 du 27 septembre 2013 relative aux lois de finances ;

Vu la proclamation, le 29 mars 2011 par la Cour Constitutionnelle, des résultats définitifs de l'élection présidentielle du 13 mars 2011 ;

Vu le décret n°2014-512 du 20 août 2014 portant composition du Gouvernement ;

Vu le décret n°2014-564 du 1er octobre 2014 portant attributions, organisation et fonctionnement du Ministère de l'Économie, des Finances et des Programmes de Dénationalisation ;

Vu le Décret n°2005-789 du 29 décembre 2005 portant approbation du cadre de réforme de gestion budgétaire axée sur les résultats ;

Vu la Directive n°01/2009/CM/UEMOA du 27 mars 2009 portant Code de transparence dans la gestion des finances publiques au sein de l'UEMOA ;

Vu la Directive n°06/2009/CM/UEMOA du 26 juin 2009 portant lois de finances au sein de l'UEMOA ;

Vu la Directive n°07/2009/CM/UEMOA du 26 juin 2009 portant règlement général sur la comptabilité publique au sein de l'UEMOA ;

Vu la Directive n°08/2009/CM/UEMOA du 26 juin 2009 portant nomenclature budgétaire de l'État au sein de l'UEMOA ;

Vu la Directive n°09/2009/CM/UEMOA du 26 juin 2009 portant plan comptable de l'État au sein de l'UEMOA ;

Sur proposition du Ministre de l'Économie, des Finances et des Programmes de Dénationalisation ;

Le Conseil des Ministres entendu en sa séance du 24 décembre 2014,

DÉCRÈTE :

TITRE 1 : DES DISPOSITIONS GÉNÉRALES

Article 1er : Le présent décret fixe les principes fondamentaux de présentation des opérations du budget général, des comptes spéciaux du Trésor et des budgets annexes.

Conformément à la nomenclature budgétaire de l'État en annexe et qui en fait partie intégrante, les opérations budgétaires sont classées ainsi qu'il suit :

- en recettes, selon les classifications administrative et économique ;
- en dépenses, selon les classifications programmatique, administrative, fonctionnelle et économique.

Article 2 : La nomenclature budgétaire, définie par ces classifications des recettes et des dépenses, constitue le cadre de référence obligatoire.

TITRE II : DE LA CLASSIFICATION DES RECETTES

Article 3 : Les recettes du budget général, des comptes spéciaux du Trésor et des budgets annexes, définies dans la loi organique relative aux lois de finances, sont classées selon leur nature correspondant à l'assiette de l'impôt et éventuellement selon leur source.

Trois (3) niveaux de codification permettent d'identifier les recettes par nature à savoir : l'article, le paragraphe, la ligne ou la rubrique.

L'article est identifié par les deux premiers caractères du code de la classification des recettes. Il est codifié sur deux (2) caractères et correspond au compte principal du plan comptable de l'État. Il identifie la catégorie de la recette telle que définie par le plan comptable de l'État.

Le paragraphe est une subdivision de l'article. Il est identifié par les trois premiers caractères du code de la classification des recettes.

La ligne ou la rubrique est identifiée par quatre (4) caractères.

La présentation détaillée de la classification des recettes figure à l'annexe I du présent décret.

En plus de la présentation par nature économique, les recettes peuvent toutefois être présentées selon la classification administrative, dont les règles de codification sont les mêmes que celles relatives aux dépenses, telle que stipulée aux articles 12 et 13 du présent décret.

TITRE III : DE LA CLASSIFICATION DES DÉPENSES

Article 4 : Les dépenses du budget général, des comptes spéciaux du Trésor et des budgets annexes sont présentées selon les classifications programmatique, administrative, fonctionnelle et économique.

La présentation détaillée de la classification des dépenses figure à l'annexe II du présent décret et s'actualise en cas de besoin conformément aux dispositions des articles 56 et 57 de la loi organique relative aux lois de finances.

Chapitre 1er : De la classification par programme ou programmatique

Article 5 : Conformément à l'article 14 de la loi organique relative aux lois de finances, les crédits budgétaires sont décomposés en programmes regroupés en missions et déclinés en actions à l'intérieur des ministères. La classification programmatique s'intercale entre la section et le chapitre.

Article 6 : La mission est une division du budget de l'État regroupant un ensemble de programmes ou de dotation concourant à la mise en œuvre d'une même politique publique.

La mission est codifiée sur quatre (4) caractères. Les deux (02) premiers caractères identifient les missions d'État et les deux (02) derniers la sous-mission dénommée budgétaire.

Les missions de l'État sont constituées des grandes missions que sont :

- mission de souveraineté ;
- mission de planification et finances ;
- mission d'équipement ;
- mission de soutien au développement ;
- mission éducative ;
- mission sociale et environnementale ;
- mission administrative.

La mission peut être gérée dans la base de données informatique pour des besoins statistiques.

La liste des missions se trouve à l'annexe II 1-1 et s'actualise en cas de besoin.

Article 7 : Le programme regroupe les crédits destinés à mettre en œuvre une action ou un ensemble cohérent d'actions représentatif d'une politique publique clairement définie dans une perspective à moyen terme.

Le programme est identifié sur trois (3) caractères. La liste des programmes se trouve à l'annexe II 1-2 et s'actualise en cas de besoin.

Article 8 : La dotation regroupe un ensemble de crédits globalisés destinés à couvrir des dépenses spécifiques auxquelles ne peuvent être directement associés des objectifs de politiques publiques ou des critères de performance.

Font l'objet de dotations :

- les crédits destinés aux pouvoirs publics pour chacune des institutions constitutionnelles ;
- les crédits de la dotation de chaque institution constitutionnelle qui couvrent les dépenses de personnel, de biens et services, de transfert et d'investissement directement nécessaires à l'exercice de ses fonctions constitutionnelles ;
- les crédits globaux pour des dépenses accidentelles et imprévisibles ;
- les crédits destinés à couvrir les défauts de remboursement ou les appels en garantie intervenus sur les comptes d'avances, de prêts, d'avals et de garanties ;
- les charges financières de la dette de l'État.

Tout comme le programme, la dotation est identifiée par trois (3) caractères et occupe la même position que le programme dans l'architecture. La liste des dotations se trouve à l'annexe II 1-3 et s'actualise en cas de besoin.

Article 9 : L'action regroupe un ensemble d'activités qui s'inscrivent dans l'atteinte des objectifs d'un programme ou d'une dotation.

Tout comme le programme, la dotation est déclinée en actions. L'action est identifiée par trois (3) caractères.

Article 10 : Un budget annexe est un budget retraçant les dépenses et les recettes d'un service de l'État non doté de la personnalité juridique et dont l'activité tend essentiellement à produire des biens ou à rendre des services donnant lieu à paiement. Les budgets annexes constituent des missions et sont spécialisés par programme.

Le budget annexe est rattaché à un ministère.

Article 11 : Les comptes spéciaux du Trésor peuvent être ouverts par une loi de finances pour retracer les opérations effectuées par les services de l'État.

Les comptes spéciaux du trésor peuvent être traités comme des programmes. Ils comprennent :

- les comptes d'affectation spéciale ;
- les comptes de commerce ;
- les comptes de règlement avec les gouvernements ou autres organismes étrangers ;
- les comptes d'avances ;
- les comptes de prêts ;
- les comptes de garanties et d'avals.

Chapitre 2 : De la classification administrative

Article 12 : La classification administrative a pour objet de présenter les dépenses budgétaires selon les services ou groupes de services chargés de leur exécution. Elle permet d'identifier la hiérarchie du service chargé de l'exécution de la dépense et de préciser son degré d'autonomie ainsi que sa situation géographique. Elle dépend de l'organisation administrative des départements ministériels ou des institutions constitutionnelles.

Article 13 : La classification administrative comprend deux (2) niveaux et est codifiée sur vingt et un (21) caractères.

- Le premier niveau correspond à la section qui identifie les ministères ou les institutions constitutionnelles. Elle est codifiée sur trois (3) caractères (confer Annexe II2-1) ;
- Le deuxième niveau correspond au chapitre qui représente les services ou groupes de services. Il est codifié sur dix-huit (18) caractères et comprend :
  - le type d'unité administrative (pouvoir public, administration centrale, administration déconcentrée et organismes bénéficiaires) codifié sur un (1) caractère ;
  - la catégorie du service destinataire (unité administrative découlant du type) codifié sur un (1) caractère.

La codification du type et de la catégorie du service se trouve à l'annexe II 2-2 du présent décret ;

- la codification du service : la codification utilisée est une codification arborescente mise en place selon le principe décimal. Cette codification comprend neuf (9) caractères.

La liste des services principaux se trouve à l'annexe II2-3 et s'actualise en cas de besoin.

- la localisation géographique : elle est codifiée sur sept (7) caractères.

Elle est arborescente et permet d'identifier les dépenses selon les différentes circonscriptions administratives du Bénin. Elle comprend :

  - le champ de compétence ;
  - la région ;
  - le département ;
  - la commune.

La codification géographique du service se trouve à l'annexe II 2-4 du présent décret.

Chapitre 3 : De la classification fonctionnelle

Article 14 : La classification fonctionnelle des administrations publiques est une ventilation détaillée des dépenses par fonction ou par objectif socio-économique.

Conformément aux normes internationales, les dépenses budgétaires sont regroupées en dix (10) divisions :

- services généraux des administrations publiques ;
- défense ;
- ordre et sécurité publics ;
- affaires économiques ;
- protection de l'environnement ;
- logements et équipements collectifs ;
- santé ;
- loisirs, culture et culte ; enseignement ; protection sociale.

Article 15 : La classification fonctionnelle s'articule autour des notions de division, groupe et classe dont l'ensemble est codifié sur quatre (4) caractères.

La division est identifiée par deux (2) caractères, le groupe par un (1) caractère et la classe par un (1) caractère.

Les groupes et les classes donnent le détail des moyens par lesquels les objectifs généraux sont atteints.

La présentation détaillée de la classification fonctionnelle figure à l'annexe II3 du présent décret.

Chapitre 4 : De la classification économique des dépenses

Article 16 : La classification économique de la nomenclature budgétaire est cohérente avec le plan comptable de l'Etat.

Trois (3) niveaux de codification permettent d'identifier les dépenses par nature à savoir : l'article, le paragraphe, la ligne ou la rubrique.

L'article représente la catégorie économique de la dépense et est identifié par les deux (2) premiers caractères du compte par nature du plan comptable de l'État. Il est codifié sur deux (2) caractères.

Le paragraphe est une subdivision de l'article précisant la nature de la dépense. Il est identifié par les trois (3) premiers caractères du compte par nature du plan comptable de l'État dont les deux (2) caractères de l'article.

La ligne ou la rubrique est codifiée par quatre (4) caractères dont les trois (3) du paragraphe.

La présentation détaillée de la classification des dépenses par nature figure à l'annexe II 4 du présent décret.

Chapitre 5 : Des autres classifications

Article 17 : La classification additionnelle adoptée est la classification par type de budget. Elle permet d'identifier le budget général, les comptes spéciaux du trésor et les budgets annexes. Elle constitue une codification additionnelle à la classification administrative et se codifie ainsi qu'il suit :

1. Budget général ;
2. Budgets annexes ;
3. Comptes spéciaux du trésor.

TITRE IV : DES DISPOSITIONS TRANSITOIRES ET FINALES

Article 18 : Le présent décret qui prend effet pour compter de la date de sa signature sera appliqué conformément aux dispositions de l'alinéa 2 de l'article 105 de la loi n°2013-14 du 27 septembre 2013 portant loi organique relative aux lois de finances en République du Bénin.

Article 19 : Le présent décret abroge toutes dispositions antérieures contraires et sera publié au Journal Officiel de la République du Bénin.

Fait à Cotonou, le 31 décembre 2014
Par Le Président de la République,
Chef de l'État, Chef du Gouvernement,
Dr Boni YAYI

Le Ministre d'État Chargé de l'Enseignement
Supérieur et de la Recherche Scientifique,
François Adebayo ABIOLA

ANNEXES
AU
DÉCRET N°2014-794 DU 31 DÉCEMBRE 2014

LA NOMENCLATURE BUDGÉTAIRE DE L'ÉTAT
ANNEXE I : Classification des recettes

70			**VENTE DE PRODUITS ET SERVICES**
	701		Vente de produits
		7011	Ventes de produits A
	702		Vente de prestations de services
		7021	Ventes de services
	703		Variation de stocks de produits
		7031	Variation de stocks de produits
71			**RECETTES FISCALES**
	711		Impôts sur les revenus, les bénéfices et les gains en capital
		7111	Impôts sur les revenus, les bénéfices et les gains en capital des Sociétés
		7112	Impôts sur les revenus, les bénéfices et les gains en capital des Personnes physiques
		7119	Autres impôts sur les revenus non salariaux
	712		Impôts sur les salaires versés et autres rémunérations
		7121	Taxe sur les salaires et la main d'œuvre à la charge des employeurs
		7122	Taxe sur les salaires et la main d'œuvre à la charge de l'employé
	713		Impôts sur le patrimoine
		7131	Impôts sur propriété immobilière
		7132	Impôts sur le patrimoine net des personnes physiques
		7133	Impôts sur l'actif net des sociétés
		7134	Impôts sur les successions et les donations
		7135	Impôts sur les mutations de propriétés
		7139	Autres Impôts sur le patrimoine
	715		Impôts et taxes intérieurs sur les biens et services
		7151	Taxe sur la valeur ajoutée
		7152	Taxe sur les produits et accises
		7153	Taxe sur les services
		7154	Taxe sur l'utilisation des actifs corporels et l'exercice d'activités
		7159	Autres taxes sur les biens et services
	716		Droits de timbre et d'enregistrement
		7161	Droits de timbre et visa
		7162	Droits d'enregistrement

	717		Droits et taxes à l'importation
		7171	Droit fiscal et de douane
		7172	Taxes sur les opérations d'importations
		7173	Taxe dégressive de protection – Prélèvement communautaire de solidarité
		7174	Redevance informatique
		7175	Bénéfices de change à l'importation
		7176	Taxe sur les opérations de change à l'importation
		7177	Taxe conjoncturelle à l'importation – UEMOA
		7179	Autres droits et taxes à l'importation
	718		Droits et taxes à l'exportation
		7181	Droit de sortie
		7182	Taxes de statistique sur régime suspensif
		7183	Taxe sur les opérations d'exportations
		7184	Taxes spéciales de réexportation
		7185	Redevance statistique
		7186	Droits de timbre douanier
		7187	Bénéfice de change à l'exportation
		7189	Autres Droits et taxes à l'exportation
	719		Autres recettes fiscales
		7199	Autres recettes fiscales non ventilées
72			**RECETTES NON FISCALES**
	721		Revenus de l'entreprise et du domaine
		7211	Produits des unités de production de marchandises
		7212	Revenus des entreprises
		7213	Revenus des domaines
		7219	Autres Revenus de l'entreprise et du domaine
	722		Droits et frais administratifs
		7221	Rémunération pour service rendu par les services
		7229	Autres Droits et frais administratifs
	723		Amendes et condamnations pécuniaires
		7231	Amendes forestières
		7232	Frais et amendes judiciaires
		7233	Amendes et confiscations douanières
		7234	Produits des transactions pécuniaires
		7235	Taxes sur pollution
	725		Cotisation de sécurité sociale
		7251	Cotisations sociales aux caisses de retraite
		7259	Autres Cotisations de sécurité sociale
	729		Autres recettes non fiscales
		7291	Aliénation du domaine, de mobilier et d'immeubles
		7292	Taxe sur les billets d'avion
		7293	Fonds spécial de développement du ciment
		7294	Taxes de crédit agricole
		7295	Produits relèvement SONACOP
		7296	Recettes accidentelles

		7297	Taxe de développement touristique
		7298	Redevance sur produits pétroliers
		7299	Autres produits divers
73			**TRANSFERTS REÇUS D'AUTRES BUDGETS**
	731		Transferts reçus du budget général
		7311	Transfert reçu du budget général
	732		Transferts reçus des budgets annexes et des comptes spéciaux du Trésor
		7321	Transferts reçus des budgets annexes
		7322	Transferts reçus des comptes spéciaux du Trésor
74			**DONS PROGRAMME ET LEGS**
	741		Dons des institutions internationales
		7411	Dons des institutions internationales
	742		Dons des gouvernements étrangers
		7421	Dons des gouvernements étrangers
	743		Dons des organismes privés extérieurs
		7431	Dons des organismes privés extérieurs
	744		Dons intérieurs
		7441	Dons intérieurs
	745		Fonds de concours
		7451	Fonds de concours
	749		Autres dons programme et legs
		7499	Autres dons et legs
75			**RECETTES EXCEPTIONNELLES**
	751		Remises et annulations de dettes
		7511	Remises et annulations de dettes
	752		Restitutions au Trésor de sommes indûment payées
		7521	Restitutions au Trésor de sommes indûment payées
	754		Cessions d'immobilisations
		7541	Cessions d'immobilisation
	759		Autres recettes exceptionnelles
		7599	Autres recettes exceptionnelles
76			**DONS PROJETS ET LEGS**
	761		Dons projets des institutions internationales
		7611	Dons projets des institutions internationales
	762		Dons projets des gouvernements affiliés au Club de Paris
		7621	Dons projets des gouvernements affiliés au Club de Paris
	763		Dons projets des gouvernements non affiliés au Club de Paris
		7631	Dons projets des gouvernements non affiliés au Club de Paris
	764		Dons projets des organismes privés extérieurs
		7641	Dons projets des organismes privés extérieurs
	765		Fonds de concours
		7651	Fonds de concours intérieur
		7652	Fonds de concours des PTF

	769		Autres dons projets et legs
77			**PRODUITS FINANCIERS**
	771		Intérêts des prêts
		7711	Intérêts des prêts et avances
	772		Intérêts sur les dépôts à terme
		7721	Intérêts sur les dépôts à terme
	774		Revenus des titres de placements
		7741	Revenus des titres de placements
	776		Gains de change
		7761	Gains de change

ANNEXE II : Classification des dépenses

1.1.-Liste des missions de l'État et des missions au plan budgétaire

MISSION				**OBSERVATIONS**
Code	**Mission de l'État**	**Code**	**Mission Budgétaire**	
		01	Pouvoirs publics	*Élaborer et assurer la mise en œuvre des politiques, stratégies et plans ainsi que leur suivi*
		02	Défense	*Élaborer les stratégies de préservation de l'intégrité territoriale et de la sécurité intérieure*
		03	Sécurité	*Assurer l'ordre public, la sécurité intérieure et extérieure de l'État, la protection des personnes et des biens. Prévenir les catastrophes*
		04	Affaires Étrangères	*Conduire la coopération internationale aux plans bilatéral et multilatéral, promouvoir la coopération décentralisée. Promouvoir la coopération et la solidarité internationales. Assurer la protection*

				des intérêts du Bénin à l'étranger.
		05	Justice	*Élaborer et mettre en œuvre la politique du Gouvernement en matière de la Justice et des sceaux de l'État. Conduire et assurer la politique nationale en matière des droits de l'Homme.*
		06	Budgets Annexes	
		07	Comptes Spéciaux du trésor (CST)	
02	PLANIFICATION ET FINANCE	01	Planification	*Élaborer et mettre en œuvre :* - *les grandes orientations de la politique de développement du Bénin ;* - *les outils de planification des politiques et stratégies transversales et sectorielles* *Concevoir et mettre en place des systèmes d'information socio-économique*
		02	Politique de Développement	*Élaborer des stratégies de développement* *Réaliser des études prospectives et des analyses des politiques et stratégies nationales, régionales et internationales*
		03	Politiques Financières	*Adapter les normes et standards de pratiques professionnelles à ceux internationalement reconnus*

				Mettre en place des mesures incitatives à la promotion de la finance rurale *Renforcer l'environnement légal, règlementaire et institutionnel des IMF*
		04	Budgets Annexes	
		05	Comptes Spéciaux du Trésor (CST)	
		06	Provisions	
03	ÉQUIPEMENT	01	Travaux Publics et Transport	*Élaborer et assurer la mise en œuvre de la politique de l'État en matière de construction, d'équipement, d'aménagement et d'entretien routier.* *Élaborer et assurer la mise en œuvre de la politique de l'État en matière de développement des méthodes de transports.*
		02	Eau et énergie	*Assurer la mise en valeur des ressources minérales, énergétiques et en eau.*
		03	Urbanisme	*Élaborer les politiques et stratégies d'aménagement du territoire et cartographie* *Élaborer les politiques et stratégies de sécurisation foncières et résidentielles*
		04	Technologie de l'Information et de la Communication	*Améliorer l'accessibilité à l'information de tous les citoyens béninois*

		05	Budgets Annexes	
		06	Comptes Spéciaux du Trésor (CST)	
04	SOUTIEN AU DÉVELOPPEMENT ÉCONOMIQUE	01	Agriculture, Élevage et Pêche	*Définir et mettre en œuvre la politique de l'État dans les domaines de l'agriculture, de l'élevage, de la pêche et des affaires rurales*
		02	Mines	*Élaborer les politiques et stratégies de développement du secteur des mines*
		03	Industrie et Commerce	*Concevoir et mettre en œuvre la politique de développement du secteur de l'industrie et améliorer son environnement institutionnel et économique.* *Concevoir et mettre en œuvre la politique de développement du secteur du commerce.*
		04	Artisanat et Tourisme	*Élaborer et mettre en œuvre la politique nationale de développement des secteurs de l'artisanat et du tourisme, organiser et encadrer le développement de ses activités.*
		05	Budgets Annexes	
		06	Comptes Spéciaux du Trésor (CST)	
05	ÉDUCATION	01	Enseignement Maternel et Primaire	*Concevoir et mettre en œuvre les politiques et stratégies de l'État en matière des enseignements*

				maternel et primaire
		02	Enseignement Secondaire Général	*Concevoir et mettre en œuvre les politiques et stratégies de l'État en matière de l'enseignement Secondaire Général*
		03	Enseignement Supérieur	*Concevoir et mettre en œuvre les politiques et stratégies de l'État en matière de l'enseignement supérieur et de la recherche*
		04	Enseignement Supérieur Technique et Professionnel	*Concevoir et mettre en œuvre les politiques et stratégies de l'État en matière de formation technique et professionnelle*
		05	Alphabétisation	*Concevoir et mettre en œuvre les politiques et stratégies de l'État en matière de l'alphabétisation et de la promotion des langues nationales*
		06	Sports et Loisirs	*Élaborer, mettre en œuvre, suivre et évaluer la politique de l'État dans les secteurs de la jeunesse, des sports des Loisirs et de la vie associative.*
		07	Cultures	*Assurer par tous moyens appropriés la conservation, la mise en valeur et la promotion du patrimoine culturel.*
		08	Budgets Annexes	
		09	Comptes Spéciaux du Trésor (CST)	
06	SOCIAL ET ENVIRONNEMENT	01	Santé	*Élaborer et mettre en œuvre les politiques définies par le*

				Gouvernement en matière de santé. *Améliorer les conditions sanitaires des familles sur la base d'un système de santé intégrant les populations pauvres et indigentes.* *Améliorer la participation communautaire et l'utilisation des services de santé.*
		02	Famille	*Élaborer les politiques, stratégies et plans d'actions en matière de :* - *protection des enfants et des personnes âgées ;* - *promotion de la famille et du genre ;* - *protection et intégration socio-professionnelle des personnes handicapées*
		03	Environnement	*Élaborer et assurer la mise en œuvre de la politique et des stratégies de l'État en matière de gestion de l'environnement, de la gestion centrée sur les écosystèmes, de la gestion des déchets solides ménagers, de la gestion de la pollution et des changements climatiques, de la gestion et la préservation d'un environnement durable.*
		04	Habitat	*Élaborer et mettre en œuvre les politiques et stratégies de l'État en*

				matière d'habitat et de construction
		05	Budgets Annexes	
		06	Comptes Spéciaux du Trésor (CST)	
07	ADMINISTRATION	01	Fonction publique	*Élaborer la politique et les outils de planification stratégique et gestion des ressources humaines de l'État.*
		02	Travail et Emploi	*Concevoir et mettre en œuvre la politique de l'État en matière de travail et de l'emploi notamment le maintien des emplois existants, la création d'emplois nouveaux, l'accès des jeunes à l'administration et aux entreprises publiques, aux sociétés privées et aux collectivités locales.* *Promouvoir le dialogue social et contribuer à l'élimination du travail des enfants dans l'économie informelle.*
		03	Réforme	*Concevoir, élaborer et mettre en œuvre les différentes réformes relatives à l'administration publique*
		04	Gouvernance locale	*Élaborer et mettre en œuvre la politique nationale dans les domaines de l'administration territoriale et du développement des Collectivités Locales*

		05	Relation avec les Institutions	*Promouvoir et instaurer entre les institutions, société civile et béninois de l'extérieur un flux de dialogue interactif.*
		06	Budget	*Élaborer et mettre en œuvre la politique financière de l'État.*
		07	Budgets Annexes	
		08	Comptes Spéciaux du Trésor (CST)	

1.2. Liste des programmes

001 : Renforcement des capacités des ressources humaines des forces armées béninoises

002 : Amélioration des conditions de vie et modernisation des conditions de travail des personnels

003 : Préservation de l'intégrité territoriale et des intérêts vitaux de la nation

004 : Promotion d'une diplomatie militaire de paix et de développement

005 : Réformes institutionnelles

006 : Renforcement du cadre macroéconomique à moyen terme

007 : Mobilisation des recettes budgétaires

008 : Gestion des dépenses et des biens

009 : Administration générale et gestion des services

010 : Consolidation de l'administration centrale et renforcement des capacités

011 : Une justice plus accessible

012 : Amélioration des conditions de détention et de réinsertion des détenus

013 : Droits de l'homme

014 : Renforcement du partenariat entre le gouvernement, la société civile et les Institutions

015 : Amélioration de la gouvernance politique et promotion de la citoyenneté

016 : Gestion de l'administration et renforcement des capacités

017 : Amélioration de la qualité des Services aux Citoyens

018 : Construction et équipements des Locaux du Ministère et des Directions Départements

019 : Administration et développement du secteur

020 : Développement des medias

021 : Développement des communications électroniques et de la poste

022 : Développement des PME et du secteur privé

023 : Développement de l'industrie

024 : Développement du commerce

025 : Réduction de la mortalité maternelle et infantile, prévention et lutte contre la maladie et amélioration de la qualité des soins

026 : Valorisation des ressources humaines

027 : Renforcement du partenariat dans le secteur et promotion de l'éthique et de la responsabilité médicale

028 : Amélioration du mécanisme de financement du secteur

029 : Renforcement de la gestion du secteur

030 : Énergie pour la réduction de la pauvreté et le développement

031 : Approvisionnement en eau potable et gestion des ressources en eau

032 : Promotion et gestion des ressources minières

033 : Appui à la recherche et au développement des hydrocarbures

034 : Développement du Secteur de la Culture (PDSC)

035 : Alphabétisation et Promotion des Langues Nationales (PAPLN)

036 : Développement du Secteur de l'Artisanat (PDSA)

037 : Développement et Promotion du Secteur du Tourisme (PDPST)

038 : Développement de l'agriculture

039 : Développement de l'élevage

040 : Développement de la pèche et de l'aquaculture

041 : Administration et gestion du secteur agricole

042 : Promotion de la jeunesse pour le développement économique et social

043 : Promotion des loisirs pour le bien-être des populations

044 : Développement de la pratique du sport pour le renforcement du capital humain

045 : Renforcement de la protection sociale et promotion de la solidarité nationale

046 : Appui à la promotion de la famille et du genre

047 : Renforcement de la gouvernance et de l'efficacité du ministère

048 : Renforcement de l'administration générale

049 : Développement de l'enseignement supérieur

050 : Promotion de la recherche scientifique et technologique

051 : Développement du secteur de la microfinance

052 : Promotion des initiatives locales

053 : Promotion de l'emploi

054 : Entretien, construction de routes et pistes

055 : Transport aérien

056 : Transport terrestre et sécurité routière

057 : Transport ferroviaire

058 : Gestion de l'environnement

059 : Gestion des changements climatiques
060 : Gestion durable des ressources naturelles
061 : Appui à la gestion urbaine
062 : Habitat et construction
063 : Renforcement de la sécurité publique
064 : Prévention des risques et gestion des sinistres et catastrophes
065 : Programme national de gestion intégrée des espaces frontaliers
066 : Gestion des affaires intérieures et des cultes
067 : Appui à la décentralisation (PADEC)
068 : Appui à la déconcentration (PAD)
069 : Aménagement du territoire (PAT)
070 : Accès, équité et rétention
071 : Qualité des enseignements
072 : Gestion et pilotage du système
073 : Enseignement secondaire général
074 : Enseignement technique et formation professionnelle
075 : Dynamisation de l'action diplomatique et de la coopération internationale
076 : Renforcement du système d'information et de communication stratégique
077 : Amélioration du système d'information et d'orientation des politiques de développement
078 : Renforcement de la gestion du cadre macroéconomique et du système national de suivi et d'évaluation
079 : Recherche de financement pour le développement
080 : Administration et gestion du secteur (PAGS)
081 : Développement de l'économie maritime et des transports maritime et Fulvio-lagunaire (PDEMTMFL)
082 : Développement des ports (PDP)
083 : Amélioration de l'efficacité de l'action publique
084 : Accélération des OMD et appropriation des ODD

1.3. Liste des Dotations

Code	Libellé
001 :	Dotations pour le Président de la République
002 :	Dotations pour l'Assemblée Nationale
003 :	Dotations pour la Cour Constitutionnelle
004 :	Dotations pour la Cour suprême
005 :	Dotation pour la Cour des Comptes
006 :	Dotations pour la Haute Cour de Justice

007 :	Dotations pour le Conseil Économique et Social
008 :	Dotations pour la Haute Autorité de l'Audiovisuelle et de la Communication
009 :	Dotations pour les dépenses d'intervention publique, accidentelles et imprévisibles
010 :	Dotations pour les crédits destinés à couvrir les défauts de remboursement ou les appels en garanties intervenus sur les comptes d'avances, de prêts, d'aval et de garanties
011 :	Dotations pour les charges financières de la dette de l'État

2. Classification administrative

2.1. Section

001 Assemblée Nationale

002 Cour Constitutionnelle

003 Cour Suprême

004 Conseil Économique et Social

005 Haute Autorité de l'Audiovisuel et de la Communication

006 Haute Cour de Justice

010 Présidence de la République

011 Primature

012 Ministère de la Défense Nationale

013 Ministère de l'Économie, des Finances et des Programmes de Dénationalisation

014 Ministère de la Justice, de la Législation et des Droits de l'Homme

015 Ministère Chargé des Relations avec les Institutions

016 Ministère du Travail, de la Fonction Publique et de la Réforme Administrative et Institutionnelle

017 Ministère de la Communication et des Technologies de l'Information et de la Communication

018 Ministère de l'industrie, du Commerce, des Petites et Moyennes Entreprises

019 Ministère de la Santé

020 Ministère de l'Énergie, des Recherches Pétrolières et Minières, de l'Eau et du Développement des Énergies Renouvelables

021 Ministère de la Culture, de l'Alphabétisation, de l'Artisanat et du Tourisme

022 Ministère de l'Agriculture, de l'Élevage et de la Pèche

023 Ministère de la Jeunesse, des Sports et Loisirs

024 Ministère de la Famille, des Affaires Sociales, de la Solidarité Nationale, des Handicapés et des Personnes du Troisième Age

025 Ministère de l'Enseignement Supérieur et de la Recherche Scientifique

026 Ministère de la Microfinance, de l'Emploi et de l'Entreprenariat des Jeunes et des Femmes

027 Ministère des Travaux Publics et des Transports

028 Ministère de l'Environnement Chargé de la Gestion des Changements Climatiques, du Reboisement et de la Protection des Ressources Naturelles et Forestières

029 Ministère de l'Urbanisme, de l'Habitat et de l'Assainissement

030 Ministère de l'intérieur, de la Sécurité et des Cultes

031 Ministère de la Décentralisation, de la Gouvernance Locale, de l'Administration et de l'Aménagement du Territoire

032 Ministère des Enseignements Maternel et Primaire

033 Ministère de l'Enseignement Secondaire, de la Formation Technique et Professionnelle, de la Reconversion et de l'insertion des Jeunes

034 Ministère des Affaires Étrangères, de l'intégration Africaine, de la Francophonie et des Béninois de l'Extérieur

035 Ministère du Développement, de l'Analyse Économique et de la Prospective

036 Ministère de l'Économie Maritime et des Infrastructures Portuaires

037 Ministère Chargé de l'Évaluation des Politiques Publiques, de la Promotion de la Bonne Gouvernance et du Dialogue Social

038 Ministère à la Présidence de la République chargé de la Coordination des Politiques de Mise en Œuvre des Objectifs du Millénaire pour le Développement et des Objectifs de Développement Durable

2.2. Type et catégorie de service

Le premier caractère est le type de service

Le deuxième caractère est la catégorie de service

1. Pouvoir public

11- Cabinets

12- Secrétariat Général du Gouvernement

13- Inspection générale d'État

14- Administration des Institutions constitutionnelles

15- Administration des Institutions constitutionnelles autonomes

16- Institutions Politiques non Constitutionnelles

2. Services de l'administration centrale

21- Secrétariat général Présidence/Ministère

22- Structures de contrôle interne

23- Directions générales et assimilées

24- Cellules, commissions, comités, conseils

25- Structures techniques rattachés au cabinet

3. Administration déconcentrée

31- Préfectures

32- Directions régionales, départementales et services techniques de base

33- Cellules, commissions, comités, conseils au niveau déconcentré

34- Représentations diplomatiques

35- Services techniques rattachés au cabinet

4. Organismes bénéficiaires

41- Établissements publics nationaux

42- Collectivités locales

43- Entreprises privées

44- Entreprises publiques

45- Organismes de protection sociale

46 Ménages

47- Autorités supranationales et organismes internationaux

48- Institutions à but non lucratif

49- Autres organismes bénéficiaires

2.3. Liste des services principaux

Code	Libellé
0001	Cabinet du Ministre
0002	Cabinet des Institutions
0003	Inspection Générale du Ministère
0004	Secrétariat Général des Institutions
0005	Secrétariat Général du Ministère
0006	Direction des Affaires Administratives et Financières des Institutions
0007	Direction des Ressources Financières et du Matériel
0008	Direction Administrative et Financière
0009	Direction des Ressources Humaines
0010	Direction de la Prospective et de la Programmation
0011	Direction de l'informatique et de Pré-Archivage
0012	Cellule de la Communication
0013	Cellule de Contrôle des Marchés Publics
0014	Personne Responsable des Marchés Publics
0015	Direction des Examens et Concours
0016	Direction de la Promotion de la Scolarisation
0017	Direction Régionale
0018	Direction Départementale
0019	Cabinet Civil
0020	Cabinet Militaire
0021	Secrétariat Général du Gouvernement
0022	Secrétariat Général de la Présidence de la République
0023	Garde Républicaine
0024	Direction du Service de l'Intendance du Palais
0025	Direction des Services Législatifs
0026	Mécanisme Africain d'Évaluation par les Pairs
0027	Médiateur de la République
0028	Grande Chancellerie de l'Ordre National du Bénin
0029	Secrétariat Administratif Permanent de la CENA
0030	Haut Commissariat au Pèlerinage
0031	Conseil National de l'Éducation
0032	Institut National pour la Promotion de la Femme
0033	Haut Commissariat de la Solidarité
0034	Commission Nationale Permanente de la Francophonie
0035	Bureau SHERPA
0036	Cellule de Contrôle de l'Exécution des projets de Développement
0037	Haut Commissariat à la Gouvernance Concertée
0038	Agence du Développement du Millénaire
0039	Conseil Supérieur de la Magistrature
0040	Agence Judiciaire du Trésor
0041	Commission Nationale de Lutte contre les Armes Légères
0042	Office National des Anciens Combattants et Victimes de Guerre
0043	Inspection Générale d'État

0044	Direction du Journal Officiel
0045	Direction des Archives Nationales
0046	Commission Nationale de l'informatique et des Libertés
0047	Conseil D'Analyse Économique
0048	Direction Générale Des Chiffres et de la Sécurité des Télécommunications
0049	Autorité de Régulation des Marchés Publics
0050	Conseil Présidentiel de l'investissement
0051	Conseil de l'Alimentation et de la Nutrition
0052	Centre de Gestion Agréé
0053	CNAO-TF
0054	Direction de la Questure
0055	Direction de Recherche, de la Documentation et des TIC
0056	Directions des Études Juridiques et de la Gestion des Recours
0057	Chambre Judiciaire
0058	Chambre Administrative
0059	Chambre des Comptes
0060	Parquet Général
0061	Greffe Central
0062	Direction des Sessions et Commissions
0063	Direction des Médias
0064	Direction de la Communication et de la Coopération
0065	Direction des Affaires Juridiques et des Contentieux
0066	Direction des Techniques et des Technologies Avancées
0067	Direction de la Formation et de la Documentation
0068	Réseaux des Instances Africaines de Régulation de la Communication
0069	Antenne Régionale de la HAAC PARAKOU
0070	Antenne Régionale de la HAAC ABOMEY
0071	Antenne Régionale de la HAAC LOKOSSA
0072	Antenne Régionale de la HAAC NATITINGOU
0073	Secrétariat de l'Association Ouest Africaine de la Haute Juridiction Francophone
0074	Inspection Générale des Armées
0075	Bureau des Officiers Généraux
0076	État Major Général
0077	État Major de l'Armée de Terre
0078	État Major des Forces Aériennes
0079	État Major des Forces Navales
0080	Direction Générale de la Gendarmerie Nationale
0081	Direction de la Coopération Militaire et des Opérations de Maintien de la Paix
0082	Direction de la Sécurité Militaire
0083	Direction du Service de l'intendance des Armées
0084	Direction du Service de Santé des Armées
0085	Direction de l'Organisation et du Personnel des Armées
0086	Direction du Génie et de la Participation au Développement
0087	Direction du Renseignement Militaire

0088	Direction des Transmissions et de l'informatique
0089	Direction des Écoles et des Sports
0090	Direction de la Participation des Armées au Développement et aux Tâches d'intérêt Publique
0091	Direction du Musée des Armées
0092	Direction du Matériel des Armées
0093	Direction du Service de l'intendance des Armées
0094	Direction de la Communication et des Relations Publiques
0095	Poste d'Attaché Militaire et de Défense
0096	Service Régional de l'intendance Militaire
0097	École Nationale des Officiers
0098	École Nationale des Sous-Officiers
0099	École Nationale Supérieure des Armées
0100	Prytanée Militaire de Bembèrèkè
0101	Lycée Militaire des Jeunes Filles de Natitingou
0102	Inspection Générale des Finances
0103	Contrôle Financier
0104	Direction Générale du Budget
0105	Direction Générale des Impôts
0106	Direction Générale des Douanes et Droits Indirects
0107	Direction Générale du Trésor et de la Comptabilité Publique
0108	Direction Générale du Matériel et de la Logistique
0109	Direction Générale des Affaires Économiques
0110	Direction Nationale du Contrôle des Marchés Publics
0111	Caisse Autonome d'Amortissement
0112	Banque Centrale des États de l'Afrique de l'Ouest
0113	Loterie Nationale du Bénin
0114	Centre National de Formation Comptable
0115	Direction du Palais des Congrès et du Centre International de Conférences
0116	Mission Résidente de la Banque Africaine de Développement
0117	Fonds Africain de Garantie et de Coopération Économique
0118	Cour d'Appel de Cotonou
0119	Cour d'Appel de Parakou
0120	Cour d'Appel d'Abomey
0121	Tribunal de Première Instance de Cotonou
0122	Tribunal de Première Instance de Porto-Novo
0123	Tribunal de Première Instance de Ouidah
0124	Tribunal de Première Instance de Lokossa
0125	Tribunal de Première Instance d'Abomey
0126	Tribunal de Première Instance de Parakou
0127	Tribunal de Première Instance de Kandi
0128	Tribunal de Première Instance de Natitingou
0129	Tribunal de Première Instance d'Abomey-Calavi
0130	Tribunal de Première Instance d'Allada
0131	Tribunal de Première Instance de Pobé
0132	Tribunal de Première Instance de Savalou

0133	Tribunal de Première Instance de d'Aplahoué
0134	Tribunal de Première Instance de Djougou
0135	Tribunal de Première Instance de Comé
0136	Tribunal de Première Instance de Dassa-Zoumé
0137	Tribunal de Première Instance de Savé
0138	Tribunal de Première Instance de Bohicon
0139	Tribunal de Première Instance de Covè
0140	Tribunal de Première Instance de Nikki
0141	Tribunal de Première Instance de Bembèrèkè
0142	Tribunal de Première Instance de Tanguiéta
0143	Tribunal de Première Instance de Kouandé
0144	Tribunal de Première Instance de Malanville
0145	Direction de la Législation, de la Codification et des Sceaux
0146	Direction des Affaires Civiles et Pénales
0147	Direction de l'Administration Pénitentiaire et l'Assistance Sociale
0148	Direction de la Protection Judiciaire de l'Enfance et de la Jeunesse
0149	Direction des Droits de l'Homme
0150	Centre de Sauvegarde de l'Enfance et de l'Adolescence d'Agblangandan
0151	Centre de Sauvegarde de l'Enfance et de l'Adolescence d'Aplahoué
0152	Centre de Sauvegarde de l'Enfance et de l'Adolescence de Parakou
0153	Centre de Documentation et d'information Juridique
0154	Ecole Régionale Supérieure de la Magistrature
0155	Prison civile de Cotonou
0156	Prison civile de Porto-Novo
0157	Prison civile de Akpro-Missérété
0158	Prison civile de Lokossa
0159	Prison civile d'Abomey-Calavi
0160	Prison civile d'Abomey
0161	Prison civile de Ouidah
0162	Prison civile de Parakou
0163	Prison civile de Kandi
0164	Prison civile de Natitingou
0165	Prison civile de Pobé
0166	Prison civile de Savalou
0167	Prison civile de Aplahoué
0168	Prison civile de Djougou
0169	Prison civile de Comé
0170	Direction des Affaires Politiques
0171	Direction de la Promotion des Dynamiques Sociales
0172	Direction de l'Analyse Juridique
0173	Direction de la Communication et de la Promotion de l'Action Gouvernementale
0174	Direction des Relations avec les Institutions
0175	Direction de la Promotion de l'Éthique
0176	Centre de Promotion de La Société Civile
0177	Observatoire National des Processus Électoraux

0178	Direction Générale des Communications Électroniques et de la Poste
0179	Direction Générale du Développement des Médias
0180	Bénin Télécom S.A
0181	Poste du Bénin S.A
0182	Office de Radiodiffusion et Télévision du Bénin
0183	Office National d'imprimerie et de Presse
0184	Agence Bénin Presse
0185	Autorité Transitoire de Régulation des Postes et Télécommunications
0186	Agence de Gestion des Nouvelles Technologies de l'Information et de la Communication
0187	Centre Béninois de Recherches en Technologies de l'Information et de la Communication
0188	Fonds d'Appui à la Production Audiovisuelle
0189	Fonds National de Solidarité Numérique
0190	Délégation Nationale aux Technologies de l'Information et de la Communication
0191	Direction Générale du Développement Industriel
0192	Direction Générale du Commerce Intérieur
0193	Direction Générale du Commerce Extérieur
0194	Direction Générale des Petites et Moyennes Entreprises et du Secteur Privé
0195	Agence Nationale de la Propriété Industrielle
0196	Centre de Perfectionnement et d'Assistance en Gestion
0197	Agence Béninoise de la métrologie et du Contrôle de la Qualité
0198	Agence Béninoise de Promotion des Échanges Commerciaux
0199	Agence Nationale des Petites et Moyennes Entreprises
0200	Cellule d'Appui Technique aux Programmes de Développement du Secteur Privé
0201	Bureau de Restructuration et de Mise à Niveau des Entreprises
0202	Chambre de Commerce et d'industrie du Bénin
0203	Complexe Sucrier de Savé
0204	Société des Industries Textiles du Bénin
0205	Compagnie Béninoise des Textiles
0206	Complexe Textile du Bénin
0207	Société Nationale pour la Commercialisation des Produits Pétroliers -SA
0208	Agence Béninoise de Normalisation et de Gestion de la Qualité
0209	Fonds d'investissement et de Développement Industriel
0210	Guichet Unique de Formalisation des Entreprises
0211	Direction Générale de l'Habitat et de la Construction
0212	Direction Générale du Foncier, de la Cartographie et du Cadastre
0213	Direction de la Promotion des Métiers
0214	Commission Nationale de Développement Durable
0215	Office National du Bois
0216	Direction Générale de l'Urbanisme et de l'Assainissement
0217	Institut Géographique National
0218	Agence Foncière de l'Habitat
0219	Observatoire Urbain National

0220	Agence Nationale du Domaine et du Foncier
0221	Agence de Réhabilitation de la Ville de Porto-Novo
0222	Agence de Réhabilitation de la Cité Historique d'Abomey
0223	Fonds National de l'Habitat
0224	Fonds National de Restructuration et de Régularisation Foncière
0225	Agence Nationale de Rénovation Urbaine
0226	Direction des Infrastructures des Équipements et de la Maintenance
0227	Direction Nationale des Établissements Hospitaliers et de Soins
0228	Direction Nationale de la Santé Publique
0229	Direction de la Recherche et de la Formation
0230	Direction de la Pharmacie du Médicament et des Explorations Diagnostiques
0231	Direction des Soins Infirmiers et Obstétricaux
0232	Direction de la Santé, de la Mère et de l'Enfant
0233	Agence Nationale de la Vaccination et Soins de Santé Primaire
0234	Agence de Gestion de Gratuité de la Césarienne
0235	Agence Nationale de Transfusion Sanguine
0236	Agence Nationale de l'Assurance Maladie
0237	Centres Hospitaliers Universitaires
0238	Centrale d'Achat des Médicaments Essentiels et Consommables Médicaux
0239	Laboratoire Nationale de Contrôle des Médicaments et Consommables Médicaux
0240	Centre des Recherches Entomologiques de Cotonou
0241	Comité National d'Éthique pour la Recherche en Santé
0242	Comité National de Lutte contre le Sida
0243	Comité National de Lutte contre le Sida
0244	Direction Générale de l'Énergie
0245	Direction Générale de l'Eau
0246	Direction Générale des Mines
0247	Direction Générale des Hydrocarbures et autres Combustibles Fossiles
0248	Agence de Contrôle des Installations Électriques Intérieures
0249	Agence Béninoise d'Électrification Rurale et Maîtrise d'Énergie
0250	Office Béninois d'Hydrocarbures
0251	Cellule GAZODUC
0252	CRESUCE
0253	Système d'Information Énergétique
0254	Cellule Environnementale
0255	Agence Nationale du Développement des Énergies Renouvelables
0256	Office Béninois de Recherches Géologiques et Minières
0257	Société Béninoise d'Énergie Électrique
0258	Société Nationale des Eaux du Bénin
0259	Société des Ciments d'Onigbolo
0260	Direction du Patrimoine Culturel
0261	Direction de la Promotion Artistique et Culturelle
0262	Direction Nationale de la Promotion du Livre et de la Lecture
0263	Direction de la Cinématographie

0264	Direction de l'Alphabétisation et de l'Éducation des Adultes
0265	Direction de la Promotion des Langues Nationales
0266	Direction du Contrôle et de la Qualité de l'Enseignement et des Innovations Pédagogiques
0267	Direction du Développement et de la Promotion Touristique
0268	Direction des Professions et des Établissements Touristiques
0269	Direction de l'Artisanat et des Organisations Professionnelles
0270	Direction de l'Apprentissage des Métiers Artisanaux
0271	Fonds d'Aide à la Culture
0272	La Bibliothèque Nationale
0273	Le Bureau Béninois du Droit d'Auteur et des Droits Voisins
0274	Festival International du Théâtre du Bénin
0275	L'Ensemble Artistique National
0276	Agence Béninoise pour la Réconciliation et le Développement
0277	Fonds d'Aide à l'Alphabétisation et à l'Éducation en Langue Nationale
0278	Secrétariat Technique Permanent de la Commission Nationale de Pilotage de l'Introduction des Langues Nationales dans le Système Éducatif Formel
0279	Agence Nationale de Développement et de Promotion Touristique
0280	Fonds National de Développement et de Promotion Touristique
0281	Centre de Promotion de l'Artisanat
0282	Fonds National de Promotion de l'Artisanat
0283	Agence Béninoise pour le Développement Touristique de la Zone de la Route des Pêches
0284	Union des Chambres Intergouvernementales des Métiers du Bénin
0285	Direction du Conseil Agricole et de la Formation Opérationnelle
0286	Direction de l'Agriculture
0287	Direction des Pêches
0288	Direction de l'Élevage
0289	Direction du Génie Rural
0290	Direction de la Promotion et de la Législation Rurale
0291	Direction de l'Alimentation et de la Nutrition Appliquée
0292	Direction de la Promotion de la Qualité et du Conditionnement des Produits Agricoles
0293	Centre Agricole Régional pour le Développement Rural Atacora-Donga
0294	Centre Agricole Régional pour le Développement Rural Atlantique-Littoral
0295	Centre Agricole Régional pour le Développement Rural Borgou-Alibori
0296	Centre Agricole Régional pour le Développement Rural Mono-Couffo
0297	Centre Agricole Régional pour le Développement Rural Ouémé-Plateau
0298	Centre Agricole Régional pour le Développement Rural Zou-Collines
0299	Office National de Soutien des Revenus Agricoles
0300	Société Nationale pour la Promotion Agricole
0301	Institut National des Recherches Agricoles du Bénin
0302	Office National d'Appui à la Sécurité Alimentaire
0303	Chambre Nationale d'Agriculture du Bénin
0304	Société pour le Développement du Coton
0305	Direction de la Jeunesse et de Vie Associative

0306	Direction du Sport d'Elite
0307	Direction du Développement du Sport des Jeunes et du Sport pour Tous
0308	Direction de la Promotion de la Formation Sportive
0309	Direction des Loisirs
0310	Centre Multimédia des Adolescents et des Jeunes du Bénin
0311	Office Béninois du Sport Scolaire et Universitaire
0312	Office de Gestion des Stades du Bénin
0313	Hall des Arts, Loisirs et Sports
0314	Fonds National pour le Développement des Activités de Jeunesse, de Sport et de Loisirs
0315	Centre National Médico-Sportif du Bénin
0316	Centres de Jeunes et de Loisirs et les Centres d'information et de Documentation pour les Jeunes
0317	Office Béninois des Services de Volontariats des Jeunes
0318	Agence Nationale de l'Événementiel et de la Mobilisation du Sponsoring
0319	Fonds National pour le Développement du Sport
0320	Direction de la Famille, de l'Enfance et de l'Adolescence
0321	Direction de la Promotion de la Femme et du Genre
0322	Direction des Affaires Sociales et de la Solidarité Nationale
0323	Direction de la Réadaptation et de l'intégration des Personnes Handicapées
0324	Observatoire de la Famille de la Femme et de l'Enfant
0325	Cellule Cœur d'Espoir
0326	Fonds d'Appui à la Réadaptation et à l'intégration des Personnes Handicapées
0327	Unité de Gestion de la Stratégie de Réadaptation à Base Communautaire
0328	Direction des Personnes du Troisième Age
0329	Fonds National de Développement Social et de la Solidarité
0330	Direction Générale de l'Enseignement Supérieur
0330	Direction des Bourses et Secours Universitaires
0331	Direction de la Coopération Universitaire et Scientifique
0332	Direction des Examens et Concours
0333	Direction Nationale de la Recherche Scientifique et Technologique
0334	Direction des infrastructures et de la maintenance
0335	Direction de l'Organisation et du Suivi de l'Enseignement Supérieur
0336	Direction du Contrôle et des Équipements
0337	Direction des Établissements Privés de l'Enseignement Supérieur
0338	Direction de la Programmation et de l'Évaluation de la Recherche Scientifique et de l'innovation
0339	Direction du Partenariat et de la Promotion de la Recherche Scientifique et de l'innovation
0340	Fonds National de la Recherche Scientifique et de l'Innovation Technologique
0341	Université d'Abomey-Calavi
0342	Université de Parakou
0343	Université d'Agriculture de Kétou
0344	Université Polytechnique d'Abomey

0345	Office du Baccalauréat
0346	Institut des Sciences Biomédicales Avancées
0347	Centre Régional pour le Développement et la Santé
0348	Écoles Inter Etat
0349	École de Kinésithérapie
0350	École de Pharmacie
0351	École Africaine des Métiers d'Architecture et d'Urbanisme (EAMAU)
0352	École Polytechnique d'Abomey-Calavi
0353	École Nationale Supérieure de Natitingou
0354	Laboratoire de Génétique et de Biotechnologie
0355	Haute École Régionale du Commerce International
0356	Ecole Normale de Lokossa
0357	Ecole Normale de Porto-Novo
0358	Ecole Normale Supérieure de Porto-Novo
0359	Ecole Normale des Instituteurs
0360	Institut National de la Jeunesse, de l'Éducation Physique et du Sport (INJEPS)
0361	Agence Béninoise de Valorisation de la Recherche et de l'innovation Technologique
0362	Centre Béninois de Recherche Scientifique et Technique
0363	Centre National des Œuvres Universitaires et Sociales de Parakou
0364	Centre des Œuvres Universitaires et Sociales de l'UAC
0365	Direction de la Promotion de la Micro Finance
0366	Direction de la Promotion de l'Emploi
0367	Fonds National de la Micro Finance
0368	Agence Nationale pour l'Emploi
0369	Observatoire de l'Emploi et de la Formation
0370	Agence de Financement des Initiatives à la Base
0371	Cellule Technique à l'Emploi
0372	Cadre Général de Gestion des Lignes de Crédits
0373	Fonds National pour la Promotion de l'Entreprise et de l'Emploi des Jeunes
0374	Programme national de développement conduit par les communautés
0375	Direction de l'Enseignement Maternel
0376	Direction de l'Enseignement Primaire
0377	Direction des Établissements Privés des Enseignements Maternel et Primaire
0378	Direction de l'Alimentation Scolaire
0379	Direction pour la Décentralisation dans l'Éducation et de la Coopération
0380	Institut National pour la Formation et la Recherche en Éducation
0381	Médiathèque de l'Éducation
0382	Centre National de Production de Manuels Scolaires
0383	École Normale d'instituteurs Porto-Novo
0384	École Normale d'instituteurs Abomey
0385	École Normale d'instituteurs Djougou
0386	École Normale d'instituteurs Allada
0387	École Normale d'instituteurs Dogbo

0388	École Normale d'instituteurs Kandi
0389	Commission Béninoise pour l'UNESCO
0390	Direction de la Promotion de la Scolarisation
0391	Direction des Examens et Concours
0392	Direction de l'Enseignement Secondaire Général
0393	Direction de l'Enseignement Technique
0394	Direction de l'Apprentissage et de la Formation Professionnelle
0395	Direction des Établissements Privés
0396	Direction de la Reconversion et de l'insertion des Jeunes
0397	Direction des Examens et Concours
0398	Direction des Infrastructures, de l'Équipement et de la Maintenance
0399	Agence Nationale de la Formation Professionnelle pour la Reconversion et l'Insertion des Jeunes
0400	Institut National d'ingénierie, de Formation et de Renforcement des Capacités des Formateurs
0401	Centre de Formation des personnels d'Encadrement de l'Éducation National
0402	Direction de la promotion de la scolarisation
0403	Lycée Technique de Ouidah
0405	Lycée Technique Coulibaly
0406	Lycée Technique Industriel de Kpondéhou
0407	Lycée Technique Industriel de Porto-Novo
0408	Lycée Technique Commercial de Porto-Novo
0409	Lycée Technique Industriel de Pobé
0410	Lycée Technique Commercial et Industriel de Lokossa
0411	Lycée Technique d'amitié Sino-Béninoise d'Akassato
0412	Écoles des sourds
0413	Prytanée Militaire de Bembèrèkè
0414	Lycée Militaire des Jeunes Filles de Natitingou
0415	Lycée Technique de Natitingou
0416	Lycée Technique de Bohicon
0417	Lycée Agricole de Medji-Sékou
0418	Lycée Technique Agricole d'Adja-Ouèrè
0419	Lycée Technique Agricole d'Adjahonmé
0420	Lycée Technique Agricole de Kpataba/Savalou
0421	Lycée Technique Agricole de Djougou
0422	Lycée Technique Agricole de Natitingou
0423	Lycée Technique Agricole de Banikoara
0424	Centre de Métiers de Pahou
0425	Centre de Métiers de Covè
0426	Centre de Métiers de Nikki
0427	Centre de Formation Professionnelle de Kouandé
0428	Lycée Technique de Tchaourou
0429	Centre de Formation Professionnelle d'Abomey
0430	Centre de Formation Professionnelle Dogbo
0431	Lycée Technique Commercial et Industriel de Kandi

0432	École de Formation Médico-sociale (EFMS) de Parakou
0433	École Technique de Formation Familiale et Sociale (EFS) de Cotonou
0434	Lycée Technique Agricole de Kika
0435	Foyer de Jeunes Filles de Ouidah
0436	Foyer de Jeunes Filles de Lokossa
0437	Foyer de Jeunes Filles d'Abomey
0438	Foyer de Jeunes Filles de Parakou
0439	Foyer de Jeunes Filles de Porto-Novo
0440	Foyer de Jeunes Filles de Natitingou
0441	Lycée Technique Commercial et Industriel de Djougou
0442	Centre de Formation Professionnelle de Djougou
0443	Direction Générale de la Coopération Bilatérale
0444	Direction Générale de la Coopération Multilatérale
0447	Direction des Pays du Golfe et de l'Organisation de la Coopération Islamiques
0448	Direction des Pays du Voisinage
0489	Direction de l'Amérique
0490	Direction de l'Asie et de l'Océanie
0491	Direction de l'Europe
0492	Direction de la Coopération Décentralisée et de l'Action Humanitaire
0493	Direction de l'Action Culturelle
0494	Direction des Organisations Internationales
0495	Direction de la Francophonie
0496	Direction de l'intégration Africaine
0497	Direction des Opérations du Maintien et de Promotion de la Paix
0498	Direction des Relations Économiques et Commerciales Internationales
0499	Direction des Relations avec les Béninois de l'Extérieur
0500	Direction du Protocole d'État
0501	Direction de l'Analyse et de la Prospective Internationale
0502	Direction des Affaires Consulaires
0503	Direction des Affaires Juridiques
0504	Direction des Chiffres et de la Sécurité des Télécommunications
0505	Direction Nationale de l'interprétation et de la Traduction
0506	Direction des Relations avec les Béninois de l'Extérieur
0507	Institut des Relations Internationales et des Études Stratégiques
0508	Commission Nationale Permanente de la Francophonie
0509	Agence Nationale des Migrations et des Béninois de l'Extérieur
0510	Observatoire de l'Intégration Régionale
0511	Direction Générale des Transports Terrestres
0512	Direction Générale des Travaux Publics
0513	Direction Nationale de la Météorologie
0514	Direction des Études Techniques
0515	Fonds Routier
0516	Centre National de Sécurité Routière
0517	Agence pour la Sécurité de la Navigation Aérienne en Afrique et au Madagascar

0518	Agence Nationale de l'Aviation Civile
0519	Centre National d'Essais et de Recherches en Travaux Publics
0520	Organisation Commune Bénin Niger et des Transports
0521	Société du Matériel des Travaux Publics
0522	Centre de Formation des Transports et des Travaux Publics
0523	Direction Générale de la Fonction Publique
0524	Direction Générale du Travail
0525	Direction Générale du Renforcement des Capacités et de l'Employabilité
0526	Fonds de Développement de la Formation Continue et de l'Apprentissage
0527	Centre de Perfectionnement du Personnel des Entreprises
0528	Institut de Formation Sociale Économique et Civique
0529	Caisse Nationale de Sécurité Sociale
0530	Direction Générale de la Réforme de l'Etat
0531	Caisse Mutuelle de Prévoyance Sociale
0532	Direction Générale de la Police Nationale
0533	Centre de Documentation de Sécurité Publique
0534	Direction Générale de la Sécurité Publique
0535	Direction Générale des Affaires Intérieures et des Cultes
0536	Direction Générale de l'Etat Civil
0537	Direction de la Coopération Technique de Sécurité
0538	Direction des Chiffres et de la Sécurité des Télécommunications
0539	Direction des Transmissions
0540	Direction de la Coordination de l'Information et de la Documentation
0541	Direction du Groupement National des Sapeurs-Pompiers
0542	Comité Interministériel de Lutte contre l'Abus des Stupéfiants et des Substances Psychotropes
0543	Secrétariat Permanent du Comité National des Manifestations Officielles
0544	Agence Nationale de Protection Civile
0545	Agence Béninoise de Gestion Intégrée des Espaces Frontaliers
0546	Office Central de Répression des Trafics Illicites des Drogues
0547	Comité National des Manifestations Officielles
0548	Office Central de Protection des Mineurs, de la Famille et de la Répression de la Traite des Etres Humains
0549	Unité Spéciale de la Police Fluviale
0550	Cellule Aéroportuaire Anti-Trafic
0551	Brigade Cynophile
0552	Ecole Nationale Supérieure de Police
0553	Ecole Nationale de Police
0554	Direction des Transmissions
0555	Direction Générale de la Décentralisation et de la Gouvernance Locale
0556	Direction Générale de l'Administration d'État
0557	Secrétariat Permanent de la Commission Nationale des Affaires Domaniales
0558	Secrétariat Permanent de la Commission Nationale des Finances Locales
0559	Préfecture de l'Alibori
0560	Préfecture de l'Atacora

0561	Préfecture de l'Atlantique
0562	Préfecture du Borgou
0563	Préfecture des Collines
0564	Préfecture du Couffo
0565	Préfecture de la Donga
0566	Préfecture du Littoral
0567	Préfecture du Mono
0568	Préfecture de l'Ouémé
0569	Préfecture du Plateau
0570	Préfecture du Zou
0571	Projet National de Développement Conduit par les Communautés
0572	Maison des Collectivités Locales
0573	Société de Gestion des Marchés Autonomes
0574	Délégation à l'Aménagement du Territoire
0575	Observatoire de la Gouvernance Locale et de la Décentralisation
0576	Centre de Formation pour l'Administration Locale
0577	Direction Générale des Politiques de Développement
0578	Direction Générale du Suivi des Projets et Programmes
0579	Direction Générale des Investissements et du Financement du Développement
0580	Institut National de la Statistique et de l'Analyse Économique
0581	Centre de Promotion des Investissements
0582	Centre de Partenariat et d'Expertise pour le Développement Durable
0583	Autorité de Développement du Périmètre de Glo-Djigbé
0584	Direction Nationale du Programme Alimentaire Mondial
0585	Observatoire du Changement Social
0586	Centre National de Recherche et de Formation en Développement
0587	Direction de la Gestion et de l'Exploitation des Ressources de la Mer
0588	Direction de la Marine Marchande
0589	Direction Nationale des Ports
0590	Direction des Transports Maritimes et Fluvio-Lagunaires
0591	Port Autonome de Cotonou
0592	Société Béninoise des Manutentions Portuaires
0593	Conseil National des Chargeurs du Bénin
0594	Compagnie Béninoise de Navigation Maritime
0595	Société de Gestion du Fret Portuaire
0596	Société de Gestion du Guichet Unique pour le Commerce Extérieur
0597	Direction de la Coordination et de Suivi des Politiques OMD
0598	Direction du Développement Durable
0599	Direction du Suivi et de Contrôle des Projets et Programmes
0600	Direction des initiatives Présidentielles en Faveur des OMD-ODD
0601	Direction Générale de l'Environnement
0602	Direction Générale des Forêts et des Ressources Naturelles
0603	Direction de la Promotion et de l'Ecocitoyenneté
0604	Agence Béninoise de l'Environnement
0605	Fonds National pour l'Environnement

0606	Direction Générale du Développement Urbain
0607	Agence Nationale de Bois-Énergie (ANBE)
0608	Centre National de Gestion des Réserves de Faune
0609	Office National de Télé Détection (CENATEL)
0610	Centre d'Étude et de Recherche en Foresterie
0611	Industrie Béninoise du Bois

2.4. Localisation géographique

1 Opération au niveau central

2 Opération au niveau déconcentré

201 Département de l'Alibori
20101 : Banikoara
20102 : Gogounou
20103 : Kandi
20104 : Karimama
20105 : Malanville
20106 : Ségbana
202 Département de l'Atacora
20201 : Boukoumbé
20202 : Natitingou
20203 : Toucountouna
20204 : Tanguiéta
20205 : Matéri
20206 : Cobly
20207 : Kérou
20208 : Péhonco
20209 : Kouandé
203 Département de l'Atlantique
20301 : Kpomassè
20302 : Ouidah
20303 : Tori Bossito
20304 : Allada
20305 : Toffo
20306 : Zè
20307 : Abomey-Calavi
20308 : Sô-Ava
204 Département du Borgou
20401 : Bembèrèkè
20402 : N'Dali
20403 : Sinendé
20404 : Kalalé
20405 : Nikki
20406 : Pèrèrè
20407 : Tchaourou
20408 : Parakou
205 Département des Collines
20501 : Dassa Zoumè
20502 : Glazoué
20503 : Bantè
20504 : Savalou
20505 : Ouèssè
20506 : Savè
206 Département du Couffo
20601 : Aplahoué
20602 : Djacotomey
20603 : Klouékanmè
20604 : Dogbo
20605 : Toviklin
20606 : Lalo
207 Département de la Donga
20701 : Bassila
20702 : Copargo
20703 : Djougou
20704 : Ouaké
208 Département du Littoral
20801 : Cotonou
209 Département du Mono
20901 : Grand Popo
20902 : Comé
20903 : Bopa
20904 : Athiémé
20905 : Houéyogbé
20906 : Lokossa
210 Département de l'Ouèrné
21001 : Aguégués
21002 : Porto Novo
21003 : Sèmè Kpodji
21004 : Adjarra
21005 : Avrankou
21006 : Akpro-Missérètè
21007 : Adjohoun
21008 : Bonou
21009 : Dangbo
211 Département du Plateau
21101 : Ifangni

21102 : Pobé
21103 : Sakété
21104 : Kétou
21105 : Adja Ouèrè
212 Département du Zou
21201 : Covè
21202 : Ouinhi
21203 : Zangnanado
21204 : Abomey
21205 : Agbangnizoun
21206 : Djidja
21207 : Bohicon
21208 : Za-Kpota
21209 : Zogbodomey

3 Opération à l'extérieur

301 Représentation du Bénin en Afrique
30101 Afrique du Sud
3010101 Pretoria
30102 Algérie
3010201 Alger
30103 Angola
3010301 Luanda
30104 Bénin
3010401 Porto Novo
30105 Botswana
3010501 Gaborone
30106 Burkina Faso
3010601 Ouagadougou
30107 Burundi
3010701 Bujumbura
30108 Cameroun
3010801 Yaoundé
30109 République Centrafricaine
3010901 Bangui
30110 Comores
3011001 Moroni
30111 Congo
3011101 Brazzaville
30112 Côte d'Ivoire
3011201 Yamoussoukro
3011202 Abidjan
30113 Djibouti
3011301 Djibouti
30114 Egypte
3011401 Le Caire
30115 Erythrée
3011501 Asmara
30116 Ethiopie
3011601 Addis-Abeba
30117 Gabon
3011701 Libreville
30118 Gambie
3011801 Banjul
30119 Ghana
3011901 Accra
30120 Guinée
3012001 Conakry
30121 Guinée Bissau
3012101 Bissau
30122 Guinée Equatoriale
3012201 Malabo
30123 Iles Maurice
3012301 Port Louis
30124 Kenya
3012401 Naïrobi
30125 Lesotho
3012501 Maseru
30126 Liberia
3012601Monrovia
30127 Lybie
3012701 Tripoli
30128 Madagascar
3012801 Antananarivo
30129 Malawi
3012901 Lilongwe
301230 Mali
3013001 Bamako
30131 Maroc
3013101 Rabat
30132 Mauritanie
3013201 Nouakchott
30133 Mozambique
3013301 Maputo
30134 Namibie
3013401 Windhoek
30135 Niger
3013501 Niamey
30136 Nigeria
3013601 Abuja
30137 Ouganda
3013701 Kampala
30138 République Démocratique du Congo
3013801 Kinshasa
30139 Rwanda

3013901 Kigali
30140 Sao Tomé & Principe
3014001 Sao Tome
30141 Sénégal
3014101 Dakar
30142 Seychelles
3014201 Victoria
30143 Sierra Léone
3014301 Freetown
30144 Somalie
3014401 Mogadiscio
30145 Soudan du nord
3014501 Khartoum
30146 Soudan du sud
3014601 Djouba
30147 Swaziland
3014701 Mbabane
30148 Tanzanie
3014801 Dodoma
30149 Tchad
3014901 N'Djamena
30150 Togo
3015001 Lomé
30151 Tunisie
3015101 Tunis
30152 Zambie
3015201 Lusaka
30153 Zimbabwe
3015301 Harare

302 Représentation du Bénin en Amérique
30201 Argentine
3020101 Buenos Aires
30202 Belize
3020201 Belmopan
30203 Bolivie
3020301 Sucre
30204 Brésil
3020401 Brasilia
30205 Canada
3020501 Ottawa
30206 Chili
3020601 Santiago
30207 Colombie
3020701 Bogota
30208 Costa Rica
3020801 San José
30209 Cuba
3020901 La Havane
30210 Dominique
3021001 Roseau
30211 Equateur
3021101 Quito
30212 Etats Unis d'Amérique
3021201 Washington
3021202 New York
30213 Géorgie
3021301 Tbilissi
30214 Guatemala
3021401 Guatemala
30215 Guyana
3021501 Georgetown
30216 Haïti
3021601 Port-au-Prince
30217 Honduras
3021701 Tegucigalpa
30218 Jamaïque
3021801 Kingston
30219 Mexique
3021901 Mexico
30220 Nicaragua
3022001 Managua
30221 Panama
3022101 Panama
30222 Paraguay
3022201 Asuncion
30223 Pérou
3022301 Lima
30224 Suriname
3022401 Paramaribo
30225 Uruguay
3022501 Montevideo
30226 Venezuela
3022601 Caracas

303 Représentation du Bénin en Asie
30301 Afghanistan
3030101 Kaboul
30302 Arabie Saoudite
3030201 Riyad
30303 Azerbaïdjan
3030301 Bakou
30304 Bahrain
3030401 Manama
30305 Bangladesh
3030501 Dacca

30306 Bhoutan
3030601 Thimbu
30307 Birmanie
3030701 Rangoun
30308 Cambodge
3030801 Phnom Penh
30309 Chine
3030901 Pékin
30310 Emirat Arabe Uni
3031001 Abu Dhabi
30311 Inde
3031101 New Delhi
30312 Indonésie
3031201 Jakarta
30313 Irak
3031301 Bagdad
30314 Iran
3031401 Téhéran
30315 Israël
3031501 Jérusalem
30316 Japon
3031601 Tokyo
30317 Jordanie
3031701 Amman
30318 Kazakhstan
3031801 Astana
30319 Koweït
3031901 Koweït
30320 Kirghizistan
3032001 Bichkek
30321 Laos
3032101 Vientiane
30322 Liban
3032201 Beyrouth
30323 Malaisie
3032301 Kuala Lumpur
30324 Mongolie
3032401 Oulan-Bator
30325 Népal
3032501 Katmandou
30326 Oman
3032601 Mascate
30327 Ouzbékistan
3032701 Tachkent
30328 Pakistan
3032801 Islamabad
30329 Philippines
3032901 Manille
30330 Qatar
3033001 Doha
30331 Sri Lanka
3033101 Colombo
30332 Syrie
3033201 Damas
30333 Tadjikistan
3033301 Douchanbe
30334 Thaïlande
30333401 Bangkok
30335 Turkménistan
30333501 Achgabat
30336 Yémen
3033601 Sanaa

304 Représentation du Bénin en Europe
30401 Albanie
3040101 Tirana
30402 Allemagne
3040201 Berlin
30403 Autriche
3040301 Vienne
30404 Belgique
3040401 Bruxelles
30405 Biélorussie
3040501 Minsk
30406 Bosnie Herzégovine
3040601 Sarajevo
30407 Bulgarie
3040701 Sofia
30408 Chypre
3040801 Nicosie
30409 Croatie
3040901 Zagreb
30410 Danemark
3041001 Copenhague
30411 Espagne
3041101 Madrid
30412 Estonie
3041201 Tallinn
30413 Finlande
3041301 Helsinki
30414 France
3041401 Paris
30415 Grèce
3041501 Athènes
30416 Hongrie
3041601 Budapest

30417 Irlande
30417 Dublin
30418 Italie
3041801 Rome
30419 Lettonie
3041901 Riga
30420 Lituanie
3042001 Vilnius
30421 Luxembourg
3042101 Luxembourg
30422 Macédoine
3042201 Skopje
30423 Moldavie
3042301 Chisinau
30424 Monaco
3042401 Monaco
30425 Norvège
3042501 Oslo
30426 Pologne
3042601 Varsovie
30427 Portugal
3042701 Lisbonne
30428 République Tchèque
3042801 Prague
30429 Roumanie
3042901 Bucarest
30430 Russie
3043001 Moscou
30431 Slovaquie
3043101 Bratislava
30432 Slovénie
3043201 Ljubljana
30433 Suède
3043301 Stockholm
30434 Suisse
3043401 Berne
30435 Ukraine
3043501 Kiev
30436 Vatican
3043601 Vatican

305 Représentation du Bénin en Océanie
30501 Australie
3050101 Canberra
30502 Nouvelle Guinée (Papouasie)
3050201 Port Moresby
30503 Nouvelle Zélande
3050301 Wellington
30504 Fidji
3050401 Suva
30505 Kiribati
3050501 Tarawa
30506 Marshall
3050601 Majuro
30507 Micronésie
3050701 Palikir
30508 Nauru
3050801 Yaren
30509 Melekeok
3050901 Palaos
30510 Salomon
3051001 Honiara
30511 Samoa
3051101 Apia
30512 Tonga
3051201 Nuku'alofa
30513 Tuvalu
3051301 Funafuti
30514 Vanuatu
3051401 Port-Vila

3. Classification fonctionnelle des dépenses de l'État

01 Services généraux des administrations publiques

011 Fonctionnement des organes exécutifs et législatifs, affaires financières et fiscales, affaires étrangères

0111 Fonctionnement des organes exécutifs et législatifs au niveau national

0112 Affaires financières et fiscales

0113 Affaires étrangères

012 Aide économique extérieure

0121 Aide économique aux pays en développement ou en transition

0122 Aide économique par l'intermédiaire d'organisations internationales

013 Services généraux

0131 Services généraux de personnel

0132 Services généraux de planification et de statistiques

0139 Autres services généraux

014 Recherche fondamentale

0140 Recherche fondamentale

015 Recherche-développement concernant les services généraux des administrations publiques

0150 Recherche-développement concernant les services généraux des administrations publiques

016 Services généraux des administrations publiques n.c.a.

0160 Services généraux des administrations publiques n.c.a.

017 Opérations concernant la dette publique

0170 Opérations concernant la dette publique

018 Transferts de caractère général entre les administrations publiques

0180 Transferts de caractère général entre les administrations publiques

02 Défense

021 Défense militaire

0210 Défense militaire

022 Défense civile

0220 Défense civile

023 Aide militaire à des pays étrangers

0230 Aide militaire à des pays étrangers

024 R-D concernant la défense

0240 Recherche-développement concernant la défense

025 Défense n.c.a.

0250 Défense n.c.a.

03 Ordre et sécurité publics

031 Services de police et de gendarmerie

0311 Services de police

0312 Services de gendarmerie

032 Services de protection civile

0320 Services de protection civile

033 Tribunaux

0330 Tribunaux

034 Administration pénitentiaire

0340 Administration pénitentiaire

035 R-D concernant l'ordre et la sécurité publics

0350 Recherche-développement concernant l'ordre et la sécurité publics

036 Ordre et sécurité publics, n.c.a.

0360 Ordre et sécurité publics, n.c.a.

04 Affaires économiques

041 Tutelle de l'économie générale des échanges et de l'emploi

0411 Tutelle de l'économie générale et des échanges

0412 Affaires générales concernant l'emploi

042 Agriculture, sylviculture, pêche, chasse et élevage

0421 Agriculture

0422 Sylviculture

0423 Pêche et chasse

0424 Elevage

043 Combustibles et énergie

0431 Charbon et autres combustibles minéraux solides

0432 Pétrole et gaz naturel

0433 Combustible nucléaire

0434 Autres combustibles

0435 Électricité

0436 Énergie non électrique

044 Industries extractives et manufacturières, construction

0441 Extraction de ressources minérales autres que les combustibles minéraux

0442 Industries manufacturières

0443 Construction

045 Transports

0451 Transports routiers

0452 Transports par voie d'eau

0453 Transports par voie ferrée

0454 Transports aériens

0455 Pipelines et systèmes de transport divers

046 Communication

0460 Communication

047 Autres branches d'activité

0471 Distribution, entrepôts et magasins

0472 Hôtellerie et restauration

0473 Tourisme

0474 Projets de développement polyvalents

0475 Artisanat

048 Recherche-développement concernant les affaires économiques

0481 Recherche-développement concernant la tutelle de l'économie, des échanges et de l'emploi

0482 Recherche-développement concernant l'agriculture, la sylviculture, la pêche, la chasse et l'élevage

0483 Recherche-développement concernant les combustibles et l'énergie

0484 Recherche-développement concernant les industries extractives et manufacturières et la construction

0485 Recherche-développement concernant les transports

0486 Recherche-développement concernant les communications

0487 Recherche-développement concernant les autres branches d'activité

049 Affaires économiques, n.c.a.

0490 Affaires économiques, n.c.a.

05 Protection de l'environnement

051 Gestion des déchets et ordures

0510 Gestion des déchets et ordures

052 Gestion des eaux usées

0520 Gestion des eaux usées

053 Lutte contre la pollution et les inondations

0531 Lutte contre la pollution

0532 Lutte contre les inondations

054 Préservation de la diversité biologique et protection de la nature

0540Préservation de la diversité biologique et protectionde la nature

055 Recherche-développement concernant la protection de l'environnement

0550 Recherche-développement concernant la protection de l'environnement

056 Protection de l'environnement, n.c.a.

0560 Protection de l'environnement, n.c.a.

06 Logement et équipements collectifs

061 Logement

0610 Logement

062 Équipements collectifs

0620 Équipements collectifs

063 Alimentation en eau

0630 Alimentation en eau potable

064 Éclairage public

0640 Éclairage public

065 Recherche-développement dans le domaine du logement et des équipements collectifs

0650 Recherche-développement dans le domaine du logement et des équipements collectifs

066 Logement et équipements collectifs, n.c.a.

0660 Logement et équipements collectifs, n.c.a.

07 Santé

071 Produits, appareils et matériels médicaux

0711 Produits pharmaceutiques

0712 Produits médicaux divers

0713 Appareils et matériels thérapeutiques

0714 Produits de Pharmacopée

072 Services ambulatoires

0721 Services de médecine générale

0722 Services de médecine spécialisée

0723 Services dentaires

0724 Services paramédicaux

073 Services hospitaliers

0731 Services hospitaliers généraux

0732 Services hospitaliers spécialisés

0733 Services des dispensaires et des maternités

0734 Services des maisons de repos et des maisons de santé

074 Services de santé publique

0740 Services de santé publique

075 Recherche-développement dans le domaine de la santé

0750 Recherche-développement dans le domaine de la santé

076 Santé, n.c.a.

0760 Santé, n.c.a.

08 Loisirs, culture et culte

081 Services récréatifs et sportifs

0810 Services récréatifs et sportifs

082 Services culturels

0820 Services culturels

083 Services de radiodiffusion, de télévision et d'édition

0830 Services de radiodiffusion, de télévision et d'édition

084 Culte et autres services communautaires

0840 Culte et autres services communautaires

085 R-D dans le domaine des loisirs, de la culture et du culte

0850 Recherche-développement dans le domaine des loisirs, de la culture et du culte

086 Loisirs, culture et culte, n.c.a.

0860 Loisirs, culture et culte, n.c.a.

09 Enseignement

091 Enseignements préélémentaire et primaire

0911 Enseignement préélémentaire

0912 Enseignement primaire

092 Enseignement secondaire

0921 1er cycle de l'enseignement secondaire général

0922 2ème cycle de l'enseignement secondaire général

0923 1ercycle de l'enseignement secondaire technique et professionnel

0924 2èmecycle de l'enseignement secondaire technique et professionnel

093 Enseignement Post-secondaire non supérieur

0930 Enseignement post-secondaire non supérieur

094 Enseignement supérieur

0941 Enseignement supérieur non doctoral

0942 Enseignement supérieur doctoral

0943 Enseignement supérieur technique et professionnel niveau 1

0944 Enseignement supérieur technique et professionnel niveau 2

095 Enseignement non défini par niveau

0950 Enseignement non défini par niveau

096 Services annexes à l'enseignement

0960 Services annexes à l'enseignement

097 Recherche-développement dans le domaine de l'enseignement

0970 Recherche-développement dans le domaine de l'enseignement

098 Enseignement, n.c.a.

0980 Enseignement, n.c.a.

10 Protection sociale

101 Maladie et invalidité

1011 Maladie

1012 Invalidité

102 Vieillesse

1020 Vieillesse

103 Survivants

1030 Survivants

104 Famille et enfants

1040 Famille et enfants

105 Chômage

1050 Chômage

106 Logement

1060 Logement

107 Exclusion sociale, n.c.a.

1070 Exclusion sociale, n.c.a.

108 Recherche-développement dans le domaine de la protection sociale

1080 Recherche-développement dans le domaine de la protection sociale

109 Protection sociale, n.c.a.

1090 Protection sociale, n.c.a.

4. Classification par nature de dépenses

60 ACHATS DE BIENS

601 Matières, matériel et fournitures

6011 Achat de matières et de petits matériels

6012 Carburants et lubrifiants

6013 Fournitures de bureau

6014 Produits biomédicaux et médicaments

6015 Produits agricoles et alimentaires

6016 Pièces de rechanges matériels

6017 Documentation et abonnement

6019 Autres achats de matières, matériels et fournitures

603 Variations des stocks de biens fongibles achetés

6031 Variation de stocks de matières et de petits matériels

6032 Variation de stocks de matières premières

6039 Variation de stocks d'autres approvisionnements

605 Eau, électricité, gaz et autres sources d'énergie

6051 Branchements et raccordement des compteurs

6052 Abonnement et consommation d'eau

6053 Abonnement et consommation d'électricité

6054 Abonnement et consommation de gaz

6059 Autres sources d'énergie

606 Matériel et fournitures spécifiques

6061 Petits matériels et fournitures techniques

6062 Produits pharmaceutiques, médicaux et vétérinaires

6063 Habillement, campement et couchage

6069 Autres matériels et fournitures spécifiques

609 Autres achats de biens

6099 Autres achats de biens

61 ACQUISITIONS DE SERVICES

611 Frais de transport et de mission

6111 Frais de transport à l'intérieur

6112 Frais de transport à l'extérieur

6113 Frais de transport des évacuations sanitaires

6114 Indemnités de mission à l'intérieur

6115 Indemnités de mission à l'extérieur

6116 Frais de transport et indemnités de mission des missionnaires non agents de l'État

6117 Frais de voyage des coopérants et autres expatriés

9118 Frais de transport pour déplacement définitif

6119 Autres frais de transport et de mission

612 Loyers et charges locatives

6121 Loyers et charges locatives des bâtiments administratifs

6122 Loyers et charges locatives des salles de conférence

6123 Location de machines et de matériel technique

6124 Location de matériel informatique

6125 Location de matériel de télécommunication

6126 Location de véhicules

6127 Redevances de crédit-bail

6129 Autres charges locatives

614 Entretien et maintenance

6141 Entretien des terrains et plantations

6142 Entretien et réparation des immeubles

6143 Entretien et réparation des routes, aérodromes, ouvrages et infrastructures

6144 Entretien et réparation du matériel de transport

6145 Entretien et réparation des avions, navires et autres véhicules spéciaux

6146 Entretien et réparation du mobilier et matériel informatique et de bureau

6147 Entretien et réparation du mobilier et matériel (autres informatiques) et outillages techniques

6148 Entretien et maintenance des installations (électriques, climatiseurs, sanitaires, plomberic, ascenseurs)

6149 Travaux divers d'entretien et de maintenance

615 Assurances

6151 Assurances au profit du personnel exerçant des fonctions spécifiques

6152 Assurances au profit des autorités politiques et administratives

6153 Assurances des immeubles et autres infrastructures

6154 Assurances des véhicules automobiles

6155 Assurances des matériels et équipements

6156 Assurances des avions, navires et autres véhicules spécifiques

6157 Mutuelle d'assurances

6159 Autres frais d'assurance

617 Frais de relations publiques

6171 Frais de relations publiques

6179 Autres Frais de relations publiques

618 Dépenses de communications

6181 Frais postaux

6182 Frais de télécommunications

6183 Abonnement et consommation internet

6184 Franchises militaires

6185 Transmissions radio

6186 Frais Communiqués de presse, radio, télévision et frais de publicité

6189 Autres dépenses de communication

62 AUTRES SERVICES

621 Frais bancaires

6211 Frais bancaires

622 Prestations de services

6221 Honoraires, commission, courtages et conseils

6222 Frais d'impression

6223 Frais de gardiennage

6224 Frais d'actes et de contentieux

6225 Redevance aux agences de presse

6229 Frais d'autres prestations de services

623 Frais de formation du personnel

6231 Prestation des organismes de formation résidents

6232 Prestation des organismes de formation non-résidents
6233 Indemnité de formation à l'étranger
6234 Transport des agents en formation à l'étranger
6235 Indemnités de formation à l'intérieur
6236 Transport des agents en formation à l'intérieur
6239 Autres frais de formation
624 Redevances pour brevets, licences et logiciels
6241 Redevances pour brevets, licences et logiciels
6249 Autres Redevances pour brevets, licences et logiciels
629 Autres acquisitions de services
6291 Frais d'organisation des examens, concours et tests
6292 Frais de conférence, congrès et séminaire
6294 Impôts, taxes et versements assimilés payés par l'État
6295 Enquêtes, vérifications, contrôles et audits
6296 Frais d'élections
6297 Foire, fête et cérémonie
6298 Fonds spéciaux, sécurité
6299 Autres acquisitions de services

63 SUBVENTIONS

631 Subventions aux entreprises publiques
6311 Subventions d'équilibre - personnel
G312 Subventions d'équilibre - fonctionnement
6313 Subventions d'exploitation
6314 Subvention d'investissement
6315 Subventions - Prime à l'exportation
6316 Subventions - soutien des prix
6319 Autres subventions
632 Subventions aux entreprises privées
6321 Subventions d'équilibre - personnel
6322 Subventions d'équilibre - fonctionnement
6323 Subventions - Prime à l'exportation
6324 Subventions - soutien des prix
6324 Subventions d'exploitation
6325 Subventions d'investissement
6329 Autres subventions
634 Subventions aux institutions financières
6341 Subventions d'équilibre - personnel
6342 Subventions d'équilibre - fonctionnement

6342 Subventions d'exploitation

6343 Subvention d'investissement

639 Subventions à d'autres catégories de bénéficiaires

6391 Subventions à d'autres catégories de bénéficiaires

64 TRANSFERTS

641 Transferts aux établissements publics nationaux

6411 Transferts d'équilibre - personnel

6412 Transferts d'équilibre - fonctionnement

6413 Transferts d'investissement

642 Transferts aux collectivités locales

6421 Transferts aux communes- Personnel

6422 Transferts aux communes- Fonctionnement

6423 Transferts aux communes - Investissement

643 Transferts aux autres administrations publiques

6431 Transferts aux départements- Personnel

6432 Transferts aux départements - Fonctionnement

6433 Transferts aux départements - Investissement

6434 Transferts aux fonds autonomes- Personnel

6435 Transferts aux fonds autonomes- Fonctionnement

6436 Transferts aux fonds autonomes- Investissement

6437 Transferts aux institutions constitutionnelles

644 Transferts aux institutions à but non lucratif

6441 Transferts aux ONG

6442 Transferts aux institutions éducatives et médico-sociales

6443 Transferts aux associations et autres organismes à but non lucratif

645 Transferts aux ménages

6451Transferts pour bourses nationales

6452 Transferts pour bourses à l'étranger

6453 Transferts pour pécules et indemnités aux stagiaires, étudiants et élèves hors fonctionnaires

6454 Transferts pour transport des élèves et étudiants

6455 Aides et secours aux sinistrés et indigents, obsèques notabilités

6456 Transferts pour indemnités de licenciement

6457 Récompense aux lauréats de prix (hors agents de l'État)

6459 Autres transferts

646 Transferts aux autorités supranationales et contributions aux organisations internationales

6461 Transferts aux autorités supranationales

6462 Transferts aux organisations internationales

647 Transferts à d'autres budgets

6471 Transferts aux budgets annexes

6472 Transferts aux comptes spéciaux du Trésor

648 Pensions de retraites des fonctionnaires et autres agents de l'État

6481 Pensions de retraites des fonctionnaires et autres agents de l'État civils

6482 Pensions de retraites des fonctionnaires et autres agents de l'État militaires

649 Autres transferts

6499 Autres transferts

65 CHARGES EXCEPTIONNELLES

651 Annulations de produits constatés au cours des années antérieures

6511 Remboursement de la TVA

6512 Redevances

6513 Reversement de recettes/remboursement des droits indûment perçus

6514 Exonérations fiscales

6519 Autres annulations, reversements et restitutions

652 Condamnations et transactions

6521 Indemnisations et transactions amiables

6522 Dépenses consécutives à des jugements et condamnations

6523 Indemnités d'éviction

654 Valeurs comptables des immobilisations cédées, mises au rebut ou admises en non-valeur

6541 Valeurs comptables des immobilisations cédées

6542 Valeurs comptables des immobilisations mises au rebut ou admises en non-valeur

657 Risques liés aux engagements de l'État

6571 Risques liés aux engagements de l'État

659 Autres charges exceptionnelles

6599 Autres charges exceptionnelles

66 CHARGES DE PERSONNEL

661 Traitements et salaires en espèces

6611 Traitements de base des fonctionnaires militaires

6612 Traitements de base des fonctionnaires civils

6613 Traitements des fonctionnaires en stage

6614 Arriérés de traitements et salaires

6615 Salaires des agents occasionnels

6616 Salaires des gens de maison

6617 Salaires des agents contractuels

6618 Versement de pécules

6619 Autres traitements et salaires

663 Primes et indemnités

6631 Primes et indemnités statutaires permanentes (résidence, logement, spécialisation, qualification, technicité, risque)

6632 Primes de rendement

6633 Indemnités de mutation

6634 Indemnités de fonction et de direction

6635 Indemnités d'heures supplémentaires

6636 Indemnités de correction des examens, concours et tests

6637 Primes et indemnités d'activités pédagogiques

6639 Autres primes et indemnités

664 Cotisations sociales

6641 Cotisations sociales des personnels sous statut (FNRB)

6642 Cotisations sociales des personnels militaires (FNRB)

6643 Cotisations sociales des personnels contractuels et occasionnels (CNSS)

6649 Cotisations sociales non ventilées

665 Traitements et salaires en nature au personnel

6651 Frais d'alimentation du personnel

6652 Frais d'habillement du personnel

6653 Frais de scolarité des enfants du personnel des ambassades

6654 Baux administratifs des logements de fonction

6655 Frais d'hospitalisation d'urgence et d'évacuation sanitaire à l'étranger

6656 Frais d'obsèques du personnel

6659 Autres avantages en nature

666 Prestations sociales

6661 Allocations familiales

6669 Autres prestations sociales

669 Autres dépenses de personnel

6691 Récompenses aux agents méritants

6699 Autres dépenses de personnel

67 INTÉRÊTS ET FRAIS FINANCIERS

671 Intérêts et frais financiers sur la dette

6711 Intérêts et frais financiers - dette multilatérale

6712 Intérêts et frais financiers - dette bilatérale

6713 Intérêts et frais financiers - organismes privés extérieurs

6714 Intérêts et frais financiers - dette intérieure

6715 Intérêts et frais financiers sur conventions à paiement différé à l'extérieur

6716 Intérêts et frais financiers sur conventions à paiement différé à l'intérieur
6717 Intérêts et frais financiers sur dette extérieure rééchelonnée
6719 Autres Intérêts et frais financiers sur la dette
672 Pertes sur cessions de titres de placement
6721 Pertes sur cessions de titres de placement
6729 Autres Pertes sur cessions de titres de placement
676 Pertes de changes
6761 Pertes de changes
6769 Autres pertes de changes
679 Autres intérêts et frais financiers
6799 Autres intérêts et frais financiers

21 IMMOBILISATIONS INCORPORELLES

211 Frais de recherche et de développement
2111 Frais d'étude, de recherche et de développement
2112 Frais de recherches en vue de la valorisation des ressources humaines
2119 Autres Frais de recherche et de développement
212 Brevets, marques de fabrique, droits d'auteur
2121 Brevets, marques de fabrique, droits d'auteur
2128 Brevets, marques de fabrique, droits d'auteur en cours
213 Conceptions de systèmes d'organisation - progiciels
2131 Conceptions de systèmes d'organisation - progiciels
2138 Conceptions de systèmes d'organisation - progiciels en cours
214 Droit d'exploitation fonds de commerce
2141 Droit d'exploitation fonds de commerce
2148 Droit d'exploitation fonds de commerce en cours
219 Autres droits et valeurs incorporels
2191 Immobilisations incorporelles pour le compte de tiers
2198 Immobilisations incorporelles pour le compte de tiers en cours
2199 Autres droits et valeurs incorporelles

22 ACQUISITIONS ET AMÉNAGEMENTS DES SOLS ET SOUS SOLS

221 Terrains
2211 Terrains
2218 Terrains en cours
222 Sous-sols, gisements et carrière
2221 Carrières
2222 Gisements miniers
2223 Gisements d'hydrocarbures

2228 Sous-sol, gisements et carrière en cours
223 Plantation et forêts
2231 Plantation et forêts
2238 Plantation et forêts en cours
224 Plans d'eau
2241 Plans d'eau
2248 Plan d'eau en cours

23 ACQUISITIONS, CONSTRUCTIONS ET GROSSES RÉPARATIONS DES IMMEUBLES

231 Bâtiments administratifs à usage de bureau
2311 Bâtiments administratifs à usage de bureau
2318 Bâtiments administratifs à usage de bureau en cours
232 Bâtiments administratifs à usage de logement
2321 Bâtiments administratifs à usage de logement (civils)
2322 Bâtiments administratifs à usage de logement (militaires)
2328 Bâtiments administratifs à usage de logement en cours
233 Bâtiments administratifs à usage technique
233 Bâtiments administratifs à usage technique en cours
234 Ouvrages
2341 Voies de terre
2342 Voies de fer
2343 Voies d'eau et Ports
2344 Aérodromes
2345 Ouvrages et équipements hydrauliques - Barrages, digues
2346 Réseaux d'eau, d'électricité et d'assainissement
2347 Réseaux téléphoniques et medias
2348 Ouvrages en cours
2349 Autres ouvrages
235 Infrastructures
2351 Infrastructures
2358 Infrastructures en cours
236 Réseaux informatiques
2361 Réseaux informatiques
2368 Réseaux informatiques en cours

24 ACQUISITIONS ET GROSSES RÉPARATIONS DU MATÉRIEL ET MOBILIER

241 Mobilier et matériel de logement et de bureau
2411 Mobilier et matériel de logement

2412 Mobilier et matériel de bureau (autre qu'informatique)
2418 Mobilier et matériel de logement et de bureau en cours
242 Matériel informatique de bureau
2421 Matériel informatique de bureau
2428 Matériel informatique de bureau en cours
243 Matériel de transport de service et de fonction
2431 Matériel de transport de service
2432 Matériel de transport de fonction
2438 Matériel de transport de service et de fonction en cours
244 Matériel et outillage techniques
2441 Matériel et outillage industriel
2442 Matériel et outillage de travaux publics
2443 Matériel et outillage agricoles
2444 Matériel et outillage biomédicaux
2448 Matériel et outillage techniques en cours
2449 Autres matériels et outillages techniques
245 Matériel de transport en commun et de marchandises
2451 Matériel de transport routier
2452 Matériel de transport ferroviaire
2453 Matériel de transport fluvial
2454 Matériel de transport maritime
2455 Matériel de transport aérien
2458 Matériel de transport en commun et de marchandises en cours
2459 Autres matériels de transport en commun et de marchandises
246 Collections - œuvres d'art
2461 Collections - œuvres d'art
2468 Collections - œuvres d'art en cours
247 Stocks stratégiques ou d'urgence
2471 Stocks de carburant
2472 Stocks de céréales et autres produits alimentaires
2478 Stocks stratégiques ou d'urgence en cours
2479 Autres stocks
248 Cheptel
2481 Cheptel - bovins
2482 Cheptel - chevaux
2483 Cheptel - dromadaires
2484 Cheptel - ânes
2485 Cheptel - petits ruminants

2486 Cheptel - porcs

2488 Cheptel en cours

2489 Autre cheptel

25 ÉQUIPEMENTS MILITAIRES

251 Bâtiments militaires

2511 Bâtiments militaires (autre qu'à usage de logement)

2518 Bâtiments militaires en cours

252 Ouvrages et infrastructures militaires

2521 Ouvrages et infrastructures militaires

2528 Ouvrages et infrastructures en cours

253 Mobiliers, matériels militaires et équipements

2531 Mobilier et Matériel de bureau (autres qu'informatiques)

2532 Matériel informatique

2533 Matériel et outillage

2534 Véhicule de fonction ou de service

2535 Véhicule de transport en commun militaire

2536 Véhicule de transport utilitaire militaire

2537 Matériel de transport fluvial, maritime ou aérien militaire

2538 Mobiliers, matériels militaires et équipements en cours

2539 Autres équipements militaires

26 PRISES DE PARTICIPATIONS ET CAUTIONNEMENTS

261 Prises de participation à l'intérieur

2611 Prises de participations dans des entreprises publiques nationales

2612 Prises de participations dans des entreprises publiques non financières nationales

2613 Prises de participations dans des institutions financières nationales

2614 Prises de participations dans d'autres secteurs de l'économie

2618 Prises de participations dans des entreprises publiques nationales en cours

2619 Autres prises de participations à l'intérieur

262 Prises de participation à l'extérieur

2621 Prises de participations dans les institutions et organismes internationaux

264 Cautionnements

2641 Cautionnements

27 TRANSFERTS EN CAPITAL

271 Transferts en capital à d'autres administrations publiques

272 Transferts en capital aux entreprises publiques non financières

273 Transferts en capital au secteur productif privé

274 Transferts en capital aux institutions financières

275 Transferts en capital aux institutions à but non lucratif

276 Transferts en capital aux ménages

277 Transferts en capital aux organisations internationales

278 Autres transferts en capital à l'étranger

279 Autres transferts en capital

NOMENCLATURE BUDGÉTAIRE DU BURKINA FASO

BURKINA FASO
Unité-Progrès-Justice

DÉCRET N°2016-600/PRES/PM/MINEFID
portant nomenclature budgétaire de l'État.

LE PRÉSIDENT DU FASO,
PRÉSIDENT DU CONSEIL DES MINISTRES,

VU la Constitution ;

VU le décret n°2016-001/PRES du 06 janvier 20î6 portant nomination du Premier Ministre ;

VU le décret n°2016-003/PRES/PM du 12 janvier 2016 portant composition du Gouvernement ;

VU la loi organique n° 073-2015/CNT du 06 novembre 2015 relative aux lois de finances ;

VU le décret n°2016-006/PRES/PM/SGG-CM du 08 février 2016 portant attribution des membres du gouvernement ;

VU le décret n°2016-381/PRES/PM/MINEFID du 20 mai 2016 portant organisation du ministère de l'Économie, des Finances et du Développement ;

VU le décret n° 2016-598/PRES/PM/MINEFID du 08 juillet 2016 portant règlement général sur la comptabilité publique ;

Sur rapport du Ministre de l'Économie, des Finances et du Développement ;

Le Conseil des Ministres, entendu en sa séance du 1er juin 2016.

DÉCRÈTE

TITRE I : DES DISPOSITIONS GÉNÉRALES

Article 1 : Les opérations du budget général de l'État, des budgets annexes et des comptes spéciaux du Trésor sont classées conformément à la nomenclature budgétaire jointe en annexe ainsi qu'il suit :

- en recettes, selon leur nature et éventuellement selon leur source ;
- en dépenses, selon les classifications administrative, par programme, fonctionnelle, économique, par sources de financement et par bénéficiaires.

Article 2 : La codification des recettes et des dépenses se fait selon le principe décimal.

Chapitre 1 : DE LA CLASSIFICATION DES RECETTES

Article 3 : Les recettes du budget général de l'État, des comptes spéciaux du Trésor et des budgets annexes définies dans la loi relative aux lois de finances sont classées selon leur nature correspondant à l'assiette de l'impôt, et éventuellement selon leur source.

Trois niveaux de codification sont retenus pour les recettes du budget général, des budgets annexes et des comptes spéciaux du Trésor, à savoir l'article ; le paragraphe et la rubrique.

L'article est identifié par les deux premiers caractères du code de la classification des recettes. Il est codifié sur deux (2) caractères.

Le paragraphe est une subdivision de l'article. Il est identifié par les trois premiers caractères du code de la classification des recettes. Le paragraphe est codifié sur un caractère.

Le paragraphe se subdivise en rubriques pour détailler les opérations de recettes. La rubrique est identifiée par les sept (7) caractères du code de la classification des recettes. Elle est codifiée sur quatre (4) caractères.

Chapitre 2 : DE LA CLASSIFICATION DES DÉPENSES

Article 4 : Les dépenses du budget général, des budgets annexes et des comptes spéciaux du Trésor sont présentées selon les classifications administrative, par programme, fonctionnelle, économique, par sources de financement et par bénéficiaires.

Section 1 : De la classification administrative

Article 5 : La classification administrative a pour objet de présenter les dépenses budgétaires selon les services ou groupes de services chargés de leur gestion. Elle permet d'identifier la hiérarchie du service chargé de l'exécution de la dépense et de préciser son degré d'autonomie, ainsi que sa situation géographique. Elle dépend de l'organisation administrative des départements ministériels ou des institutions.

Article 6 : La classification administrative comprend deux niveaux : la section et le chapitre. Elle retient les ministères ou les institutions comme premier niveau de classification correspondant aux sections. Les services ou groupes de services constituent le deuxième niveau de classification correspondant aux chapitres.

La section est codifiée sur deux (2) caractères.

Le chapitre est codifié sur neuf(9) caractères et comprend trois niveaux de codification :

- le premier niveau correspond au type de service. Il est codifié sur un (1) caractère. Les services sont soit centraux, soit déconcentrés, soit autonomes, soit services à l'étranger ;
- le second niveau correspond numéro d'ordre du service au sein du ministère ou de l'institution. Il est codifié sur cinq (5) caractères ;
- le troisième niveau correspond à la position géographique du service. Il est codifié sur neuf (9) caractères dont les cinq premiers caractères correspondent au numéro d'ordre du service au sein du ministère ou de l'institution. Les deux caractères suivants désignent la région administrative et les deux (2) derniers la province.

Section 2 : De la classification par programme

Article 7 : Les crédits budgétaires sont décomposés en programmes à l'intérieur des ministères. Un programme peut regrouper, tout ou partie des crédits d'une direction, d'un service, d'un ensemble de directions ou de services d'un même ministère.

Chaque programme est subdivisé en actions et les actions en activités. Le programme est codifié sur trois (03) caractères. L'action est codifiée sur cinq (05) caractères dont les trois premiers caractères désignent le programme concerné. L'activité est codifiée sur sept (07) caractères dont les cinq premiers caractères permettent d'identifier l'action concernée.

Article 8 : Les crédits budgétaires non répartis par programme sont répartis en dotation.

L'imputation budgétaire des dotations comprend les segments administratif (section et chapitre), fonctionnel, économique, par sources de financement et par bénéficiaires.

Le segment programmatique de la dotation est identifié par le code 000.

Section 3 : De la classification fonctionnelle

Article 9 : La classification fonctionnelle a pour objet de classer les dépenses budgétaires selon leurs objectifs socio-économiques.

Les dépenses budgétaires sont regroupées en dix (10) divisions :

- services généraux des administrations publiques ;
- défense ;
- ordre et sécurité publics ;
- affaires économiques ;
- protection de l'environnement ;
- logements et équipements collectifs ;
- santé ;

- loisirs, culture et culte ;
- enseignement ;
- protection sociale.

Article 10 : La classification fonctionnelle s'articule autour des notions de division, groupe et classe dont l'ensemble est codifié sur quatre (4) caractères.

La division est identifiée par deux (2) caractères et se subdivise en deux niveaux : les groupes et les classes. Le groupe est identifié par un (1) caractère et la classe identifiée par un (1) caractère.

Les groupes et les classes donnent le détail des moyens par lesquels les objectifs généraux sont atteints.

Section 4 : De la classification économique

Article 11 : La classification économique permet d'identifier les moyens utilisés pour atteindre les objectifs des programmes des ministères ou des dotations des institutions constitutionnelles et assimilées.

La classification économique de la nomenclature budgétaire est cohérente avec le plan comptable général de l'État.

Trois (3) niveaux de codification permettent d'identifier les dépenses par nature, à savoir : l'article, le paragraphe et la rubrique.

L'article représente la catégorie économique de la dépense et est identifié par les deux (2) premiers caractères du compte par nature du plan comptable de l'État. Il est codifié sur deux (2) caractères.

Le paragraphe est une subdivision de l'article précisant la nature de la dépense. Il est identifié par les trois (3) premiers caractères du compte par nature du plan comptable de l'État. Le paragraphe est codifié par un (1) caractère.

La rubrique est une subdivision du paragraphe qui précise la nature de la dépense. Elle est identifiée par les sept (7) premiers caractères du compte par nature du plan comptable de l'État. La rubrique est codifiée sur quatre (4) caractères.

Section 5 : De la classification par source de financement

Article 12 : La classification par sources de financement permet d'identifier et de suivre les moyens de financement des dépenses budgétaires (fonds propres, dons et prêts intérieurs ou extérieurs). Deux (2) niveaux de codification permettent d'identifier les dépenses par sources de financement à savoir le type de financement et le bailleur.

Le type de financement est codifié sur un (1) caractère et le bailleur sur trois (03) caractères.

Section6 : De la classification par bénéficiaire

Article 13 : La classification par bénéficiaires établit un lien entre la dépense budgétaire et le bénéficiaire final. Deux (2) niveaux de codification permettent d'identifier les dépenses par bénéficiaires à savoir le groupe bénéficiaire et le numéro du bénéficiaire.

Le groupe bénéficiaire est codifié sur un (1) caractère et le numéro du bénéficiaire sur trois (3) caractères.

TITRE II : DES DISPOSITIONS DIVERSES, TRANSITOIRES ET FINALES

Article 14 : Le format de la nomenclature budgétaire de l'État, la codification des actions et activités au sein des programmes, la classification des recettes par nature, la classification économique des dépenses et la classification fonctionnelle des dépenses sont contenus respectivement dans les annexes 1, 2, 3, 4 et 5 qui font partie intégrante du présent décret.

Article 15 : Les dispositions du présent décret entrent en vigueur à compter de sa date de signature et sont applicables pour la première fois aux procédures d'élaboration, de vote et d'exécution de la loi de finances gestion 2017.

Article 16 : Le présent décret abroge toutes dispositions antérieures contraires, notamment le décret N°2003-665/PRES/PM/MEF du 31 décembre 2003 portant nomenclature budgétaire de l'État.

Article 17 : Le Ministre de l'Économie, des Finances et du Développement est chargé de l'exécution du présent décret qui sera publié au Journal Officiel du Faso.

Ouagadougou, le 08 juillet 2016
Roch Marc Christian KABORE

Le Premier Ministre
Paul Kaba THIEBA

Le Ministre de l'Économie, des Finances et du développement
Hadizatou Rosine COULIBALY/SORI

NOMENCLATURE BUDGÉTAIRE DE LA COTE D'IVOIRE

RÉPUBLIQUE DE COTE D'IVOIRE
PRÉSIDENCE DE LA RÉPUBLIQUE
Union-Discipline –Travail

DÉCRET N°2014-417 DU 09 JUILLET 2014 PORTANT NOMENCLATURE BUDGÉTAIRE DE L'ÉTAT

LE PRÉSIDENT DE LA RÉPUBLIQUE

Sur rapport conjoint du Ministre auprès du Premier ministre, chargé du Budget, du Ministre auprès du Premier Ministre, chargé de l'Économie et des Finances,

Vu la Constitution ;

Vu la loi organique n°2014-336 du 05 juin 2014 relative aux lois de finances ;

Vu la loi organique n°2014-337 du 05 juin 2014 portant Code de Transparence dans la Gestion des Finances Publiques ;

Vu le décret n° 2012-1118 du 21 novembre 2012 portant nomination du Premier Ministre, Chef du Gouvernement ;

Vu le décret n°2012-1119 du 22 novembre 2012 portant nomination des Membres du Gouvernement, tel modifié par les décrets n°2013-505 du 25 juillet 2013, n°2013-784, n°2013-785, n°2013-786 du 19 novembre 2013 et n°2014-89 du 12 mars 2014 ;

Vu le décret n°2013-506 du 25 juillet 2013 portant attributions des Membres du Gouvernement, tel modifié par le décret 2013-802 du 21 novembre 2013 ;

LE CONSEIL DES MINISTRES ENTENDU,

DÉCRÈTE

TITRE I : DISPOSITIONS GÉNÉRALES

Article 1 : Le présent décret fixe le cadre de la nomenclature budgétaire de l'État. Il définit les principes fondamentaux de présentation des opérations du budget général, des budgets annexes et des comptes spéciaux du Trésor, qui constituent le budget de l'État.

Article 2 : Les recettes du budget de l'État sont classées selon leur nature et éventuellement selon leur source.

Les dépenses du budget de l'État sont classées selon les classifications suivantes :

- administrative ;
- par programme ;
- fonctionnelle ;
- économique ;
- par source de financement

TITRE II : CLASSIFICATION DES RECETTES

Article 3 : Les recettes du budget général, des budgets annexes et des comptes spéciaux du Trésor sont définies dans la loi organique relative aux lois de finances sont classées selon leur nature, correspondant à l'assiette de l'impôt, et éventuellement selon leur source.

Les recettes du budget général, des budgets annexes et des comptes spéciaux du trésor sont codifiées par articles, paragraphes et lignes.

L'article est une subdivision de la classe comptable. Le premier chiffre désigne la classe des comptes du Plan Comptable de l'État.

L'article est identifié par les deux premiers caractères du code de la classification des recettes. Il est codifié sur deux chiffres comme suit :

70 : Ventes de produits

71 : Recettes fiscales

72 : Recettes non fiscales

73 : Transferts reçus d'autres budgets

74 : Dons programmes et Legs

75 : Recettes exceptionnelles

76 : Dons Projets et Legs

77 : Produits financiers

Le paragraphe est une subdivision de l'article. Il est identifié par les trois premiers caractères du code de la classification des recettes. Il est codifié comme suit :

Article 70 : Ventes de produits

Paragraphe

701 Ventes de produits

702 Ventes de prestations de services

Article 71 : Recettes fiscales

Paragraphe

711 Impôts sur les revenus, les bénéfices et les gains en capital

712 Impôts sur les salaires versés et autres rémunérations

713 Impôts sur le patrimoine

714 Autres impôts directs

715 Impôts et taxes intérieurs sur les biens et services

716 Droits de timbre et d'enregistrement
717 Droits et taxes à l'importation
718 Droits et taxes à l'exportation
719 Autres recettes fiscales

Article 72 Recettes non fiscales

Paragraphe

721 Revenus de l'entreprise et du domaine
722 Droits et frais administratifs
723 Amendes et condamnations pécuniaires
725 Cotisations de sécurité sociale
729 Autres recettes non fiscales

Article 73 Transferts reçus d'autres budgets

Paragraphes

731 Transferts reçus du budget général
732 Transferts reçus des budgets annexes ou des comptes spéciaux du Trésor

Article 74 Dons Programmes et Legs

Paragraphes

741 Dons des Institutions internationales
742 Dons des gouvernements étrangers
743 Dons des organismes privés extérieurs
744 Dons intérieurs
745 Fonds de concours
749 Autres dons et legs

Article 75 Recettes exceptionnelles

Paragraphes

751 Remises et annulations de dette
752 Restitutions au Trésor de sommes indûment payées
759 Autres recettes exceptionnelles

Article 76 Dons Projets et Legs

Paragraphes

761 Dons projets des institutions internationales
762 Dons projets des gouvernements affiliés au Club de Paris
763 Dons projets des gouvernements non affiliés au Club de Paris
764 Dons projets des organismes privés extérieurs
765 Fonds de concours
769 Autres dons et legs

Article 77 Produits financiers

Paragraphes

771 Intérêts des prêts
772 Intérêts sur les dépôts à terme

774 Revenus des titres de placements

776 Gains de change

La ligne est une subdivision du paragraphe. Elle est codifiée sur quatre chiffres. En cas de besoin, la ligne pourra être codifiée sur au moins cinq chiffres, le cinquième chiffre constituant une subdivision de la ligne.

TITRE III : CLASSIFICATION DES DEPENSES

Article 4 : Les dépenses du budget général, des budgets annexes et des comptes spéciaux du Trésor sont présentées selon les classifications administratives, par programme, fonctionnelle, économique et par source de financement

Chapitre I : Classification administrative

Article 5 : La classification administrative a pour objet de présenter les dépenses budgétaires selon les services ou groupes de services chargés de leur gestion. Elle permet d'identifier la hiérarchie du service chargé de l'exécution de la dépense et de préciser son degré d'autonomie ainsi que sa situation géographique. Elle dépend de l'organisation administrative des départements ministériels ou des institutions de l'État.

La classification administrative correspond à la déclinaison suivante :

Budget programme ;

Budget opérationnel ;

Budget d'unité opérationnelle.

Article 6 : La classification administrative comprend deux niveaux. Elle retient les ministères ou les institutions comme premier niveau de classification correspondant aux sections. La section est codifiée sur deux caractères.

Les services ou groupe de services constituent le deuxième niveau de classification correspondant aux chapitres qui sont codifiés sur dix caractères.

Article 7 : Le chapitre est organisé en quatre niveaux :

- Type de service ;
- Service principal ;
- Service gestionnaire des crédits ;
- Localisation géographique.

La codification du chapitre comprend :

- un premier niveau qui identifie, sur un caractère, le type de service. Il présente les caractéristiques générales de celui-ci. Les types de services sont :
  - Le service central ;
  - Le service déconcentré ;

- Le service autonome ou décentralisé.

- un deuxième niveau qui identifie, sur un caractère, le service principal. Il permet de déterminer, pour chaque type de service, la catégorie de service destinataire de cette dépense ;
- un troisième niveau qui identifie sur deux caractères, le service gestionnaire des crédits. Il indique, pour chaque type de service et de service principal, le service destinataire de la dépense.
- un quatrième niveau qui identifie, sur quatre caractères, les dépenses selon les différentes circonscriptions nationales. Il permet d'identifier, pour chaque type de service, le service principal et les services gestionnaires, la localisation géographique du service destinataire de la dépense.

  Les deux premiers caractères désignent la région administrative, le troisième rattaché aux deux premiers caractères indique le département dans la région concernée et les quatre pris ensemble représentent la sous-préfecture.

Chapitre II : Classification par programme

Article 8 : Conformément à l'article 15 de la loi organique relative aux lois de finances, les crédits budgétaires sont décomposés en programmes à l'intérieur des ministères. Un programme peut regrouper tout ou partie des crédits d'une direction, d'un service, d'un ensemble de directions ou de services d'un même ministère. Chaque programme relève d'un seul ministère. Il est identifié par quatre caractères. Les deux premiers sont enrichis par des éléments issus notamment du premier niveau de la classification fonctionnelle.

Article 9 : Les crédits budgétaires non répartis en programmes sont répartis en dotations.

Chaque dotation regroupe un ensemble de crédits globalisés destinés à couvrir des dépenses spécifiques auxquelles ne peuvent être directement associés des objectifs de politiques publiques ou des critères de performance.

Font l'objet de dotations :

- les crédits destinés aux pouvoirs publics pour chacune des institutions constitutionnelles. Les crédits de la dotation de chaque institution constitutionnelle couvrent les dépenses de personnel, de biens et services, de transfert et d'investissement directement nécessaires à l'exercice de ses fonctions constitutionnelles ;
- les crédits globaux pour des dépenses accidentelles et imprévisibles ;
- les crédits destinés à couvrir les défauts de remboursement ou appels en garantie intervenus sur les comptes d'avances, de prêts, d'avals et de garanties ;
- les charges financières de la dette de l'État.

Article 10 : Le code du programme s'insère dans la codification administrative. Il se positionne entre le code de la section et celui du chapitre. L'enchaînement des codes se présente comme suit :

- section ;
- programme ;
- chapitre.

Chapitre III : Classification fonctionnelle

Article 11 : La classification fonctionnelle a pour objet de classer les dépenses budgétaires selon leurs objectifs socio-économiques.

Article 12 : La classification fonctionnelle est hiérarchisée à trois niveaux :

- la division ;
- le groupe :
- la classe.

La classification fonctionnelle est codifiée sur quatre caractères.

La division constitue l'objectif général des administrations publiques. Elle est codifiée sur deux caractères.

Le groupe est une subdivision de la division. Il est codifié sur trois caractères dont les deux premiers constituent la codification du groupe.

La classe est une subdivision du groupe. Elle est codifiée sur quatre caractères dont les trois premiers constituent la codification du groupe.

Les groupes et les classes donnent le détail des moyens par lesquels les objectifs généraux sont atteints.

Les dépenses budgétaires sont regroupées en dix divisions :

Division 01 : Services généraux des administrations publiques ;

Division 02 : Défense ;

Division 03 : Ordre et sécurité publics ;

Division 04 : Affaires économiques ;

Division 05 : Protection de l'environnement ;

Division 06 : Logements et équipements collectifs ;

Division 07 : Santé ;

Division 08 : Loisirs, culture et culte ;

Division 09 : Enseignement ;

Division 10 : Protection sociale.

Les groupes se présentent comme suit :

Division 01 : Services généraux des administrations publiques

Groupes :

011 Fonctionnement des organes exécutifs et législatifs, affaires financières et fiscales, affaires étrangères

012Aide économique extérieure

013 Services généraux

014 Recherche fondamentale

015 R-D (Recherche et Développement) concernant les services généraux des administrations publiques

016 Services généraux des administrations publiques, n.c.a (non classés ailleurs)

017 Opérations concernant la dette publique

018 Transferts de caractère général entre les administrations publiques

Division 02 : Défense

Groupes :

021 Défense militaire

022 Défense civile

023 Aide militaire à des pays étrangers

024 R-D concernant la défense

025 Défense, n.c.a

Division 03 : Ordre et sécurité publics

Groupes :

031 Services de police

032 Services de protection civile

033 Tribunaux

034 Administration pénitentiaire

035 R-D concernant l'ordre et la sécurité publics

036 Ordre et sécurité publics, n.c.a

Division 04 : Affaires économiques

Groupes :

041 Tutelle de l'économie générale, des échanges et de l'emploi

042 Agriculture, sylviculture, pêche, et chasse

043 Combustibles et énergie

044 Industries extractives et manufacturières, construction

045 Transports

046 Communications

047 Autres branches d'activité

048 R-D concernant les affaires économiques

049 Affaires économiques, n.c.a

Division 05 : Protection de l'environnement

Groupes :

051 Gestion des déchets

052 Gestion des eaux usées

053 Lutte contre la pollution

054 Préservation de la biodiversité et protection de la nature

055 R-D concernant la protection de l'environnement

056 Protection de l'environnement, n.c.a

Division 06 : Logement et équipements collectifs

Groupes :

061 Logement

062 Équipements collectifs

063 Alimentation en eau

064 Éclairage public

065 R-D dans le domaine du logement et des équipements collectifs

066 Logement et équipements collectifs, n.c.a

Division 07: Santé

Groupes :

071 Produits, appareils et matériels médicaux

072 Services ambulatoires

073 Services hospitaliers

074 Services de santé publique

075 R-D dans le domaine de la santé

076 Santé, n.c.a

Division 08 : Loisirs, Culture et Culte

Groupes :

081 Services récréatifs et sportifs

082 Services culturels

083Services de radiodiffusion, de télévision et d'édition

084 Culte et autres services communautaires

085 R-D dans le domaine des loisirs, de la culture et du culte

086 Loisirs, culture et culte, n.c.a

Division 09 : Enseignement

Groupes :

091 Enseignements préélémentaire et primaire

092 Enseignement secondaire

093 Enseignement post secondaire non supérieur

094 Enseignement supérieur

095 Enseignement non défini par niveau

096 Services annexes à l'enseignement

097 R-D dans le domaine de l'enseignement

098 Enseignement, n.c.a

Division 10: Protection sociale

Groupes :

101 Maladie et invalidité

102 Vieillesse

103 Survivants

104 Famille et enfants

105 Chômage

106 Logement

107 Exclusion sociale, n.c.a

108 R-D dans le domaine de la protection sociale

109 Protection sociale, n.c.a.

Chapitre IV : Classification économique des dépenses

Article 13 : La classification économique de la nomenclature budgétaire est cohérente avec le plan comptable général de l'État. Elle est codifiée en cinq caractères

Le premier caractère désigne la classe comptable ; les deux premiers désignent l'article, les trois premiers représentent le paragraphe, les quatre premiers indiquent la ligne, et les cinq pris ensemble forment la rubrique.

Les articles et les paragraphes s'établissent comme suit :

- les deux premiers caractères constituent l'article qui représente la catégorie économique de la dépense.

  60 Achats de biens

  61 Acquisitions de services

  62 Autres services

  63 Subventions

  64 Transferts

65 Charges exceptionnelles

66 Charges de personnel

67 Intérêts et frais financiers

21 Immobilisations incorporelles

22 Acquisitions et aménagements des sols et sous-sols

23 Acquisitions, constructions et grosses réparations des immeubles

24 Acquisitions et grosses réparations du matériel et mobilier

25 Équipements militaires

26 Prises de participations et cautionnements

28 Amortissements

29 Provisions pour dépréciation

- les trois caractères constituent le paragraphe qui est une subdivision de l'article précisant la nature de la dépense :

Article 60 Achats de biens

Paragraphes

601 Matières, matériel et fournitures

603 Variation des stocks de biens fongibles achetés

605 Eau, électricité, gaz et autres sources d'énergie

606 Matériel et fournitures spécifiques

609 Autres achats de biens

Article 61 : Acquisitions de services

Paragraphes

611 Frais de transport et de mission

612 Loyer et charges locatives

614 Entretien et maintenance

615 Assurances

617 Frais de relations publiques

618 Dépenses de communication

Article 62 : Autres services

Paragraphes

621 Frais bancaires

622 Prestation de services

623 Frais de formation du personnel

624 Redevances pour brevets, licences et logiciels

629 Autres acquisitions de services

Article 63 : Subventions

Paragraphes

632 Subventions aux entreprises publiques

633 Subventions aux entreprises privées

634 Subventions aux institutions financières

639 Subventions à d'autres catégories de bénéficiaires

Article 64 Transferts

Paragraphes

641 Transferts aux établissements publics nationaux

642 Transferts aux collectivités locales

643 Transferts aux autres administrations publiques

644 Transferts aux institutions à but non lucratif

645 Transferts aux ménages

646Transferts aux autorités supranationales et contributions aux organisations internationales

647 Transferts à d'autres budgets

648 Pensions de retraite des fonctionnaires et autres agents de l'État

649 Autres transferts

Article 65 : Charges exceptionnelles

Paragraphes

651 Annulations de produits constatés au cours des années antérieures

652 Condamnations et transactions

654 Valeurs comptables des immobilisations cédées, mises au rebut ou admises en non valeur

657 Risques aux engagements de l'État

659 Autres charges exceptionnelles

Article 66 : Charges de personnel

Paragraphes

661 Traitements et salaires en espèces

663 Primes et indemnités

664 Cotisations sociales

665 Traitements et salaires en nature au personnel

666 Prestations sociales

669 Autres dépenses de personnel

Article 67 : Intérêts et frais financiers

Paragraphes

671 Intérêts et frais financiers sur la dette

672 Pertes sur cessions de titres de placement

676 Pertes de changes

679 Autres intérêts et frais bancaires

Article 21 : Immobilisations incorporelles

Paragraphes

211 Frais de recherche et de développement

212 Brevets, marques de fabrique, droits d'auteur

213 Conceptions de systèmes d'organisation - Progiciels

214 Droits d'exploitation - Fonds de commerce

219 Autres droits et valeurs incorporels

Article 22 : Acquisitions et aménagements des sols et sous-sols

Paragraphes

221 Terrains

222 Sous-sols, gisements et carrières

223 Plantations et forêts

224 Plans d'eau

Article 23 : Acquisitions, constructions et grosses réparations des immeubles

Paragraphes

231 Bâtiments administratifs à usage de bureau

232 Bâtiments administratifs à usage de logement (civils et militaires)

233 Bâtiments administratifs à usage technique

234 Ouvrages

235 Infrastructures

236 Réseaux informatiques

Article 24 : Acquisitions et grosses réparations du matériel et mobilier

Paragraphes

241 Mobilier et matériel de logement et de bureau

242 Matériel informatique de bureau

243Matériel de transport de service et de fonction

244 Matériel et outillages techniques

245 Matériel de transport en commun et de marchandises

246 Collections - œuvres d'art

247 Stocks stratégiques ou d'urgence

248 Cheptel

Article 25 : Équipements militaires

Paragraphes

251 Bâtiments militaires

252 Ouvrages et infrastructures militaires

253 Mobiliers, matériels militaires et équipements

Article 26 : Prises de participations et cautionnements

Paragraphes

261 Prises de participations à l'intérieur

262 Prises de participations à l'extérieur

264 Cautionnements

28 Amortissements

281 Amortissements des immobilisations incorporelles

282 Amortissements des immobilisations corporelles

Article 29 : Provisions pour dépréciation

Paragraphes

291 Provisions pour dépréciation des immobilisations incorporelles

292 Provisions pour dépréciation des immobilisations corporelles

293 Provisions pour dépréciation des immobilisations financières

La ligne est le niveau le plus fin de la dépense. Elle est une subdivision du paragraphe qui précise la nature de la dépense et elle est codifiée sur quatre caractères.

Chapitre V : Classification par source de financement

Article 14 : La classification par source de financement a pour objet d'identifier et de suivre les moyens de financement des dépenses budgétaires.

Elle est codifiée sur deux caractères.

Le premier identifie la source de financement et le deuxième caractère, le type de financement, à savoir fonds propres, dons, transferts reçus d'autres budgets, emprunts intérieurs ou extérieurs.

TITRE IV : DISPOSITIONS TRANSITOIRES ET FINALES

Article 15 : Les modalités d'application des dispositions du présent décret sont précisées par arrêté du Ministre chargé du Budget, sur les matières concernant :

- les codifications détaillées du cadre de présentation des opérations budgétaires de l'État ;
- les codifications spécifiques au niveau du paragraphe, de la ligne et de la rubrique ;
- les programmes et les dotations tels que prévus aux articles 15, 16, 17, 18 et 19 de la loi organique n°2014-336 du 05 juin 2014 relative aux lois de finances et des annexes y relatives dans les articles 45, 46 et 50 ;
- la programmation pluriannuelle des dépenses, telle que prévue à l'article 54 de la loi organique n°2014-336 du 05 juin 2014 relative aux lois de finances ;
- les tableaux matriciels croisés prévus au 8emealinéa de l'article 45 de la loi organique.

Article 16 : Le présent décret, qui abroge le décret n°98-259 du 03 juin 1998 portant cadre de la Nomenclature Budgétaire de l'État, entre en vigueur à compter du 1er janvier 2017.

Article 17 : Le Ministre auprès du Premier Ministre, chargé du Budget et le Ministre auprès du Premier Ministre, chargé de l'Économie et des Finances assurent, chacun en ce qui le concerne, l'exécution du présent décret qui sera publié au Journal Officiel de la République de Côte d'Ivoire.

Fait à Abidjan, le 09 juillet 2014
Alassane OUATARA

NOMENCLATURE BUDGÉTAIRE DU MALI

RÉPUBLIQUE DU MALI
Un Peuple – Un But – Une foi
PRIMATURE
SECRÉTARIAT GENERAL DU GOUVERNEMENT

DÉCRET N°2014-0694/P-RM DU 12 SEP. 2014
PORTANT NOMENCLATURE BUDGÉTAIRE DE L'ÉTAT

LE PRÉSIDENT DE LA RÉPUBLIQUE,

Vu la Constitution ;

Vu le Traité de l'UEMOA signé le 10 janvier 1994 ;

Vu la Directive n°08/2009/CM/UEMOA du 26 juin 2009 portant nomenclature budgétaire de l'État au sein de l'UEMOA ;

Vu la Loi n°94-009 du 22 mars 1994, modifiée, portant principes fondamentaux de la création, de l'organisation, de la gestion et du contrôle des services publics ;

Vu la Loi n°2013-028 du 11 juillet 2013 relative aux Lois de Finances ;

Vu la Loi n° 2013-031 du 23 juillet 2013 portant approbation du Code de Transparence dans la Gestion des Finances Publiques ;

Vu la Loi n°2014-043 du 03 septembre 2014 modifiant la Loi n°2013-028 du 11 juillet 2013 relative aux Lois de Finances ;

Vu le Décret n°03-163/P-RM du 16 avril 2003 fixant la nomenclature du budget de l'État ;

Vu le Décret n°2014-0250/P-RM du 05avril 2014 portant nomination du Premier ministre ;

Vu le Décret n°2014-0257/PRM du 11 avril 2014, modifié, portant nomination des membres du Gouvernement ;

STATUANT EN CONSEIL DES MINISTRES,
DÉCRÈTE :

TITRE I : DISPOSITIONS GÉNÉRALES

Article 1er: Le présent décret détermine les principes fondamentaux de présentation des opérations du budget général, des budgets annexes et des comptes spéciaux du Trésor définis dans la loi relative aux lois de finances.

Les opérations budgétaires sont classées :

- en recettes, selon leur nature et éventuellement leur source ;
- en dépenses, selon les classifications administratives, par programme, fonctionnelle et économique.

TITRE II : DE LA CLASSIFICATION DES RECETTES

Article 2 : Les recettes du budget général, des budgets annexes et des comptes spéciaux du Trésor sont classées selon leur nature, correspondant à l'assiette de l'impôt, et éventuellement selon leur source.

Article 3 : Deux niveaux de codification sont obligatoires pour les recettes du budget général, des budgets annexes et des comptes spéciaux du Trésor, à savoir l'article et le paragraphe :

- l'article est identifié par les deux (2) premiers caractères du code de la classification des recettes ;
- le paragraphe est une subdivision de l'article. Il est identifié par les trois (3) premiers caractères du code de la classification des recettes. Le paragraphe

peut se subdiviser en rubriques ou lignes pour détailler les opérations de recettes.

La présentation détaillée de la classification des recettes figure au tableau1 de l'annexe du présent décret.

La codification détaillée de la classification des recettes par nature et éventuellement selon leur source, est fixée par arrêté du ministre chargé des Finances.

TITRE III : DE LA CLASSIFICATION DES DÉPENSES

Article 4 : Conformément à l'article 15 de la loi relative aux lois de finances, les dépenses du budget général, des budgets annexes et des comptes spéciaux du Trésor sont présentées selon les classifications administratives, par programme, fonctionnelle et économique.

Elles peuvent également faire l'objet de classifications additionnelles.

CHAPITRE I : DE LA CLASSIFICATION ADMINISTRATIVE

Article 5 : La classification administrative a pour objet de présenter les dépenses budgétaires selon les services ou groupes de services chargés de leur gestion. Elle permet d'identifier la hiérarchie du service chargé de l'exécution de la dépense et de préciser son degré d'autonomie, ainsi que sa situation géographique. Elle dépend de l'organisation administrative des départements ministériels et des institutions de la République. Elle est cohérente avec la nomenclature générale des services publics en vigueur.

Article 6 : La classification administrative comprend deux niveaux :

- le premier niveau, correspondant aux sections, est constitué des ministères ou des institutions de la République et assimilés ;
- le deuxième niveau, correspondant aux chapitres, est constitué des services ou groupes de services.

Article 7 : La codification du chapitre comprend :

- la codification du type de service : elle renseigne sur la nature juridique du service ;
- la codification du service : elle est déterminée en fonction de l'architecture administrative et des besoins imposés par la transparence budgétaire ;
- la codification géographique du service : elle permet d'identifier les dépenses selon les différentes circonscriptions administratives du pays.

Article 8 : La section est codifiée au moins sur deux (2) caractères. Le chapitre est codifié au moins sur six(6) caractères.

La codification détaillée de la classification administrative est fixée par arrêté du ministre chargé des finances.

CHAPITRE II : DE LA CLASSIFICATION PAR PROGRAMME

Article 9 : Conformément à l'article 11 de la loi relative aux lois de finances, les crédits budgétaires sont décomposés en programmes à l'intérieur des ministères et des institutions de la République et assimilés. Un programme peut regrouper tout ou partie des crédits d'une direction, d'un service, d'un ensemble de directions ou de services d'un même ministère.

Article 10 : Chaque programme est identifié, au moins, par deux (2) caractères.

La codification des programmes peut être enrichie par des éléments issus de la classification fonctionnelle.

La codification détaillée de la classification par programme est fixée par arrêté du ministre chargé des Finances.

CHAPITRE III : DE LA CLASSIFICATION FONCTIONNELLE

Article 11 : La classification fonctionnelle a pour objet de classer les dépenses budgétaires selon leurs objectifs socio-économiques.

Les dépenses budgétaires sont regroupées en dix(10) divisions :

- services généraux des administrations publiques ;
- défense ;
- ordre et sécurité publics ;
- affaires économiques ;
- protection de l'environnement ;
- logements et équipements collectifs ;
- santé ;
- loisirs, culture et culte ;
- enseignement ;
- protection sociale.

Article 12 : La classification fonctionnelle s'articule autour des notions de division, groupe et classe dont l'ensemble est codifié sur quatre (4) caractères :

- les divisions correspondent aux objectifs généraux des administrations publiques ;
- les groupes et les classes donnent le détail des moyens par lesquels les objectifs généraux sont atteints.

La présentation détaillée de la classification fonctionnelle figure au tableau 3 de l'annexe du présent décret.

CHAPITRE IV : DE LA CLASSIFICATION ECONOMIQUE

Article 13 : La classification économique permet d'identifier les dépenses selon leur nature budgétaire et comptable. Elle est cohérente avec le Plan Comptable de l'État (PCE).

Article 14 : La classification économique des dépenses, selon leur nature comptable, comprend deux niveaux, à savoir l'article et le paragraphe :

- l'article représente la catégorie économique de la dépense et est identifié par les deux premiers caractères du compte par nature du Plan Comptable de l'État ;
- le paragraphe est une subdivision de l'article précisant la nature de la dépense. Il est identifié par les trois premiers caractères du compte par nature du Plan Comptable de l'État.

La présentation détaillée de la classification économique figure au tableau 2 de l'annexe du présent décret.

La codification détaillée de la classification économique des dépenses est fixée par arrêté du ministre chargé des Finances.

CHAPITRE V : DES CLASSIFICATIONS ADDITIONNELLES

Article 15 : Les classifications additionnelles ont pour objet de répondre à des préoccupations spécifiques relatives aux dépenses budgétaires.

Article 16 : La liste des classifications additionnelles, ainsi que leur codification, sont fixées par arrêté du ministre chargé des Finances.

TITRE IV : DISPOSITIONS TRANSITOIRES ET FINALES

Article 17 : Le présent décret entre en vigueur à compter de la date de signature.

Toutefois, conformément à l'article 85 de la loi relative aux lois de finances, l'État a jusqu'au 1erjanvier 2017 pour procéder à l'application intégrale des dispositions prévues aux articles 9 et 10 du présent décret.

Pour les dispositions non appliquées intégralement d'ici le 1erjanvier 2017, les règles prescrites par le décret n°03-163/P-RM du 16 avril 2003 fixant la nomenclature du budget de l'État restent applicables.

Article 18 : Sous réserve de la disposition spécifique prévue au deuxième alinéa de l'article 17 ci-dessus, le présent décret abroge toutes dispositions antérieures contraires, notamment celles du décret n°03-163/P-RM du 16 avril 2003 fixant la nomenclature du budget de l'État.

Article 19 : Le ministre de l'Économie et des Finances est chargé de l'exécution du présent décret, qui sera enregistré et publié au Journal officiel.

Bamako, le 12 SEP. 2014

La Président de la République,

Ibrahim Boubacar KEITA

Le Premier Ministre,

Le Ministre de l'Économie et des Finances

ANNEXE

NOMENCLATURE BUDGÉTAIRE DE L'ÉTAT

CLASSIFICATION DES RECETTES SELON LEUR NATURE

ARTICLES	PARAGRAPHES	INTITULES
70		**Ventes de produits**
	701	Ventes de produits
	702	Ventes de prestations de services
71		**Recettes fiscales**
	711	Impôts sur les revenus, les bénéfices et les gains en capital
	712	Impôts sur les salaires versés et autres rémunérations
	713	Impôts sur le patrimoine
	714	Autres impôts directs
	715	Impôts et taxes intérieurs sur les biens et services
	716	Droits de timbre et d'enregistrement
	717	Droits et taxes à l'importation
	718	Droits et taxes à l'exportation
	719	Autres recettes fiscales
72		**Recettes non fiscales**
	721	Revenus de l'entreprise et du domaine
	722	Droits et frais administratifs
	723	Amendes et condamnations pécuniaires
	725	Cotisations de sécurité sociale
	729	Autres recettes non fiscales
73		**Transferts reçus d'autres budgets**
	731	Transferts reçus du budget général
	732	Transferts reçus des budgets annexes ou des comptes spéciaux du Trésor
74		**Dons programmes et legs**
	741	Dons des institutions internationales
	742	Dons des gouvernements étrangers
	743	Dons des organismes privés extérieurs
	744	Dons intérieurs
	745	Fonds de concours
	749	Autres dons et legs
75		**Recettes exceptionnelles**
	751	Remises et annulations de dette
	752	Restitutions au Trésor de sommes indûment payées
	759	Autres recettes exceptionnelles
76		**Dons projets et legs**
	761	Dons projets des institutions internationales
	762	Dons projets des gouvernements affiliés au Club de Paris
	763	Dons projets des gouvernements non affiliés au Club de Paris
	764	Dons projets des organismes privés extérieurs

	765	Fonds de concours
	769	Autres dons et legs
77		**Produits financiers**
	771	Intérêts des prêts
	772	Intérêts sur les dépôts à terme
	774	Revenus des titres de placements
	776	Gains de change

CLASSIFICATION ÉCONOMIQUE DES DÉPENSES PAR NATURE DU PLAN COMPTABLE DE L'ÉTAT

ARTICLES	PARAGRAPHES	INTITULES
60		**Achats de biens**
	601	Matières, matériel et fournitures
	603	Variation des stocks de biens fongibles achetés
	605	Eau, électricité, gaz et autres sources d'énergie
	606	Matériel et fournitures spécifiques
	609	Autres achats de biens
61		**Acquisitions de services**
	611	Frais de transport et de mission
	612	Loyer et charges locatives
	614	Entretien et maintenance
	615	Assurances
	617	Frais de relations publiques
	618	Dépenses de communication
62		**Autres services**
	621	Frais bancaires
	622	Prestations de services
	623	Frais de formation du personnel
	624	Redevances pour brevets, licences et logiciels
	629	Autres acquisitions de services
63		**Subventions**
	632	Subventions aux entreprises publiques
	633	Subventions aux entreprises privées
	634	Subventions aux institutions financières
	639	Subventions à d'autres catégories de bénéficiaires
64		**Transferts**
	641	Transferts aux établissements publics nationaux
	642	Transferts aux collectivités locales
	643	Transferts aux autres administrations publiques
	644	Transferts aux institutions à but non lucratif
	645	Transferts aux ménages
	646	Transferts aux autorités supranationales et contributions aux organisations internationales
	647	Transferts à d'autres budgets
	648	Pensions de retraites des fonctionnaires et autres agents de l'État
	649	Autres transferts
65		**Charges exceptionnelles**
	651	Annulations de produits constatés au cours des années antérieures
	652	Condamnations et transactions
	654	Valeurs comptables des immobilisations cédées, mises au rebut ou admises en non valeur
	657	Risques liés aux engagements de l'État
	659	Autres charges exceptionnelles
66		**Charges de personnel**
	661	Traitements et salaires en espèces
	663	Primes et indemnités
	664	Cotisations sociales
	665	Traitements et salaires en nature au personnel

	666	Prestations sociales
	669	Autres dépenses de personnel
67		**Intérêts et frais financiers**
	671	Intérêts et frais financiers sur la dette
	672	Pertes sur cessions de titres de placement
	676	Pertes de changes
	679	Autres intérêts et frais bancaires
21		**Immobilisations incorporelles**
	211	Frais de recherche et de développement
	212	Brevets, marques de fabrique, droits d'auteur
	213	Conceptions de systèmes d'organisation – Progiciels
	214	Droits d'exploitation – Fonds de commerce
	219	Autres droits et valeurs incorporels
22		**Acquisitions et aménagements des sols et sous-sols**
	221	Terrains
	222	Sous-sols, gisements et carrières
	223	Plantations et forêts
	224	Plans d'eau
23		**Acquisitions, constructions et grosses réparations des immeubles**
	231	Bâtiments administratifs à usage de bureau
	232	Bâtiments administratifs à usage de logement (civils et militaires)
	233	Bâtiments administratifs à usage technique
	234	Ouvrages
	235	Infrastructures
	236	Réseaux informatiques
24		**Acquisitions et grosses réparations du matériel et mobilier**
	241	Mobilier et matériel de logement et de bureau
	242	Matériel informatique de bureau
	243	Matériel de transport de service et de fonction
	244	Matériel et outillages techniques
	245	Matériel de transport en commun et de marchandises
	246	Collections – Œuvres d'art
	247	Stocks stratégiques ou d'urgence
	248	Cheptel
25		**Équipements militaires**
	251	Bâtiments militaires
	252	Ouvrages et infrastructures militaires
	253	Mobiliers, matériels militaires et équipements
26		**Prises de participations et cautionnements**
	261	Prises de participations à l'intérieur
	262	Prises de participations à l'extérieur
	264	Cautionnements

CLASSIFICATION DES FONCTIONS DES ADMINISTRATIONS PUBLIQUES (CFAP)

DIVISIONS	GROUPES	CLASSES	INTITULES
01			**Services généraux des administrations publiques**
	011		Fonctionnement des organes exécutifs et législatifs, affaires financières et fiscales, affaires étrangères
		0111	Fonctionnement des organes exécutifs et législatifs
		0112	Affaires financières et fiscales
		0113	Affaires étrangères
	012		Aide économique extérieure
		0121	Aide économique aux pays en développement ou en transition
		0122	Aide économique par l'intermédiaire d'organisations internationales
	013		Services généraux
		0131	Services généraux de personnel
		0132	Services généraux de planification et de statistique
	014		Recherche fondamentale
		0140	Recherche fondamentale
	015		Recherche-développement concernant des services généraux des administrations publiques
		0150	Recherche-développement concernant des services généraux des administrations publiques
	016		Services généraux des administrations publiques n.c.a.
		0160	Services généraux des administrations publiques n.c.a.
	017		Opérations concernant la dette publique
		0170	Opérations concernant la dette publique
	018		Transferts de caractère général entre administrations publiques
		0180	Transferts de caractère général entre administrations publiques
02			**Défense**
	021		Défense militaire
		0210	Défense militaire
	022		Défense civile
		0220	Défense civile
	023		Aide militaire à des pays étrangers
		0230	Aide militaire à des pays étrangers
	024		Recherche-développement concernant la défense
		0240	Recherche-développement concernant la défense
	025		Défense n.c.a.
		0250	Défense n.c.a.
03			**Ordre et sécurité publics**
	031		Services de police
		0310	Services de police
	032		Services de protection civile
		0320	Services de protection civile
	033		Tribunaux
		0330	Tribunaux
	034		Administration pénitentiaire
		0340	Administration pénitentiaire
	035		Recherche-développement concernant l'ordre et la sécurité publics
		0350	Recherche-développement concernant l'ordre et la sécurité publics
	036		Ordre et sécurité publics n.c.a.

		0360	Ordre et sécurité publics n.c.a.
04			**Affaires économiques**
	041		Tutelle de l'économie générale, des échanges et de l'emploi
		0411	Tutelle de l'économie générale et des échanges
		0412	Affaires générales concernant l'emploi
	042		Agriculture, sylviculture, pêche et chasse
		0421	Agriculture
		0422	Sylviculture
		0423	Pêche et chasse
	043		Combustibles et énergie
		0431	Charbon et autres combustibles minéraux solides
		0432	Pétrole et gaz naturel
		0433	Combustible nucléaire
		0434	Autres combustibles
		0435	Électricité
		0436	Énergie non électrique
	044		Industries extractives et manufacturières, construction
		0441	Extraction de ressources minérales autres que les combustibles minéraux
		0442	Industries manufacturières
		0443	Construction
	045		Transports
		0451	Transports routiers
		0452	Transports par voie d'eau
		0453	Transports par voie ferrée
		0454	Transports aériens
		0455	Pipelines et systèmes de transport divers
	046		Communications
		0460	Communications
	047		Autres branches d'activité
		0471	Distribution, entrepôts et magasins
		0472	Hôtellerie et restauration
		0473	Tourisme
		0474	Projets de développement polyvalents
	048		Recherche-développement concernant les affaires économiques
		0481	Recherche-développement concernant la tutelle de l'économie générale, des échanges et de l'emploi
		0482	Recherche-développement concernant l'agriculture, la sylviculture, la pêche et la chasse
		0483	Recherche-développement concernant les combustibles et l'énergie
		0484	Recherche-développement concernant les industries extractives et manufacturières et la construction
		0485	Recherche-développement concernant les transports
		0486	Recherche-développement concernant les communications
		0487	Recherche-développement concernant d'autres branches d'activité
	049		Affaires économiques n.c.a.
05			**Protection de l'environnement**
	051		Gestion des déchets
		0510	Gestion des déchets
	052		Gestion des eaux usées
		0520	Gestion des eaux usées
	053		Lutte contre la pollution

		0530	Lutte contre la pollution
	054		Préservation de la diversité biologique et protection de la nature
		0540	Préservation de la diversité biologique et protection de la nature
	055		Recherche-développement dans le domaine de la protection de l'environnement
		0550	Recherche-développement dans le domaine de la protection de l'environnement
	056		Protection de l'environnement n.c.a.
		0560	Protection de l'environnement n.c.a.
06			**Logement et équipements collectifs**
	061		Logement
		0610	Logement
	062		Équipements collectifs
		0620	Équipements collectifs
	063		Alimentation en eau
		0630	Alimentation en eau
	064		Éclairage public
		0640	Éclairage public
	065		Recherche-développement dans le domaine du logement et des équipements collectifs
		0650	Recherche-développement dans le domaine du logement et des équipements collectifs
	066		Logement et équipements collectifs n.c.a ;
		0660	Logement et équipements collectifs n.c.a ;
07			**Santé**
	071		Produits, appareils et matériaux médicaux
		0711	Produits pharmaceutiques
		0712	Produits médicaux divers
		0713	Appareils et matériel thérapeutiques
	072		Services ambulatoires
		0721	Services de médecine générale
		0722	Services de médecine spécialisée
		0723	Services dentaires
		0724	Services paramédicaux
	073		Services hospitaliers
		0731	Services hospitaliers généraux
		0732	Services hospitaliers spécialisés
		0733	Services des dispensaires et des maternités
		0734	Services des maisons de repos et des maisons de santé
	074		Services de santé publique
		0740	Services de santé publique
	075		Recherche-développement dans le domaine de la santé
		0750	Recherche-développement dans le domaine de la santé
	076		Santé n.c.a.
		0760	Santé n.c.a.
08			**Loisirs, culture et culte**
	081		Services récréatifs et sportifs
		0810	Services récréatifs et sportifs
	082		Services culturels
		0820	Services culturels
	083		Services de radiodiffusion, de télévision et d'édition
		0830	Services de radiodiffusion, de télévision et d'édition

	084		Culte et autres services communautaires
		0840	Culte et autres services communautaires
	085		Recherche-développement dans le domaine des loisirs, de la culture et du culte
		0850	Recherche-développement dans le domaine des loisirs, de la culture et du culte
	086		Loisirs, culture et culte n.c.a.
		0860	Loisirs, culture et culte n.c.a.
09			**Enseignement**
	091		Enseignement préélémentaire et primaire
		0911	Enseignement préélémentaire
		0912	Enseignement primaire
	092		Enseignement secondaire
		0921	Premier cycle de l'enseignement secondaire
		0922	Deuxième cycle de l'enseignement secondaire
	093		Enseignement postsecondaire non supérieur
		0930	Enseignement postsecondaire non supérieur
	094		Enseignement supérieur
		0941	Enseignement supérieur non doctoral
		0942	Enseignement supérieur doctoral
	095		Enseignement non défini par niveau
		0959	Enseignement non défini par niveau
	096		Services annexes à l'enseignement
		0960	Services annexes à l'enseignement
	097		Recherche-développement dans le domaine de l'enseignement
		0970	Recherche-développement dans le domaine de l'enseignement
	098		Enseignement n.c.a.
		0980	Enseignement n.c.a.
10			**Protection sociale**
	101		Maladie et invalidité
		1011	Maladie
		1012	Invalidité
	102		Vieillesse
		1020	Vieillesse
	103		Survivants
		1030	Survivants
	104		Famille et enfants
		1040	Famille et enfants
	105		Chômage
		1050	Chômage
	106		Logement
		1060	Logement
	107		Exclusion sociale n.c.a.
		1070	Exclusion sociale n.c.a.
	108		Recherche-développement dans le domaine de la protection sociale
		1080	Recherche-développement dans le domaine de la protection sociale
	109		Protection sociale n.c.a.
		1090	Protection sociale n.c.a.

NOMENCLATURE BUDGÉTAIRE DU NIGER

RÉPUBLIQUE DU NIGER

Décret n° 2013-84/PRN/MF du 1er mars 2013,

Portant nomenclature budgétaire de l'État

Le Président de la République,

Vu la Constitution du 25 novembre 2010 ;

Vu la loi organique n° 2012-09 du 26 mars 2012, portant loi organique relative aux lois de finances ;

Vu le décret n° 2011-001/PRN du 07 avril 2011, portant nomination du Premier ministre ;

Vu le décret n° 2011-015/PRN du 21 avril 2011, portant nomination des membres du Gouvernement et les textes modificatifs subséquents ;

Vu le décret n° 2011-53/PRN/MF du 18 mai 2011, déterminant les attributions du ministre des finances ;

Vu le décret n° 2011-54/PRN/MF du 18 mai 2011, portant organisation du ministère des finances ;

Sur rapport du ministre des finances ;

Le Conseil des ministres entendu ;

DÉCRÈTE :

TITRE I : DES DISPOSITIONS GÉNÉRALES

Article premier - Le présent décret fixe les principes fondamentaux de présentation des opérations du budget général, des budgets annexes et des comptes spéciaux du trésor.

Conformément à la nomenclature budgétaire de l'État, annexée au présent décret et qui en fait partie intégrante, les opérations budgétaires sont classées ainsi qu'il suit :

- en recettes, selon leur nature et éventuellement selon leur source ;
- en dépenses, selon les classifications administratives, par programme, fonctionnelle et économique.

Article 2 - La nomenclature budgétaire définie par ces classifications des recettes et des dépenses constitue un cadre de référence obligatoire.

En cas de besoin, des classifications additionnelles et un ordre de classement pour répondre à des préoccupations spécifiques pourraient être adoptés par un acte du ministre chargé des finances.

TITRE II : DE LA CLASSIFICATION DES RECETTES

Article 3 - Les recettes du budget général, des comptes spéciaux du trésor et des budgets annexes définis dans la loi organique portant loi de finances sont classées selon leur nature, et éventuellement selon leur source.

Deux niveaux de codification sont obligatoires pour les recettes du budget général, des budgets annexes et des comptes spéciaux du trésor, à savoir l'article et le paragraphe.

L'article est identifié par les deux premiers caractères du code de la classification des recettes.

Le paragraphe est une subdivision de l'article. Il est identifié par le troisième caractère du code de la classification des recettes.

Le paragraphe peut se subdiviser en rubriques ou lignes pour détailler les opérations de recettes.

La présentation détaillée de la classification des recettes figure dans le tableau 1 de l'annexe au présent décret.

TITRE III : DE LA CLASSIFICATION DES DÉPENSES

Article 4- Les dépenses du budget général, des budgets annexes et des comptes spéciaux du trésor sont présentées selon les classifications administrative, fonctionnelle, par programme et économique.

La présentation détaillée de la classification des dépenses figure dans le tableau 2 de l'annexe au présent décret.

CHAPITRE 1ER : DE LA CLASSIFICATION ADMINISTRATIVE

Article 5 - La classification administrative a pour objet de présenter les dépenses budgétaires selon les services ou groupes de services chargés de leur gestion. Elle permet d'identifier la hiérarchie du service chargé de l'exécution de la dépense et de préciser son degré d'autonomie, ainsi que sa situation géographique. Elle dépend de l'organisation administrative des départements ministériels ou des institutions de l'État.

Article 6 - La classification administrative comprend deux niveaux. Elle retient les ministères ou les institutions comme premier niveau de classification correspondant aux sections. Les services ou groupes de services constituent le deuxième niveau de classification correspondant aux chapitres.

La section est codifiée sur deux (2) caractères.

Le chapitre est codifié au moins sur six (6) caractères.

Article 7- La codification du chapitre comprend :

- la codification du type de service, (service centralisé, service déconcentré, service autonome) se fait sur un (1) caractère ;
- la codification du service : la codification utilisée est une codification arborescente mise en place selon le principe décimal, distinguant le service principal et le service secondaire. Elle comprend quatre (4) caractères, à

raison de deux (2) caractères pour le service principal et deux (2) caractères pour le service secondaire qui identifie le service gestionnaire des crédits ;

- la codification géographique du service : la codification permet d'identifier les dépenses selon les différentes circonscriptions du pays. Le niveau principal est codifié à deux (2) caractères.

Toutefois, selon les besoins de gestion des ministères et Institutions, cette structure de codification peut être élargie.

CHAPITRE 2 : DE LA CLASSIFICATION PAR PROGRAMMES

Article 8 - Conformément à l'article 12 de la loi organique relative aux lois de finances, les crédits budgétaires sont décomposés en programmes à l'intérieur des ministères. Un programme peut regrouper, tout ou partie des crédits d'une direction, d'un service, d'un ensemble de directions ou de services d'un même ministère.

Chaque programme est identifié par deux (2) caractères.

La codification des programmes définie ci-dessus peut être enrichie par des éléments issus notamment du premier niveau de la classification fonctionnelle.

CHAPITRE 3 : DE LA CLASSIFICATION FONCTIONNELLE

Article 9 - La classification fonctionnelle a pour objet de classer les dépenses budgétaires selon leurs objectifs socio-économiques.

Les dépenses budgétaires sont regroupées en dix divisions :

- services généraux des administrations publiques ;
- défense ;
- ordre et sécurité publics ;
- affaires économiques ;
- protection de l'environnement ;
- logements et équipements collectifs ;
- santé ;
- loisirs, culture et culte ;
- enseignement ;
- protection sociale.

Article 10- La classification fonctionnelle s'articule autour des notions de division, groupe et classe dont l'ensemble est codifié sur quatre (4) caractères.

La division est identifiée par deux (2) caractères, qui se subdivisent en deux niveaux : les groupes et les classes. Le groupe est identifié par un (1) caractère et la classe identifiée par un (1) caractère.

Les groupes et les classes donnent le détail des moyens par lesquels les objectifs généraux sont atteints.

La présentation détaillée de la classification fonctionnelle figure dans le tableau 3 de l'annexe au présent décret.

CHAPITRE 4 : DE LA CLASSIFICATION ECONOMIQUE

Article 11 - La classification économique de la nomenclature budgétaire est cohérente avec le plan comptable général de l'État.

Deux niveaux de codification permettent d'identifier les dépenses par nature, à savoir : l'article et le paragraphe.

L'article représente la catégorie économique de la dépense et est identifié par les deux premiers caractères du compte par nature du plan comptable de l'État. Il est codifié sur deux (2) caractères.

Le paragraphe est une subdivision de l'article précisant la nature de la dépense. Il est identifié par le troisième caractère du compte par nature du plan comptable de l'État.

CHAPITRE 5 : DES AUTRES CLASSIFICATIONS

Article 12 - Des classifications additionnelles peuvent être adoptées pour répondre à des préoccupations spécifiques. Ces classifications additionnelles peuvent comprendre, entre autres :

- une classification par sources de financement qui permet d'identifier et de suivre les moyens de financement des dépenses budgétaires (fonds propres, dons et prêts intérieurs ou extérieurs) ;
- une classification par bénéficiaires qui établit un lien entre la dépense budgétaire et le bénéficiaire final.

TITRE IV : DES DISPOSITIONS TRANSITOIRES ET FINALES

Article 13 - Les dispositions relatives aux programmes et aux dotations tels que prévues notamment aux articles 11, 12, 13, 14, 15 et 16 de la loi organique relative aux lois de finances ainsi que celles relatives aux tableaux matriciels croisés prévus à l'article 46 de la même loi entreront en vigueur au plus tard le 1er janvier 2017.

Article 14 - En cas de recours aux délais d'application prévus aux alinéas ci-dessus, les règles du décret 2002-197/PRN/MF/E du 26 juillet 2002 portant nomenclature budgétaire de l'État restent applicables.

Article 15- Le présent décret abroge et remplace toutes les dispositions antérieures contraires.

Article 16 - Le ministre des finances est chargé de l'application du présent décret qui sera publié au *Journal Officiel* de la République du Niger.

Fait à Niamey, le 1er mars 2013
Le Président de la République
Issoufou Mahamadou

Le Premier ministre
Brigi Rafini

Le ministre des finances
Baillet Gilles

ANNEXE

CLASSIFICATION DES RECETTES

Libellé

70 Ventes de produits

701 Ventes de produits

702 Ventes de prestations de services

71 Recettes fiscales

711 Impôts sur les revenus, les bénéfices et les gains en capital

712 Impôts sur les salaires versés et autres rémunérations

713 Impôts sur le patrimoine

714 Autres impôts directs

715 Impôts et taxes intérieurs sur les biens et services

716 Droits de timbre et d'enregistrement

717 Droits et taxes à l'importation

718 Droits et taxes à l'exportation

719 Autres recettes fiscales

72 Recettes non fiscales

721 Revenus de l'entreprise et du domaine

722 Droits et frais administratifs

723 Amendes et condamnations pécuniaires

725 Cotisations de sécurité sociales

729 Autres recettes non fiscales

73 Transferts reçus d'autres budgets

731 Transferts reçus du budget général

732 Transferts reçus des budgets annexes et des comptes spéciaux du Trésor

74 Dons programmes et legs

741 Dons des institutions internationales

742 Dons des gouvernements étrangers

743 Dons des organismes privés extérieurs

744 Dons intérieurs

745 Fonds de concours

749 Autres dons et legs

75 Recettes exceptionnelles

751 Remises et annulations de dette

752 Restitutions au Trésor de sommes indûment payées

759 Autres recettes exceptionnelles

77 Produits financiers

771 Intérêts des prêts

772 Intérêts sur les dépôts à terme

774 Revenus des titres de placements

776 Gains de change

12 Dons projets et legs

121 Dons projets des institutions internationales

122 Dons projets des gouvernements affiliés au Club de Paris

123 Dons projets gouvernements non affiliés au Club de Paris

124 Dons projets des organismes privés extérieurs

125 Fonds de concours

129 Autres dons et legs

19 Provisions pour risques financiers

191 Provisions pour risques d'exploitation liés au partenariat public - privé

192 Provisions pour risques d'investissement liés au partenariat public-privé

199 Autres provisions pour risques à caractère financier

CLASSIFICATION DES DÉPENSES

Dépenses

60 Achats de biens

601 Matières, matériel et fournitures

603 Variation des stocks de biens fongibles achetés

605 Eau, électricité, gaz et autres sources d'énergie

606 Matériel et fournitures spécifiques

609 Autres achats de biens

61 Acquisitions de services

611 Frais de transport et de mission

612 Loyer et charges locatives

614 Entretien et maintenance

615 Assurances

617 Frais de relations publiques

618 Dépenses de communication

62 Autres services

621 Frais bancaires

622 Prestation de services

623 Frais de formation du personnel

624 Redevances pour brevets, licences et logiciels

629 Autres acquisitions de services

63 Subventions

632 Subventions aux entreprises publiques

633 Subventions aux entreprises privées

634 Subventions aux institutions financières

639 Subventions à d'autres catégories de bénéficiaires

64 Transferts

641 Transferts aux établissements publics nationaux

642 Transferts aux collectivités locales

643 Transferts aux autres administrations publiques

644 Transferts aux institutions à but non lucratif

645 Transferts aux ménages

646 Transferts aux autorités supranationales et contributions aux organisations internationales

647 Transferts à d'autres budgets

648 Pensions de retraites des fonctionnaires et autres agents de l'État

649 Autres transferts

65 Charges exceptionnelles

651 Annulations de produits constatés au cours des années antérieures

652 Condamnations et transactions

654 Valeurs comptables des immobilisations cédées, mises au rebut ou admises en non-valeur

659 Autres charges exceptionnelles

66 Charges de personnel

661 Traitements et salaires en espèces

663 Primes et indemnités

664 Cotisations sociales

665 Traitements et salaires en nature au personnel

666 Prestations sociales

669 Autres dépenses de personnel

67 Intérêts et frais financiers

671 Intérêts et frais financiers sur la dette

672 Pertes sur cessions de titres de placement

676 Pertes de changes

679 Autres intérêts et frais bancaires

68 Dotations aux amortissements

681 Dotations aux amortissements des immobilisations incorporelles

682 Dotations aux amortissements des immobilisations corporelles

69 Dotations aux provisions

691 Dotations aux provisions pour dépréciation

692 Dotations aux provisions à caractère financier

19 Provisions pour risques financiers

191 Provisions pour risques d'exploitation liés au partenariat public - privé

192 Provisions pour risques d'investissement liés au Partenariat Public - Privé

199 Autres provisions pour risques à caractère financier

21 Immobilisations incorporelles

211 Frais de recherche et de développement

212 Brevets, marques de fabrique, droits d'auteur

213 Conceptions de systèmes d'organisation - Progiciels

214 Droits d'exploitation - Fonds de commerce

219 Autres droits et valeurs incorporels

22 Acquisitions et aménagements des sols et sous-sols

221 Terrains

222 Sous-sols, gisements et carrières

223 Plantations et forêts

224 Plans d'eau

23 Acquisitions, constructions et grosses réparations des immeubles

231 Bâtiments administratifs à usage de bureau

232 Bâtiments administratifs à usage de logement (civils et militaires)

233 Bâtiments administratifs à usage technique

234 Ouvrages

235 Infrastructures

236 Réseaux informatiques

24 Acquisitions et grosses réparations du matériel et mobilier

241 Mobilier et matériel de logement et de bureau

242 Matériel informatique de bureau

243 Matériel de transport de service et de fonction

244 Matériel et outillages techniques

245 Matériel de transport en commun et de marchandises

246 Collections - œuvres d'art

247 Stocks stratégiques ou d'urgence

248 Cheptel

25 Équipements militaires

251 Bâtiments militaires

252 Ouvrages et infrastructures militaires

253 Mobiliers, matériels militaires et équipements

26 Prises de participations et cautionnements

261 Prises de participations à l'intérieur

262 Prises de participations à l'extérieur

264 Cautionnements

28 Amortissements

281 Amortissements des immobilisations incorporelles

282 Amortissements des immobilisations corporelles

29 Provisions pour dépréciation

291 Provisions pour dépréciation des immobilisations incorporelles

292 Provisions pour dépréciation des immobilisations corporelles

293 Provisions pour dépréciation des immobilisations financières

CLASSIFICATION DES FONCTIONS DES ADMINISTRATIONS PUBLIQUES

01 Services généraux des administrations publiques

011 Fonctionnement des organes exécutifs et législatifs, affaires financières et fiscales, affaires étrangères

012 Aide économique extérieure

013 Services généraux

014 Recherche fondamentale

015 R-D concernant les services généraux des administrations publiques

016 Services généraux des administrations publiques, n.c.a

017 Opérations concernant la dette publique

018 Transferts de caractère général entre les administrations publiques

02 Défense

021 Défense militaire
022 Défense civile
023 Aide militaire à des pays étrangers
024 R-D concernant la défense
025 Défense, n.c.a

03 Ordre et sécurité publics

031 Services de police
032 Services de protection civile
033 Tribunaux
034 Administration pénitentiaire
035 R-D concernant l'ordre et la sécurité publics
036 Ordre et sécurité publics, n.c.a

04 Affaires économiques

041 Tutelle de l'économie générale, des échanges et de l'emploi
042 Agriculture, sylviculture, pêche, et chasse
043 Combustibles et énergie
044 Industries extractives et manufacturières, construction
045 Transports
046 Communications
047 Autres branches d'activité
048 R-D concernant les affaires économiques
049 Affaires économiques, n.c.a

05 Protection de l'environnement

051 Gestion des déchets
052 Gestion des eaux usées
053 Lutte contre la pollution
054 Préservation de la biodiversité et protection de la nature
055 R-D concernant la protection de l'environnement
056 Protection de l'environnement, n.c.a

06 Logement et équipements collectifs

061 Logement
062 Équipements collectifs
063 Alimentation en eau
064 Éclairage public
065 R-D dans le domaine du logement et des équipements collectifs
066 Logement et équipements collectifs, n.c.a

07 Santé

071 Produits, appareils et matériels médicaux
072 Services ambulatoires
073 Services hospitaliers
074 Services de santé publique
075 R-D dans le domaine de la santé
076 Santé, n.c.a

08 Loisirs, Culture et Culte

081 Services récréatifs et sportifs
082 Services culturels
083 Services de radiodiffusion, de télévision et d'édition
084 Culte et autres services communautaires
085 R-D dans le domaine des loisirs, de la culture et du culte
086 Loisirs, culture et culte, n.c.a

09 Enseignement

091 Enseignements préélémentaire et primaire
092 Enseignement secondaire
093 Enseignement post secondaire non supérieur
094 Enseignement supérieur
095 Enseignement non défini par niveau
096 Services annexes à l'enseignement
097 R-D dans le domaine de l'enseignement
098 Enseignement, n.c.a

10 Protection sociale

101 Maladie et invalidité
102 Vieillesse
103 Survivants
104 Famille et enfants
105 Chômage
106 Logement
107 Exclusion sociale, n.c.a
108 R-D dans le domaine de la protection sociale
109 Protection sociale, n.c.a.

NOMENCLATURE BUDGÉTAIRE DU SÉNÉGAL

RÉPUBLIQUE DU SÉNÉGAL

Un peuple-un but- une foi

Décret abrogeant et remplaçant le décret n°2004-1320 du 30 septembre 2004 portant nomenclature budgétaire de l'État

LE PRÉSIDENT DE LA RÉPUBLIQUE

Vu la constitution ;

Vu la loi n°2001-09 du 15octobre 2009 portant loi organique relative aux lois de finances ;

Vu la loi n°2011-15 du 08 juillet 2011 portant loi organique relative aux lois de finances ;

Vu le décret n°2004-1320 du 30 septembre 2004 portant nomenclature budgétaire de l'État ;

Vu le décret n°2011-1880 du 24 novembre 2011 portant règlement général sur la comptabilité publique ;

Vu le décret n°2012-427 du 03 avril 2012 portant nomination du Premier Ministre ;

Vu le décret n°2012-429 du avril 2012 relatif à la composition du gouvernement modifié ;

Vu le décret n°2012-543 du 24 mai 2012 portant répartition des services de l'État et du contrôle des établissements publics, des sociétés nationales et des sociétés à participation publique entre la présidence de la République ; la Primature et les ministères ;

Sur le rapport du Ministre de l'Économie et des Finances.

DÉCRÈTE :

TITRE I : DES DISPOSITIONS GÉNÉRALES

Article premier : Le présent décret fixe les règles de présentation des opérations du budget général, des budgets annexes et des comptes spéciaux du Trésor. Les opérations budgétaires sont classées ainsi qu'il suit :

- en recettes, selon leur nature et éventuellement selon leur source ;
- en dépenses, selon les classifications, administrative, par programme, fonctionnelle et économique.

Article 2 La nomenclature budgétaire définie par ces classifications des recettes et des dépenses constitue un cadre de référence obligatoire.

TITRE II : LA CLASSIFICATION DES RECETTES

Article 3 : Conformément aux dispositions de la loi organique relative aux lois de finances, les recettes du budget général, des budgets annexes et des comptes spéciaux du Trésor sont classées selon leur nature correspondant à l'assiette de l'impôt, et éventuellement selon leur source.

Deux niveaux de codification sont obligatoires pour les recettes du budget général, des budgets annexes et des comptes spéciaux du Trésor, à savoir l'article et le paragraphe.

L'article est identifié par les deux premiers caractères du code de la classification des recettes. Il est codifié sur deux (2) caractères.

Le paragraphe est une subdivision de l'article. Il est identifié par les trois premiers caractères du code de la classification des recettes. Le paragraphe peut se subdiviser en rubriques ou lignes pour détailler les opérations de recettes.

La présentation détaillée de la classification des recettes figure dans le **tableau n°1** de l'annexe du présent décret.

TITRE III : LA CLASSIFICATION DES DEPENSES

Article 4 : Les dépenses du budget général, des budgets annexes et des comptes spéciaux du Trésor sont présentés selon les classifications, administrative, par programme, fonctionnelle et économique.

CHAPITRE 1ER : LA CLASSIFICATION ADMINISTRATIVE

Article 5 : La classification administrative a pour objet de présenter les dépenses budgétaires selon les services ou groupes de services chargés de leur gestion. Elle permet d'identifier la hiérarchisation du service chargé de l'exécution de la dépense et de préciser son degré d'autonomie, ainsi que sa situation géographique. Elle dépend de l'organisation administrative des départements ministériels ou des institutions.

La présentation détaillée de la classification des dépenses par nature figure dans le **tableau n°2** de l'annexe du présent décret.

Article 6 : La classification administrative comprend deux niveaux.

- Elle retient les ministères ou les institutions comme premier niveau de classification correspondant aux sections, la section est codifiée sur deux (02) caractères ;
- Les services ou groupes de services constituent le deuxième niveau de classification correspondant aux chapitres. Le chapitre est codifié sur onze (11) caractères.

Article 7 : La codification du chapitre comprend :

- la codification du type de service, (service centralisé, service déconcentré, service autonome) se fait sur un (1) caractère ;
- la codification du type d'unité administrative sur un (1) caractère ;
- la codification de la catégorie d'unités administratives, sur un (1) caractère réalisé suivant une codification arborescente mise en place selon le principe décimal ;

- la codification du numéro d'ordre du service sur quatre (04) caractères ;
- la codification géographique du service sur quatre (04) caractères : la codification permet d'identifier respectivement :
  - au niveau national : la région en deux caractères, le département en un (01) caractère et l'arrondissement en un (01) caractère ;
  - à l'étranger, la zone, dans laquelle est classé le pays abritant la représentation diplomatique, en deux caractères et le pays en deux caractères ;

CHAPITRE 2 : LA CLASSIFICATION PAR PROGRAMMES

Article 8 : Conformément aux articles 12 et 14 de la loi organique relative aux lois de finances, les crédits budgétaires sont décomposés en programmes et/ou en dotations à l'intérieur des Institutions et des ministères. Un programme peut regrouper, tout ou partie des crédits d'une Direction, d'un service, d'un ensemble de directions ou de services d'un même ministère.

Chaque programme ou dotation est codifié sur deux (02) caractères. Un arrêté du Premier Ministre, qui fera partie intégrante du présent décret, fixera l'annexe relative aux programmes des ministères et les dotations des institutions.

CHAPITRE 3 : LA CLASSIFICATION FONCTIONNELLE

Article 9 : La classification fonctionnelle a pour objet de classer les dépenses budgétaires selon leurs objectifs socio-économiques.

Conformément aux normes internationales, les dépenses budgétaires sont regroupées en dix divisions :

- services généraux des administrations publiques ;
- défense ;
- ordre et sécurité publics ;
- affaires économiques ;
- protection de l'environnement ;
- logements et équipements collectifs ;
- santé ;
- loisirs, culture et culte
- enseignement ;
- protection sociale

Article 10 : La classification fonctionnelle s'articule autour des notions de division, groupe et classe dont l'ensemble est codifié sur quatre (04) caractères.

La division est identifiée par deux (02) caractères, qui se subdivisent en deux niveaux : les groupes et classes.

Le groupe est identifié par un (1) caractère et la classe par un (1) caractère.

Les groupes et les classes donnent le détail des moyens par lesquels les objectifs généraux soient atteints.

La présentation détaillée de la classification fonctionnelle figure dans le **tableau 3** de l'annexe du présent décret.

CHAPITRE 4 : LA CLASSIFICATION ECONOMIQUE

Article 11 : La classification économique de la nomenclature budgétaire est cohérente avec le plan comptable de l'État.

Deux niveaux de codification permettent d'identifier les dépenses par nature, à savoir l'article et le paragraphe.

L'article représente la catégorie économique de la dépense et est identifié par les deux premiers caractères du compte par nature du plan comptable de l'État. Il est codifié sur deux (2) caractères.

Le paragraphe est une subdivision de l'article précisant la nature de la dépense. Il est identifié par les trois premiers caractères du compte par nature du plan comptable de l'État.

La présentation détaillée de la classification des dépenses par nature figure dans le **tableau n°4** de l'annexe du présent décret.

CHAPITRE 5 : LES AUTRES CLASSIFICATIONS

Article 12 : En cas de besoin, d'autres classifications peuvent être développées notamment :

- la classification par sources de financement qui permet d'identifier et de suivre les moyens de financement des dépenses budgétaires (fonds propres, dons et prêts intérieurs ou extérieurs) ;
- la classification par bénéficiaires qui établit un lien entre la dépense budgétaire et le bénéficiaire final.

TITRE IV : DISPOSITIONS TRANSITOIRES ET FINALES

Article 13 : Les dispositions du présent décret feront l'objet d'application, en guise de test, à partir de l'année 2013, dans deux ministères sectoriels.

Toutefois, est différée, au plus tard au 1er janvier 2017, l'application intégrale des dispositions relatives aux programmes et aux dotations telles que prévues notamment aux articles 12, 14,15 et 16 de la loi organique relative aux lois de finances ainsi que celles relatives aux tableaux matriciels croisés prévus à l'article 50 de la loi organique relative aux lois de finances.

Article 14 : Sous réserve de la disposition spécifique prévue à l'article 13 ci-dessus, le présent décret abroge et remplace toutes les dispositions antérieures contraires, notamment celles du décret n°2004-1320 du 30 septembre 2004 portant nomenclature budgétaire de l'État.

Article 15 : Le présent décret qui entre en vigueur à compter de sa date de signature, sera publié au journal Officiel de la République du Sénégal.

Fait à Dakar, le 04 juillet 2012
Par le Président de la République
Macky SALL

Le Premier Ministre
Abdoul MBAYE

NOMENCLATURE BUDGÉTAIRE DU TOGO

REPUBLIQUE TOGOLAISE
MINISTERE DE L'ECONOMIE DES FINANCES ET DE LA PLANIFICATION DU DEVELOPPEMENT

DECRET N°2015-052/PR
Portant nomenclature budgétaire de l'État

LE PRESIDENT DE LA REPUBLIQUE,

Sur le rapport du ministre d'État, ministre de l'économie, des finances et de la planification du développement ;

Vu la Constitution du 14 octobre 1992 ;

Vu la directive n° 04/98/CM/UEMOA du 22 décembre 1998 portant nomenclature budgétaire de l'État et ses modificatifs ;

Vu la loi organique n° 2014-013 du 27 juin 2014 relative aux lois de finances ;

Vu la loi n° 2014-009 du 11 juin 2014 portant code de transparence dans la gestion des finances publiques ;

Vu le décret n° 2012-004/PR du 29 février 2012 relatif aux attributions des ministres d'États et ministres ;

Vu le décret n° 2012-006/PR du 7 mars 2012 portant organisation des départements ministériels ;

Vu le décret 2015-038/PR du 5 juin 2015 portant nomination du Premier ministre ;

Vu le décret n° 2015-041/PR du 28 juin 2015 portant composition du gouvernement ;

Le conseil des ministres entendu,

DECRETE

CHAPITRE Ier - DISPOSITIONS GENERALES

Article 1er : Le présent décret fixe les principes fondamentaux de présentation des opérations du budget général, des budgets annexes et des comptes spéciaux du Trésor conformément à la nomenclature budgétaire de l'État en annexe.

CHAPITRE II - DE LA CLASSIFICATION DES RECETTES

Article 2 : Les recettes du budget général, des comptes spéciaux du Trésor et des budgets annexes sont classées selon leur nature correspondant à l'assiette de l'impôt et, éventuellement, selon leur source.

Deux (2) niveaux de codification sont obligatoires pour les recettes du budget général, des budgets annexes et des comptes spéciaux du Trésor, à savoir l'article et le paragraphe.

L'article est identifié par les deux (2) premiers caractères du code de la classification des recettes. Il est codifié sur deux (2) caractères.

Le paragraphe est une subdivision de l'article. Il est identifié par les trois (3) premiers caractères du code de la classification des recettes. Le paragraphe peut se subdiviser en rubriques ou lignes pour détailler les opérations de recettes.

CHAPITRE III - DE LA CLASSIFICATION DES DEPENSES

Article 3 : Les dépenses du budget général, des budgets annexes et des comptes spéciaux du Trésor sont présentées selon les classifications administrative, fonctionnelle et économique, ainsi que par programme.

Section 1ère : De la classification administrative

Article 4 : La classification administrative a pour objet de présenter les dépenses budgétaires selon les services ou groupes de services chargés de leur gestion.

Article 5 : La classification administrative comprend deux (2) niveaux. Elle retient les ministères ou les institutions comme premier niveau de classification correspondant aux sections. Les services ou groupes de services constituent le deuxième niveau de classification correspondant aux chapitres. La section est codifiée sur deux (2) caractères. Le chapitre est codifié au moins sur six (6) caractères.

Article 6 : La codification du chapitre comprend :

- la codification du type de service (service centralisé, service déconcentré, service autonome) se fait sur un (1) caractère ;
- la codification du service au minimum trois (3) caractères. Elle est arborescente et effectuée selon le principe décimal ;
- la codification géographique du service permet d'identifier les dépenses selon les différentes circonscriptions administratives.

Section 2 : De la classification fonctionnelle

Article 7 : La classification fonctionnelle a pour objet de classer les dépenses budgétaires selon leurs objectifs socio-économiques.

Les dépenses budgétaires sont regroupées en dix (10) divisions :

- services généraux des administrations publiques ;
- défense ;
- ordre et sécurité publics ;
- affaires économiques ;
- protection de l'environnement ;
- logements et équipements collectifs ;
- santé ;
- loisirs, culture et culte ;
- enseignement ;
- protection sociale.

Article 8 : La classification fonctionnelle s'articule autour des notions de division, groupe et classe, dont l'ensemble est codifié sur quatre (4) caractères.

La division est identifiée par deux (2) caractères qui se subdivisent en deux (2) niveaux : les groupes et les classes. Le groupe est identifié par un (1) caractère et la classe par un (1) caractère.

Les groupes et les classes donnent le détail des moyens par lesquels les objectifs généraux sont atteints.

Section 3 : De la classification économique

Article 9 : La classification économique de la nomenclature budgétaire est cohérente avec le plan comptable de l'État.

Deux (2) niveaux de codification permettent d'identifier les dépenses par nature, à savoir l'article et le paragraphe.

L'article représente la catégorie économique de la dépense et est identifié par les deux (2) premiers caractères du compte par nature du plan comptable de l'État. Il est codifié sur deux (2) caractères.

Le paragraphe est une subdivision de l'article précisant la nature de la dépense. Il est identifié par les trois (3) premiers caractères du compte par nature du plan comptable de l'État.

Section 4 : De la classification par programmes

Article 10 : Conformément à l'article 12 de la loi organique relative aux lois de finances, les crédits budgétaires sont décomposés en programmes à l'intérieur des ministères et des institutions. Un programme peut regrouper, tout ou partie des crédits d'une direction, d'un service, d'un ensemble de directions ou de services d'un même ministère.

Chaque programme est identifié par deux (2) caractères.

Section 5 : Des autres classifications

Article 11 : Les classifications prévues aux chapitres 1ers, 2, 3 et 4 ci-dessus ne sont pas limitatives. En cas de besoin, elles peuvent être complétées par d'autres, notamment :

- la classification par source de financement, qui permet d'identifier et de suivre les moyens de financement des dépenses budgétaires (fonds propres, dons et prêts intérieurs ou extérieurs) ;
- la classification par bénéficiaire, qui établit un lien entre la dépense budgétaire et le bénéficiaire final.

CHAPITRE IV - DISPOSITIONS TRANSITOIRES ET FINALES

Article 12 : En cas de modification dans la structure du gouvernement, le directeur du budget est autorisé à procéder aux changements et codifications nécessaires de la nomenclature budgétaire de l'État.

Article 13 : Des textes réglementaires complèteront, en cas de besoin, les dispositions du présent décret.

Article 14 : Le présent décret abroge et remplace toutes les dispositions antérieures contraires portant sur la nomenclature budgétaire de l'État, notamment l'arrêté n° 244/MEFP/CAB du 20 décembre 2001 et les textes subséquents.

Article 16 [14] : Le ministre d'État, ministre de l'économie, des finances et de la planification du développement est chargé de l'exécution du présent décret qui sera publié au Journal officiel de la République togolaise.

Fait à Lomé, le 27 AOUT 2015
Le Premier ministre
Selom Komi KLASSOU

Le ministre d'État
Ministre de l'économie, des finances et de la planification du développement
Adji Otèth AYASSOR

Pour ampliation
Le Secrétaire général de la Présidence de la République
Daté Patrick TEVI-BENISSAN

[14] Il y a visiblement une erreur dans la numérotation des articles dans le texte originel publié au Journal officiel togolais. L'article 16 devrait être numéroté article 15.

LES TABLEAUX DES OPÉRATIONS FINANCIÈRES DE L'ÉTAT (TOFE)

COMMENTAIRES GÉNÉRAUX

INTRODUCTION

1- Tous les États ont transposé la Directive n°10/2009/CM/UEMOA du 26 juin 2009 portant Tableau des Opérations Financières de l'État (TOFE) au sein de l'UEMOA.

2- Les textes de transposition sont des décrets.

3- Le Sénégal est le premier pays ayant réalisé la transposition alors que le Burkina Faso est le dernier.

Pays	Référence du texte de transposition	Temps de transposition (échéance normale : 31 décembre 2011)
Bénin	Décret n° 2014-573 du 7 octobre 2014 portant TOFE	2 ans 6 mois 6 jours
Burkina-Faso	Décret n° 2016-602/PRES/PM/MINEFID du 8 juillet 2016 portant TOFE	4 ans 6 mois 7 jours
Côte d'Ivoire	Décret n° 2014-419 du 09 juillet 2014 portant TOFE	2 ans 6 mois 8 jours
Mali	Décret n° 2014/0350/P-RM du 22 mai 2014 portant TOFE	2 ans 4 mois 21 jours
Niger	Décret n°2013-86/PRN/MF du 1er mars 2013 portant TOFE	1 an 2 mois
Sénégal	Décret n° 2012-341 du 12 mars 2012 portant TOFE[15]	2 ans 11 jours
Togo	Décret n°2015-055/PR du 27 août 2015 portant TOFE	3 ans 7 mois 26 jours

[15] Décret signé en mars 2012 mais curieusement mis en vigueur à compter du 1er janvier 2012.

I.- DISPOSITIONS *PRAETER LEGEM*

Bénin	**Article 25 TOFE Bénin (à confirmer en terme d'innovation)** : toutes les entités qui doivent fournir des informations de base pour l'élaboration du TOFE communiquent au ministère en charge des Finances au plus tard le 10 du mois suivant par voies appropriées, les données primaires nécessaires à l'établissement du TOFE du mois échu. Dans le cadre de l'élargissement du champ du TOFE, les ministères concernés prendront toutes les dispositions adéquates pour se conformer aux dispositions de l'alinéa ci-dessus.
Sénégal	**Article 9 TOFE Sénégal** : Le secteur des administrations publiques comprend trois sous-secteurs : - le sous-secteur de l'administration centrale ; - le sous-secteur de l'administration locale ; - le sous-secteur de la sécurité sociale. Les Sous-secteurs de l'administration centrale et de l'administration locale sont composés d'unités budgétaires et éventuellement d'Institutions sans but lucratif et d'unités extrabudgétaires. Le sous-secteur de la sécurité sociale comprend les unités de sécurité sociale. **Chapitre III. - DES MODES D'ENREGISTREMENT DES DONNÉES** Article 16. - Les recettes du budget général et des comptes spéciaux du Trésor sont les recettes portées en recettes budgétaires dans la balance générale des comptes du Trésor dans les comptes de la classe 7, ventilées par nature dans la comptabilité auxiliaire des recettes. Les dépenses du budget général et des comptes spéciaux du Trésor sont les dépenses budgétaires comptabilisées dans la balance générale des comptes du Trésor dans les comptes de la classe 6, ventilées par nature dans la comptabilité auxiliaire des dépenses. Article 23 TOFE Sénégal. - Le Ministre chargé des Finances arrête chaque année la liste des organismes automnes à inclure dans le champ du TOFE.
Togo	**Article 8 TOFE TOGO :** Les statistiques des finances publiques doivent être établies en conformité avec la Directive n°10/2009/CM/UEMOA du 26 juillet 2009 portant des

	Tableau des Opérations Financières de l'État. **Article 9 TOFE TOGO :** L'établissement et la diffusion des statistiques de finances publiques sont de la responsabilité du ministère en charge de l'économie et des finances en collaboration avec les ministères en charge des collectivités locales, des caisses de sécurité sociale et de prévoyance, la structure nationale chargée des statistiques et de la comptabilité nationales ainsi que les autres institutions responsables de production de statistiques macroéconomiques telles que l'Agence nationale de la Banque Centrale des États de l'Afrique de l'Ouest (BCEAO) ; **Article 12 TOFE TOGO :** Les statistiques de finances publiques s'appliqueront à l'ensemble des administrations à savoir, l'administration centrale ('État et établissements publics à caractère administratif), les organismes de sécurité sociale et les collectivités locales. **Article 24 TOFE TOGO :** Les organismes concernés par l'article 12 communiqueront à intervalles réguliers les données primaires nécessaires à l'établissement de statistiques de finances publiques par le ministère.
Mali	**Alinéa 3 de l'article 9 TOFE Mali :** Un arrêté du ministre en charge des Finances détermine la composition de chacun de ces sous-secteurs. **Article 22 TOFE Mali :** Les services publics et parapublics, les organismes privés d'utilité publique, les entreprises d'État, les entreprises mixtes doivent transmettre au service national chargé de la production des Statistiques de finances publiques en cas de besoin et à des fins exclusivement statistiques, les informations dont ils disposent et qu'ils ont recueillies dans le cadre de leurs missions. Article 26 alinéa 2 TOFE Mali : « La nomenclature relative à la tenue de ce cadre d'analyse est jointe en annexe du présent décret. Des classifications additionnelles et un ordre de classement peuvent être adoptés pour répondre à des préoccupations spécifiques, en particulier pour l'introduction des données plus détaillées. » **Article 28 TOFE Mali :** La note explicative annexée au présent décret apporte des précisions sur le système de Manuel de Statistiques des Finances Publiques 2001 (MSFP). Des textes règlementaires pris par le ministre en charge des Finances complèteront, en tant que de besoin, les dispositions du présent décret.
Burkina-	Les alinéas 1 et 2 article 4 TOFE Burkina Faso donnent le rôle et

Faso	l'utilité du TOFE sur la mesure de l'activité économique et mesurer l'importance et l'impact de l'activité économique et financière des administrations publiques sur les autres secteurs de l'économie d'une part et l'interaction entre les finances publiques et les différents comptes macroéconomiques, à savoir la balance des paiements, la situation monétaire et les comptes nationaux. L'alinéa 3 est le correspondant de l'article 4 DTOFE ARTICLE 8 TOFE Burkina Faso **:** responsabilité du Ministre en chargé des Finances avec la direction nationale de la BCEAO. Article 10 TOFE Burkina Faso **:** complément de son alinéa 3 aux dispositions des alinéas 1er et 2 de l'article 9 DTOFE : cet alinéa complémentaire a le mérite de clarifier le contenu des sous-secteurs administration centrale, collectivités territoriales et leurs établissements publics et les organismes autonomes. Article 28 TOFE Burkina Faso prévoit la prise de textes règlementaires par le Ministre chargé des Finances pour « préciser certaines dispositions » du TOFE
Niger	Néant
Côte d'ivoire	**Article 8 TOFE RCI** : responsabilité du Ministre en charge de l'Économie et des Finances avec les structures d'élaboration des statistiques macroéconomiques et de la comptabilité nationale. **Article 23 TOFE RCI** institue la production pendant la période du 1er janvier 2015 jusqu'à l'entrée en vigueur du présent décret (prévu pour le 1er janvier 2019), un cadre d'analyse minimum comprenant : - Tableau 1 : TOFE ; - Tableau 2 : Situation des flux de trésorerie ; - Tableau 3 : Situation des actifs financiers et des passifs ; - Tableau 4 : Situation de la dette. Article 28 TOFE RCI prévoit la prise de textes règlementaires par le Ministre chargé de l'Économie et des Finances et celui chargé du Budget « pour compléter en tant que de besoin » les dispositions du TOFE. Article 29 TOFE RCI : les ministres en charge de l'Économie et des Finances puis celui en charge du Budget sont chargé d'assurer l'exécution du TOFE.

II : DISPOSITIONS OMISES

Bénin	Article 24, 28 et 29 DTOFE
Sénégal	La seconde phrase de l'article 1er de la DTOFE : faisant le lien de conformité entre les principes généraux de présentation des statistiques sur les opérations financières avec les normes internationales en matière des statistiques des finances publiques ; Alinéa 2 de l'article 3 DTOFE omis instituant l'annexion au TOFE du compte de patrimoine, de la situation des autres flux économiques et la situation des flux de trésorerie. Article 4 TOFE Sénégal fait une reformulation de l'article DTOFE Article 16 DTOFE (en remplacement le chapitre III est créé avec l'article 16). Articles 24, 26, 27 et 29 DTOFE.
Togo	Articles 24, 28 et 29 DTOFE
Mali	Articles 24, 28 et 29 DTOFE
Burkina-Faso	Article 24 DTOFE
Niger	Article 2 : 2e alinéa : suppression de « ce qui n'exclut pas les emprunts et d'autres ressources autres que les transferts obligatoires » de l'article 2 de la DTOFE Article 3 : omission du 4e alinéa de la DTOFE Article 4 DTOFE Article 5 DTFOFE fusionné à l'article 4 TOFE Niger Article 5 TOFE Niger : fusion articles 6 et 7 DTOFE Burkina Faso : Scission de l'article 16 DTOFE en 3 articles : les articles 17, 18 et 19 du TOFE Burkina Faso. Article 24 DTOFE
Côte d'ivoire	Article 24 DTOFE

TOFE DU BÉNIN

RÉPUBLIQUE DU BENIN
PRÉSIDENCE DE LA RÉPUBLIQUE
Décret n° 2014-573 du 7 octobre 2014 portant TOFE

LE PRÉSIDENT DE LA RÉPUBLIQUE,
CHEF DE L'ÉTAT,
CHEF DU GOUVERNEMENT,

Vu la loi n° 90-32 du 11 décembre 1990 portant constitution de la République du Bénin ;

Vu le Traité de l'UEMOA notamment, en ses articles 16, 20, 21 et 67 ;

Vu la déclaration de la Conférence des Chefs d'État et de Gouvernement du 28 janvier 1999 sur le renforcement de la convergence et l'accélération de la croissance économique dans les États membres de l'UEMOA ;

Vu la Directive n°01/2009/CM/UEMOA du 27 mars 2009 portant Code de transparence dans la gestion des finances publiques au sein de l'UEMOA ;

Vu la Directive n°06/2009/CM/UEMOA du 26 juin 2009 portant lois de finances ;

Vu la Directive n°07/2009/CM/UEMOA du 26 juin 2009 portant Règlement Général sur la Comptabilité Publique ;

Vu la Directive n°08/2009/CM/UEMOA du 26 juin 2009 portant Nomenclature Budgétaire de l'État ;

Vu la Directive n°09/2009/CM/UEMOA du 26 juin 2009 portant Plan Comptable de l'État ;

Vu la Directive n°10/2009/CM/UEMOA du 26 juin 2009 portant Tableau des Opérations Financières de l'État (TOFE) au sein de l'UEMOA ;

Vu la loi organique n°2013-14 du 27 septembre 2013 relative aux lois de finances ;

Vu la proclamation le 29 mars 2011 par la Cour Constitutionnelle des résultats définitifs de l'élection présidentielle du 13 mars 2011 ;

Vu le décret n°2014-512 du 20 août 2014 portant composition du Gouvernement ;

Sur proposition du Ministre de l'Économie, des Finances et des Programmes de Dénationalisation ;

Le Conseil des Ministres entendu en sa séance extraordinaire du 03 octobre 2014,

DÉCRÈTE :

CHAPITRE PREMIER : DISPOSITIONS GÉNÉRALES

Article 1er Le présent décret fixe les principes généraux relatifs à l'élaboration et à la présentation du Tableau des Opérations Financières de l'État. Ces principes sont basés sur les normes internationales en matière des statistiques des finances publiques.

Article 2 : l'État couvre le secteur des administrations publiques qui se compose de toutes les unités institutionnelles résidentes dont les principales fonctions consistent à :

- fournir à la collectivité des biens et services non marchands destinés à la consommation collective ou individuelle ;
- redistribuer le revenu et la richesse au moyen de transferts.

Les activités des administrations publiques se distinguent de celles des autres secteurs de l'économie du fait qu'elles doivent être financées principalement par l'impôt ou par d'autres transferts obligatoires, ce qui n'exclut pas les emprunts et d'autres ressources autres que les transferts obligatoires. La production des administrations publiques est principalement non marchande.

Article 3 : Les opérations des administrations publiques sont les transactions financières en recettes, charges, acquisitions et cessions d'actifs non financiers et financiers et en augmentation et diminution des passifs.

Elles sont classées, selon leur nature, dans une présentation qui est dénommée Tableau des Opérations Financières de l'État, en abrégé TOFE en annexe 1 et fait partie intégrante du présent décret.

Il est joint au TOFE aux fins d'analyse des finances publiques, le compte dc patrimoine, la situation des autres flux économiques et la situation des flux de trésorerie.

L'ensemble des quatre tableaux décrits dans la note explicative en annexe 2 et qui fait partie intégrante du présent décret, constitue le cadre analytique conforme aux normes internationales en vigueur que le Bénin doit atteindre à terme.

Il s'agit des tableaux ci-après :

- Le TOFE ;
- le compte de patrimoine ;
- la situation des autres flux économiques ;
- la situation des flux de trésorerie

Article 4 : Le TOFE retrace pour une période donnée, les flux des transactions en recettes, charges, acquisitions et cessions d'actifs non financiers et financiers, augmentation et diminution de passifs aux fins d'analyse des opérations des administrations publiques.

Article 5 : Les agrégats du TOFE sont les suivants :

- les recettes ;

- les charges ;
- l'acquisition nette d'actifs non financiers ;
- l'acquisition nette d'actifs financiers ;
- l'accumulation nette de passifs.

Article 6 : Le TOFE est établi sur une base mensuelle, trimestrielle et annuelle. Toutefois, la situation des actifs financiers et des passifs est élaborée sur la base trimestrielle.

Article 7 : Les principales sources des données de base pour l'établissement du TOFE et plus généralement des statistiques de finances publiques sont les situations issues de la comptabilité publique, c'est-à-dire les balances du Trésor, les comptes d'exploitation des autres unités des administrations publiques complétées, le cas échéant, par des comptabilités auxiliaires.

Article 8 : L'établissement et la diffusion du TOFE couvrant les administrations publiques sont de la responsabilité du Ministère en Charge des Finances en collaboration avec le Ministère en Charge des Collectivités locales, l'Institut National de la Statistique et l'Analyse Économique ainsi que les autres institutions responsables de production de statistiques macroéconomiques telle que l'agence nationale de la Banque Centrale des États de l'Afrique de l'Ouest.

CHAPITRE II : DU CHAMP COUVERT PAR LE TOFE

Article 9 : L'unité statistique du système de statistique des finances publiques est l'unité institutionnelle.

Une unité institutionnelle est une entité économique résidente, capable de son propre chef de posséder des actifs, de contracter des engagements et de s'engager dans des activités économiques et dans des transactions avec d'autres entités. Elle est résidente d'un pays lorsqu'elle a sur le territoire économique de ce pays un centre d'intérêt économique.

Le champ couvert par le TOFE est le secteur des administrations publiques composé de toutes les unités institutionnelles résidentes des administrations publiques, ainsi que des institutions sans but lucratif (ISBL) non marchandes, principalement financées et contrôlées par les administrations publiques.

Article 10 : Quatre types d'unités d'administrations publiques sont distingués à savoir :

- les unités budgétaires ;
- les unités de sécurité sociale ;
- les institutions sans but lucratif (ISBL) non marchandes au service des administrations publiques ;
- les unités extrabudgétaires.

Ces unités sont regroupées en trois sous-secteurs à savoir :

- sous-secteur de l'administration centrale y compris ses ISBL et unités extrabudgétaires ;
- sous-secteur de l'administration locale y compris ses ISBL et unités extrabudgétaires ;

- sous-secteur de la sécurité sociale.

Article 11 : Les transactions financières des administrations publiques comprennent les recettes, les charges, et les opérations sur actifs non financiers, financiers et sur passifs, quelles soient en espèces ou en nature.

Les transactions sur les recettes et les charges affectent la valeur nette des administrations publiques définie comme étant la différence entre le total des actifs et celui des passifs.

Article12 : Les recettes sont constituées de toutes les transactions qui augmentent la valeur nette. Elles sont classées selon les catégories suivantes en espèces ou en nature :

- les recettes fiscales ;
- les cotisations sociales ;
- les dons reçus ;
- les autres recettes.

Article 13 : Les charges sont constituées des transactions qui diminuent la valeur nette et classées selon leur nature. Elles comprennent les catégories suivantes en espèces ou en nature :

- la rémunération des salariés ;
- l'utilisation de biens et services ;
- la consommation de capital fixe ;
- les intérêts ;
- les subventions ;
- les dons versés ;
- les prestations sociales ;
- les autres charges.

Article 14 : Les actifs non financiers sont des actifs économiques autres que les actifs financiers. Les transactions sur actifs non financiers sont destinées à l'acquisition ou les cessions de biens de capital fixe, de stocks, d'objets de valeur, et d'actifs non produits tels que les terrains, gisements et actifs incorporels. Elles sont classées en quatre catégories :

- les actifs fixes ;
- les stocks ;
- les objets de valeur ;
- les actifs non produits.

Article 15 : Les actifs financiers sont des créances financières détenues par les administrations publiques sur le reste de l'économie. Les transactions sur actifs financiers concernent les acquisitions et les cessions et sont classées selon l'instrument financier et la résidence. Les catégories d'actifs financiers sont les suivantes :

- le numéraire et les dépôts ;
- les titres autres que les actions ;
- les crédits ;

- les actions et autres participations ;
- les réserves techniques d'assurance ;
- les produits financiers dérivés ;
- les autres comptes à recevoir.

Ces actifs sont ventilés en actifs intérieurs et extérieurs. Ils peuvent être ventilés selon les secteurs de contrepartie à l'instrument financier et la résidence.

Article 16 : Les passifs représentent les dettes envers le reste de l'économie ou encore les créances de celui-ci sur les administrations publiques. Les transactions sur passifs comprennent les augmentations et les diminutions de passifs. Les passifs sont classés de la même manière que les actifs comme indiqué à l'article 13 du présent décret

CHAPITRE III : DES MODES D'ENREGISTREMENT DES DONNEES

Article 17 : Les transactions financières des administrations publiques sont enregistrées sur la base des droits constatés c'est-à-dire lorsque la valeur économique est transformée, échangée, créée, transférée ou éteinte.

Les recettes sont enregistrées sur la base des droits constatés c'est-à-dire lorsque se produisent les activités, transactions et autres événements donnant droit à la perception des impôts ou d'autres types de recettes.

Les recettes fondées sur le système déclaratif sont enregistrées au moment de la déclaration et/ou du versement spontané des impôts par les contribuables.

Les recettes fondées sur le système d'émission préalable de titres, sont enregistrées au vu des titres de perception, rôles ou contrats.

Les charges et acquisitions d'actifs non financiers sont enregistrées sur la base des droits constatés c'est-à-dire, au moment où ont lieu les activités, ou autres évènements créant l'obligation inconditionnelle pour les administrations publiques concernées de procéder à un paiement ou de céder des ressources. L'enregistrement des charges et des actifs non financiers se fait donc sur la base des liquidations.

Article 18 : Les transactions et autres flux économiques, ainsi que les stocks d'actifs et de passifs sont valorisés sur la base des prix et cours du marché, sauf en ce qui concerne la dette qui sera valorisée à la valeur nominale des différents éléments constitutifs.

Article 19 : Les différentes catégories de flux et d'encours peuvent être présentées sur une base brute ou nette. La base nette résulte de la différence entre deux ensembles de flux ou d'encours.

Article 20 : En vue d'éliminer les doubles emplois, il est procédé à la consolidation des données provenant de plusieurs sous-secteurs.

La consolidation consiste en l'élimination de toutes les relations de débiteur et créancier entre les unités institutionnelles appartenant au même secteur ou sous-secteur. Elle permet de présenter les données d'un groupe d'unités comme une seule unité.

Article 21 : Les contrats conditionnels qui prennent effet seulement si une ou plusieurs conditions stipulées dans l'accord entre les parties se concrétisent, sont enregistrés dans des postes pour mémoire. Ils ne sont formellement reconnus dans le système des statistiques de finances publiques en tant que flux ou encours que lorsque ces conditions sont satisfaites.

CHAPITRE IV : DES AUTRES DISPOSITIONS

Article 22 : Il sera mis en place un dispositif efficace de collecte des informations de base entrant dans la confection du TOFE et plus généralement des statistiques de finances publiques.

Article 23 : La situation nette des administrations publiques vis-à-vis du système des institutions financières est constituée des créances sur ces institutions moins les dettes envers ces institutions.

Cette situation nette est déterminée à partir des sources de la comptabilité publique et des autres sources couvertes par le TOFE. Elle correspond, pour l'administration centrale, aux décalages comptables près, à la Position Nette du Gouvernement (PNG) telle qu'elle est déterminée à partir des statistiques monétaires et financières.

Article 24 : Les restes à payer sont constitués de toutes les liquidations non réglées. Ils comprennent les fonds en route et les arriérés de paiement. Les fonds en route sont constitués de toutes les liquidations non réglées de moins de trois mois. Les arriérés sont constitués de toutes les liquidations non réglées au-delà de trois mois.

Article 25 : Toutes les entités qui doivent fournir des informations de base pour l'élaboration du TOFE communiquent au ministère en charge des finances au plus tard le 10 du mois suivant par voies appropriées, les données primaires nécessaires à l'établissement du TOFE du mois échu.

Dans le cadre de l'élargissement du champ du TOFE, les ministères concernés prendront toutes les dispositions adéquates pour se conformer aux dispositions de l'alinéa ci-dessus.

CHAPITRE V : DES DISPOSITIONS TRANSITOIRES ET FINALES

Article 26 : Des arrêtés du Ministre chargé des finances précisent, en tant que de besoin, les modalités d'application du présent décret.

Les dispositions nécessaires sont prises en vue de la production dès le premier janvier 2016 d'un cadre d'analyse minimum comprenant :

- Tableau 1 : TOFE ;
- Tableau 2 : Situation des flux de trésorerie ;
- Tableau 3 : Situation des actifs financiers et des passifs ;
- Tableau 4 : Situation de la dette.

Article 27 : Les dispositions du présent décret seront appliquées à partir du 1er janvier 2015.

Toutefois, une période transitoire allant jusqu'au 1er janvier 2017 est retenue pour l'application intégrale des dispositions relatives:

- à l'élargissement du champ du TOFE aux opérations des autres unités des administrations publiques ;
- à l'enregistrement des opérations sur la base des droits constatés pour l'ensemble des transactions des administrations publiques ;
- à la comptabilisation des stocks et du capital fixe, la consommation de capital fixe et l'enregistrement des autres flux économiques ;
- à la prise en compte des avantages en nature dans la rémunération des salariés.

Sous réserve des dispositions de l'alinéa précédent, le présent décret abroge et remplace toutes les dispositions antérieures contraires.

Article 28 : Pour les besoins de la surveillance multilatérale des politiques économiques et budgétaires, il doit être transmis à la Commission de l'UEMOA, le TOFE trimestriel auquel seront annexés les tableaux 2, 3, et 4 ci-dessus cités ainsi que les situations détaillées des recettes, des charges et des actifs non financiers retracés dans le budget de l'État.

Article 29 : Conformément à l'article 105 de la Loi Organique relative aux Lois de Finances, le principe de la constatation des droits et obligations régissant la comptabilité générale sera appliqué à partir du 1er janvier 2019.

Article 30 : Le Ministre en charge des Finances est chargé de l'application du présent décret qui sera publié au Journal Officiel de la République du Bénin.

Fait à Cotonou, le 07 octobre 2014
Par le Président de la République,
Chef de l'État, Chef du Gouvernement
BONI YAYI

Ministre d'État chargé de l'Enseignement
Supérieur et de la Recherche Scientifique
François Adebayo ABIOLA

Ministre de l'Économie, des Finances
et des Programmes de Dénationalisation
Komi KOUTCHE

Ministre du Travail, de la Fonction Publique,
de la Réforme Administrative et Institutionnelle
Aboubacar YAYA

TOFE DU BURKINA-FASO

BURKINA FASO
Unité-Progrès-Justice

Décret n° 2016-602/PRES/PM/MINEFID du 8 juillet 2016 portant TOFE

LE PRÉSIDENT DU FASO,
PRÉSIDENT DU CONSEIL DES MINISTRES,

CHAPITRE I : DISPOSITIONS GÉNÉRALES

Article premier : Le présent décret fixe les règles générales relatives à l'élaboration et à la présentation des statistiques sur les opérations financières de l'État (TOFE).

Article 2 : L'État au sens du présent décret, couvre le secteur des administrations publiques qui se compose de toutes les unités résidentes dont les principales fonctions consistent à :

- fournir à la collectivité des biens et services non marchands destinés à la consommation collective ou individuelle ;
- redistribuer le revenu et la richesse au moyen de transferts.

Leurs activités se distinguent de celles des autres secteurs de l'économie du fait qu'elles doivent être financées principalement par l'impôt ou par d'autres transferts obligatoires, ce qui n'exclut pas les emprunts et d'autres ressources autres que les transferts obligatoires. La production des administrations publiques est principalement non marchande.

Article 3 : Les opérations des administrations publiques sont les transactions financières en recettes, charges, acquisitions et cessions d'actifs non financiers et financiers et en augmentation et diminution des passifs.

Elles sont classées, selon leur nature, dans un tableau dénommé Tableau des Opérations Financières de l'État, en abrégé TOFE annexé au présent décret.

Il est joint au TOFE aux fins d'analyse des finances publiques, le compte de patrimoine, la situation des autres flux économiques et la situation des flux de trésorerie.

L'ensemble des quatre tableaux décrits dans la note explicative constitue le cadre analytique conforme aux normes internationales en vigueur dans les États membres de l'UEMOA.

Il est annexé au présent décret, une note explicative comprenant un TOFE détaillé contenant les informations sur les recettes et les charges, la situation des encours d'actifs et de passifs et la situation des autres flux économiques retraçant les flux autres que les transactions, résultant des changements de volume ou de valeur des actifs et passifs.

Article 4 : le TOFE est un instrument qui permet de mesurer :

- l'activité économique et financière des administrations publiques et leur impact sur les autres secteurs de l'économie ;
- l'interaction entre les finances publiques et les différents comptes macroéconomiques, à savoir la balance des paiements, la situation monétaire et les comptes nationaux

Le TOFE est aussi un outil essentiel pour la formulation, le suivi et la coordination des politiques budgétaires à l'échelle de l'Union. Les indicateurs assurant la convergence budgétaire doivent être issus du TOFE de sorte à garantir la comparabilité en fonction des normes internationales.

Il retrace pour une période donnée, les flux des transactions en recettes, charges, acquisitions et cessions d'actifs non financiers et financiers, augmentation et diminution de passifs aux fins d'analyse des opérations des administrations publiques.

Article 5 : Les agrégats du TOFE sont les suivants :

- les recettes ;
- les charges ;
- l'acquisition nette d'actifs non financiers ;
- l'acquisition nette d'actifs financiers ;
- l'accumulation nette de passifs.

Article 6 : Le TOFE est établi sur une base mensuelle, trimestrielle et annuelle. La situation des actifs financiers et des passifs est élaborée sur une base trimestrielle.

Article 7 : Les principales sources des données de base pour l'établissement du TOFE sont les situations issues de la comptabilité de l'État (la balance générale des comptes du Trésor, les états financiers des autres unités d'administration publique), complétées, le cas échéant, par des comptabilités auxiliaires.

Article 8 : L'Établissement et la diffusion de statistiques de finances publiques sont de la responsabilité du Ministre chargé des Finances en collaboration avec des structures chargées de la production de données de finances publiques et la direction nationale de la Banque Centrale des États de l'Afrique de l'Ouest (BCEAO).

CHAPITRE II : DU CHAMP COUVERT PAR LE TOFE

Article 9 : L'unité statistique du système de statistique des finances publiques est l'unité institutionnelle.

Une unité institutionnelle est une entité économique résidente, capable de son propre chef de posséder des actifs, de contracter des engagements et de s'engager dans des activités économiques et dans des transactions avec d'autres entités. Elle est résidente d'un pays lorsqu'elle a sur le territoire économique de ce pays un centre d'intérêt économique

Le champ couvert par le TOFE est le secteur des administrations publiques composé de toutes les unités institutionnelles résidentes des administrations publiques, ainsi que des institutions sans but lucratif (ISBL) qui répondent aux caractéristiques d'administrations publiques énoncées à l'article 2 du présent décret.

Article 10 : Quatre (04) types d'unités d'administrations publiques sont distingués à savoir :

- unités budgétaires ;
- unités de sécurité sociale ;
- Institutions sans but lucratif (ISBL) non marchandes ;
- unités extrabudgétaires.

Ces unités sont regroupées en trois(03) sous-secteurs à savoir :

- sous-secteur de l'administration centrale y compris ses ISBL et unités extrabudgétaires ;
- sous-secteur de l'administration locale y compris ses ISBL et unités extrabudgétaires ;
- sous-secteur de la sécurité sociale.

Ces sous-secteurs comprennent :

- l'administration centrale (institutions constitutionnelles et ministères) ;
- les collectivités territoriales et leurs établissements publics ;
- les organismes autonomes (caisses nationales de sécurité sociale, de prévoyance et de retraite, fonds financés par les ressources des administrations publiques et autres établissements publics de l'État).

Article 11 : Les transactions financières des administrations publiques comprennent les recettes, les charges, et les opérations sur actifs non financiers, financiers et sur passifs, quelles soient en espèces ou en nature.

Les transactions sur les recettes et les charges affectent la valeur nette des administrations publiques définie comme étant la différence entre le total des actifs et celui des passifs.

Article12 : Les recettes sont constituées de toutes les transactions qui augmentent la valeur nette. Elles sont classées selon les catégories suivantes en espèces ou en nature :

- les recettes fiscales ;
- les cotisations sociales ;
- les dons reçus ;
- les autres recettes.

Article 13 : Les charges sont constituées des transactions qui diminuent la valeur nette et classées selon leur nature. Elles comprennent les catégories suivantes en espèces ou en nature :

- la rémunération des salariés ;

- l'utilisation de biens et services ;
- la consommation de capital fixe ;
- les intérêts ;
- les subventions ;
- les dons versés ;
- les prestations sociales ;
- les autres charges.

Article 14 : Les actifs non financiers sont des actifs économiques autres que les actifs financiers. Les transactions sur actifs non financiers sont destinées à l'acquisition ou les cessions de biens de capital fixe, de stocks, d'objets de valeur, et d'actifs non produits tels que les terrains, gisements et actifs incorporels. Elles sont classées en quatre catégories :

- les actifs fixes ;
- les stocks ;
- les objets de valeur ;
- les actifs non produits.

Article 15 : Les actifs financiers sont des créances financières détenues par les administrations publiques sur le reste de l'économie. Les transactions sur actifs financiers concernent les acquisitions et les cessions et sont classées selon l'instrument financier et la résidence. Les catégories d'actifs financiers sont les suivantes :

- le numéraire et les dépôts ;
- les titres autres que les actions ;
- les crédits ;
- les actions et autres participations ;
- les réserves techniques d'assurance ;
- les produits financiers dérivés ;
- les autres comptes à recevoir.

Ces actifs sont ventilés en actifs intérieurs et extérieurs. Ils peuvent être ventilés selon les secteurs de contrepartie à l'instrument financier et la résidence

Article 16 : Les passifs représentent les dettes envers le reste de l'économie ou encore les créances de celui-ci sur les administrations publiques. Les transactions sur passifs comprennent les augmentations et les diminutions de passifs. Les passifs sont classés de la même manière que les actifs comme indiqué à l'article 15 du présent décret.

Article 17 : Les transactions financières des administrations publiques sont enregistrées sur la base des droits constatés c'est-à-dire lorsque la valeur économique est transformée, échangée, créée, transférée ou éteinte.

Article 18 : Les recettes sont enregistrées sur la base des droits constatés c'est-à-dire lorsque se produisent les activités, transactions et autres événements donnant droit à la perception des impôts ou d'autres types de recettes.

Les recettes fondées sur le système déclaratif sont enregistrées au moment de la déclaration et/ou du versement spontané des impôts par les contribuables.

Les recettes fondées sur le système d'émission préalable de titres, sont enregistrées au vu des titres de perception, rôles ou contrats.

Article 19 : Les charges et acquisitions d'actifs non financiers sont enregistrées sur la base des droits constatés c'est-à-dire, au moment où ont lieu les activités, ou autres évènements créant l'obligation inconditionnelle pour les administrations publiques concernées de procéder à un paiement ou de céder des ressources. L'enregistrement des charges et des actifs non financiers se fait donc sur la base des liquidations.

Article 20 : Les transactions et autres flux économiques, ainsi que les stocks d'actifs et de passifs sont valorisés sur la base des prix et cours du marché, sauf en ce qui concerne la dette qui sera valorisée à la valeur nominale des différents éléments constitutifs.

Article 21 : Les différentes catégories de flux et d'encours peuvent être présentées sur une base brute ou nette. La base nette résulte de la différence entre deux ensembles de flux ou d'encours.

Article 22 : En vue d'éliminer les doubles emplois, il est procédé à la consolidation des données provenant de plusieurs sous-secteurs.

La consolidation consiste en l'élimination de toutes les relations de débiteur et créancier entre les unités institutionnelles appartenant au même secteur ou sous-secteur. Elle permet de présenter les données d'un groupe d'unités comme une seule unité.

Article 23 : Les contrats conditionnels qui prennent effet seulement si une ou plusieurs conditions stipulées dans l'accord entre les parties se concrétisent, sont enregistrés dans des postes pour mémoire. Ils ne sont formellement reconnus dans le système des statistiques de finances publiques en tant que flux ou encours que lorsque ces conditions sont satisfaites

Article 24 : Il est mis en place un dispositif efficace de collecte des informations de base entrant dans la confection du TOFE et plus généralement des statistiques de finances publiques.

Article 25 : Les organismes énumérés à l'alinéa 3 de l'article 10 du présent décret communiquent à intervalle régulier les informations de base nécessaires à la production du TOFE et plus généralement à l'établissement des statistiques de finances publiques.

Article 26 : La situation nette des administrations publiques vis-à-vis du système des institutions financières est constituée des créances sur ces institutions moins les dettes envers ces institutions.

Cette situation nette est déterminée à partir des sources de la comptabilité publique et des autres sources couvertes par le TOFE. Elle correspond, pour l'administration centrale, aux décalages comptables près, à la Position Nette du Gouvernement (PNG) telle qu'elle est déterminée à partir des statistiques monétaires et financières.

Article 27 : Les restes à payer sont constitués de toutes les liquidations non réglées. Ils comprennent les fonds en route et les arriérés de paiement. Les fonds en route sont constitués de toutes les liquidations non réglées de moins de trois mois. Les arriérés de paiement sont constitués de toutes les liquidations non réglées au- delà de trois mois.

Article 28 : Les dispositions suivantes sont appliquées intégralement au plus tard le 1er janvier 2019. Il s'agit de :

- l'élargissement du champ du TOFE aux opérations des autres unités d'administrations publiques ;
- l'enregistrement des opérations sur la base des droits constatés pour l'ensemble des transactions des administrations publiques ;
- la comptabilisation des stocks et du capital fixe, la consommation de capital fixe et l'enregistrement des autres flux économiques ;
- la prise en compte des avantages en nature dans la rémunération des salariés.

Article 29 : Dans l'exécution du présent décret, il est élaboré progressivement à partir du 1er janvier 2016 un cadre minimum comprenant une présentation schématique de quatre (04) situations financières conçues de manière à faciliter l'analyse macroéconomique :

- Tableau 1 : TOFE ;
- Tableau 2 : Situation des flux de trésorerie ;
- Tableau 3 : Situation des actifs financiers et des passifs ;
- Tableau 4 : Situation de la dette.

Article 30 : Pour les besoins de la surveillance multilatérale des politiques économiques et budgétaires, il est transmis à la Commission de l'UEMOA, le TOFE trimestriel auquel seront annexés les tableaux 2, 3, et 4 ci-dessus cités ainsi que les situations détaillées des recettes, des charges et des actifs non financiers retracés dans le budget de l'État.

Article 31 : Des textes réglementaires du Ministre chargé des Finances viendront préciser certaines dispositions du présent décret.

Article 32 : Le Ministre de l'Économie et des Finances et du Développement est chargé de l'exécution du présent décret qui sera publié au journal officiel du Faso

Ouagadougou, le 08 juillet 2016
Roch Marc Christian KABORE

Le Premier Ministre
Paul KabaTHIEBA

Le Ministre de l'Économie, des Finances et du Développement
Hadizatou Rosine COULIBALY

TOFE DE LA COTE D'IVOIRE

REPUBLIQUE DE COTE D'IVOIRE
PRESIDENCE DE LA REPUBLIQUE
UNION –DISCIPLINE-TRAVAIL

DECRET N°2014-419 DU 09 JUILLET 2014 PORTANT TABLEAU DES OPERATIONS FINANCIERES DE L'ETAT

Sur rapport du Ministre auprès du Premier Ministre, chargé de l'Économie et des Finances et du Ministre auprès du Premier Ministre chargé du Budget,

Vu la constitution ;

Vu le Traité du 10 janvier 1994 portant création de l'Union Économique et Monétaire Ouest Africaine (UEMOA) ;

Vu la loi organique n°2014-336 du 05 juin 2014 relative aux lois de Finances ;

Vu la loi organique n°2014-337 du 05 juin 2014 portant Code de Transparence dans la Gestion des Finances Publiques ;

Vu la directive n°10/2009/CM/UEMOA du 26 juin 2009 portant Tableau des Opérations Financières de l'État (TOFE) ;

Vu le décret n° 2012-1118 du 21 novembre 2012 portant nomination du Premier Ministre, Chef du Gouvernement ;

Vu le décret n°2012-1119 du 22 novembre 2012 portant nomination des Membres du Gouvernement, tel que modifié par les décrets n°2013-505 du 25 juillet 2013, n°2013-784, n°2013-785, n°2013-786 du 19 novembre 2013 et n°2014-89 du 12 mars 2014 ;

Vu le décret n°2013-506 du 25 juillet 2013 portant attributions des membres du gouvernement, tel que modifié par le décret n°2013-802 du 21 novembre 2013 ;

Vu le décret n°2014-416 du 09 juillet 2014 portant Règlement Général sur la Comptabilité Publique ;

Vu le décret n°2014-417 u 09 juillet 2014 portant Nomenclature Budgétaire de l'État ;

Vu le décret n°2014-418 du 09 juillet 2014 portant Plan Comptable de l'État ;

LE CONSEIL DES MINISTRES ENTENDU,

DECRETE :

CHAPITRE I : DISPOSITIONS GENERALES

Article 1 : Le présent décret fixe les principes généraux relatifs à l'élaboration et à la présentation des statistiques sur les opérations financières de l'État. Ces principes sont basés sur les normes internationales en matière des statistiques des finances publiques

Article 2 : Au sens du présent décret, l'État couvre le secteur des administrations publiques qui se compose de toutes les unités résidentes dont les principales fonctions consistent à :

- fournir à la collectivité des biens et services non marchands destinés à la consommation collective ou individuelle ;
- redistribuer le revenu et la richesse au moyen de transferts.

Les activités des unités résidentes du secteur des administrations publiques se distinguent de celles des autres secteurs de l'économie du fait qu'elles doivent être financées principalement par l'impôt ou par d'autres transferts obligatoires, ce qui n'exclut pas les emprunts et d'autres ressources autres que les transferts obligatoires. La production des administrations publiques est principalement non marchande.

Article 3 : Les opérations des administrations publiques sont les transactions financières en recettes, charges, acquisitions et cessions d'actifs non financiers et financiers et en augmentation et diminution de passifs.

Elles sont classées, selon leur nature, dans un tableau dénommé Tableau des Opérations Financières de l'État, en abrégé TOFE

Il est joint au TOFE aux fins d'analyse des finances publiques, le compte de patrimoine, la situation des autres flux économiques et la situation des flux de trésorerie.

L'ensemble de ces quatre situations constitue le cadre analytique conforme aux normes internationales en vigueur auquel l'État doit tendre à terme.

Il est annexé au présent décret, une note explicative comprenant un TOFE détaillé contenant les informations sur les recettes et les charges, la situation des encours d'actifs et de passifs et la situation des autres flux économiques retraçant les flux autres que les transactions, résultant des changements de volume ou de valeur des actifs et passifs.

Article 4 : Le TOFE retrace pour une période donnée, les flux des transactions en recettes, charges, acquisitions et cessions d'actifs non financiers et financiers, augmentation et diminution de passifs aux fins d'analyse des opérations des administrations publiques.

Article 5 : Les agrégats du TOFE sont les suivants :

- les recettes ;
- les charges ;
- l'acquisition nette d'actifs non financiers ;
- l'acquisition nette d'actifs financiers ;

- l'accumulation nette de passifs.

Article 6 : Le TOFE est établi sur une base mensuelle, trimestrielle et annuelle. La situation des actifs financiers et des passifs est élaborée sur une la base trimestrielle.

Article 7 : Les principales sources des données de base pour l'établissement du TOFE et plus généralement des statistiques de finances publiques sont les situations issues de la comptabilité publique, c'est-à-dire la Balance Générale des Comptes du Trésor, et les comptes d'exploitation des autres unités de l'administration publique complétés, le cas échéant, par des comptabilités auxiliaires.

Article 8 : L'établissement et la diffusion des statistiques de finances publiques sont de la responsabilité du Ministre en charge de l'Économie et des Finances à travers la Direction Générale de l'Économie, en abrégé DGE en collaboration avec les structures nationales qui participent à l'élaboration des statistiques macroéconomiques et de la comptabilité nationale.

CHAPITRE II : CHAMP COUVERT PAR LE TABLEAU DES OPERATIONS FINANCIERES DE L'ETAT

Article 9 : L'unité statistique du système des statistiques de finances publiques est l'unité institutionnelle.

Une unité institutionnelle est une entité économique résidente, capable de son propre chef de posséder des actifs, de contracter des engagements et de s'engager dans des activités économiques et dans des transactions avec d'autres entités. Elle est résidente lorsqu'elle a sur le territoire économique ivoirien un centre d'intérêt économique.

Le champ couvert par le TOFE est le secteur des administrations publiques composé de toutes les unités institutionnelles résidentes des administrations publiques ainsi que des institutions sans but lucratif, en abrégé ISBL, qui répondent aux caractéristiques des administrations publiques énoncées à l'article 2 du présent décret.

Article 10 : Quatre types d'unités d'administration publique sont distingués, à savoir :

- les unités budgétaires ;
- les unités de sécurité sociale ;
- les institutions sans but lucratif non marchandes ;
- les unités extrabudgétaires.

Ces unités sont regroupées en trois sous-secteurs à savoir :

- le sous-secteur de l'administration centrale, y compris ses ISBL et unités extrabudgétaires ;
- le sous-secteur de l'administration locale, y compris ses ISBL et unités extrabudgétaires ;
- le sous-secteur de la sécurité sociale.

Article 11 : Les transactions financières des administrations publiques comprennent les recettes, les charges, et les opérations sur actifs non financiers, financiers et sur passifs, quelles soient en espèces ou en nature.

Les transactions sur les recettes et les charges affectent la valeur nette des administrations publiques définie comme étant la différence entre le total des actifs et celui des passifs.

Article12 : Les recettes sont constituées de toutes les transactions qui augmentent la valeur nette.

Elles sont classées selon les catégories suivantes en espèces ou en nature :

- les recettes fiscales ;
- les cotisations sociales ;
- les dons reçus ;
- les autres recettes.

Article 13 : Les charges sont constituées des transactions qui diminuent la valeur nette et classées selon leur nature. Elles comprennent les catégories suivantes, en espèces ou en nature :

- la rémunération des salariés ;
- l'utilisation de biens et services ;
- la consommation de capital fixe ;
- les intérêts ;
- les subventions ;
- les dons versés ;
- les prestations sociales ;
- les autres charges.

Article 14 : Les actifs non financiers sont des actifs économiques autres que les actifs financiers.

Les transactions sur actifs non financiers sont destinées à l'acquisition ou à la cession de biens de capital fixe, de stocks, d'objets de valeur, et d'actifs non produits tels que les terrains, gisements et actifs incorporels. Elles sont classées en quatre catégories :

- les actifs fixes ;
- les stocks ;
- les objets de valeur ;
- les actifs non produits.

Article 15 : Les actifs financiers sont des créances financières détenues par les administrations publiques sur le reste de l'économie. Les transactions sur actifs financiers concernent les acquisitions et les cessions et sont classées selon l'instrument financier et la résidence. Les catégories d'actifs financiers sont les suivantes :

- le numéraire et les dépôts ;
- les titres autres que les actions ;

- les crédits ;
- les actions et autres participations ;
- les réserves techniques d'assurance ;
- les produits financiers dérivés ;
- les autres comptes à recevoir.

Ces actifs sont ventilés en actifs intérieurs et extérieurs. Ils peuvent être ventilés selon les secteurs de contrepartie à l'instrument financier et la résidence.

Article 16 : Les passifs représentent les dettes envers le reste de l'économie ou encore les créances de celui-ci sur les administrations publiques. Les transactions sur passifs comprennent les augmentations et les diminutions de passifs. Les passifs sont classés de la même manière que les actifs comme indiqué à l'article 15 du présent décret.

CHAPITRE III : MODE D'ENREGISTREMENT DES DONNES

Article 17 : Les transactions financières des administrations publiques sont enregistrées sur la base des droits constatés c'est-à-dire lorsque la valeur économique est transformée, échangée, créée, transférée ou éteinte.

Les recettes sont enregistrées sur la base des droits constatés c'est-à-dire lorsque se produisent les activités, transactions et autres événements donnant droit à la perception des impôts ou d'autres types de recettes.

Les recettes fondées sur le système déclaratif sont enregistrées au moment de la déclaration et/ou du versement spontané des impôts par les contribuables. Les recettes fondées sur le système d'émission préalable de titres, sont enregistrées au vu des titres de perception, rôles ou contrats.

Les charges et acquisitions d'actifs non financiers sont enregistrées sur la base des droits constatés c'est-à-dire au moment où ont lieu les activités ou autres évènements créant l'obligation inconditionnelle pour les administrations publiques concernées de procéder à un paiement ou de céder des ressources. L'enregistrement des charges et des actifs non financiers se fait donc sur la base des liquidations.

Article 18 : Les transactions et autres flux économiques, ainsi que les stocks d'actifs et de passifs sont valorisés sur la base des prix et cours du marché, sauf en ce qui concerne la dette qui sera valorisée à la valeur nominale des différents éléments constitutifs.

Article 19 : Les différentes catégories de flux et d'encours peuvent être présentées sur une base brute ou nette. La base nette résulte de la différence entre deux ensembles de flux ou d'encours.

Article 20 : En vue d'éliminer les doubles emplois, il est procédé à la consolidation des données provenant de plusieurs sous-secteurs.

La consolidation consiste en l'élimination de toutes les relations de débiteur et créancier entre les unités institutionnelles appartenant au même secteur ou sous-secteur. Elle permet de présenter les données d'un groupe d'unités comme une seule unité.

Article 21 : Les contrats conditionnels qui prennent effet seulement si une ou plusieurs conditions stipulées dans l'accord entre les parties se concrétisent, sont enregistrés dans des postes pour mémoire. Ils ne sont formellement reconnus dans le système des statistiques de finances publiques en tant que flux ou encours que lorsque ces conditions sont satisfaites.

CHAPITRE IV : DISPOSITIONS DIVERSES

Article 22 : La situation nette des administrations publiques vis-à-vis du système des institutions financières est constituée des créances sur ces institutions moins les dettes envers ces institutions.

Cette situation nette est déterminée à partir des sources de la comptabilité publique et des autres sources couvertes par le TOFE. Elle correspond, pour l'administration centrale, aux décalages comptables près, à la Position Nette du Gouvernement, PNG, telle qu'elle est déterminée à partir des statistiques monétaires et financières.

Article 23 : Les restes à payer sont constitués de toutes les liquidations non réglées. Ils comprennent les fonds en route et les arriérés de paiement.

Les fonds en route sont constitués de toutes les liquidations non réglées de moins de trois mois.

Les arriérés sont constitués de toutes les liquidations non réglées au- delà de trois mois.

Article 24 : Un dispositif de collecte des informations de base entrant dans la confection du TOFE et plus généralement des statistiques de finances publiques sera mis en place par arrêté du Ministre chargé de l'Économie et des Finances.

Les unités d'administration publique sont tenues de communiquer, selon les modalités définies par l'arrêté susmentionné, les données primaires nécessaires à l'établissement des statistiques de finance publiques par le ministère en charge de l'Économie et des Finances.

CHAPITRE V : DISPOSITIONS TRANSITOIRES ET FINALES

Article 25 : Il est produit, pour compter du premier janvier 2015 jusqu'à l'entrée en vigueur du présent décret, un cadre d'analyse minimum comprenant :

- Tableau 1 : TOFE conforme à l'alinéa 2 de l'article 3 du présent décret ;
- Tableau 2 : situation des flux de trésorerie ;
- Tableau 3 : situation des actifs financiers et des passifs ;
- Tableau 4 : situation de la dette.

Article 26 : Le TOFE trimestriel, auquel seront annexés les tableaux 2, 3 et 4 énumérés à l'article précédent ainsi que les situations détaillées des recettes, des charges et des actifs non financiers retracés dans le budget de l'État, sera transmis à la Commission de l'UEMOA.

Article 27 : Les dispositions du présent décret entrent en vigueur à compter du 1erjanvier 2019

Article 28 : Des textes réglementaires pris par le Ministre chargé de l'Économie et des Finances et le Ministre chargé du Budget complètent, en tant que de besoin, les dispositions du présent décret.

Article 29 : Le Ministre auprès du Premier Ministre, chargé de l'Économie et des Finances et le Ministre auprès du Premier Ministre chargé du Budget, assurent chacun en ce qui le concerne, l'exécution du présent décret qui sera publié au journal officiel de la République de Côte d'Ivoire.

Fait à Abidjan le 09 juillet 2014
Alassane OUATTARA

TOFE DU MALI

REPUBLIQUE DU MALI
DECRET N°2014-0350 P-RM DU 22 MAI 2014
PORTANT TABLEAU DES OPERATIONS FINANCIERES DE L'ETAT
LE PRESIDENT DE LA REPUBLIQUE,

Vu la Constitution ;

Vu le Traité de l'Union Économique Monétaire Ouest Africaine (UEMOA) signé le 10 janvier 1994 ;

Vu la Directive n°10/2009/CM/UEMOA du 26 juin 2009 portant Tableau des Opérations Financières de l'État (TOFE) au sein de l'UEMOA ;

Vu la Loi n°05 -026 du 6 juin 2005 régissant le Système Statistique National ;

Vu la Loi n° 2013-028 du 11 juillet 2013 relative aux Lois de Finances ;

Vu la Loi n°2013-031 du 23 juillet 2013 portant approbation du Code de Transparence dans la gestion des finances publiques au Mali ;

Vu le Décret n°2014-0250/P-RM du 05 avril 2014 portant nomination du Premier ministre ;

Vu le Décret n°2014-0257/P-RM du 11 avril 2014 portant nomination des membres du Gouvernement ;

STATUANT EN CONSEIL DES MINISTRES,
DECRETE :

CHAPITRE I : DISPOSITIONS GENERALES

Article 1er : Le présent décret fixe les principes généraux relatifs à l'élaboration et à la présentation du Tableau des Opérations Financières de l'État en abrégé TOFE.

Ces principes sont basés sur les normes internationales en matière des statistiques des finances publiques.

Article 2 : Au sens du présent décret, l'État couvre le secteur des administrations publiques qui se compose de toutes les unités résidentes dont les principales fonctions consistent à :

- fournir des biens et services non marchands destinés à la consommation collective ou individuelle ;
- redistribuer le revenu et la richesse au moyen de transferts.

Leurs activités se distinguent de celles des autres secteurs de l'économie du fait qu'elles doivent être financées principalement par l'impôt ou par d'autres transferts obligatoires.

La production des administrations publiques est principalement non marchande.

Article 3 : Les opérations de l'État sont des transactions financières en recettes, charges, acquisitions et cessions d'actifs non financiers et financiers et en augmentation et diminution de passifs.

Elles sont classées, selon leur nature dans une présentation dénommée Tableau des Opérations Financières de l'État en abrégé TOFE annexé au présent décret.

Il est joint au TOFE aux fins d'analyse des finances publiques, le compte de patrimoine, la situation des autres flux économiques et la situation des flux de trésorerie.

L'ensemble des quatre tableaux dans la note explicative qui fait partie intégrante du présent décret, constitue le cadre analytique conforme aux normes internationales en vigueur.

Le présent décret comprend également dans la note explicative, un tableau détaillé du TOFE contenant les informations sur les recettes et les charges, la situation des encours d'actifs et de passifs et la situation des autres flux économiques retraçant les flux autres que les transactions, résultant des changements de volume ou de valeur des actifs et passifs.

Article 4 : Le TOFE retrace pour une période donnée, les flux des transactions en recettes, charges, acquisitions et cessions d'actifs non financiers et financiers, augmentation et diminution de passifs aux fins d'analyse des opérations des administrations publiques.

Article 5 : Les agrégats du TOFE sont les suivants :

- les recettes ;
- les charges ;
- les acquisitions nettes d'actifs non financiers ;
- les acquisitions nettes d'actifs financiers ;
- les accumulations nettes de passifs.

Article 6 : Le TOFE est établi sur une base mensuelle, trimestrielle et annuelle. La situation des actifs financiers et des passifs est élaborée sur la base trimestrielle.

Article 7 : Les principales sources des données de base pour l'établissement du TOFE et plus généralement des statistiques de finances publiques sont les situations issues de la comptabilité publique, c'est-à-dire les balances générales des comptes du Trésor, les comptes d'exploitation des autres unités d'administration publique complétées, le cas échéant, par les comptabilités auxiliaires.

CHAPITRE II : DU CHAMP COUVERT PAR LE TOFE

Section 1 : Du périmètre du TOFE

Article 8 : L'unité statistique du système de statistique des finances publiques est l'unité institutionnelle.

Une unité institutionnelle est une entité économique résidente, capable de son propre chef de posséder des actifs, de contracter des engagements et de s'engager dans des activités économiques et dans des transactions avec d'autres entités. Elle est résidente lorsqu'elle a sur le territoire économique du Mali un centre d'intérêt économique.

Le champ couvert par le TOFE est le secteur des administrations publiques composé de toutes les unités institutionnelles résidentes des administrations publiques, ainsi que des institutions sans but lucratif (ISBL) qui répondent aux caractéristiques d'administrations publiques énoncées à l'article 2 du présent décret.

Article 9 : Quatre types d'unités d'administrations publiques sont distingués, à savoir :

- les unités budgétaires ;
- les unités de sécurité sociale ;
- les institutions sans but lucratif (ISBL) ;
- les unités extrabudgétaires.

Ces unités sont regroupées en trois sous-secteurs, à savoir :

- le sous-secteur de l'administration centrale y compris ses ISBL et unités extrabudgétaires ;
- le sous-secteur de l'administration locale y compris ses ISBL et unités extrabudgétaires ;
- le sous-secteur de la sécurité sociale.

Un arrêté du ministre en charge des Finances détermine la composition de chacun de ces sous-secteurs.

Section 2 : Des transactions financières du TOFE

Article 10 : Les transactions financières des administrations publiques comprennent les recettes, les charges, les actifs non financiers, financiers et les passifs, qu'elles soient en espèces ou en nature.

Les transactions sur les recettes et les charges affectent la valeur nette des administrations publiques définie comme étant la différence entre le total des actifs et celui des passifs.

Article 11 : Les recettes sont constituées de toutes les transactions qui augmentent la valeur nette. Elles sont classées selon les catégories suivantes en espèce ou en nature :

- les recettes fiscales ;
- les cotisations sociales ;
- les dons reçus ;
- les autres recettes.

Article 12 : Les charges sont constituées des transactions qui diminuent la valeur nette et classées selon leur nature. Elles comprennent les catégories suivantes en espèces ou en nature :

- la rémunération des salariés ;
- l'utilisation de biens et services ;
- la consommation de capital fixe ;
- les intérêts ;
- les subventions ;
- les dons versés ;
- les prestations sociales ;
- les autres charges.

Article 13 : Les actifs non financiers sont des actifs économiques autres que les actifs financiers.

Les transactions sur actifs non financiers sont destinées à l'acquisition ou les cessions de biens de capital fixe, de stocks, d'objets de valeur, et d'actifs non produits tels que les terrains, gisements et actifs incorporels.

Les actifs non financiers sont classés en quatre catégories :

- les actifs fixes ;
- les stocks ;
- les objets de valeur ;
- les actifs non produits.

Ils peuvent être regroupés le cas échéant selon la source de financement intérieure et extérieure.

Article 14 : Les actifs financiers sont des créances financières détenues par les administrations publiques sur le reste de l'économie. Les transactions sur actifs financiers concernent les acquisitions et les cessions d'actifs financiers et sont classées selon l'instrument financier et la résidence.

Les catégories d'actifs financiers sont les suivantes :

- le numéraire et les dépôts ;
- les titres autres que les actions ;
- les crédits ;
- les actions et autres participations ;
- les réserves techniques d'assurance ;
- les produits financiers dérivés ;
- les autres comptes à recevoir.

Ces actifs sont ventilés en actifs intérieurs et extérieurs. Ils peuvent être ventilés selon les secteurs de contrepartie à l'instrument financier et la résidence.

Article 15 : Les passifs représentent les dettes envers le reste de l'économie ou encore les créances de celui-ci sur les administrations publiques.

Les transactions sur passifs comprennent les augmentations et les diminutions de passifs.

Les passifs sont classés de la même manière que les actifs comme indiqué à l'article 13 du présent décret.

CHAPITRE III : DES MODES D'ENREGISTREMENT DES DONNEES

Article16 : Les transactions financières des administrations publiques sont enregistrées sur la base des droits constatés c'est-à-dire lorsque la valeur économique est transformée, échangée, créée, transférée ou éteinte.

Les recettes sont enregistrées sur la base des droits constatés c'est-à-dire lorsque se produisent les activités, transactions et autres événements donnant droit à la perception des impôts ou d'autres types de recettes.

Les recettes fondées sur le système déclaratif sont enregistrées au moment de la déclaration et/ou du versement spontané des impôts par les contribuables.

Les recettes fondées sur le système d'émission préalable de titres, sont enregistrées au vu des titres de perception, rôles ou contrats.

Les charges et acquisitions d'actifs non financiers sont enregistrées sur la base des droits constatés c'est-à-dire, au moment où ont lieu les activités, ou autres évènements créant l'obligation inconditionnelle pour les administrations publiques concernées de procéder à un paiement ou de céder des ressources.

L'enregistrement des charges et des actifs non financiers se fait donc sur la base des liquidations.

Article 17 : Les transactions et autres flux économiques, ainsi que les stocks d'actifs et de passifs sont valorisés sur la base des prix et cours du marché, sauf en ce qui concerne la dette qui sera valorisée à la valeur nominale des différents éléments constitutifs.

Article 18 : Les différentes catégories de flux et d'encours peuvent être présentées sur une base brute ou nette. La base nette résulte de la différence entre deux ensembles de flux ou d'encours.

Article19 : En vue d'éliminer les doubles emplois, il est procédé à la consolidation des données provenant des sous-secteurs décrits à l'article 9 du présent décret.

La consolidation consiste en l'élimination de toutes les relations de débiteur et créancier entre les unités institutionnelles appartenant au même secteur ou sous-secteur. Elle permet de présenter les données d'un groupe d'unités comme une seule unité.

Article 20 : Les contrats conditionnels qui prennent effet seulement si une ou plusieurs conditions stipulées dans l'accord entre les parties se concrétisent, sont enregistrés dans des postes pour mémoire. Ils ne sont formellement reconnus dans le système des statistiques de finances publiques en tant que flux ou encours que lorsque ces conditions sont satisfaites.

CHAPITRE IV : AUTRES DISPOSITIONS

Article 21 : Le ministère en charge de la production des Statistiques de finances publiques met en place un dispositif efficace de collecte des informations de base entrant dans la confection du TOFE et plus généralement des statistiques de finances publiques.

Article 22 : Les services publics et parapublics, les organismes privés d'utilité publique, les entreprises d'État, les entreprises mixtes doivent transmettre au service national chargé de la production des Statistiques de finances publiques en cas de besoin et à des fins exclusivement statistiques, les informations dont ils disposent et qu'ils ont recueillies dans le cadre de leurs missions.

Article 23 : La situation nette des administrations publiques vis-à-vis du système des institutions financières est constituée des créances sur ces institutions moins les dettes envers ces institutions.

Cette situation nette est déterminée à partir des sources de la comptabilité publique et des autres sources couvertes par le TOFE. Elle correspond, pour l'administration centrale, aux décalages comptables près, à la Position Nette du Gouvernement (PNG) telle qu'elle est déterminée à partir des statistiques monétaires et financières.

Article 24 : Les restes à payer sont constitués de toutes les liquidations non réglées. Ils comprennent les fonds en route et les arriérés de paiement.

Les fonds en route sont constitués de toutes les liquidations non réglées de moins de trois mois.

Les arriérés de paiement sont constitués de toutes les liquidations non réglées au-delà de trois mois.

CHAPITRE V : DISPOSITIONS TRANSITOIRES ET FINALES

Article 25 : Les dispositions du présent décret sont applicables à compter de la date de signature.

L'application intégrale des dispositions ci-après est fixée au plus tard au 1er janvier 2017 :

- l'élargissement du champ du TOFE aux opérations des autres unités d'administrations publiques ;
- l'enregistrement des opérations sur la base des droits constatés pour l'ensemble des transactions des administrations publiques ;
- la comptabilisation des stocks et du capital fixe, la consommation de capital fixe et l'enregistrement des autres flux économiques ;
- la prise en compte des avantages en nature dans la rémunération des salariés.

Article 26 : Le cadre d'analyse minimum à produire courant 2014 comprend :

- Tableau 1 : TOFE ;
- Tableau 2 : Situation des flux de trésorerie ;
- Tableau 3 : Situation des actifs financiers et des passifs ;
- Tableau 4 : Situation de la dette.

La nomenclature relative à la tenue de ce cadre d'analyse est jointe en annexe du présent décret. Des classifications additionnelles et un ordre de classement peuvent être adoptés pour répondre à des préoccupations spécifiques, en particulier pour l'introduction des données plus détaillées.

Article 27 : Pour les besoins de la surveillance multilatérale des politiques économiques et budgétaires, le TOFE trimestriel auquel seront annexés les tableaux 2, 3, 4 ci-dessus cités ainsi que les situations détaillées des recettes, des charges et des actifs non financiers retracés dans le budget de l'État sera transmis à la Commission de l'UEMOA.

Article 28 : La note explicative annexée au présent décret apporte des précisions sur le système dc Manuel de Statistiques des Finances Publiques 2001 (MSFP).

Des textes règlementaires pris par le ministre en charge des Finances complèteront, en tant que de besoin, les dispositions du présent décret.

Article 29 : Le ministre de l'Économie et des Finances et le ministre de la Planification, de l'Aménagement du Territoire et de la Population sont chargés, chacun en ce qui le concerne, de l'exécution du décret qui sera publié au Journal officiel.

Bamako, le 22 mai 2014
Le Président de la République
Ibrahim Boubacar KEITA

Le Premier Ministre
Moussa MARA

Le Ministre de la Planification, de l'Aménagement du Territoire et de la Population
Cheikna Seydi Ahamadi DIAWARA

Le ministre de l'Économie et des Finances
Madame BOUARE Fily SISSOKO

TOFE DU NIGER

REPUBLIQUE DU NIGER

Décret n°2013-86/PRN/MF du 1er mars 2013, portant Tableau des Opérations Financières de l'État (TOFE).

Le Président de la République,

Vu la Constitution du 25 novembre 2010 ;

Vu la loi organique n° 2012-09 du 26 mars 2012, portant loi organique relative aux lois de finances ;

Vu le décret n° 2011-001/PRN du 07 avril 2011, portant nomination du Premier ministre ;

Vu le décret n° 2011-015/PRN du 21 avril 2011, portant nomination des membres du Gouvernement et les textes modificatifs subséquents ;

Vu le décret n° 2011-53/PRN/MF du 18 mai 2011, déterminant les attributions du ministre des finances ;

Vu le décret n° 2011-54/PRN/MF du 18 mai 2011, portant organisation du ministère des finances ;

Sur rapport du ministre des finances ;

Le Conseil des ministres entendu,

DECRETE :

CHAPITRE PREMIER : Des dispositions générales

Article premier : Le présent décret fixe les règles générales relatives à l'élaboration et à la présentation des statistiques sur les opérations financières de l'État. Ces règles sont basées sur les normes internationales en matière des statistiques des finances publiques.

Article 2 : Au sens du présent décret, l'État couvre le secteur des administrations publiques qui se compose de toutes les unités résidentes dont les principales fonctions consistent à :

- fournir à la collectivité des biens et services non marchands destinés à la consommation collective ou individuelle ;
- redistribuer le revenu et la richesse au moyen de transferts.

Leurs activités se distinguent de celles des autres secteurs de l'économie du fait qu'elles doivent être financées principalement par l'impôt ou par d'autres transferts obligatoires, ce qui n'exclut pas les emprunts et d'autres ressources autres que les transferts obligatoires. La production des administrations publiques est principalement non marchande.

Article 3 : Les opérations des administrations publiques sont les transactions financières en recettes, charges, acquisitions et cessions d'actifs non financiers et financiers et en augmentation et diminution des passifs. Elles sont classées, selon leur nature, dans un tableau dénommé Tableau des Opérations Financières de l'État, en abrégé TOFE annexé au présent décret.

Il est joint au TOFE aux fins d'analyse des finances publiques, le compte de patrimoine, la situation des autres flux économiques et la situation des flux de trésorerie.

L'ensemble de ces quatre situations constitue le cadre analytique conforme aux normes internationales en vigueur auquel le Niger doit tendre à terme.

Article 4 : Les agrégats du TOFE sont les suivants :

- les recettes ;
- les charges ;
- l'acquisition nette d'actifs non financiers ;
- l'acquisition nette d'actifs financiers ;
- l'accumulation nette de passifs.

Article 5 : Le TOFE est établi sur une base mensuelle, trimestrielle et annuelle. La situation des actifs financiers et des passifs est élaborée sur une base trimestrielle. Il doit se fonder sur les données de la comptabilité publique, c'est-à-dire sur la balance générale des comptes du Trésor, les comptes d'exploitation des autres unités d'administration publique complétées, le cas échéant, par des comptabilités auxiliaires.

CHAPITRE II : Du champ couvert par le TOFE

Article 6 : L'unité statistique du système de statistique des finances publiques est l'unité institutionnelle.

Une unité institutionnelle est une entité économique résidente, capable de son propre chef de posséder des actifs, de contracter des engagements et de s'engager dans des activités économiques et dans des transactions avec d'autres entités. Elle est résidente d'un pays lorsqu'elle a sur le territoire économique de ce pays un centre d'intérêt économique.

Le champ couvert par le TOFE est le secteur des administrations publiques composé de toutes les unités institutionnelles résidentes des administrations publiques, ainsi que des institutions sans but lucratif (ISBL) qui répondent aux caractéristiques d'administrations publiques énoncées à l'article 2 du présent décret.

Article 7 : Quatre types d'unités d'administrations publiques sont distingués à savoir :

- unités budgétaires ;
- unités de sécurité sociale ;
- Institutions sans but lucratif (ISBL) non marchandes ;
- unités extrabudgétaires.

Ces unités sont regroupées en trois sous-secteurs à savoir :

- sous-secteur de l'administration centrale y compris ses ISBL et unités extrabudgétaires ;
- sous-secteur de l'administration locale y compris ses ISBL et unités extrabudgétaires ;
- sous-secteur de la sécurité sociale.

Article 8 : Les transactions financières des administrations publiques comprennent les recettes, les charges, et les opérations sur actifs non financiers, financiers et sur passifs, qu'elles soient en espèces ou en nature.

Les transactions sur les recettes et les charges affectent la valeur nette des administrations publiques définie comme étant la différence entre le total des actifs et celui des passifs.

Article 9 : Les recettes sont constituées de toutes les transactions qui augmentent la valeur nette. Elles sont classées selon les catégories suivantes en espèces ou en nature :

- les recettes fiscales ;
- les cotisations sociales ;
- les dons reçus ;
- les autres recettes.

Article 10 : Les charges sont constituées des transactions qui diminuent la valeur nette et classées selon leur nature. Elles comprennent les catégories suivantes en espèces ou en nature :

- la rémunération des salariés ;
- l'utilisation de biens et services ;
- la consommation de capital fixe ;
- les intérêts ;
- les subventions ;
- les dons versés ;
- les prestations sociales ;
- les autres charges.

Article 11 : Les actifs non financiers sont des actifs économiques autres que les actifs financiers. Les transactions sur actifs non financiers sont destinées à l'acquisition ou les cessions de biens de capital fixe, de stocks, d'objets de valeur, et d'actifs non produits tels que les terrains, gisements et actifs incorporels. Elles sont classées en quatre catégories :

- les actifs fixes ;
- les stocks ;
- les objets de valeur ;
- les actifs non produits.

Article 12 : Les actifs financiers sont des créances financières détenues par les administrations publiques sur le reste de l'économie. Les transactions sur actifs financiers concernent les acquisitions et les cessions et sont classées selon l'instrument financier et la résidence. Les catégories d'actifs financiers sont les suivantes :

- le numéraire et les dépôts ;
- les titres autres que les actions ;
- les crédits ;
- les actions et autres participations ;
- les réserves techniques d'assurance ;
- les produits financiers dérivés ;
- les autres comptes à recevoir.

Ces actifs sont ventilés en actifs intérieurs et extérieurs. Ils peuvent être ventilés selon les secteurs de contrepartie à l'instrument financier et la résidence.

Article 13 : Les passifs représentent les dettes envers le reste de l'économie ou encore les créances de celui-ci sur les administrations publiques. Les transactions sur passifs comprennent les augmentations et les diminutions de passifs. Les passifs sont classés de la même manière que les actifs comme indiqué à l'article 11 du présent décret.

CHAPITRE III : DES MODES D'ENREGISTREMENT DES DONNEES

Article 14 : Les transactions financières des administrations publiques sont enregistrées sur la base des droits constatés c'est-à-dire lorsque la valeur économique est transformée, échangée, créée, transférée ou éteinte.

Les recettes sont enregistrées sur la base des droits constatés c'est-à-dire lorsque se produisent les activités, transactions et autres événements donnant droit à la perception des impôts ou d'autres types de recettes.

Les recettes fondées sur le système déclaratif sont enregistrées au moment de la déclaration et/ou du versement spontané des impôts par les contribuables.

Les recettes fondées sur le système d'émission préalable de titres, sont enregistrées au vu des titres de perception, rôles ou contrats.

Les charges et acquisitions d'actifs non financiers sont enregistrées sur la base des droits constatés c'est-à-dire, au moment où ont lieu les activités, ou autres évènements créant l'obligation inconditionnelle pour les administrations publiques concernées de procéder à un paiement ou de céder des ressources. L'enregistrement des charges et des actifs non financiers se fait donc sur la base des liquidations.

Article 15 : Les transactions et autres flux économiques, ainsi que les stocks d'actifs et de passifs sont valorisés sur la base des prix et cours du marché, sauf en ce qui concerne la dette qui sera valorisée à la valeur nominale des différents éléments constitutifs.

Article 16 : Les différentes catégories de flux et d'encours peuvent être présentées sur une base brute ou nette. La base nette résulte de la différence entre deux ensembles de flux ou d'encours.

Article 17 : En vue d'éliminer les doubles emplois, il est procédé à la consolidation des données provenant de plusieurs sous-secteurs.

La consolidation consiste en l'élimination de toutes les relations de débiteur et créancier entre les unités institutionnelles appartenant au même secteur ou sous-secteur. Elle permet de présenter les données d'un groupe d'unités comme une seule unité.

Article 18 : Les contrats conditionnels qui prennent effet seulement si une ou plusieurs conditions stipulées dans l'accord entre les parties se concrétisent, sont enregistrés dans des postes pour mémoire. Ils ne sont formellement reconnus dans le système des statistiques de finances publiques en tant que flux ou encours que lorsque ces conditions sont satisfaites.

CHAPITRE IV : DES AUTRES DISPOSITIONS

Article 19 : Le ministre chargé des finances met en place un dispositif efficace de collecte des informations de base entrant dans la confection du TOFE et plus généralement des statistiques de finances publiques.

Article 20 : La situation nette des administrations publiques vis-à-vis du système des institutions financières est constituée des créances sur ces institutions moins les dettes envers ces institutions.

Cette situation nette est déterminée à partir des sources de la comptabilité publique et des autres sources couvertes par le TOFE. Elle correspond, pour l'administration centrale, aux décalages comptables près, à la Position Nette du Gouvernement (PNG) telle qu'elle est déterminée à partir des statistiques monétaires et financières.

Article 21 : Les restes à payer sont constitués de toutes les liquidations non réglées. Ils comprennent les fonds en route et les arriérés de paiement. Les fonds en route sont constitués de toutes les liquidations non réglées de moins de trois mois. Les arriérés de paiement sont constitués de toutes les liquidations non réglées au- delà de trois mois.

CHAPITRE V : DISPOSITIONS TRANSITOIRES ET FINALES

Article 22 : Les dispositions relatives aux points ci-dessous sont applicables au plus tard le 1er janvier 2017. Il s'agit de :

- l'élargissement du champ du TOFE aux opérations des autres unités d'administrations publiques ;
- l'enregistrement des opérations sur la base des droits constatés pour l'ensemble des transactions des administrations publiques ;
- la comptabilisation des stocks et du capital fixe, la consommation de capital fixe et l'enregistrement des autres flux économiques ;
- la prise en compte des avantages en nature dans la rémunération des salariés.

Article 23 : Les dispositions nécessaires seront prises en vue de la production dès le premier janvier 2014 d'un cadre d'analyse minimum comprenant :

- Tableau 1 : TOFE ;
- Tableau 2 : Situation des flux de trésorerie ;
- Tableau 3 : Situation des actifs financiers et des passifs ;
- Tableau 4 : Situation de la dette.

Article 24 : Le Ministre Chargé des Finances arrête chaque année la liste des unités institutionnelles à inclure dans le champ du TOFE.

Article 25 : Le Ministre des Finances est chargé de l'application du présent décret qui sera publié au Journal Officiel de la République du Niger.

Fait à Niamey, le 1er mars 2013

Le Président de la République

Issoufou Mahamadou

Le Premier ministre

Brigi Rafini

Le ministre des finances

Baillet Gilles

TOFE DU SÉNÉGAL

REPUBLIQUE DU SENEGAL

DECRET n° 2012-341 du 12 mars 2012, Portant Tableau des Opérations Financières de l'État

Vu la Constitution, notamment en ses articles 43 et 67 ;

Vu la Directive n° 10/2009/CM/UEMOA du 26 juin 2009 portant Tableau des Opérations financières de l'État au sein de l'UEMOA ;

Vu la loi organique n° 2011-15 du 8 juillet 2011 relative aux lois de finances

Vu le décret n° 2009-451 du 30 avril 2009 portant nomination du Premier Ministre ;

Vu le décret n° 2011-628 du 16 mai 2011 relatif à la composition du Gouvernement, modifié ;

Vu le décret n° 2011-634 du 17 mai 2011 portant répartition des services de l'État et du contrôle des établissements publics, des sociétés nationales et des sociétés à participation publique entre la Présidence de la République, la Primature et les ministères, modifié ;

Vu le décret n° 2011-1880 du 24 novembre 2011 portant Règlement général sur la Comptabilité publique ;

Vu le décret n° 2012-92 du 11 janvier 2012 portant Plan Comptable de l'État ;

Sur le rapport du Ministre d'État, Ministre de l'Économie et des Finances ;

DECRETE :

Chapitre premier. - DES DISPOSITIONS GENERALES

Article premier : - Le présent décret fixe les principes généraux relatifs à l'élaboration et à la présentation du Tableau des Opérations financières de l'État (TOFE).

Article 2 : Au sens du présent décret, l'État couvre le secteur des administrations publiques qui se compose de toutes les unités résidentes dont les principes fonctions consistent à :

- fournir à la collectivité des biens et services non marchands destinés à la consommation collective ou individuelle ;
- redistribuer le revenu et la richesse au moyen de transferts.

Leurs activités se distinguent de celles des autres secteurs de l'économie du fait qu'elles doivent être financées principalement par l'impôt ou par d'autres transferts obligatoires, ce qui n'exclut par les emprunts, les dons et autres ressources.

La production des administrations publiques est principalement non marchande.

Article 3 : Les opérations des administrations publiques, classées en nature, sont les transactions en recettes, en charges, acquisitions et cessions d'actifs non financiers et financiers et en augmentation et diminution de passifs.

Le Tableau des Opérations financières de l'État est établi sur une base mensuelle, trimestrielle et annuelle. Il doit se fonder sur les données de la comptabilité publique, notamment la balance générale des comptes du Trésor, les balances des comptes des autres unités d'administration publique complétées, le cas échéant, par des comptabilités auxiliaires. Les données nécessaires à l'élaboration du Tableau des Opérations financières de l'État sont transmises mensuellement aux services du Trésor.

La situation des actifs financiers et des passifs est élaborée sur une base trimestrielle.

Article 4 : Le Tableau des Opérations financières de l'État retrace, pour une période donnée, les opérations des administrations publiques aux fins d'analyse.

Article 5 : Les agrégats du Tableau des Opérations financières de l'État sont les suivants :

- les recettes ;
- les charges ;
- l'acquisition nette d'actifs non financiers ;
- l'acquisition nette d'actifs financiers ;
- l'accumulation nette de passifs.

Article 6 : Il est joint au Tableau des opérations financières de l'État aux fins d'analyse des finances publiques :

- le compte de patrimoine ;
- la situation des autres flux économiques ;
- la situation des flux de trésorerie.

Article 7 : Le présent décret contient, un tableau détaillé au Tableau des Opérations financières de l'État faisant ressortir les informations sur les recettes et les charges, la situation des encours d'actifs et de passifs et la situation des autres flux économiques retraçant les flux autres que les transactions, résultant des changements de volume ou de valeur des actifs et passifs.

Chapitre II. - DU CHAMP DU TABLEAU DES OPERATIONS FINANCIERES DE L'ETAT

Article 8 : Au sens du présent décret, le champ couvert par le Tableau des Opérations financières de l'État est le secteur des administrations publiques composé :

- des unités institutionnelles des administrations publiques ;
- des institutions sans but lucratif qui, en sus de satisfaire aux caractéristiques d'administrations publiques énoncées à l'article 2 du présent décret, sont principalement financées et contrôlées par celles-ci.

Une unité institutionnelle est une entité économique résidente capable, de son propre chef possède des actifs, de contracter des engagements et de mener des activités économiques et des transactions avec d'autres entités. Elle est résidente d'un pays lorsqu'elle a, sur le territoire économique de ce pays, un centre d'intérêt économique.

Article 9 : Le secteur des administrations publiques comprend trois sous-secteurs :

- le sous-secteur de l'administration centrale ;
- le sous-secteur de l'administration locale ;
- le sous-secteur de la sécurité sociale

Les Sous-secteurs de l'administration centrale et de l'administration locale sont composés d'unités budgétaires et éventuellement d'Institutions sans but lucratif et d'unités extrabudgétaires.

Le sous-secteur de la sécurité sociale comprend les unités de sécurité sociale.

Article 10 : Les transactions des administrations publiques se rapportent aux opérations sur les recettes, les charges, les opérations sur actifs non financiers, sur actifs financiers et sur passifs, qu'elles soient en espèces ou en nature.

Les transactions sur les recettes et les charges affectent la valeur nette des administrations publiques définie comme étant la différente entre le local des actifs et celui des passifs.

Article 11 : Les recettes sont constituées de toutes les transactions en espèces ou en nature qui augmentent la valeur nette.

Elles sont classées selon les catégories suivantes :

- les recettes fiscales ;
- les cotisations sociales ;
- les dons reçus ;
- les autres recettes.

Article 12 : Les charges sont constituées des transactions en espèces ou nature qui diminuent la valeur nette et classées selon leur nature. Elles comprennent les catégories suivantes :

- la rémunération des salariés ;
- l'utilisation de biens et services ;
- la consommation de capital fixe ;
- les intérêts ;
- les subventions ;
- les dons versés ;
- les prestations sociales ;
- les autres charges.

Article 13 : Les actifs non financiers sont des actifs économiques autres que les actifs financiers.

Les transactions sur actifs non financiers sont destinées à l'acquisition ou aux cessions de biens de capital fixe, de stocks, d'objets de valeur et d'actifs non produits tels que les terrains, gisements et actifs incorporels. Les actifs sont classés en quatre catégories :

- les actifs fixes ;
- les stocks ;
- les objets de valeur ;
- les actifs non produits.

Article 14 : Les actifs financiers sont des créances financières détenues par les administrations publiques sur le reste de l'économie. Les transactions sur actifs financiers concernent les acquisitions et les cessions et sont classées selon l'instrument financier et la résidence.

Les catégories d'actifs financiers sont les suivantes :

- le numéraire et les dépôts ;
- les titres autres que les actions ;
- les crédits ;
- les actions et autres participations ;
- les réserves techniques d'assurance ;
- les produits financiers dérivés ;
- les autres comptes à recevoir.

Ces actifs sont ventilés en actifs intérieurs et extérieurs. Ils peuvent être ventilés selon les secteurs de contrepartie à l'instrument financier et la résidence.

Article 15 : Les passifs représentent les dettes envers le reste de l'économie ou encore les créances de celui-ci sur les administrations publiques. Les transactions sur passifs comprennent les augmentations et les diminutions de passifs. Les passifs sont classés de la même manière que les actifs comme indiqué à l'article 14 du présent décret.

Chapitre III. - DES MODES D'ENREGISTREMENT DES DONNEES

Article 16 : Les recettes du budget général et des comptes spéciaux du Trésor sont les recettes portées en recettes budgétaires dans la balance générale des comptes du Trésor dans les comptes de la classe 7, ventilées par nature dans la comptabilité auxiliaire des recettes.

Les dépenses du budget général et des comptes spéciaux du Trésor sont les dépenses comptabilisées dans la balance générale des comptes du Trésor dans les comptes de la classe 6, ventilées par nature dans la comptabilité auxiliaire des dépenses.

Article 17 : Les restes à payer sont constitués de toutes les liquidations non réglées. Ils comprennent les fonds en route et les arriérés de paiement. Les fonds en route sont constitués de toutes les liquidations non réglées de moins de trois mois. Les arriérés sont constitués de toutes les liquidations non réglées au-delà de trois mois.

Article 18 : Les transactions et autres flux économiques, ainsi que les stocks d'actifs et de passifs sont valorisés sur la base des prix et cours du marché, sauf en ce qui concerne la dette qui sera valorisée à la valeur nominale des différents éléments constitutifs.

Article 19 : Les différentes catégories de flux et d'encours peuvent être présentées sur une base brute ou nette.

Article 20 : En vue d'éliminer les doubles emplois, il est procédé à la consolidation des données provenant de plusieurs sous-secteurs. La consolidation consiste en l'élimination de toutes les relations de débiteur et créancier entre les unités institutionnelles appartenant au même secteur ou sous-secteur. Elle permet de présenter les données d'un groupe d'unités comme une seule unité.

Article 21 : Les contrats conditionnels qui prennent effet seulement si une ou plusieurs conditions stipulées dans l'accord entre les parties se concrétisent, sont enregistrés dans des postes pour mémoire. Ils ne sont formellement reconnus dans le système des statistiques de finances publiques en tant que flux ou encours que lorsque ces conditions sont satisfaites.

Chapitre IV. - DISPOSITIONS DIVERSES

Article 22 : La situation nette des administrations publiques vis-à-vis du système des institutions financières est constituée des créances sur ces institutions déduction faite des dettes envers ces institutions.

Cette situation nette est déterminée à partir des sources de la comptabilité publique et des autres sources couvertes par le TOFE. Elle correspond, pour l'administration centrale, aux décalages comptables près, à la Position Nette du Gouvernement (PNG) telle qu'elle est déterminée à partir des statistiques monétaires et financières.

Article 23 : Le Ministre chargé des Finances arrête chaque année la liste des organismes automnes à inclure dans le champ du TOPE.

Chapitre V. - DISPOSITIONS TRANSITOIRES ET FINALES

Article 24 : Des arrêtés du Ministre chargé des Finances précisent, en tant que de besoin, les modalités d'application du présent décret.

Article 25 : Les dispositions du présent décret entrent en vigueur à partir du 1er janvier 2012.

Toutefois, peut être différée jusqu'au 1er janvier 2017 au plus tard, l'application intégrale des dispositions relatives à :

- l'élargissement du champ du TOFE aux opérations des autres unités d'administration publique ;
- l'enregistrement des opérations sur la base des droits constatés pour l'ensemble des transactions des administrations publiques ;
- la comptabilisation des stocks et du capital fixe, la consommation de capital fixe et l'enregistrement des autres flux économiques ;
- la prise en compte des avantages en nature dans la rémunération des salariés.

Sous réserve des dispositions de l'alinéa précédent, le présent décret abroge et remplace le décret n° 2003-163 du 28 mars 2003 portant Tableau des Opérations financières de l'État et toutes dispositions contraires.

Article 26 : Le Ministre d'État, Ministre de l'Économie et des Finances est chargé de l'exécution du présent décret qui sera publié au Journal officiel.

Fait à Dakar, le 12 mars 2012

Abdoulaye WADE

Par le Président de la République

Le Premier Ministre

Souleymane Ndéné NDIAYE

TOFE DU TOGO

République TOGOLAISE

MINISTERE DE L'ECONOMIE DES FINANCES ET DE LA PLANIFICATION DU DEVELOPPEMENT

DECRET N°2015-055/PR
portant Tableau des Opérations Financières de l'État (TOFE)

LE PRESIDENT DE LA REPUBLIQUE,

Sur le rapport du ministre d'État, ministre de l'économie, des finances et de la planification du développement,

Vu la Constitution du 14 octobre 1992 ;

Vu le traité du 10 janvier 1994 portant création de l'Union Économique et Monétaire Ouest Africaine (UEMOA) ;

Vu la directive n° 10/2009/CM/UEMOA du 26 juin 2009 portant tableau des opérations financières de l'État ;

Vu la loi organique n° 2014-013 du 27 juin 2014, relative aux lois de finances ;

Vu la loi n° 2014-009 du 11 juin 2014, portant code de transparence dans la gestion des finances publiques ;

Vu le décret n° 2012-004/PR du 29 février 2012 relatif aux attributions des ministres d'États et ministres ;

Vu le décret 2015-038/PR du 5 juin 2015 portant nomination du Premier ministre ;

Vu le décret n° 2015-041/PR du 28 juin 2015 portant composition du gouvernement ;

Le conseil des ministres entendu,

DECRETE

CHAPITRE Ier - DISPOSITIONS GENERALES

Article 1er : Le présent décret fixe les principes généraux relatifs à l'élaboration et à la présentation de statistiques sur les opérations financières de l'État. Ces principes sont basés sur les normes internationales en matière de statistiques des finances publiques.

Article 2 : Au sens du présent décret, l'État couvre le secteur des administrations publiques qui se compose de toutes les unités résidentes dont les principales fonctions consistent à :

- fournir à la collectivité des biens et services non marchands destinés à la consommation collective ou individuelle ;
- redistribuer le revenu et la richesse au moyen de transferts.

Leurs activités se distinguent de celles des autres secteurs de l'économie du fait qu'elles doivent être financées principalement par l'impôt ou par d'autres transferts obligatoires, ce qui n'exclut pas les emprunts et d'autres ressources autres que les transferts obligatoires. La production des administrations publiques est principalement non marchande.

Article 3 : Les opérations des administrations publiques sont les transactions financières en recettes, charges, acquisitions et cessions d'actifs non financiers et financiers et en augmentation et diminution de passifs.

Elles sont classées selon leur nature conformément à un tableau dénommé tableau des opérations financières de l'État en abrégé TOFE annexé au présent décret.

Il est joint au TOFE aux fins d'analyse des finances publiques, le compte de patrimoine, la situation des autres flux économiques et la situation des flux de trésorerie.

L'ensemble de ces quatre (4) tableaux, constitue le cadre analytique conforme aux normes internationales en vigueur auquel l'État doit tendre à terme.

Il est annexé au présent décret une note explicative comprenant un TOFE détaillé contenant les informations sur les recettes et les charges, la situation des encours d'actifs et de passifs et la situation des autres flux économiques retraçant les flux autres que les transactions, résultant des changements de volume ou de valeur des actifs et passifs.

Article 4 : Le TOFE retrace pour une période donnée, les flux des transactions en recettes, charges, acquisitions et cessions d'actifs non financiers et financiers, augmentation et diminution de passifs aux fins d'analyse des opérations des administrations publiques.

Article 5 : Les agrégats du TOFE sont les suivants

- les recettes ;
- les charges ;
- l'acquisition nette d'actifs non financiers ;
- l'acquisition nette d'actifs financiers ;
- l'accumulation nette de passifs.

Article 6 : Le TOFE est établi sur une base mensuelle, trimestrielle et annuelle. La situation des actifs financiers et des passifs est élaborée sur la base trimestrielle.

Article 7 : Les principales sources des données de base pour l'établissement du TOFE et plus généralement des statistiques de finances publiques sont les situations issues de la comptabilité publique, notamment les balances du trésor, les comptes d'exploitation des autres unités de l'administration publique complétés, le cas échéant, par des comptabilités auxiliaires.

Article 8 : Les statistiques de finances publiques doivent être établies en conformité avec la directive n° 10/2009/CM/UEMOA du 26 juin 2009 portant tableau des opérations financières de l'État.

Article 9 : L'établissement et la diffusion des statistiques de finances publiques sont de la responsabilité du ministère chargé de l'économie et des finances en collaboration avec les ministères en charge des locales, des caisses de sécurité sociale et de prévoyance, la structure nationale chargée des statistiques et de la comptabilité nationale ainsi que les autres institutions responsables de production de statistiques macroéconomiques telles que l'agence nationale de la Banque Centrale des États de l'Afrique de l'Ouest (BCEAO).

CHAPITRE II - CHAMP COUVERT PAR LE TABLEAU DES OPÉRATIONS FINANCIERES DE L'ETAT (TOFE)

Article 10 : L'unité statistique du système des statistiques de finances publiques est l'unité institutionnelle.

Une unité institutionnelle est une entité économique résidente, capable de son propre chef de posséder des actifs, de contracter des engagements et de s'engager dans des activités économiques et dans des transactions avec d'autres entités. Elle est résidente d'un pays lorsqu'elle a sur le territoire économique de ce pays un centre d'intérêt économique.

Le champ couvert par le TOFE est le secteur des administrations publiques composé de toutes les unités institutionnelles résidentes des administrations publiques, ainsi que des institutions sans but lucratif (ISBL) qui répondent aux caractéristiques des administrations publiques énoncées à l'article 2 du présent décret.

Article 11 : Quatre (4) types d'unités d'administration publique sont distingués à savoir :

- unités budgétaires ;
- unités de sécurité sociale ;
- institutions sans but lucratif (ISBL) non marchandes ;
- unités extrabudgétaires.

Ces unités sont regroupées en trois (3) sous-secteurs à savoir :

- sous-secteur de l'administration centrale y compris ses ISBL et unités extrabudgétaires ;
- sous-secteur de l'administration locale y compris ses ISBL et unités extrabudgétaires ;
- sous-secteur de la sécurité sociale.

Article 12 : Les statistiques de finances publiques s'appliqueront à l'ensemble des administrations publiques, à savoir, l'administration centrale (État et établissements publics à caractère administratif), les organismes de sécurité sociale et les collectivités locales.

Article 13 : Les transactions financières des administrations publiques comprennent les recettes, les charges, et les opérations sur actifs non financiers, financiers et sur passifs, qu'elles soient en espèces ou en nature.

Les transactions sur les recettes et les charges affectent la valeur nette des administrations publiques définie comme étant la différence entre le total des actifs et celui des passifs.

Article 14 : Les recettes sont constituées de toutes les transactions qui augmentent la valeur nette.

Elles sont classées selon les catégories suivantes en espèces ou en nature :

- les recettes fiscales ;
- les cotisations sociales ;
- les dons reçus ;
- les autres recettes.

Article 15 : Les charges sont constituées des transactions qui diminuent la valeur nette et classées selon leur nature. Elles comprennent les catégories suivantes en espèces ou en nature :

- la rémunération des salariés ;
- l'utilisation de biens et services ;
- la consommation de capital fixe ;
- les intérêts ;
- les subventions ;
- les dons versés ;
- les prestations sociales ;
- les autres charges.

Article 16 : Les actifs non financiers sont des actifs économiques autres que les actifs financiers. Les transactions sur actifs non financiers sont destinées à l'acquisition ou à la cession de biens de capital fixe, de stocks, d'objets de valeur et d'actifs non produits tels que les terrains, gisements et actifs incorporels.

Elles sont classées en quatre (4) catégories :

- les actifs fixes ;
- les stocks ;
- les objets de valeur ;
- les actifs non produits.

Article 17 : Les actifs financiers sont des créances financières détenues par les administrations publiques sur le reste de l'économie. Les transactions sur actifs financiers concernent les acquisitions et les cessions et sont classées selon l'instrument financier et la résidence. Les catégories d'actifs financiers sont les suivantes :

- le numéraire et les dépôts ;
- les titres autres que les actions ;
- les crédits ;
- les actions et autres participations ;

- les réserves techniques d'assurance ;
- les produits financiers dérivés ;
- les autres comptes à recevoir.

Ces actifs sont ventilés en actifs intérieurs et extérieurs. Ils peuvent être ventilés selon les secteurs de contrepartie à l'instrument financier et la résidence.

Article 18 : Les passifs représentent les dettes envers le reste de l'économie ou encore les créances de celui-ci sur les administrations publiques. Les transactions sur passifs comprennent les augmentations et les diminutions de passifs. Les passifs sont classés de la même manière que les actifs comme indiqué à l'article 17 du présent décret.

CHAPITRE III - MODES D'ENREGISTREMENT DES DONNEES

Article 19 : Les transactions financières des administrations publiques sont enregistrées sur la base des droits constatés lorsque la valeur économique est transformée, échangée, créée, transférée ou éteinte.

Les recettes sont enregistrées sur la base des droits constatés lorsque se produisent les activités, transactions et autres événements donnant droit à la perception des impôts ou d'autres types de recettes.

Les recettes fondées sur le système déclaratif sont enregistrées au moment de la déclaration et/ou du versement spontané des impôts par les contribuables.

Les recettes fondées sur le système d'émission préalable de titres sont enregistrées au vu des titres de perception, rôles ou contrats.

Les charges et acquisitions d'actifs non financiers sont enregistrées sur la base des droits constatés au moment où ont lieu les activités, ou autres événements créant l'obligation inconditionnelle pour les administrations publiques concernées de procéder à un paiement ou de céder des ressources.

L'enregistrement des charges et des actifs non financiers se fait donc sur la base des liquidations.

Article 20 : Les transactions et autres flux économiques, ainsi que les stocks d'actifs et de passifs sont valorisés sur la base des prix et cours du marché, sauf en ce qui concerne la dette qui est valorisée à la valeur nominale des différents éléments constitutifs.

Article 21 : Les différentes catégories de flux et d'encours peuvent être présentées sur une base brute ou nette. La base nette résulte de la différence entre deux (2) ensembles de flux ou d'encours.

Article 22 : Il est procédé à la consolidation des données provenant de plusieurs sous-secteurs, en vue d'éliminer les doubles emplois.

La consolidation consiste en l'élimination de toutes les relations de débiteur et créancier entre les unités institutionnelles appartenant au même secteur ou sous-secteur. Elle permet de présenter les données d'un groupe d'unités comme une seule unité.

Article 23 : Les contrats conditionnels, qui prennent effet seulement si une ou plusieurs conditions stipulées dans l'accord entre les parties se concrétisent, sont enregistrés dans des postes pour mémoire. Ils ne sont formellement reconnus dans le système des statistiques de finances publiques en tant que flux ou encours que lorsque ces conditions sont satisfaites.

Article 24: Les organismes concernés par l'article 12 communiqueront à intervalles réguliers les données primaires nécessaires à l'établissement des statistiques de finances publiques par le ministère chargé de l'économie et des finances.

Article 25 : La situation nette des administrations publiques vis-à-vis du système des institutions financières est constituée des créances sur ces institutions moins les dettes envers ces institutions.

Cette situation nette est déterminée à partir des sources de la comptabilité publique et des autres sources couvertes par le TOFE. Elle correspond, pour l'administration centrale, aux décalages comptables près, à la position nette du gouvernement (PNG) telle qu'elle est déterminée à partir des statistiques monétaires et financières.

Article 26 : Les restes à payer sont constitués de toutes les liquidations non réglées. Ils comprennent les fonds en route et les arriérés de paiement. Les fonds en route sont constitués de toutes les liquidations non réglées de moins de trois (3) mois.

Les arriérés sont constitués de toutes les liquidations non réglées au-delà de trois (3) mois.

CHAPITRE IV - DISPOSITIONS DIVERSES ET FINALES

Article 27 : Un dispositif efficace de collecte des informations de base entrant dans la confection du TOFE et plus généralement des statistiques de finances publiques sera mis en place.

Article 28 : Les dispositions du présent décret sont appliquées à partir du 1erjanvier 2016. En attendant l'application desdites dispositions, le TOFE en vigueur reste applicable.

Une période transitoire allant jusqu'au 1erjanvier 2017 est prévue en vue de l'application intégrale des dispositions relatives à :

- l'élargissement du champ du TOFE aux opérations des autres unités de l'administration publique ;
- l'enregistrement des opérations sur la base des droits constatés pour l'ensemble des transactions des administrations publiques ;
- la comptabilisation des stocks et du capital fixe, la consommation de capital fixe et l'enregistrement des autres flux économiques ;
- la prise en compte des avantages en nature dans la rémunération des salariés.

Article 29 : Dans l'exécution du présent décret, il sera produit dès le 1erjanvier 2016 un cadre d'analyse minimum comprenant :

- tableau 1 : TOFE conforme à l'alinéa 2 de l'article 3 du présent décret ;
- tableau 2 : Situation des flux de trésorerie ;
- tableau 3 : Situation des actifs financiers et des passifs ;
- tableau 4 : Situation de la dette.

Article 30 : Le TOFE trimestriel auquel seront annexés les tableaux 2, 3 et 4 ci-dessus cités ainsi que les situations détaillées des recettes, des charges et des actifs non financiers retracés dans le budget de l'État, sera transmis à la commission de l'UEMOA.

Article 31 : Le ministre d'État, ministre de l'économie, des finances et de la planification du développement est chargé de l'exécution du présent décret qui sera publié au Journal officiel de la République togolaise.

Fait à Lomé, le 27 AOUT 2015

Le Président de la République

Faure Essozimna GNASSINGBE

Le Premier ministre

Selom Komi KLASSOU

Le Ministre de l'économie, des finances
et de la planification du développement
Adji Otèth AYASSOR

TABLE DES MATIÈRES

LES TABLEAUX DES OPÉRATIONS FINANCIÈRES DE L'ÉTAT (TOFE)

Structures éditoriales du groupe L'Harmattan

L'Harmattan Italie
Via degli Artisti, 15
10124 Torino
harmattan.italia@gmail.com

L'Harmattan Hongrie
Kossuth l. u. 14-16.
1053 Budapest
harmattan@harmattan.hu

L'Harmattan Sénégal
10 VDN en face Mermoz
BP 45034 Dakar-Fann
senharmattan@gmail.com

L'Harmattan Cameroun
TSINGA/FECAFOOT
BP 11486 Yaoundé
inkoukam@gmail.com

L'Harmattan Burkina Faso
Achille Somé – tengnule@hotmail.fr

L'Harmattan Guinée
Almamya, rue KA 028 OKB Agency
BP 3470 Conakry
harmattanguinee@yahoo.fr

L'Harmattan RDC
185, avenue Nyangwe
Commune de Lingwala – Kinshasa
matangilamusadila@yahoo.fr

L'Harmattan Congo
67, boulevard Denis-Sassou-N'Guesso
BP 2874 Brazzaville
harmattan.congo@yahoo.fr

L'Harmattan Mali
Sirakoro-Meguetana V31
Bamako
syllaka@yahoo.fr

L'Harmattan Togo
Djidjole – Lomé
Maison Amela
face EPP BATOME
ddamela@aol.com

L'Harmattan Côte d'Ivoire
Résidence Karl – Cité des Arts
Abidjan-Cocody
03 BP 1588 Abidjan
espace_harmattan.ci@hotmail.fr

L'Harmattan Algérie
22, rue Moulay-Mohamed
31000 Oran
info2@harmattan-algerie.com

L'Harmattan Maroc
5, rue Ferrane-Kouicha, Talaâ-Elkbira
Chrableyine, Fès-Médine
30000 Fès
harmattan.maroc@gmail.com

Nos librairies en France

Librairie internationale
16, rue des Écoles – 75005 Paris
librairie.internationale@harmattan.fr
01 40 46 79 11
www.librairieharmattan.com

Librairie l'Espace Harmattan
21 bis, rue des Écoles – 75005 paris
librairie.espace@harmattan.fr
01 43 29 49 42

Lib. sciences humaines & histoire
21, rue des Écoles – 75005 paris
librairie.sh@harmattan.fr
01 46 34 13 71
www.librairieharmattansh.com

Lib. Méditerranée & Moyen-Orient
7, rue des Carmes – 75005 Paris
librairie.mediterranee@harmattan.fr
01 43 29 71 15

Librairie Le Lucernaire
53, rue Notre-Dame-des-Champs – 75006 Paris
librairie@lucernaire.fr
01 42 22 67 13

www.ingramcontent.com/pod-product-compliance
Lightning Source LLC
LaVergne TN
LVHW021150061026
849535LV00002B/417
* 9 7 8 2 3 4 3 1 4 8 6 2 5 *